A REPÚBLICA
DE PLATÃO

Coleção Textos – Dirigida por
João Alexandre Barbosa (1937-2006)
Roberto Romano
Trajano Vieira
João Roberto Faria
J. Guinsburg (1921-2018)

Equipe de realização – Preparação de texto: Marcio Honorio de Godoy; Revisão: Adriano Carvalho Araújo e Sousa; Ilustração: Sergio Kon; Projeto de capa: Adriana Garcia; Produção: Ricardo W. Neves e Sergio Kon.

A REPÚBLICA
DE PLATÃO

OBRAS I

J. GUINSBURG

Tradução e Organização

LUIS ALBERTO MACHADO CABRAL
Revisão Comparada

DANIEL ROSSI NUNES LOPES
Notas

MARIA SYLVIA CARVALHO FRANCO
Introdução

Dados Internacionais de Catalogação na Publicação (CIP)
(Câmara Brasileira do Livro, SP, Brasil)

A República de Platão / J. Guinsburg organização e
tradução. -- São Paulo : Perspectiva, 2018 --
(Textos ; 19)

2ª reimpressão da 2ª edição de 2014
Bibliografia.
ISBN 978-85-273-0767-3

1. Filosofia antiga 2. Literatura grega 3. Platão
4. Política - Filosofia I. Guinsburg, J.. II. Série.

06-5871   CDD-184

Índices para catálogo sistemático:
1. Filosofia platônica 184
2. Platão : Obras filosóficas 184

2ª edição – 2ª reimpressão
[PPD]

Direitos reservados em língua portuguesa
EDITORA PERSPECTIVA LTDA.

Av. Brigadeiro Luís Antônio, 3025
01401-000 – São Paulo – SP – Brasil
Telefax: (0-11) 3885-8388
www.editoraperspectiva.com.br

2019

SUMÁRIO

Cronologia 5

Sobre esta Edição 9

Introdução 15

Livro I 21

Livro II 61

Livro III 97

Livro IV...139

Livro V...179

Livro VI...223

Livro VII 263

Livro VIII 301

Livro IX 339

Livro X 373

Anexo 417

CRONOLOGIA

431   Início da Guerra do Peloponeso.

428/427   Nascimento: Arístocles (provavelmente seu nome verdadeiro) receberá o apelido de Platão, por causa do tamanho de seu corpo (*platos* em grego significa extensão; cf. Diógenes Laércio, III, 4); uma segunda interpretação refere o termo ao tamanho da testa; e uma terceira, à extensão do estilo (cf. Diógenes Laércio, III, 4); a família é da alta aristocracia ateniense: a mãe, Perictione, é prima de Crítias, um dos Trinta Tiranos, irmã de Cármides (a quem Platão dedicou um diálogo homônimo); o pai, Áriston, pertencia a uma estirpe que se vangloriava de ter entre seus antepassados Codro, antigo rei de Atenas (cf. Diógenes Laércio, III, 1); Platão tem três irmãos: Adimanto, Glauco, (personagens da *República*) e Potone, mãe de Espeusipo (o qual sucederá a Platão na direção da Academia); educação nobre: retórica, ginástica, pintura, poesia lírica e trágica (cf. Diógenes Laércio, III, 4-5); teria sido discípulo de Crátilo (cf. Diógenes Laércio, III, 5-6; Aristóteles, *Metafísica*, 987 a 32).

413   Derrota na Sicília da expedição ateniense promovida por Alcibíades.

6 A REPÚBLICA DE PLATÃO

409-407   Período da efebia: Platão teria participado de três campa-
nhas militares, em Tanagra, Corinto e Délio. Nesta última,
ter-se-ia distinguido por seu valor (cf. Aristoxeno, fr. 51
Wehril = Diógenes Laércio, III, 8).

408-407   Aos vinte anos conhece Sócrates, torna-se seu discípulo
(cf. Diógenes Laércio, III, 6), tendo se dedicado antes a
atividades poéticas e freqüentado as lições de Crátilo, um
discípulo de Heráclito.

405   Atenas perde sua frota no conflito com Esparta.

404   Sítio e capitulação de Atenas; condições para paz impos-
tas por Esparta, sendo estabelecida hegemonia espartana;
oligarquia em Atenas, os Trinta Tiranos, de que participa
Crítias, tio de Platão; este o convida a participar da vida
política, mas Platão se decepciona.

403-402   Com o fim da Guerra do Peloponeso, Atenas fica empobre-
cida; Crítias morre em batalha e cai o governo dos Trinta
Tiranos.

399   Sócrates é condenado à morte, em grande parte pelos de-
mocratas que, em 401, haviam retomado o poder.

399-390   A condenação de Sócrates leva Platão a afastar-se da vida
política, indo para Mégara com alguns socráticos (cf. Diógenes Laércio, III, 6), possivelmente para resguardar-se de
perseguições; permanece lá por pouco tempo, depois parte
para uma longa viagem, quando provavelmente conhece o
matemático Teodoro de Cirene e o pitagórico Arquitas de
Tarento; visita Creta, Egito e outros países (cf. Diógenes
Laércio, III, 6); volta para Atenas a fim de cumprir obrigações militares; participou talvez, em 394, da batalha
de Corinto, na qual Esparta e seus aliados derrotaram os
atenienses e tebanos.

390-385   Data provável de composição dos diálogos *Apologia de
Sócrates, Criton, Hípias Menor, Hípias Maior, Íon, La-
ques, Cármides, Eutífron, Lísis, Alcebíades I, Alcebíades
II* (discutível), *Protágoras, Górgias, Menexeno*, Livro I da
República ou *Trasímaco*.

388   Primeira viagem ao sul da Itália; encontro com o pitagórico
Arquitas de Tarento – filósofo, matemático e político; vai
a Siracusa com o intuito de convencer Dioniso I a pôr em
prática seus ideais filosófico-políticos (cf. *Carta VII*, 326d-
327b); estabelece amizade com Dion, parente do tirano;

CRONOLOGIA

Dioniso ter-se-ia irritado com Platão e vendido o filósofo como escravo em Egina, onde o socrático Aniceris de Cirene o teria comprado e libertado (cf. Diógenes Laércio, III, 18-21): informações de natureza anedótica reportadas por Diógenes Laércio; Platão não menciona esse episódio na *Carta VII*).

387   Volta para Atenas; adquire um ginásio e um parque dedicado a Academos e funda aí uma escola que, por causa do nome do herói, recebe o nome de Academia. Platão a teria instituído em contraposição à escola de Isócrates em Atenas por volta de 391 a.c., cujo ensinamento primordial era a técnica retórica.

385-367   Data provável da composição dos diálogos *Clitofonte* (discutível), *Mênon, Fédon, Eutidemo, Banquete*, Livros II-X da *República, Crátilo, Fedro*. Início provável da composição dos diálogos *Teeteto* e *Parmênides*.

377   Paz geral entre Atenas e Esparta.

369   Luta permanente pela hegemonia; aumento do emprego de mercenários; separação entre a cidadania civil e a militar.

367-366   Segunda viagem ao sul da Itália; Dioniso II, que sucedera seu pai em Siracusa, poderia ser levado a realizar o projeto político do filósofo, ao ver de Dion; mas a relação entre o tirano e seu tio é marcada por divergências e litígios; Dioniso II então o exila, mas mantém Platão como amigo e conselheiro; desfrutando dessa amizade, Platão tenta reconciliar Dion com o tirano, na esperança de realizar em Siracusa seu projeto filosófico-político (cf. *Carta VII*, 327b-330c).

365   Dioniso II se envolve numa guerra e Platão é obrigado a voltar a Atenas; Dioniso II promete a Platão que, com o fim da guerra, ele o convidaria novamente a retornar a Siracusa junto a Dion; ao retornar a Atenas, Platão retoma as atividades na Academia; Aristóteles na Academia.

365-361   Data provável da composição dos diálogos *Teeteto, Parmênides e Sofista*. Início provável da composição dos diálogos *Político* e *Filebo*.

361-360   Terceira viagem ao sul da Itália; Platão deixa-se convencer por Dioniso II a aceitar um novo convite e retorna a Siracusa, mas sem a participação de Dion; as relações entre o tirano e o filósofo ficam logo estremecidas, quando Dioniso II se mostra irredutível em sua inimizade e hostilidade contra

8 A REPÚBLICA DE PLATÃO

Dion, de quem Platão era amigo; Platão é feito prisioneiro e tem a sua vida ameaçada, mas é salvo por interseção de Arquitas de Tarento, o qual mantinha boas relações com o tirano (cf. *Carta VII*, 337e-350b); parte de Siracusa.

360 Em seu retorno a Atenas, Platão passa por Olímpia e encontra Dion, que preparava uma expedição contra Dioniso II; o filósofo procura conciliar o conflito; retorna a Atenas.

360-347 Data provável da composição dos diálogos *Político, Filebo, Timeu, Crítias* e *Leis*.

357 Dion toma o poder em Siracusa.

353 Dion é assassinado por uma conspiração chefiada por Calipo, discípulo de Platão.

346-7 **Morte de Platão com cerca de 80 anos;** estava redigindo as *Lei*s, que restaram inacabadas: sua divisão em 12 livros e publicação teriam sido obra de Felipe de Opunte, o qual, por sua vez, teria escrito e incluído como 13º Livro o diálogo *Epínomis;* sucessão na Academia: Espeusipo, Xenócrates, Pólemon, Crantor e Crates.

346 Paz de Filocrates entre Macedônia e Atenas.

343-342 Divisão política em Atenas entre Isócrates, que apóia Filipe na sua proposta de unir a Grécia contra os persas, e Demóstenes, que põe em primeiro plano a luta contra Filipe.

340 Formação da liga helênica contra Filipe.

336 Morre Filipe II da Macedônia.

SOBRE ESTA EDIÇÃO

I.

Traduzir Platão foi para mim uma experiência inesperada. Não estava preparado para uma tarefa de semelhante porte, nem cogitava de algum dia vir a enfrentá-la. Mas, quando o diretor da Difusão Européia do Livro, com quem eu trabalhava na época, me fez a proposta, cedi à tentação, que constituía, a bem dizer, um verdadeiro desafio, na medida em que, embora não sendo um helenista, nem possuindo qualquer especialização no campo, tinha como ponto de partida, uma versão francesa, julgada por todos os conhecedores da matéria como a do melhor quilate. Ainda assim, por causa de alguns pruridos de consciência, procurei cercar-me de outras versões francesas, inglesas e a clássica tradução alemã de Friedrich Schleiermacher. E assim armado, empreendi o trabalho que foi publicado subseqüentemente. Devo confessar, porém, que nunca me senti muito seguro quanto ao resultado obtido. Talvez por isto mesmo, e pelo conhecido mecanismo psicológico de relação com o que nos causa temor, simplesmente esqueci de que havia cometido a ousadia. Qual não foi, pois, a minha surpresa quando, passadas três décadas, numa conversa informal com Trajano Vieira, ele comentou que seus alunos utilizavam o meu texto em português e que, a seu ver, este merecia uma reedição, seja pela forma da escritura em nosso vernáculo, seja pela confiabilidade em comparação com a língua original. Naturalmente, vindo de quem veio, um dos mais conceituados e versados professores no campo das letras e da cultura gregas, aquele parecer me deixou com uma espécie de comichão ou, melhor dito, de vontade de seguir o conselho que me era dado. Consultei ainda a professora Maria Sylvia Carvalho Franco que me animou a dar continuidade ao meu intento e se dispôs a prefaciar a nova edição. Mas, para que esta publicação tivesse de fato todos os requisitos que me pareciam e me parecem necessários ao uso por estudantes e interessados no universo do filósofo da Academia, recorri aos préstimos de Luiz Alberto Machado Cabral, que realizou uma minuciosa comparação com o escrito grego, tal como ele se apresenta em edições críticas; e aos conhecimentos de Daniel Rossi, a quem confiei o difícil encargo de compor as notas necessárias para um bom acompanhamento de uma obra como esta, pelo leitor de hoje. A ambos agradeço o rigor e o interesse que devotaram aos trabalhos que lhes coube executar. Mas a Daniel Rossi, em particular, devo ainda o meu reconhecimento pela valiosa e erudita atenção com que cercou os vários e às vezes enfadonhos passos requeridos para a boa e adequada apresentação do livro. Assim, pois, certo de que esta versão, com os ajustes e aferições efetuados atendeu às minhas inquietações anteriores e se constituiu numa edição realmente nova, tanto no que se refere ao conteúdo quanto às notas e a outros elementos nela incluídos, não vejo empecilho em entregá-la ao descortino do público ledor e ao seu diálogo com as idéias platônicas não só no universo da política, como em todos os domínios da ética, da estética, da metafísica, que o gênio de seu autor formulou para a sociedade helênica de seu tempo e, podemos hoje dizê-lo com segurança, para todos os tempos, enquanto os homens se colocarem como questão, em sua pauta de debates e da crítica, os regimes e a sociedade em que vivem, e as propostas para superá-las a fim de chegar a alguma organização ideal da *polis* humana.

J. Guinsburg

SOBRE ESTA EDIÇÃO

I.

Traduzir Platão foi para mim uma experiência inesperada. Não estava preparado para uma tarefa de semelhante porte, nem cogitava de algum dia vir a enfrentá-la. Mas, quando o diretor da Difusão Européia do Livro, com quem eu trabalhava na época, me fez a proposta, cedi à tentação, que constituía, a bem dizer, um verdadeiro desafio, na medida em que, embora não sendo um helenista, nem possuindo qualquer especialização no campo, tinha como ponto de partida, uma versão francesa, julgada por todos os conhecedores da matéria como a do melhor quilate. Ainda assim, por causa de alguns pruridos de consciência, procurei cercar-me de outras versões francesas, inglesas e a clássica tradução alemã de Friedrich Schleiermacher. E assim armado, empreendi o trabalho que foi publicado subseqüentemente. Devo confessar, porém, que nunca me senti muito seguro quanto ao resultado obtido. Talvez por isto mesmo, e pelo conhecido mecanismo psicológico de relação com o que nos causa temor, simplesmente esqueci de que havia cometido a ousadia. Qual não foi, pois, a minha surpresa quando, passadas três décadas, numa conversa informal com Trajano Vieira, ele comentou que seus alunos utilizavam o meu texto em português e que, a seu ver, este merecia uma reedição, seja pela forma da escritura em nosso vernáculo, seja pela confiabilidade em comparação com a língua original. Naturalmente, vindo de quem veio, um dos mais conceituados e versados professores no campo das letras e da cultura gregas, aquele parecer me deixou com uma espécie de comichão ou, melhor dito, de vontade de seguir o conselho que me era dado. Consultei ainda a professora Maria Sylvia Carvalho Franco que me animou a dar continuidade ao meu intento e se dispôs a prefaciar a nova edição. Mas, para que esta publicação tivesse de fato todos os requisitos que me pareciam e me parecem necessários ao uso por estudantes e interessados no universo do filósofo da Academia, recorri aos préstimos de Luiz Alberto Machado Cabral, que realizou uma minuciosa comparação com o escrito grego, tal como ele se apresenta em edições críticas; e aos conhecimentos de Daniel Rossi, a quem confiei o difícil encargo de compor as notas necessárias para um bom acompanhamento de uma obra como esta, pelo leitor de hoje. A ambos agradeço o rigor e o interesse que devotaram aos trabalhos que lhes coube executar. Mas a Daniel Rossi, em particular, devo ainda o meu reconhecimento pela valiosa e erudita atenção com que cercou os vários e às vezes enfadonhos passos requeridos para a boa e adequada apresentação do livro. Assim, pois, certo de que esta versão, com os ajustes e aferições efetuados atendeu às minhas inquietações anteriores e se constituiu numa edição realmente nova, tanto no que se refere ao conteúdo quanto às notas e a outros elementos nela incluídos, não vejo empecilho em entregá-la ao descortino do público ledor e ao seu diálogo com as idéias platônicas não só no universo da política, como em todos os domínios da ética, da estética, da metafísica, que o gênio de seu autor formulou para a sociedade helênica de seu tempo e, podemos hoje dizê-lo com segurança, para todos os tempos, enquanto os homens se colocarem como questão, em sua pauta de debates e da crítica, os regimes e a sociedade em que vivem, e as propostas para superá-las a fim de chegar a alguma organização ideal da *polis* humana.

J. Guinsburg

II.

A editora Perspectiva traz ao público, na coleção Textos, uma nova edição de *A República* de Platão, na tradução de J. Guinsburg. Não se trata de uma reedição da versão publicada em português pelo mesmo tradutor, pois se diferencia da anterior, na medida em que foi submetida a um minucioso cotejo com o texto grego, resultando daí aclaramentos que aprimoram a sua leitura e confiabilidade. O leitor, assim, tem à sua disposição uma tradução elegante, refinada, de leitura fluente e aprazível, sob o crivo de uma análise técnica realizada a partir do texto original grego. Como parte complementar, essa nova edição contém também notas e comentários filosóficos redigidos especialmente para ela. Esse trabalho merece alguns esclarecimentos.

A composição das notas para *A República* foi um trabalho árduo, tendo em vista a dimensão, a importância e a complexidade do texto. É um desafio tentar elucidar pontos obscuros e/ou controversos e comentar as passagens mais relevantes da argumentação de uma obra escrita há quase 25 séculos. Trata-se de um autor e de uma obra que são pilares da cultura ocidental, e com os quais dialogaram grandes literatos e pensadores de nossa história. A forma como escreve Platão, o diálogo, dá ensejo às mais diversas interpretações e oferece ao leitor a possibilidade de percorrer os diversos caminhos da argumentação dialética. Isso faz de Platão "vários Platões", o de Aristóteles, o de Cícero, o do Neoplatonismo, o de Santo Agostinho, o de Marsílio Ficino, o de Friedrich Nietzsche, o do leitor contemporâneo. Diante dessa magnitude que envolve a obra e seu autor, as notas têm o intuito de introduzir o leitor iniciante no universo da cultura helênica e do pensamento platônico, e de oferecer ao estudioso já iniciado os subsídios básicos para o desenvolvimento de uma pesquisa acadêmica. As notas, portanto, compreendem um domínio muito vasto de informações, e podem ser dividas em vários tipos:

(I) Remissão interna: notas que remetem a outros contextos da argumentação na *República* em que Platão trata do mesmo assunto ou tópico. Essas notas usam como referência a numeração internacional da obra platônica presente à margem do texto.

(II) Remissão a outros diálogos de Platão: notas que remetem a outros diálogos nos quais Platão trata do mesmo assunto ou tópico. Têm como objetivo apontar ao leitor outros contextos do pensamento platônico que endossam, refutam ou desenvolvem o que é exposto na *República*. É um meio de conduzir o leitor a outros diálogos de Platão.

12 A REPÚBLICA DE PLATÃO

(III) Tradução de trechos de outros diálogos de Platão: notas que apresentam ao leitor passagens importantes que se relacionam diretamente com a discussão na *República*. Têm como objetivo elucidar o que é exposto na obra ou oferecer um caminho diferente de reflexão. É importante ressaltar que essas notas não fazem menção às diferenças entre um diálogo e outro, mas apresentam ao leitor outros contextos de discussão sobre o mesmo tema, o que não pressupõe um fio contínuo de uma argumentação à outra. Cabe ao leitor então, a partir dessa referência das notas, aprofundar-se na leitura e no estudo dos outros diálogos de Platão. Para as traduções, utilizei a edição do texto grego da obra platônica feita por John Burnet (Oxford Classical Texts). Todas as citações são bilíngües.

(IV) Referência a obras de outros autores gregos: notas que apresentam ao leitor a remissão ou a tradução de trechos de obras de outros autores gregos, sejam eles anteriores, como Homero, Xenófanes, Aristófanes, Heródoto e Tucídides, contemporâneos, como Isócrates, Xenofonte e Aristóteles, ou posteriores a Platão, como Diógenes Laércio e Plutarco. Essas notas pretendem inserir o leitor num contexto mais abrangente, que envolve o debate de Platão com a tradição literária e filosófica precedente, o seu diálogo com pensadores de seu tempo, e a repercussão da obra platônica em autores posteriores. Com isso, o leitor tem à sua disposição as indicações básicas para a leitura de outras obras canônicas da literatura grega. Todas as citações são igualmente bilíngües.

(V) Comentários filosóficos: notas que buscam ressaltar e explicar certos aspectos da discussão filosófica do texto. Tratam da coerência interna do argumento e da relevância daquele trecho para o contexto mais geral da discussão filosófica da *República*. Em algumas notas desse gênero, recorri a outros diálogos platônicos que pudessem elucidar pontos controversos.

(VI) Referências histórico-biográficas: notas que esclarecem as citações diretas e indiretas de Platão a personagens e acontecimentos históricos.

(VII) Referências mitológicas: notas que trazem informações fundamentais referentes a personagens e episódios mitológicos aludidos por Platão.

Para a realização desse trabalho, a referência principal utilizada foi o comentário crítico de James Adam (*The Republic of Plato*, Cambridge University Press, 1980 – 1ª ed. de 1902), ao qual recorrem quase todos os estudiosos contemporâneos da *República* de Platão. Utilizei também a publicação italiana coordenada por Mario Vegetti, que contém

SOBRE ESTA EDIÇÃO

tradução, notas e comentários filosóficos (*La Repubblica*, Bibliopolis, 1998-2003). Trata-se de uma edição que está sendo publicada em vários volumes; utilizei os cinco primeiros editados (até 2003), que compreendem os sete primeiros Livros de *A República*. Outras duas edições com boas traduções e notas são a de Georges Leroux (*La République*, GF Flamarion, 2ª ed., 2004) e a de Allan Bloom (*The Republic of Plato*, Basic Books, 2ª ed., 1991).

Dessa forma, o leitor, seja iniciante ou já iniciado em Platão, terá acesso a uma edição moderna, em português, de uma obra fundadora do pensamento ocidental que, a despeito disso, carece de traduções bem cuidadas e rigorosas em nossa língua. Nesse sentido, a Editora Perspectiva contribui de forma decisiva para a difusão da obra platônica e da cultura helênica entre nós, reduzindo assim a carência acima aludida.

Aos interessados em aprofundar os estudos sobre *A República* e a filosofia de Platão em geral, os seguintes títulos (em português e em outras línguas) poderão ser de grande valia:

ADORNO, F. *Introduzione a Platone*. Roma: Editori Laterza, 1986.

ANNAS, J. *An Introduction to Plato's Republic*. Oxford: Clarendon, 1988.

CROSS, R. C. and WOOSLEY, A. D. *Plato's Republic*. London: Macmillan Education, 1991.

HAVELOCK, E. A. *Prefácio a Platão*. Trad. Enid Abreu Dobránzky, Campinas: Papirus, 1996.

KAHN. *Plato and the Socratic Dialogue*. Cambridge University Press, 1996.

LIMA, P. B. *Platão: Uma Poética para a Filosofia*. São Paulo: Perspectiva, 2004.

PAPPAS, N. *Plato and The Republic*. London: Routeledge Philosophy GuidcBooks, 1995.

ROBIN, L. *Platon*. Paris: Presses Universitaires de France, 1994.

ROSS, D. *Teoría de las Ideas de Platón*. Trad. José Luiz Díez Arias, Madrid: Catedra, 1993.

KRAUT, Richard (ed.). *Plato's Republic*. Lanham: Rowman & Littlefield, 1997.

_____. *The Cambridge Companion to Plato*. Cambridge University Press, 1992.

TRABATTONI, F. *Oralidade e Escrita em Platão*. Trad. Fernando Puente e Roberto Bolzani, São Paulo: Discurso Editorial, 2003.

ZINGANO, M. *Platão e Aristóteles – O Fascínio da Filosofia*. São Paulo: Odysseus, 2002.

*Daniel Rossi Nunes Lopes**

*. Professor de Língua e Literatura Grega da FFLCH/USP.

INTRODUÇÃO

*Maria Sylvia Carvalho Franco**

"O Estado como obra de arte", conceito produzido por J. Burckhardt em seu estudo sobre a cultura renascentista, visa apreender, nas cidades italianas dos séculos xiv e xv, a gênese da política moderna, isto é, a constituição das formas de governo como "resultado de reflexão e de cálculo". Florença, onde sucederam-se os dois tipos de poder destacados por Burckhardt – o republicano e o despótico – foi o foco inicial do interesse inovador pelos estudos gregos e por Platão, determinando-se, ao longo desses estudos, as linhas mestras que teceram a fortuna dos Diálogos pelos tempos vindouros, sendo até hoje subsistentes.

O impulso inicial da mais antiga dessas recepções deu-se a partir de Petrarca, com os humanistas empenhados na teoria e na prática políticas e afeitos aos instrumentos críticos da retórica e da filologia, como C. Salutati, L. Bruni, L.B.Alberti ou L. Valla. Todos, comprometidos com a vida pública, conheceram de perto as dissenções internas, os golpes de força e a violência repressora, assim como as lutas no exterior, contra os alvos imperiais de outras potências e do papado. Leitores e tradutores de Platão, privilegiaram o aspecto ético e político dos Diálogos, enaltecendo Sócrates, emblema de excelência pessoal e cívica: sábio pesquisador e inquisitivo, combatente valoroso, partícipe do governo, firme nas convicções. A experiência das revoluções e

---

*. Professora titular do Departamento de Filosofia da Unicamp.

guerras, a defesa das liberdades republicanas e a crítica à tirania (contraposta também à realeza sob o domínio da lei) aliadas à consciência de poder interferir racionalmente na estrutura e dinâmica do Estado, o imperativo de controlar tecnicamente os processos e forças disruptivas, dirigiram o olhar desses primeiros renascentistas em sua pesquisa dos Diálogos, centrando-a no ideal de justiça e coesão da cidade.

A perspectiva muda radicalmente com o instalação dos Medici no poder. Um dos membros de seu cortejo, Marsilio Ficino, (filho do médico de Cosimo, o Velho – Pai da Pátria – considerado segundo pai por Ficino) foi encarregado da Academia Florentina e nela oficializou a leitura neo-platônica dos Diálogos. O olhar, então, eleva-se da concretude terrena para a atmosfera celestial, recuperando a metafísica etérea e as implicações políticas do neo-platonismo, com a ênfase em Plotino e Proclus conjugados a Aristóteles e entretecidos à visão de Dionísio, o pseudo-Areopagita. A supremacia da tríade Um-Bem-Deus recupera e naturaliza o edifício hierárquico e a teleologia que, etapa por etapa, do mais elementar até o mais alto componente do universo, interliga o inferior ao superior por fortes vínculos de submissão reciprocamente afirmados e aceitos. A essa metafísica inefável e a essa concepção do poder absoluto correlato à aceitação da força e autoridade superiores, somam-se a religiosidade, a magia, o hermetismo, os mistérios. A racionalidade e a reflexão substituem-se pela proeminência do sentimento acoplado à legitimidade do poder autoritário[1]. O neoplatonismo assim elaborado tornou-se, por muito tempo, hegemônico nas interpretações dos *Diálogos*, a ponto de confundir-se com a teoria de Platão, supondo-se que sejam uma e mesma coisa.

A proposição "Estado como obra de arte" enuncia e sintetiza a idéia diretora das leituras de Platão que, séculos afora, buscaram instrumentos racionais constitutivos e estabilizadores das formações políticas, acoplados a controles restritivos do poder discricionário. A República oferece, por excelência, o fio condutor dessa discussão.

O feixe de sentidos que atravessa esse Diálogo funda-se na discussão sobre a justiça e no exame dos procedimentos eficientes para produzí-la e consolidá-la no plano particular e social. Prescrutando o statu quo sedimentado pela tradição e contrário à forma justa de existência na pólis, reconhecendo a necessária mudança radical dessas condições, Sócrates arquiteta o esquema de uma cidade composta

---

1. O itinerário das leituras de Platão acima observado (maior acento político e racional no primeiro renascimento, ênfase metafísica e transcendente na Academia Florentina) é proposto e discutido por Eugênio Garin em suas várias obras.

INTRODUÇÃO 17

segundo mínimos vitais: abrigo, alimento, vestuário e especialização das funções produtivas. Dada a ingente mobilidade do sensível, da resultante e inexorável expansão e poderio da cidade, com seus frutos deletérios – comércio, navegação, guerra – coloca-se a necessidade de sustar prudentemente esse movimento que tende ao infinito e conduz à destruição (L. II).

Ao longo do Diálogo, desdobra-se o complexo projeto visando formar a constituição capaz de manter constante a dinâmica equilibrada nas almas, na sociabilidade e nos poderes que as gerem. Destaca-se, primeiramente, a gênese e o adestramento do guardião apto a defender a cidade, dada a expansão imperialista inerente ao aumento quantitativo e qualitativo das aspirações, desejos e prazeres. O processo educativo do jovem de escol inclui desde o seu ambiente físico e dons naturais até o controle das expressões literárias às quais está exposto, a música e a ginástica reorientadas para modelar as formas anímicas e corporais adequadas ao paradigma da cidade. Também decisivo é o controle genético das raças com o estrita regulamentação do casamento e da família grande visando manter inalterada a estrutura da cidade e as atividades distribuídas pela estratificação social (L. III e L. V).

Em horizonte mais amplo, a consideração da justiça na esfera privada e pública conduz à discussão das virtudes políticas: sabedoria, coragem, temperança e justiça (L. IV). Nesse quadro, é discutido o governo da cidade justa, sendo reconstruída a ordem dos guardiães e proposta a figura do rei-filósofo (L. V). Na meticulosa educação do filósofo, avulta-se o exame das relações entre os limites do saber sensível e a essência do conhecimento intelectual (as passagens sobre a linha), de suas respectivas relações e poderes, das disciplinas aptas a formar o governante (L. VI). No ponto culminante desse projeto transformador da existência particular e política, o imperativo da vida participativa avulta-se no cidadão que – sabedor dos malefícios que aprisionam os indivíduos agrilhoados às ilusões e fantasmagorias – se liberta das sombras enganadoras, alcança a região iluminada pelo bem e a verdade e, nesse passo, experimenta a exigência de, com risco da vida, retornar às profundezas da caverna e partilhar seu êxito, a descoberta do Bem (L. VII).

A essa pesquisa sobre a produção metódica da cidade, com interferência técnica em todos os seus âmbitos – ambiente físico, compleição natural, sentidos e sexualidade, estrutura anímica, relações socioeconômicas, focalizando o adestramento dos corpos e cultivo das almas, segue-se o escrutínio das formas de governo degradadas: quebrado o número nupcial, isto é, o cálculo que garante a gênese e continuidade da aristocracia, esta rompe-se dando lugar à timocracia, cujos núcleos organizadores são a honra e o amor à vitória, os quais subsistem enquanto ligados à defesa e proteção do mais fraco. Ao completar-se como fim auto-referido, isolando-se de seus vínculos de convivência profícua e tornando-se instrumento de exploração, perde-se e dá origem a seu oposto, fundado no poder do dinheiro, a oligarquia. Esta, produzida no movimento antitético ao dispêndio imoderado do personagem anterior, visa a acumulação ilimitada, com parcimônia mesquinha e restrição dos prazeres, ambiente cujas peias extremas desencadeiam no jovem impulsos polares, de gozo e dispêndio imoderados. Completando-se como cânon dos interesses e condutas, o dinheiro suprime-se, conduzindo a seu tipo antagônico : a trama repressora que o sustentou projeta a mais desregrada liberdade, invertendo a ordem e sentido dos valores políticos, familiares e educativos. Configura-se a democracia, onde a igualização abstrata atinge mesmo a diferença entre antropologia e bestiário (L. VIII). Também esta igualização e liberdade indeterminadas, atingindo a máxima amplitude, transformam-se em seu reverso, na servidão, na tirania e no mais infeliz e miserável dos personagens, o tirano, motores destrutivos da cidade devastada por completa inversão de valores e pela injustiça (L. IX).

Esta complexa dialética, esmiuçada em múltiplas facetas, expõe os regimes de governo degradando-se nos processos internos de sua própria estrutura e transformação, nas quais um princípio constitutivo, ao realizar-se plenamente, esgota-se, cancela-se e converte-se em seu contrário. A reconstituição dessa dissolução intrínseca às ordenações sociais entregues à seu próprio movimento, cujos resultados típicos são observáveis no plano empírico, fecham o círculo da discussão, remetendo a seu início, ao deslizar perverso das formações políticas sujeitas a seu destino.

Finalmente, a Republica é encerrado pelos nexos entre poesia e filosofia, as duas grandes forças educativas contrapostas, com suas trocas e contrariedades (L. X).

Em nosso mundo conturbado pela violência interna e pelos infindáveis conflitos externos às nações, pelos abusos que ameaçam diuturnamente as liberdades republicanas, pelas corrupções e abusos que exibem sem trégua uma democracia degradada em suas mais altas câmaras e instituições de Estado, a leitura da República recomenda-se com urgência. A minuciosa pesquisa dos choques e das forças políticas em ação, de seus poderes nocivos mas, ao mesmo tempo, abertos a controle sensível e racional, têm inspirado gerações de cidadãos empenhados na atividade política tanto intelectual quanto prática, pessoas que partilham uma ética de respeito ao coletivo e visam não o abuso, mas a preservação do bem público. A fortuna dos Diálogos de Platão, nos tempos modernos , com seu acento nos aspectos políticos, (e não nos registros metafísico e transcedente, que não deixam de implicar tendências ideológicas e opções práticas) vem recolhendo, pelos séculos afora, a tradição de prudência e lucidez que orientou as leituras do Renascimento prístino.

LIVRO I

Desci ontem ao Pireu com Glauco, filho de Áriston[1], para rezar à deusa[2] e ver, ao mesmo tempo, como seria celebrada a festa que se realizava pela primeira vez. A procissão dos habitantes do lugar me pareceu bela, ainda que não menos excelente fosse a que os trácios conduziam. Após termos feito nossas preces e visto a cerimônia, retornávamos à cidade quando, havendo-nos percebido de longe, no caminho de volta, Polemarco, filho de Céfalo, mandou o seu pequeno escravo correr ao nosso encalço e nos pedir para esperá-lo. O rapaz, segurando o meu manto por trás, disse: "Polemarco vos pede que o espereis". Volvi-me e perguntei-lhe onde estava o amo: "Vem vindo atrás de mim, contestou, esperai por ele. – Mas nós o esperaremos, disse Glauco".

327 a

b

---

1. Áriston era o pai, e Glauco e Adimanto os irmãos de Platão.

2. Platão está aludindo provavelmente à deusa trácia Bêndis (deusa da lua), identificada na Ática (região onde se situa Atenas) com a deusa Ártemis. No Pireu, havia um templo em sua homenagem (cf. Xenofonte, *Helênicas*, II, 4, 11) e celebrava-se a sua festa com uma corrida de tochas. Essa influência trácia se deve possivelmente ao grande afluxo de comerciantes dessa região ao porto de Pireu. Numa passagem posterior do Livro I (cf. 354a), Platão se refere explicitamente ao festival em homenagem a Bêndis, o que reforça a idéia de que, nesta passagem, seja essa deusa a que se refere a personagem Sócrates. Geralmente, "a deusa" (ή θεός) é a denominação mais comum da deusa Palas Atena.

22 A REPÚBLICA DE PLATÃO

c   E pouco depois chegou Polemarco acompanhado de Adimanto, irmão de Glauco, de Nicerato, filho de Nícias e de alguns outros, que regressavam do préstito.

Então Polemarco disse: – Tendes o ar, Sócrates, de quem vai embora e se dirige à cidade.

– Não conjeturas mal, com efeito – respondi.

– Pois bem! – replicou – vês quantos somos?

– Como não haveria de vê-lo?

– Então – prosseguiu – ou sereis mais fortes do que nós todos ou permanecereis aqui.

– Não haverá – disse eu – outra possibilidade: persuadir-vos de que deveis nos deixar partir?

– Podereis – respondeu Polemarco – persuadir pessoas que não querem ouvir?

– De modo algum – disse Glauco.

– Pois bem, convencei-vos que não vos ouviremos.

328 a   Então Adimanto falou: – Não sabeis que se realizará esta noite a corrida eqüestre de tochas, em honra à deusa?

– Eqüestre? – perguntei – grande novidade! Os corredores, levando fachos, os passam uns aos outros e disputam o prêmio a cavalo? É isso o que pretendes dizer?

– Sim – respondeu Polemarco – e além disso, celebrar-se-á uma festa noturna que vale a pena ser vista; sairemos após o jantar para assistir a ela. Encontraremos nela muita gente moça e poderemos
b   conversar. Ficai, pois, e não procedei de outra maneira.

E Glauco: – Parece – diz ele – que deveis ficar.

– Se assim parece – respondi – assim devemos fazer.

Fomos, portanto, à casa de Polemarco e aí encontramos Lísias[3]

---

3. Lísias foi um famoso orador ático, filho de Céfalo e irmão de Polemarco e Eutidemo, todos aqui citados. Céfalo era natural de Siracusa e a convite de Péricles se instalou em Atenas, onde possuía uma fábrica de escudos. Durante a Tirania dos Trinta, no final da Guerra do Peloponeso, Lísias e Polemarco foram presos e tiveram seus bens confiscados. Lísias conseguiu escapar, mas Polemarco foi obrigado a tomar cicuta (a mesma morte que teve Sócrates, retratada por Platão no diálogo *Fédon*). Com a queda da Tirania dos Trinta, Lísias retornou a Atenas e passou a escrever discursos forenses em troca de uma remuneração (esses escritores profissionais eram chamados de λογογράφοι "logógrafos"). Depois de restaurada a democracia, Lísias processou um dos Trinta Tiranos, Eratóstenes, pela morte do irmão. Esse discurso, *Contra Eratóstenes,* conservou-se até nossos dias. Lísias aprendeu retórica supostamente em Túrio, na Sicília, onde conhecera Tísias, discípulo de Córax, represen-

LIVRO I

e Eutidemo, seus irmãos, Trasímaco[4] da Calcedônia, Carmântides de Peanéia e Clitofonte, filho de Aristônimo[5]. Dentro, achava-se também o pai de Polemarco, Céfalo. E ele me pareceu muito velho, pois há longo c tempo que não o via. Estava sentado em uma cadeira de coxim e trazia uma coroa sobre a cabeça, pois acabava de proceder a um sacrifício no pátio. Sentamo-nos todos a seu lado, em assentos que se encontram ali, dispostos em círculo.

Tão logo me avistou, Céfalo me saudou e disse: – Quase não desces mais ao Pireu, Sócrates, para visitar-nos. Deverias fazê-lo, no entanto; pois, se ainda me restasse força para ir facilmente à cidade, não terias necessidade de vir aqui: iríamos à tua casa. Mas agora te compete d vir aqui com mais freqüência. Pois saiba que, para mim, quanto mais os prazeres do corpo emurchecem, tanto mais crescem o desejo e o prazer da conversação[6]. Assim, não ajas de outro modo: não te reúnas apenas com estes moços e vem aqui, como à casa de amigos muito íntimos.

tantes da mais antiga corrente retórica do pensamento grego. No diálogo *Fedro* (cf. 230e-234c) de Platão, aparece reproduzido um discurso de Lísias sobre o amor.

4. Trasímaco da Calcedônia foi um dos mais célebres sofistas, ao lado de Górgias, Protágoras, Pródico e Hípias. Aristóteles diz que Trasímaco sucedeu a Tísias, que por sua vez havia sucedido a Córax, no desenvolvimento da tradição retórica na Sicília (cf. *Refutações Sofísticas*, 34, 183b 31-32). De seus escritos, restaram-nos apenas pouquíssimos fragmentos, mas a tradição lhe atribui, ao lado de Górgias, o desenvolvimento da prosa poética. Alguns estudiosos de Platão consideram que este primeiro livro da *República* teria sido composto antes dos demais livros e teria levado o nome de *Trasímaco*, por ser ele o grande interlocutor de Sócrates neste diálogo. Trasímaco praticamente desaparece no transcorrer da *República* (II-X), e Glauco e Adimanto passam a ser os dois principais interlocutores de Sócrates. Além disso, a estrutura e as características fundamentais desse Livro I se assemelham em muito aos primeiros diálogos platônicos, denominados geralmente "socráticos", cuja maior parte é aporética (ou seja, não chegam a nenhuma conclusão positiva sobre o assunto em discussão). Nos Livros II-X, entretanto, o diálogo muda de tom, e vemos sair da boca da personagem Sócrates as principais teses e teorias propriamente platônicas (como a Teoria das Idéias e a Teoria da Alma), o que coloca a *República* entre os diálogos intermediários. Platão também se refere a Trasímaco no *Fedro* (cf. 260c, 266c, 267c-d, 269d).

5. Pouco se sabe sobre Clitofonte. A única referência que temos é Plutarco (*Sobre a Fortuna e a Riqueza de Alexandre, o Grande*, 328c3), que o inclui entre os discípulos infiéis de Sócrates. Carmântides, por sua vez, só aparece aqui, em todos os diálogos de Platão, e não sabemos nada sobre ele.

6. De forma sutil, Platão opõe os prazeres do corpo ao prazer da conversação, da discussão, do diálogo (περὶ τοὺς λόγους). Na medida em que os prazeres do corpo se esvaem com a idade, o interesse pela discussão aumenta. Esse gosto pela conversação se associa intimamente à concepção que Platão tinha de filosofia: a filosofia se dá mediante o diálogo. Vemos aqui então figurada uma oposição, que encontramos comumente nos diálogos, entre o domínio do corpo e o domínio da

24 A REPÚBLICA DE PLATÃO

— Eu também — respondi — Céfalo, gosto de conversar com os ve-
e lhos; pois creio que precisamos saber deles, como de pessoas que nos
antecederam num caminho que talvez tenhamos também de palmilhar,
o que é este caminho: será áspero e difícil, ou cômodo e fácil? E eu teria
certamente prazer em conhecer o que pensas disto, pois já chegaste ao
ponto da idade que os poeta chamam "o limiar da velhice"[7]. É este um
momento difícil da vida, ou que outra coisa nos dizes a respeito?

329 a — Por Zeus — replicou — dir-te-ei, Sócrates, o que penso disso.
Muitas vezes, com efeito, reunimo-nos entre gente da mesma idade,
justificando assim o velho provérbio[8]; ora, a maioria de nós, nestes
encontros, lastima-se, saudosa dos prazeres da juventude e, lembrando-
se das delícias do amor, do vinho, da boa mesa e outras semelhantes,
aflige-se como pessoas privadas de grandes haveres, que então viviam
b bem e agora não vivem sequer. Alguns se queixam dos ultrajes a que a
idade os expõem, por parte de seus próximos e, a este propósito, acusam
com veemência a velhice de lhes ser a causa de tantos males. Mas, na
minha opinião, Sócrates, não alegam a verdadeira causa, pois, se fosse
a velhice, também eu sentiria os seus efeitos, e todos os que chegaram
a esta idade. Ora, encontrei outros velhos que não se sentiam assim;
um dia mesmo achava-me eu perto do poeta Sófocles quando alguém
c o interrogava: "Como, Sófocles, diziam-lhe, te comportas em face do
amor? És ainda capaz de possuir uma mulher?" E ele respondeu: "Calu-
da! Bom amigo, escapei-lhe com a maior satisfação, como se escapasse
a um senhor irascível e selvagem". Estas palavras agradaram-me então
e não menos agora. Com efeito, de todas as maneiras, em relação aos
sentidos, a velhice traz muita paz e liberdade. Pois, quando os desejos
d se acalmam e distendem, o dito de Sófocles se realiza plenamente:
ficamos livres de inúmeros e furiosos tiranos[9]. Quanto às lamentações,

razão. A tese implícita nesta fala de Céfalo é que as afecções provenientes do corpo
desviam o homem do que prescreve a razão, e por conseguinte, o afastam da filosofia,
como se houvesse um conflito entre esses dois domínios. Isso se tornará mais claro
quando Platão definir as partes da alma no Livro IV (cf. 436b-437c).

7. É uma frase que aparece em Homero (cf. *Ilíada*, XXII, v. 60, XXIV, v. 487 e
Odisséia, XV, v. 246 e v. 348, XXIII, v. 212) e em Hesíodo (*Os Trabalhos e os Dias*,
v. 331).

8. Este provérbio aludido por Céfalo é citado expressamente no *Fedro* (cf.
240c1):

ἥλικα γὰρ δὴ καὶ ὁ παλαιὸς λόγος τέρπειν τὸν ἥλικα

É como também diz o antigo provérbio: quem é desta idade agrada a quem é da mesma idade.

9. Essa metáfora dos desejos do corpo (ἐπιθυμίαι) como "tirano" já antecipa
sutilmente o que Platão dirá no Livro IV, ao definir as partes da alma e suas relações
recíprocas (cf. 436b-437c).

LIVRO I 25

aos aborrecimentos domésticos, só contam uma causa, Sócrates, não a velhice, porém o caráter de cada um. Quando vivem com ordem e simplicidade, a velhice lhes é moderadamente penosa. Senão, tanto a velhice como a juventude, Sócrates, lhes são árduas.

E eu, encantado com suas palavras e desejoso de ouvi-lo mais, provoquei-o e disse-lhe: – Imagino, Céfalo, que a maioria de teus ouvintes, e quando falas deste modo, não te aprova e pensa que suportas facilmente a velhice, não graças a teu caráter, mas a tuas abundantes riquezas; os ricos, dizem, sempre têm numerosas compensações.

– Falas com acerto – respondeu – eles não me aprovam. E assistelhes um pouco de razão, mas não tanta quanto julgam. É boa a resposta de Temístocles, que, ao serifiano que o injuriava e o acusava de não 330 a dever a reputação a si próprio, mas à pátria, replicou: "Se eu fosse serifiano, não me tornaria célebre, mas tampouco tu se fosses ateniense"[10]. A mesma observação aplica-se aos que não são ricos e não cessam de se queixar da idade provecta, pois nem o sábio agüenta com perfeita satisfação a velhice acompanhada da pobreza, nem o insensato, sendo rico, fica em paz consigo mesmo.

– Mas Céfalo – redargüi – o que possuis, recebeste em herança ou adquiriste sozinho a maior parte?

– O que adquiri, Sócrates? Em matéria de riquezas, mantive o b meio-termo entre o meu avô e o meu pai. O meu avô, cujo nome eu uso, tendo herdado uma fortuna quase igual à que me pertence atualmente, multiplicou-a, mas Lisânias, meu pai, reduziu-a algo abaixo de seu nível atual. Quanto a mim, contento-me em deixar a estes jovens não menos, porém pouco mais do que recebi.

– Eu te fiz a pergunta – disse – porque me pareceste não amar excessivamente a riqueza: é assim que procedem, na maioria, os que c não ganharam por si mesmos. Os que a ganharam sozinhos prezamna das vezes mais do que os outros. Pois, tal como os poetas prezam

---

10. Essa mesma história é contada por Heródoto de maneira um pouco diferente (Histórias, VIII, 125):

οὕτω ἔχει τοι· οὔτ’ ἂν ἐγὼ ἐὼν Βελβινίτης ἐτιμήθην οὕτω πρὸς Σπαρτιητέων, οὔτ’ ἂν σύ, ὤθρωπε, ἐὼν Ἀθηναῖος.

É isso mesmo: se eu fosse um belbinita, não seria honrado dessa maneira pelos Espartanos, e nem tu serias, homem, se fosses um ateniense.

Temístocles e Péricles eram considerados os dois grandes homens políticos de Atenas no séc. v a.C. (cf. Platão, Górgias, 455e). Temístocles comandou, enquanto estratego, a vitória dos gregos sobre os persas na Batalha de Salamina (480 a.C.); foi ele que fortificou o Pireu. Péricles, por sua vez, também enquanto estratego, comandou os gregos contra os espartanos no início da Guerra do Peloponeso (431-404 a.C.); morreu, porém, no segundo ano da guerra, em 429 a.C.

26 A REPÚBLICA DE PLATÃO

seus poemas e os pais seus filhos, os homens de negócios se apegam à fortuna, por ser obra própria e devido à utilidade dela, como os outros homens. Por isso são de trato difícil, não consentindo em elogiar nada exceto o dinheiro.

– É verdade – confessou.

d – Perfeitamente – repliquei. – Mas dize-me ainda uma coisa: de que bem supremo, julgas, que a posse de uma grande fortuna te permitiu gozar?

– Disso, talvez – respondeu – eu não persuadiria a muita gente se eu to dissesse. Sabe, com efeito, Sócrates, que, quando um homem está prestes a pensar na morte, o medo e a preocupação o assaltam a propósito de coisas que, dantes, não o perturbavam. O que se conta sobre o Hades e os castigos que aí há de receber quem tenha cometido injustiça neste mundo, essas fábulas, de que riu até então, passam a

e atormentar-lhe a alma: teme que sejam verdadeiras[11]. E – ou por causa da fraqueza da idade, ou porque, estando mais perto das coisas do além, as enxerga melhor – seu espírito enche-se de desconfiança e terror; reflete, examina se se tornou culpado de injustiça para com outrem. E quem descobre em sua vida muitas iniqüidades, desperta freqüentemente em meio das noites, como as crianças, tem medo e vive na mais

331 a triste expectativa. Mas junto àquele que se sabe inocente vela sempre uma agradável esperança, benfazeja *nutriz da velhice*, para falar com Píndaro. Pois foi com felicidade, Sócrates, que este poeta disse que, quando um homem levou a vida justa e piedosa:

> Doce a seu coração
> E nutriz de sua velhice, acompanha-o
> A esperança, que governa
> A alma volúvel dos mortais[12]

11. Essa declaração de Céfalo mostra, por um lado, que era reduzida a crença entre os homens comuns nos mitos de origem órfico-pitagórica sobre as punições e as recompensas da alma após a morte; e, por outro, como esses mitos não estavam circunscritos a um grupo esotérico e sectário, mas eram amplamente conhecidos pelos homens daquela época. O próprio Platão, em muitos diálogos, assimila elementos de origem órfico-pitagórica, como, por exemplo, nos mitos escatológicos do *Górgias* (cf. 523a-527a) e da *República* (Livro x). Neles, há um forte apelo e louvor à vida justa para que a alma evite a punição e receba as devidas recompensas após a morte. A imortalidade da alma e a metempsicose também são dois elementos órfico-pitagóricos presentes na filosofia de Platão. Sobre os pitagóricos, ver infra n. 19, p. 383.

12. Píndaro, Fr. 214 (William H. Race, *Loeb Classical Library*, 1997).

LIVRO I

E isto é maravilhosamente bem dito. Neste sentido, considero a posse de riquezas como muito preciosa, não para todo homem, mas para o sábio e o sensato. Pois, a fim de evitar que, involuntariamente, nos enganemos ou mintamos e que, devendo sacrifícios a um deus ou dinheiro a um homem, passemos ao outro mundo com medo, para evitar isso a posse de riquezas contribui com grande parcela. Ela oferece também muitas outras vantagens. Mas, se as contrapormos uma a uma, sustento, Sócrates, que, para o homem sensato, é aí que reside a maior utilidade do dinheiro.

– As tuas palavras são cheias de beleza, Céfalo – redargüi. – Mas acerca desta virtude mesma, a justiça, afirmaremos simplesmente que consiste em dizer a verdade e em devolver o que se recebeu de alguém, ou que agir deste modo é às vezes justo e outras vezes injusto? Por exemplo: todo mundo concorda que, se recebemos armas de um amigo são de espírito que, enlouquecido, as reclama de volta, não devemos restituir-lhas, e quem as devolvesse não seria justo, assim como quem quisesse declarar a verdade toda um homem em tal estado.

– É exato – disse ele.

– Portanto, esta definição não é a da justiça: dizer a verdade e devolver o que se recebeu.

– Mas sim, Sócrates – interveio Polemarco – pelo menos a crer em Simônides[13].

– Bem, bem! – disse Céfalo – abandono-vos a discussão, pois já é tempo de ocupar-me do sacrifício[14].

– Não sou eu teu herdeiro? – perguntou-lhe Polemarco.

– Sem dúvida – respondeu, rindo; e saiu imediatamente para o sacrifício.

Dize-nos pois – prossegui – ó herdeiro do discurso, o que é que Simônides afirma, e tu aprovas, a respeito da justiça[15].

---

13. Simônides (cerca de 556-468 a.C.) foi um poeta lírico grego, natural de Ceos, uma pequena ilha grega em frente à costa da Ática. Teria conhecido Atenas na época de Temístocles (cerca de 493 a.C.), e depois das Guerras Persas teria ido para a Sicília, onde morreu.

14. A personagem Céfalo deixa a discussão aos mais jovens. Essa figura do homem velho tem uma importância crucial nesse começo da *República*. Sua preocupação com a proximidade da morte o faz refletir sobre o valor da justiça e da injustiça, e é justamente esse o tema central do debate entre Sócrates e Trasímaco e de toda a *República*, de um modo geral. É nas digressões de Céfalo sobre a morte que Platão coloca, pela primeira vez na *República*, o problema da justiça, se é mais vantajoso ao homem viver de forma justa ou injusta.

15. As inúmeras referências e citações aos poetas que aparecem nos três primeiros livros da *República* ilustram bem como os gregos eram educados por meio

28 A REPÚBLICA DE PLATÃO

– Que é justo – afirma ele – devolver a cada um o que se lhe deve; e nisso, acho que tem razão.

– Por certo – redargüi – não é fácil recusar crédito a Simônides, homem de fato sábio e divino[16]; entretanto, o que ele quer dizer com

da poesia. Esse modelo tradicional de educação, que Platão pretende superar na *República*, aparece descrito num trecho do diálogo *Protágoras* (325e1-326a4):

> ΠΡΩ· οἱ δὲ διδάσκαλοι τούτων τε ἐπιμελοῦνται, καὶ ἐπειδὰν αὖ γράμματα μάθωσιν καὶ μέλλωσιν συνήσειν τὰ γεγραμμένα ὥσπερ τότε τὴν φωνήν, παρατιθέασιν αὐτοῖς ἐπὶ τῶν βάθρων ἀναγιγνώσκειν ποιητῶν ἀγαθῶν ποιήματα καὶ ἐκμανθάνειν ἀναγκάζουσιν, ἐν οἷς πολλαὶ μὲν νουθετήσεις ἔνεισιν, πολλαὶ δὲ διέξοδοι καὶ ἔπαινοι καὶ ἐγκώμια παλαιῶν ἀνδρῶν ἀγαθῶν, ἵνα ὁ παῖς ζηλῶν μιμῆται καὶ ὀρέγηται τοιοῦτος γενέσθαι.

> PROTÁGORAS: Os mestres cuidam das crianças, e quando elas aprendem as letras e estão prontas para compreender a escrita tal como antes a fala, eles as colocam sentadas nos bancos a ler os poemas dos bons poetas e as obrigam a decorá-los, nos quais há inúmeras admoestações, inúmeras exposições, elogios, e encômios aos antigos bons homens, a fim de que a criança, tendo apreço por eles, os imite e aspire tornar-se-lhes semelhante.

16. A qualificação de "homem de fato sábio e divino" (σοφὸς γὰρ καὶ θεῖος ἀνήρ) atribuída a Simônides é a forma arcaica de se referir ao poder prodigioso do poeta, que era diretamente inspirado pelas Musas. Mas Platão, no diálogo *Mênon*, distingue o "homem sábio" do "homem divino". Referindo-se aos políticos, que também tinham a reputação de "homens sábios e divinos", Platão diz o seguinte (99b11-d5):

> ΣΩ. Οὐκοῦν εἰ μὴ ἐπιστήμῃ, εὐδοξίᾳ δὴ τὸ λοιπὸν γίγνεται· ᾗ οἱ πολιτικοὶ ἄνδρες χρώμενοι τὰς πόλεις ὀρθοῦσιν, οὐδὲν διαφερόντως ἔχοντες πρὸς τὸ φρονεῖν ἢ οἱ χρησμῳδοί τε καὶ οἱ θεομάντεις· καὶ γὰρ οὗτοι ἐνθουσιῶντες λέγουσιν μὲν ἀληθῆ καὶ πολλά, ἴσασι δὲ οὐδὲν ὧν λέγουσιν.

> ΜΕΝ. Κινδυνεύει οὕτως ἔχειν.

> ΣΩ. Οὐκοῦν, ὦ Μένων, ἄξιον τούτους θείους καλεῖν τοὺς ἄνδρας, οἵτινες νοῦν μὴ ἔχοντες πολλὰ καὶ μεγάλα κατορθοῦσιν ὧν πράττουσι καὶ λέγουσι;

> ΜΕΝ. Πάνυ γε.

> ΣΩ. Ὀρθῶς ἄρ' ἂν καλοῖμεν θείους τε οὓς νυνδὴ ἐλέγομεν χρησμῳδοὺς καὶ μάντεις καὶ τοὺς ποιητικοὺς ἅπαντας· καὶ τοὺς πολιτικοὺς οὐχ ἥκιστα τούτων φαῖμεν ἂν θείους τε εἶναι καὶ ἐνθουσιάζειν, ἐπίπνους ὄντας καὶ κατεχομένους ἐκ τοῦ θεοῦ, ὅταν κατορθῶσι λέγοντες πολλὰ καὶ μεγάλα πράγματα, μηδὲν εἰδότες ὧν λέγουσιν.

> ΜΕΝ. Πάνυ γε.

> SÓCRATES: Se não é o conhecimento, só nos resta então a opinião correta. Os políticos, servindo-se dela, dirigem retamente as cidades, em nada se diferindo dos adivinhos e dos profetas quanto à compreensão. De fato, eles, com o deus dentro de si, dizem muitas coisas verdadeiras, mas não sabem nada do que dizem.

> MÊNON: É provável que assim seja.

> SÓCRATES: Então, Mênon, não é digno que chamemos esses homens de divinos, os quais, mesmo não tendo a compreensão, obtêm sucesso em inúmeras questões importantes quando agem ou falam?

> MÊNON: Absolutamente.

> SÓCRATES: Ora, então chamaríamos corretamente de divinos os que há pouco mencionávamos, os adivinhos, os profetas e todos os poetas; e os políticos, semelhantes a eles, afirmaríamos que são divinos e têm o deus dentro de si, e que estão inspirados e possuídos pelo deus quando, por meio da fala, obtêm sucesso em inúmeras questões importantes, embora não saibam nada do que dizem.

> MÊNON: Absolutamente.

LIVRO I 29

isso tu, Polemarco, talvez o saibas, mas eu o ignoro; pois é evidente que não afirma o que dizíamos há pouco: que se deva restituir um depósito a alguém que o exige, tendo embora perdido o juízo. No entanto, o que foi confiado é devido, não é? 332 a

– Sim.

– E não se deve, de maneira alguma, restituí-lo quando quem o pede de volta não está são de espírito?

– É verdade – confessou.

– Então, segundo parece, Simônides pretende dizer outra coisa, ao afirmar que é justo devolver o que se deve.

– Outra coisa, seguramente, por Zeus – respondeu ele – pois julga que se deve fazer o bem aos amigos, porém o mal.

– Compreendo – disse – que não é devolver a alguém o devido restituir-lhe o ouro que nos confiou, se a restituição e a reposição se b efetuam em seu prejuízo, e se aquele que recupera e aquele que restitui são amigos. Não é assim que, na tua opinião, Simônides pensa?

– Perfeitamente.

– Mas como? Aos inimigos, deve-se devolver o que julgamos dever-lhes?

– Seguramente – disse ele – o que lhes é devido; e lhes é devido, penso, o que convém de inimigo para inimigo, a saber, o mal.

– É por enigmas, portanto – continuei – à maneira dos poetas, que Simônides parece ter definido a justiça[17]. Pois considerava justo, c creio, devolver a cada um o que lhe convém, mas a isso chamava o que lhe é devido.

– Pois bem! Mas o que pensas disso? – retrucou.

– Por Zeus! – respondi – se alguém lhe perguntasse: "Simônides, a quem uma determinada arte terá de dar alguma coisa que lhe seja devida ou lhe convenha, e de que natureza deve ser ela para ser denominada medicina?", o que achas que ele teria respondido?

– Evidentemente, que dá ao corpo os remédios, os alimentos e as beberagens.

– E a quem e o que dá, de conveniente e devido, a arte da cozinha?

– Às comidas, os temperos. d

17. Vemos aqui uma crítica implícita à poesia: Simônides, assim como os demais poetas, fala por enigmas (αἰνίσεσθαι), e não diz claramente nem define com precisão aquilo sobre o que versa. Nesse sentido, enquanto Sócrates busca filosoficamente a definição exata do que seja de fato a justiça (δικαιοσύνη), Simônides trata desse tema como se falasse por enigmas, ou seja, de forma obscura e imprecisa. A crítica à poesia e aos poetas, que já aparece aqui implícita, ocorrerá nos Livros II, III e X.

30 A REPÚBLICA DE PLATÃO

– Seja. Ora, a quem e o que dá a arte que chamaremos justiça?

– Se é necessário, Sócrates – respondeu – estar de acordo com as nossas palavras precedentes, ela distribui aos amigos e aos inimigos benefícios e danos.

– Portanto, fazer o bem aos amigos e o mal aos inimigos, é o que Simônides entende por justiça?

– É o que parece.

– Ora, quem é mais capaz de fazer o bem aos amigos doentes e o mal aos inimigos, no tocante à doença e à saúde?[18]

– O médico.

e – E aos navegadores, no que concerne ao perigo do mar?

– O piloto.

– Mas que diremos do justo? Em que ocasião e para que obra será ele sobretudo capaz de servir os amigos e prejudicar os inimigos?

– Na guerra, para combater a uns e aliar-se aos outros, parece-me.

– Está bem. Mas para os que não sofrem, meu caro Polemarco, o médico é inútil.

– É verdade.

– E para os que não navegam, o piloto também.

– Também.

– Será que, do mesmo modo, o justo é inútil para os que não fazem a guerra?

– De modo nenhum, a meu ver.

– Então, a justiça é útil mesmo em tempo de paz?

333 a – É útil.

– E a agricultura também, não é?

– Sim.

---

18. Esse poder ambivalente da medicina remonta ao termo grego φάρμακον ("poção", em geral), que pode ser entendido tanto como "remédio" para a cura quanto "veneno" para a morte. No *Elogio de Helena*, Górgias alude a essa mesma ambivalência do φάρμακον (§14):

τὸν αὐτὸν δὲ λόγον ἔχει ἥ τε τοῦ λόγου δύναμις πρὸς τὴν τῆς ψυχῆς τάξιν ἥ τε τῶν φαρμάκων τάξις πρὸς τὴν τῶν σωμάτων φύσιν. ὥσπερ γὰρ τῶν φαρμάκων ἄλλους ἄλλα χυμοὺς ἐκ τοῦ σώματος ἐξάγει, καὶ τὰ μὲν νόσου τὰ δὲ βίου παύει, οὕτω καὶ τῶν λόγων οἱ μὲν ἐλύπησαν, οἱ δὲ ἔτερψαν, οἱ δὲ ἐφόβησαν, οἱ δὲ εἰς θάρσος κατέστησαν τοὺς ἀκούοντας, οἱ δὲ πειθοῖ τινι κακῇ τὴν ψυχὴν ἐφαρμάκευσαν καὶ ἐξεγοήτευσαν.

O mesmo argumento vale tanto para o poder do discurso relativo ao arranjo da alma quanto para a arranjo dos remédios relativo à natureza do corpo: assim como alguns remédios extraem alguns humores do corpo, uns acabando com a doença, outros com a vida, também alguns discursos trazem o sofrimento, outros o deleite, outros o medo; uns infundem audácia nos ouvintes, outros, por meio de uma má persuasão, entorpecem a alma e a enfeitiçam.

– Para obter os frutos da terra?

– Sim.

– E também a arte do sapateiro?

– Sim.

– Para obter sapatos, dirás tu, penso.

– Sem dúvida.

– Mas, então, para que uso ou para a posse de que objeto dirás que a justiça é útil em tempo de paz?

– Para os contratos comerciais, Sócrates.

– Por contratos comerciais, entendes associações ou outra coisa?

– Associações, certamente.

– Será, pois, o justo um associado bom e útil para dispor os peões b no gamão, ou aquele que conhece o jogo?

– Aquele que conhece o jogo.

– Para assentar tijolos e pedras, o justo é mais útil e mais eficaz do que o pedreiro?

– De modo algum.

– Mas em qual associação é o justo melhor associado do que o pedreiro e o citarista, como o citarista o é, em relação ao justo, na arte dos sons?

– Nas questões de dinheiro, parece-me.

– Salvo talvez, Polemarco, para fazer uso do dinheiro; quando é preciso, por exemplo, com fundos comuns, comprar ou vender um cavalo, creio que então o melhor associado é o negociante de cavalos, não é? c

– É evidente.

– E quando se trata da compra de um barco, é o construtor ou o piloto.

– Ao que tudo indica.

– Em qual destes casos, portanto, em que cumpre usar dinheiro ou ouro em comum, é o justo um associado mais útil que os outros?

– No caso de um depósito que desejamos guardar com segurança, Sócrates.

– Não quer isso dizer, quando o dinheiro não é utilizado e fica improdutivo?

– Sem dúvida.

– Quando, pois, o dinheiro permanece inútil, é então que, em relação a ele, é a justiça útil? d

– Creio que sim.

– E quando é preciso guardar um podão, a justiça é útil tanto do ponto de vista coletivo como do particular; mas quando é preciso servir-se dela, é a arte de cultivar a vinha?

32 A REPÚBLICA DE PLATÃO

– Assim ma parece.

– Afirmarás, pois, que, se se trata de guardar um escudo e uma lira, e não de servir-se deles, a justiça é útil, mas, se se trata de usá-los, é a arte do hoplita e do músico.

– Necessariamente.

– E, no referente a todas as outras coisas, será a justiça inútil a cada uma quando ela serve e útil quando não serve?

– Assim creio.

e   – Mas então, meu amigo, a justiça não é algo muito importante, se seu uso se estende apenas a coisas inúteis. Mas examinemos ainda o seguinte: o homem mais destro em desferir golpes, num combate, num pugilato ou em qualquer outra luta, não é também o mais destro em apará-los?

– Sem dúvida.

– E quem é hábil em se preservar de uma doença, não é também o mais hábil em transmiti-la em segredo?

– Parece-me.

334 a   – Mas não é bom guardião de um exército quem rouba aos inimigos os segredos, os planos e tudo o que lhes concerne?

– Sem dúvida.

– Logo, o hábil guardião de uma coisa é também o seu hábil larápio.

– Aparentemente.

– Se portanto o justo é hábil em guardar dinheiro, será também hábil em roubá-lo.

– Pelo menos é este – disse ele – o sentido do raciocínio.

– Assim, o justo acaba de nos aparecer como uma espécie de larápio, e tu estás com um ar de quem aprendeu isso em Homero.

b   Este poeta, com efeito, prezava o avô materno de Odisseu, Autólico, e sustentava, que ele *superava todos os homens no hábito do roubo e do perjúrio*[19]. Por conseguinte, parece que a justiça, o teu modo de pensar, no de Homero e no de Simônides, é uma arte de roubar, em favor, todavia dos amigos e em detrimento dos inimigos. Não é assim que a entendias?

– Não, por Zeus – respondeu. – Não sei o que pretendia dizer; entretanto, acho ainda que a justiça consiste em beneficiar os amigos e prejudicar os inimigos.

19. Cf. Homero, *Odisséia*, xix, vv. 395-396.

LIVRO I — 33

– Mas a quem tratas de amigo[20]: aos que se nos parecem hones- c
tos ou àqueles que o são, embora não o pareçam, e assim quanto aos
inimigos?

– É natural – disse – amar os que supomos honestos e odiar os
que supomos malvados.

– Mas não se enganam os homens a este respeito, de modo que
muitas pessoas lhes parecem honestas, não o sendo, e inversamente?

– Sim, enganam-se.

– Para estes, portanto, os bons são inimigos e os maus, amigos?

– Sem dúvida.

– E, no entanto, consideram eles justo beneficiar os maus e pre-
judicar os bons?   d

– Parece.

– Entretanto, os bons são justos e incapazes de cometer injustiça?

– É verdade.

– Segundo o teu raciocínio é, pois, justo fazer mal aos que não
cometem injustiça.

– De nenhum modo, Sócrates – contestou – pois o raciocínio
parece mau.

– É justo, então – prossegui – prejudicar os perversos e beneficiar
os bons?

– Esta conclusão se me afigura mais bela do que a precedente.

– Para muita gente, portanto, Polemarco, que se enganou sobre
os homens, a justiça consistirá em prejudicar os amigos, pois tem por e
amigos os perversos, e em beneficiar os inimigos, que são bons de fato.
E assim afirmaremos o contrário do que fazíamos Simônides dizer.

– Seguramente – confirmou ele – é assim que a questão se apresenta. Mas corrijamos a nossa posição; pois, corremos o risco de não
haver definido exatamente o amigo e o inimigo.

– Como os definimos, Polemarco?

– Aquele que parece honesto, aquele é amigo.

– E agora – continuei – como corrigiremos nossa definição?

– Aquele que parece – respondeu – e que é honesto é amigo;
aquele que parece mas não é honesto, parece mas não é amigo; quanto 335 a
ao inimigo, a definição é a mesma.

– Amigo, pois, como se afigura por este raciocínio, será o homem
bom e inimigo, o mau?

– Sim.

---

20. Esta é uma distinção fundamental da filosofia platônica, entre *parecer ser*
(δοκεῖν εἶναι) e ser (εἶναι).

34 A REPÚBLICA DE PLATÃO

– Portanto, mandas juntar algo ao que dizíamos antes sobre a justiça, a saber, que é justo fazer bem ao amigo e mal ao inimigo; agora, além disso, devemos dizer que é justo fazer bem ao amigo bom e mal ao inimigo mau?

b – Perfeitamente – disse – assim isto me parece bem expresso.

– É próprio, pois, do justo – repliquei – fazer o mal a quem quer que seja?

– Sem dúvida – respondeu – é preciso fazer mal aos maus que são nossos inimigos.

– Mas os cavalos a quem se faz mal, tornam-se melhores ou piores?

– Piores.

– Relativamente à virtude dos cães ou à dos cavalos?[21]

– À dos cavalos.

– E os cães a quem se faz mal, não se tornam piores, relativamente à virtude dos cães e não à dos cavalos?

– Necessariamente.

c – Mas, quanto aos homens, meu amigo, a quem se faz mal, diremos do mesmo modo que se tornam piores, em relação à virtude humana?

– Sem dúvida.

– Ora, a justiça não é virtude humana?

– Isso também é necessário.

– Logo, meu amigo, aqueles entre os homens a quem se faz mal tornam-se necessariamente piores.

– Parece.

– Mas, por sua arte, pode o músico tornar alguém ignorante em música?

– Impossível.

– E pela arte eqüestre, o cavaleiro tornar alguém inapto a montar a cavalo?

– Não é possível.

---

21. O termo "virtude" (ἀρετή) significa, genericamente, a excelência específica de uma coisa, usado, em primeiro lugar, para designar a excelência guerreira dos homens (cf. Homero, *Ilíada*, xv, vv. 641-2), e, posteriormente, a de um animal ou a de um instrumento. Esse é um conceito central do vocabulário ético platônico, que designa a virtude propriamente moral. A pergunta tipicamente socrática "o que é a virtude?" inaugura, por assim dizer, a filosofia moral na Grécia, na medida em que orienta a investigação filosófica na busca pela definição dos conceitos fundamentais da moralidade humana (a saber, a justiça, a temperança, a coragem, a sabedoria, a piedade). A "virtude" (ἀρετή) aparece como tema central de dois diálogos platônicos, *Protágoras e Mênon*, que analisam a possibilidade de a virtude ser ou não ensinada.

LIVRO I 35

– Pela justiça, portanto, pode o justo tornar alguém injusto; ou, numa palavra, pela virtude podem os bons tornar os outros maus?   d
– Isso não se pode.
– Pois, não é próprio do calor, penso, arrefecer, mas do seu contrário.
– Sim.
– Nem da secura molhar, mas do seu contrário.
– Sem dúvida.
– Nem do homem bom prejudicar, mas do seu contrário.
– Parece.
– Mas o justo é bom?
– Sem dúvida.
– Por conseguinte, Polemarco, não é próprio do justo prejudicar a um amigo ou a pessoa alguma, mas do seu contrário, do injusto.
– Creio que dizes perfeitamente a verdade, Sócrates – confessou.
– Se, pois, alguém afirma que a justiça consiste em devolver a   e cada um o que se lhe deve, e se entende por isso que o homem justo deve prejuízo a seus inimigos e serviço aos amigos, não é sábio quem profere tais palavras. Pois não diz a verdade: em nenhum caso, com efeito, e a ninguém nos pareceu justo fazer o mal.
– Concordo – disse ele.
– Assim, tu e eu combateremos – prossegui – em comum, contra quem atribuir semelhante máxima a Simônides, a Bias, a Pítacos ou qualquer outro dos homens sábios e divinos.
– Estou pronto – exclamou ele – a associar-me ao combate.
– Mas sabes – continuei – de quem me parece ser esta assertiva de   336 a que é justo servir os amigos e prejudicar os inimigos?
– De quem? – inquiriu.
– Penso que é de Periandro[22], de Perdicas[23], de Xerxes[24], de

---

22. Periandro foi um tirano ilustre de Corinto, entre os anos 625 e 585 a.C. aproximadamente. Era considerado um dos Sete Sábios, embora Platão o exclua dessa lista no diálogo *Protágoras* (cf. 343a1-5). Heródoto também fala sobre ele (cf. *Histórias*, v, 92).

23. Perdicas também é mencionado por Platão no diálogo *Górgias* (cf. 471b2). Teria sido supostamente rei da Macedônia, e morrido por volta de 413 a.C.

24. Xerxes, filho de Dario, foi o rei da Pérsia que comandou seu exército e sua frota contra os gregos nas chamadas "Guerras Persas". Numa das batalhas mais famosas dessa guerra, a de Salamina (480 a.C.), Heródoto diz que Xerxes assistiu do sopé do monte Egaleus, situado à frente da ilha de Salamina, a derrota de sua poderosa frota, o que o fez retornar para a Pérsia (cf. *Histórias*, viii, 90). A última e decisiva batalha, a de Platéia (479 a.C.), que marcou decisivamente a derrota da Pérsia, se deu sob o comando de Mardônio.

36 A REPÚBLICA DE PLATÃO

Ismênio[25], o tebano, ou de qualquer outro ricaço que se julga mais poderoso.

– É verdade – disse ele.

– Está bem! – repliquei – mas visto que nem a justiça nem o justo nos pareceram consistir nisso, de que outra maneira poderíamos defini-los?

b   Ora, Trasímaco, tentara, repetidas vezes, enquanto falávamos, tomar parte na conversa, mas fora impedido por seus vizinhos que nos queriam ouvir até o fim. Mas, na pausa que fizemos, quando acabava de pronunciar estas palavras não mais se conteve; retesando-se, qual uma fera, investiu contra nós, como para nos dilacerar.

Polemarco e eu fomos tomados de pavor; mas Trasímaco, elevando a voz no meio do auditório, gritou: "Para que todo esse palavrório,
c   Sócrates, e por que vos fazeis de parvos inclinando-vos alternadamente um perante o outro? Se queres realmente saber o que é o justo, não te limites a interrogar, e não empenhes o brio em refutar quem responde, mas, aos reconheceres que é mais fácil inquirir do que responder, responde tu mesmo e dize como defines a justiça. E não venha me dizer
d   que é o que se deve fazer, que é o útil, o proveitoso, o lucrativo ou o vantajoso; exprime-te com clareza e precisão, pois não admitirei que imputes semelhantes banalidades".

Ouvindo-o, fui preso de estupor, e, volvendo os olhos para ele, senti-me tomado pelo medo; creio até que, se não o tivesse olhado antes que ele me olhasse, eu teria ficado mudo[26]. Mas, quando a discussão
e   começava a irritá-lo, eu o fitara primeiro, de sorte que fui capaz de replicar e dizer-lhe, tremendo um pouco: "Trasímaco, não te aborreças conosco; pois se cometemos um erro em nosso exame, eu e este moço aqui, bem sabes que o cometemos involuntariamente[27]. Com efeito, se

25. Ismênio foi um rico cidadão de Tebas, cuja fortuna teria sido herdada de Polícrates (cf. *Mênon*, 90a3-4).

26. Platão alude aqui a uma crença antiga de que, se alguém encontrasse um lobo e não o olhasse antes que o lobo o fizesse, ficaria mudo (cf. Teócrito, xiv, v. 22).

27. A questão do erro involuntário (ἄκων) e, por conseguinte, da imputabilidade moral do ato, é um dos tópicos centrais do pensamento ético grego. A célebre fala da personagem Édipo na tragédia *Édipo em Colono* de Sófocles (cf. vv. 960-1013) mostra que tipo de reflexão moral estava envolvida na questão da voluntariedade ou involuntariedade do erro. Em Platão, especialmente nos diálogos socráticos, a involuntariedade do mal é uma das principais teses defendidas pela personagem Sócrates, que atribui antes à ignorância a causa do mal. Este trecho do diálogo *Protágoras* resume bem essa forte tese moral (345d9-e4):

ἐγὼ γὰρ σχεδόν τι οἶμαι τοῦτο, ὅτι οὐδεὶς τῶν σοφῶν ἀνδρῶν ἡγεῖται οὐδένα ἀνθρώπων ἑκόντα ἐξαμαρτάνειν οὐδὲ αἰσχρά τε κακὰ ἑκόντα ἐργάζεσθαι, ἀλλ' εὖ ἴσασιν ὅτι πάντες οἱ τὰ αἰσχρὰ καὶ τὰ κακὰ ποιοῦντες ἄκοντες ποιοῦσιν.

LIVRO I

procurássemos ouro, não estaríamos dispostos a nos inclinar um diante do outro para não estragar as nossas probabilidades de descoberta? Não imaginas, pois, que, procurando a justiça, coisa mais preciosa do que grandes quantidades de ouro, nos façamos parvamente mútuas concessões, em vez de nos aplicarmos ao máximo em descobri-la? Não imagines isso de modo algum, meu caro. Mas a tarefa, creio eu, está acima de nossas forças. Devotar-nos compaixão é, pois, muito mais natural para vós, os hábeis, do que nos testemunhar irritação".

337 a

A estas palavras Trasímaco prorrompeu em riso sardônico: "Ó Héracles! Exclamou, ei-la, a habitual ironia de Sócrates! Eu já sabia e predissera a esses jovens que não quererias responder, que simularias ignorância, que tudo farias para não responder às perguntas que te fossem apresentadas!".

– Tu és um homem perspicaz, Trasímaco – respondi; – sabias muito bem que se perguntasses a alguém quais são os fatores de doze e o prevenisses: "Cuida-te, amigo, de não me dizer que doze vale duas vezes seis, ou três vezes quatro, ou seis vezes dois, ou quatro vezes três, porque eu não admitiria tamanha bagatela", sabias muito bem, digo, que ninguém responderia a uma questão assim formulada. Mas se ele te dissesse: "Trasímaco, como entendes isso? O fato de eu não dar nenhuma das respostas que enunciastes de antemão? Será que, homem extraordinário, se a verdadeira resposta é uma delas, não devo dá-la, mas declarar outra coisa que não a verdade? Ou como entendes isso?" o que contestarias?

b

c

– Muito bom! – disse ele; – como se as situações fossem as mesmas!

– Nada impede – repliquei – e mesmo que não fosse, mas se se afigurasse assim à pessoa interrogada, pensas que ela responderia menos o que lhe parecesse verdadeiro, quer lho proibíssemos ou não?

Eu julgo mais ou menos isto: qualquer homem sábio considera que não há nenhum homem que erre voluntariamente, que realize voluntariamente coisas más e vergonhosas; pelo contrário, eles bem sabem que todos os que fazem coisas más e vergonhosas o fazem involuntariamente.

Segundo Aristóteles (cf. *Ética Nicomaquéia*, III, 1-3), essa seria uma tese tipicamente socrática, e Platão teria a acolhido no seio de sua filosofia moral (*Ética Nicomaquéia*, VII, 1145b 5-7):

Σωκράτης μὲν γὰρ ὅλως ἐμάχετο πρὸς τὸν λόγον ὡς οὐκ οὔσης ἀκρασίας· οὐθένα γὰρ ὑπολαμβάνοντα πράττειν παρὰ τὸ βέλτιστον, ἀλλὰ δι' ἄγνοιαν.

Pois Sócrates combatia totalmente esse argumento como se não existisse a incontinência; pois ninguém, compreendendo [as razões], agiria contrariamente ao que é o melhor, e sim por causa da ignorância.

38 A REPÚBLICA DE PLATÃO

– Será que – retrucou ele – também agirás desta maneira? Darás algumas das respostas que te proibi?

– Não ficaria espantado – respondi – se, após exame, tomasse este alvitre.

d – Mas veja – disse ele – e se eu mostrar que há, acerca da justiça, uma resposta diferente de todas as outras e melhor do que elas, ao que tu te condenas?

– Ao que mais – retruquei – se não ao que convém ao ignorante? Ora, convém-lhe ser instruído por aquele que sabe; condeno-me, pois, a isso.

– És, de fato, encantador – disse ele; – mas, além do trabalho de aprender, despenderás[28] ainda dinheiro.

– Certamente, quando o tiver – respondi.

– Temo-lo nós – disse Glauco. – Se depender apenas de dinheiro, fala, Trasímaco: todos nós pagaremos por Sócrates.

e – Percebo perfeitamente – exclamou; – para que Sócrates se entregue à sua habitual ocupação, para que ele próprio não responda, mas depois que outrem responder, se apodere do argumento e o refute!

– Como – disse eu – excelente homem, responderia alguém primeiro, se não sabe e confessa não saber, e se, ademais, caso tenha opinião sobre o assunto, vê-se proibido de expressar o que pensa por uma personagem, cuja autoridade não é de modo algum medíocre? 338 a Compete mais a ti falar, pois que pretendes saber e ter algo a dizer. Não procedas, portanto, de outra forma: concede-me o prazer de responder e não faças parcimônia em instruir Glauco e os outros.

Tão logo proferi essas palavras, Glauco e os outros pediram-lhe que não agisse de outro modo. Trasímaco, via-se muito bem, ansiava por falar a fim de se distinguir, julgando dispor de uma belíssima resposta a dar; mas tomava o ar de insistir para que fosse eu o respondente.

b Por fim, cedeu: – Eis – bradou – a sabedoria de Sócrates: recusar-se a ensinar, instruir-se com os outros e nem sequer lhes agradecer por isso!

– Afirmas com razão – repliquei – que me instruo com os outros, mas pretendes erradamente que não lhes pago gratidão. Com efeito, pago na medida em que posso. Ora, posso apenas elogiar, pois não possuo riquezas. Mas com que gosto o faço, quando alguém me parece

---

28. Platão critica severamente os sofistas por ensinarem somente em troca de dinheiro. Esse é um dos aspectos que diferencia Sócrates, filósofo, de seus adversários, sofistas e/ou retores (cf. *Apologia,* 20a; *Górgias,* 519c; *Hípias Maior,* 282b-c; *Laques,* 186c; *Crátilo,* 384b, 391b-c).

LIVRO I   39

dizer bem, o saberás logo que me houveres respondido; pois penso que falarás bem.

– Escuta, pois – disse ele. – Declaro que o justo não é outra coisa   c
senão o vantajoso ao mais forte[29]. E então, o que esperas para me elogiar? Vais recusar-te a isso!

– Permite que eu compreenda antes o que dizes; pois, por enquanto, ainda não compreendi. Pretendes que o vantajoso ao mais forte é o justo. Mas como, Trasímaco, entendes isso? Com efeito, não há de ser da seguinte maneira: Se Polidamas[30], o pancraciasta, é mais forte do que nós, e se a carne de boi é mais vantajosa para o sustento de suas forças, não dizes que, para nós também, mais fracos do que ele, este alimento é vantajoso e, conjuntamente, justo?   d

– És repugnante, Sócrates – retrucou; – tomas as minhas palavras por onde podes infligir-lhes maior mal!

– De nenhum modo, excelente homem – prossegui; – porém expressa-te mais claramente.

– Pois bem! Não sabes que, dentre as cidades, umas são tirânicas, outras democráticas e outras ainda aristocráticas?

– Como não o saberia?

– Ora, o elemento mais forte, em cada cidade, não é o governo?

– Sem dúvida.

– E cada governo estabelece as leis para sua própria vantagem: a   e
democracia, leis democráticas, a tirania, leis tirânicas e os outros procedem do mesmo modo; estabelecidas estas leis, declaram justa, para os governados, esta vantagem própria e punem quem a transgride como violador da lei e culpado de injustiça. Eis portanto, excelente criatura, o que afirmo: em todas as cidades, o justo é uma e mesma coisa: o   339 a
vantajoso ao governo constituído; ora, este é o mais forte, donde segue, para todo homem que raciocina corretamente, que em toda parte o justo é uma e mesma coisa: o vantajoso ao mais forte.

– Agora – redargüi – compreendi o que dizes; é isso verdadeiro ou

---

29. Essa tese defendida por Trasímaco, de que o justo é o mais vantajoso para o mais forte, aparece também no diálogo *Górgias* defendida por Cálicles, apesar de haver diferenças na formulação. Cálicles defende que o justo é o homem superior dominar os inferiores e ter mais posses do que eles (cf. 483d). Essa tese, que dá a primazia ao mais forte, ao homem superior, e que define a justiça como o que lhe convém, é atribuída por Platão aos sofistas de um modo geral. Portanto, refutar a tese de Trasímaco significa aqui a vitória da filosofia, representada pela figura de Sócrates, sobre os sofistas, os grandes adversários de Platão, representados na *República* por Trasímaco.

30. Polidamas foi o vencedor das Olimpíadas de 408 a.C.

não? Tentarei estudá-lo. Portanto, também tu respondeste, Trasímaco, que o vantajoso é o justo – após me teres proibido semelhante resposta – ajuntando, todavia, o vantajoso "ao mais forte".

b — Pequena adição, talvez? – disse ele.

— Ainda não é evidente que seja grande; mas é evidente que cumpre examinar se falas a verdade. Reconheço contigo que o justo é algo vantajoso; mas acrescentas à definição, e afirmas que é vantajoso ao mais forte; quanto a mim, ignoro-o: é preciso examiná-lo.

— Examina – disse ele.

— É o que farei – prossegui. – E dize-me: não pretendes tu que é justo obedecer aos governantes?

— Sim.

c — Mas são os governantes infalíveis, em cada cidade, ou suscetíveis de se enganar?

— Certamente – respondeu – suscetíveis de se enganar.

— Portanto, quando empreendem estabelecer leis, elaboram boas e más leis?

— Penso que sim.

— Será que as boas são as que instituem o que lhes é vantajoso e as más o que lhes é desvantajoso? Ou então como o formulas?

— Assim.

— Mas o que eles instituíram, os governados devem cumprir, e nisso consiste a justiça, não é?

— Certo.

d — Logo, não só é justo, na tua opinião, fazer o que é vantajoso ao mais forte, mas ainda o contrário, o que lhe é desvantajoso.

— O que estás dizendo? – gritou ele.

— O que tu próprio dizes, parece-me; mas examinemo-lo melhor. Não reconhecemos que, às vezes, os governantes se enganavam quanto ao seu maior bem, prescrevendo certas coisas aos governados? E que, de outro lado, era justo que os governados fizessem o que lhes prescreviam os governantes? Não reconhecemos isso?

— Assim creio – confessou ele.

e — Crês pois, também – repliquei – que reconheceste ser justo fazer o que é desvantajoso aos governantes e aos mais fortes, quando os governantes ordenam involuntariamente coisas que lhes são prejudiciais; pois, pretendes ser justo que os governados façam o que ordenam os governantes. Daí, mui sapiente Trasímaco, não se segue, necessariamente, ser justo fazer o contrário do que dizes? Ordena-se, com efeito, que o mais fraco faça o que é desvantajoso ao mais forte.

340 a — Sim, por Zeus, Sócrates, isso é muito claro – disse Polemarco.

LIVRO I 41

– Se pelo menos lhe deres o teu testemunho – interveio Clitofonte.

– E para que é preciso tal testemunho? – continuou. – Com efeito, o próprio Trasímaco reconhece que às vezes os governantes dão ordens prejudiciais a si próprios e que é justo que os governados executem-nas.

– Não, Polemarco; executar as ordens dadas pelos governantes é o que Trasímaco colocou como justo.

– Realmente, Clitofonte, todavia ele colocou como justo o que é vantajoso ao mais forte. Tendo posto estes dois princípios, reconheceu, **b** de outro lado, que às vezes os mais fortes dão aos mais fracos e aos governados ordens prejudiciais a si próprios. Destas declarações, resulta ser o justo tanto a vantagem do mais forte, como a sua desvantagem.

– Mas – replicou Clitofonte – ele definiu como vantajoso ao mais forte aquilo que o mais forte crê ser de sua vantagem; é isso que o mais fraco deve fazer e é isso que Trasímaco colocou como justo.

– Ele não se expressou dessa maneira! – bradou Polemarco.

– Não importa, Polemarco – disse eu – mas, se agora Trasímaco **c** assim se expressa, admitamos que é assim que ele o entende. E dize-me, Trasímaco: entendias por justo o que parece vantajoso ao mais forte, quer lhe dê vantagem ou não? Diremos nós que assim te exprimes?

– De modo algum – respondeu; – pensas que chamo mais forte aquele que se engana, no momento em que se engana?

– Era o que eu pensava – disse – quando reconhecias que os governantes não são infalíveis, mas podem enganar-se.

– Tu és um sicofanta[31], Sócrates, na discussão – retrucou ele; **d** – chamas médico aquele que se engana com respeito aos doentes, no próprio momento e enquanto se engana? Ou calculador aquele que comete um erro de cálculo, no momento mesmo em que o comete? Não. É por modo de falar, suponho, que dizemos: o médico se enganou, o calculador ou o escriba se enganou. Mas creio que nenhum deles, na medida em que é o que o denominamos, jamais se engana. Por isso, no sentido rigoroso da expressão, pois tu, também, és exigente nesse particular, quem se engana, o faz quando sua ciência o abandona, no **e** momento em que já não é artesão; assim, artesão, sábio ou governante, ninguém se engana no próprio exercício destas funções, conquanto todo

---

31. O termo "sicofanta" (συκοφάντης) era empregado em Atenas para designar os homens que faziam acusações contra cidadãos atenienses e agiam como promotores públicos. Eram chantagistas, e muitas vezes caluniavam os acusados distorcendo suas palavras e suas ações. Trasímaco chama Sócrates aqui de "sicofanta" pejorativamente, querendo dizer que Sócrates age de má fé na discussão e dificulta a elucidação do argumento.

42 A REPÚBLICA DE PLATÃO

mundo diga que o médico se enganou, que o governante se enganou. Admite, portanto, que eu te tenha respondido há pouco, neste sentido; mas, para dizê-lo de forma mais precisa, o governante, enquanto governante, não se engana, não comete erro ao erigir em lei o seu maior bem, que o governado deve realizar. Destarte, como no início, afirmo que a justiça consiste em fazer o que é vantajoso ao mais forte.

341 a

– Seja, Trasímaco – disse eu. – E te pareço eu um sicofanta?

– Perfeitamente – respondeu.

– Pensas que, por insídia premeditada, para te prejudicar na discussão, foi que te interroguei da maneira como fiz?

– Tenho certeza – disse ele. – Mas nada ganharás com isso, pois não poderás ocultar-te para me prejudicar, nem, abertamente, dominar-me pela violência na disputa.

b

– Tampouco o tentaria – repliquei – bem-aventurado homem! Mas, a fim de que nada disso se reproduza, assinala nitidamente se entendes no sentido vulgar ou no sentido preciso, de que acabas de falar, as palavras governante e mais forte, para cuja vantagem seria justo que o mais fraco agisse.

– Entendo o governante no sentido preciso do termo – respondeu. – Assim, tenta deturpar ou denegrir minha assertiva, se puderes, não peço condescendência. Mas não és capaz disso!

c

– Imaginas que eu seja insensato a ponto de tentar tosquiar um leão ou caluniar Trasímaco?

– Acabas, no entanto, de tentá-lo, embora sejas nulo aí também!

– Chega disso! – exclamei. – Mas dize-me: o médico no sentido exato do termo, de que falavas há pouco, tem por objeto ganhar dinheiro ou tratar dos doentes? E fala-me do verdadeiro médico.

– Ele tem por objeto – respondeu – tratar dos doentes.

– E o piloto? O verdadeiro piloto, é chefe dos marinheiros ou marinheiro?

– Chefe dos marinheiros.

d

– Não penso que, para denominá-lo marinheiro, se deva levar em conta o fato de ele viajar em um barco; pois não é por navegar que o denominam piloto, mas por causa de sua arte e do comando que exerce sobre os marinheiros.

– É certo – confessou.

– Portanto, para o doente e para o marinheiro, existe algo vantajoso?

– Sem dúvida.

– E a arte – prossegui – não tem por fim procurar e proporcionar a cada um o que lhe é vantajoso?

LIVRO I

– É isso – disse ele.

– Mas há, para cada arte, outra vantagem exceto a de ser tão perfeita quanto possível?

– Qual o sentido de tua pergunta?   e

– Este. Se me perguntasses se basta ao corpo ser corpo, ou se necessita de outra coisa, responder-te-ia: "Certamente necessita de outra coisa. Daí por que foi inventada a arte médica: porque o corpo é defeituoso e não lhe basta ser o que é. Por isso, a fim de lhe proporcionar o vantajoso, organizou-se a referida arte". Parece-te – disse eu – haver ou não razão nestas palavras?

– Tens razão – respondeu.

– Mas então a própria medicina é defeituosa? E, em geral, uma   342 a arte exige certa virtude, como os olhos a vista, ou as orelhas o ouvido, pelo fato de que tais órgãos carecem de uma arte que examine e lhes proporcione o vantajoso para ver e para ouvir? E nesta arte mesma há algum defeito? Cada arte precisa de outra arte que examine o que lhe é vantajoso, esta por seu turno de outra semelhante e assim ao infinito? Ou examina ela própria o que lhe é vantajoso? Ou ainda não necessita   b de si nem de outra para remediar a sua imperfeição? Pois nenhuma arte tem sinal de falha ou de imperfeição, e não deve procurar outra vantagem, afora a do objeto ao qual se aplica: ela própria, quando verdadeira, estando isenta de mal e pura por todo o tempo em que permanecer rigorosa e inteiramente conforme à sua natureza. Examina, pois, tomando as palavras no sentido preciso de que falavas: é assim ou de outro modo?

– Parece-me que é assim – confirmou ele.

– Portanto – redargüi – a medicina não tem em vista a sua própria   c vantagem, mas a do corpo.

– Sim – reconheceu.

– Nem a arte hípica a sua própria vantagem, mas a dos cavalos; nem, em geral, qualquer arte a sua própria vantagem, pois de nada carece, mas a do objeto a que se aplica.

– Assim se me afigura – disse ele.

– Mas, Trasímaco, as artes governam e dominam o objeto sobre o qual se exercem.

Ele me concedeu isso, porém, a muito custo.

– Portanto, nenhuma ciência visa ou prescreve a vantagem do mais forte, porém a do mais fraco, do objeto governado por ela.   d

Por fim, concedeu-me também este ponto, mas depois de tentar contestá-lo; depois de haver cedido, eu disse: – Assim, o médico, na medida em que é médico, não visa nem ordena a sua própria vantagem,

44 A REPÚBLICA DE PLATÃO

mas a do doente? Com efeito, tínhamos reconhecido que o médico, no sentido preciso da palavra, governa os corpos e não é homem de negócios[32]. Não foi?

Ele concordou.

– E que o piloto, no sentido preciso, governa os marinheiros, mas não é marinheiro?

e — Reconhecemos, sim.

– Por conseguinte, um tal piloto, um tal chefe, não visará e não prescreverá de modo algum a sua própria vantagem, porém a do marinheiro, do sujeito que ele governa?

Concordou com dificuldade.

– Assim pois, Trasímaco – prossegui – nenhum chefe, qualquer que seja a natureza de sua autoridade, na medida em que é chefe, se propõe e ordena a sua própria vantagem, mas a do súdito ao qual governa e para o qual exerce a sua arte; com vista ao vantajoso e conveniente a este súdito, é que ele diz tudo o que diz e faz tudo o que faz.

343 a Estávamos neste ponto da discussão, e era claro a todos que a definição de justiça dera no contrário, quando Trasímaco, em vez de responder, bradou:

– Dize-me, Sócrates, tens uma ama-de-leite?

– O quê? – repliquei – não seria preferível me responderes a fazeres semelhantes perguntas?

– É que – continuou – ela te deixa com o nariz a escorrer e não te assoa, embora ainda precises disso, já que não aprendeste a distinguir entre carneiros e pastor.

– Por que dizes isso? – indaguei.

b — Porque imaginas que os pastores e os vaqueiros se propõem o bem de seus carneiros e bois, que os engordam e criam tendo em mira algo mais do que o bem de seus amos e deles próprios. E, do mesmo modo, julgas que os chefes das cidades, os que são verdadeiramente chefes, encaram os seus súditos de outra forma e não como bois e carneiros, e se propõem outro fim, dia e noite, que não o de tirar deles

---

32. Aristóteles, *Política*, ι, 9, 1258a 10-14:

ἀνδρείας γὰρ οὐ χρήματα ποιεῖν ἐστιν ἀλλὰ θάρσος, οὐδὲ στρατηγικῆς καὶ ἰατρικῆς, ἀλλὰ τῆς μὲν νίκην τῆς δ᾽ ὑγίειαν. οἱ δὲ πάσας ποιοῦσι χρηματιστικάς, ὡς τοῦτο τέλος ὄν, πρὸς δὲ τὸ τέλος ἅπαντα δέον ἀπαντᾶν.

Não é próprio da coragem gerar dinheiro, e sim ousadia, nem é próprio da arte militar e da medicina gerar dinheiro, e sim a vitória e a saúde, respectivamente; mas alguns fazem com que todas elas se voltem para o dinheiro, como se esse fosse seu fim, e a esse fim consideram que todas elas devem concorrer.

proveio pessoal[33]. Foste tão longe no conhecimento do justo e da   c
justiça, do injusto e da injustiça, que ignoras que o justo, na realidade,
é um bem estranho[34], a vantagem do mais forte e de quem governa, e
o prejuízo próprio de quem obedece e de quem serve; que a injustiça é
o oposto e que ela comanda os simples de espírito e os justos; que os
súditos trabalham para a vantagem do mais forte e fazem a felicidade
dele servindo-o, mas de nenhuma maneira a deles próprios. Eis, ó   d
simplicíssimo Sócrates, como é preciso considerar a questão: o homem
justo é em toda parte inferior ao injusto. Primeiro, no comércio, quando
eles se associam um com o outro, jamais verificarás, na dissolução da
sociedade, que o justo ganhou, mas que perdeu; depois, nos negócios
públicos, quando é mister pagar contribuições, o justo desembolsa mais
do que seus iguais, o injusto menos; quando, ao contrário, se trata de
receber, a um nada toca, a outro muito. E quando um e outro ocupam   e
cargo, advém ao justo, ainda que não sofra outro dano[35], deixar por

---

33. A metáfora do rei-pastor aparece pela primeira vez na literatura grega
em Homero (cf. *Ilíada*, II, v. 243): Agamêmnon é chamado de "pastor de povos"
(ποιμὴν λαῶν). O sentido dessa metáfora do rei-pastor é esclarecido nesta passagem
de Xenofonte (*Memoráveis*, III, 2, 1), e depois reforçado por Aristóteles (cf. *Ética
Nicomaquéia*, VIII, 1161a 14-5):

ἐντυχὼν δέ ποτε στρατηγεῖν ἡγημένῳ τῳ, Τοῦ ἕνεκεν, ἔφη, Ὅμηρον οἴει τὸν
Ἀγαμέμνονα προσαγορεῦσαι ποιμήνα λαῶν; ἆρά γε ὅτι, ὥσπερ τὸν ποιμένα λαῶν
δεῖ ἐπιμελεῖσθαι ὅπως σῶαί τε ἔσονται αἱ οἶες καὶ τὰ ἐπιτήδεια ἕξουσι καὶ, οὗ
ἕνεκα τρέφονται, τοῦτο ἔσται, οὕτω καὶ τὸν στρατηγὸν ἐπιμελεῖσθαι δεῖ, ὅπως σῶοί
τε οἱ στρατιῶται ἔσονται καὶ τὰ ἐπιτήδεια ἕξουσι καί, οὗ ἕνεκα στρατεύονται,
τοῦτο ἔσται; στρατεύονται δέ, ἵνα κρατοῦντες τῶν πολεμίων εὐδαιμονέστεροι ὦσιν.
Tendo encontrado um homem que havia sido escolhido como estratego, [Sócrates] perguntou: "Qual o motivo de Homero denominar Agamêmnon 'pastor de povos', segundo
a tua opinião? Será porque, assim como o pastor deve cuidar para que as ovelhas se
mantenham salvas e tenham o que lhes for preciso, e para que se alcance o objetivo com
que são nutridas, o estratego também deve cuidar para que os soldados se mantenham
salvos e tenham o que lhes for preciso, e para que se alcance o objetivo com que servem
ao exército? Eles servem ao exército para que, uma vez dominados os inimigos, sejam
mais felizes.

Este tema do rei-pastor também é retomado e discutido por Platão no diálogo
Político (cf. 267a-268d).

34. Aristóteles, *Ética Nicomaquéia*, V, 3, 1130a 3-5:

διὰ δὲ τὸ αὐτὸ τοῦτο καὶ ἀλλότριον ἀγαθὸν δοκεῖ εἶναι ἡ δικαιοσύνη μόνη τῶν
ἀρετῶν, ὅτι πρὸς ἕτερόν ἐστιν. ἄλλῳ γὰρ τὰ συμφέροντα πράττει, ἢ ἄρχοντι ἢ
κοινωνῷ.
Por isto mesmo a justiça é a única virtude que parece ser um bem alheio, porque ela se
refere ao outro; o homem justo faz o que é vantajoso ao outro, seja ao comandante ou
ao associado.

35. Todos os magistrados atenienses deviam prestar suas contas, no final do
mandato, a um fórum especial, denominado εὔθυοι. Caso fosse constatada alguma
irregularidade, os magistrados eram condenados a pagar uma multa.

46 A REPÚBLICA DE PLATÃO

negligência que seus assuntos domésticos periclitem e não auferir da coisa pública qualquer lucro, por causa de sua justiça. Além do mais, incorre no ódio de seus parentes e conhecidos, recusando-se a servi-los em detrimento da justiça com o injusto, sucede exatamente o contrário.

344 a Pois entendo como tal aquele a que me referia há pouco, aquele que é capaz de predominar altamente sobre os outros; examina-o, pois, se queres discernir o quanto, no particular, a injustiça é mais vantajosa do que a justiça[36]. Compreendê-lo-ás, porém, mais facilmente se fores até a mais perfeita injustiça, a que leva ao cúmulo de felicidade o homem que a comete, e no cúmulo da desgraça os que a sofrem e não querem cometê-la. Esta injustiça é a tirania[37] que, por meio de fraude e violência, se apodera do bem alheio: sagrado, profano, particular, pú-

b blico, e não por partes, mas tudo de uma vez. Diante de cada um destes delitos, o homem que se deixa apanhar é punido e coberto dos piores estigmas; com efeito, costuma-se tratar estas criaturas que operam por miúdo, de sacrílegas, traficantes de escravos, arrombadores de paredes, espoliadores, ladrões, conforme a injustiça cometida. Mas quando um homem, além da fortuna dos cidadãos, se apodera de suas pessoas e os subjuga, em vez de receber nomes vergonhosos, chamam-no feliz

c e afortunado, não só os cidadãos, mas ainda todos os que venham a saber que ele praticou injustiça em toda a extensão; pois os que a censuram não temem cometer injustiça: temem sofrê-la. Assim, Sócrates, a injustiça, levada a um grau suficiente, é mais forte, mais livre, mais digna de um senhor do que a justiça, e, como eu afirmava no começo, a justiça consiste na vantagem do mais forte e a injustiça só age em vantagem e proveito próprios[38].

36. Trasímaco, que havia definido o justo como o mais vantajoso ao mais forte, foi levado por Sócrates a admitir o contrário do que afirmava, i.e., que o justo é o mais vantajoso ao mais fraco (342e). Esse é um procedimento muito comum nos diálogos platônicos e costuma-se denominá-lo "refutação socrática" (ἔλεγχος). Por causa dessa contradição, Trasímaco, abandonando a investigação sobre a definição do justo, passa agora a sustentar outra tese, que está associada, por sua vez, à primeira: a tese de que é mais vantajoso ser injusto do que justo.

37. Platão irá criticar veementemente a tirania nos Livros VIII e IX, que aparece aqui, na boca de Trasímaco, como a forma mais completa de injustiça. No Mito de Er (cf. Livro X, 614a-621d), Platão descreve como o tirano, na figura de Ardieu, é punido por seus atos injustos depois da morte (cf. 615c-616a).

38. Esta tese defendida por Trasímaco, de que a injustiça é mais vantajosa que a justiça, está sempre associada aos sofistas nos diálogos de Platão. No diálogo *Górgias*, Sócrates tenta mostrar a Polo que cometer injustiça é pior que sofrê-la (cf. 468e-479e), justamente a tese contrária defendida aqui por Trasímaco. Nesse mesmo diálogo, a personagem Cálicles (não sabemos quem ele foi de fato, mas Platão parece

LIVRO I

Tendo assim falado, Trasímaco pretendia retirar-se, depois de haver, como um hábil banhista, inundado nossas orelhas com o seu impetuoso e abundante discurso[39]. Mas os assistentes não lho permitiram e forçaram-no a permanecer, para prestar contas de suas palavras. Eu mesmo instei-o a fazê-lo e disse-lhe: "Ó divino Trasímaco, depois de teres lançado semelhante discurso, queres ir embora, antes de nos demonstrar suficientemente ou nos ensinar se a coisa é assim ou diferente? Julgas que é empresa de somenos definir a regra de vida que cada um de nós deve seguir para viver da maneira mais proveitosa?

– Penso eu por acaso – disse Trasímaco – que seja de outro modo?

– É o que parece – redargüi – ou então não te preocupas conosco e não te incomodas que levemos vida pior ou melhor na ignorância daquilo que pretendes saber. Mas, caro amigo, dá-te ao trabalho de nos instruir, também: não farás mau emprego servindo-nos, numerosos como somos. Pois, para ser franco contigo, não estou convicto, e não creio que a injustiça seja mais proveitosa do que a justiça, mesmo que se tenha a liberdade de cometê-la e que nada impeça de fazer o que se quer. De forma alguma, meu valoroso amigo! Ainda que um homem seja injusto e possua o poder de praticar a injustiça pela fraude ou à força declarada: nem por isso fico convencido de que obtém dela mais lucro do que da justiça. Talvez seja este o sentimento de alguém mais dentre nós, e não só o meu; persuade-me, pois, divino homem, de maneira satisfatória, de que erramos ao preferir a justiça à injustiça.

– E como te persuadiria eu, se não ficaste persuadido com o que acabo de dizer? Que mais poderei fazer? Deverei pegar meus argumentos e enfiá-los em tua cabeça?

– Por Zeus! – exclamei. – Alto lá! Mas primeiro, mantém-te nas posições assumidas, ou, se mudares, fá-lo claramente e não nos engane. Agora, vê, Trasímaco, para voltar ao que dissemos, depois de haveres dado a definição do verdadeiro médico, não julgaste necessário guardar

---

associá-lo aos sofistas), criticando a postura de Sócrates na discussão anterior com Górgias e Polo, defende que a lei ($\nu\acute{o}\mu o\varsigma$) é estabelecida pelos mais fracos e pela maioria para impedir que os mais fortes e melhores por natureza ($\phi\acute{v}\sigma\iota\varsigma$) tenham mais posses do que eles e os dominem (483a-484c). Cálicles considera que a lei é criada em oposição à natureza, e que a lei da natureza (não a lei estabelecida pelos mais fracos e pela maioria), por sua vez, diz que o melhor e mais forte deve ter mais posses que os outros e dominá-los. Essas são algumas teses que Platão atribui ao movimento sofístico com um todo e que aparecem dispersas nos diálogos.

39. Platão está aludindo à eloqüência de Trasímaco, marca distintiva dos sofistas.

48 A REPÚBLICA DE PLATÃO

rigorosamente a do verdadeiro pastor. Pensas que, na qualidade de pastor, ele engorda os seus carneiros, não com vistas ao maior bem destes, mas, como um guloso que deseja oferecer um festim, com vistas à boa
d mesa, ou, como um comerciante, com vistas à venda, e jamais como pastor. Mas a arte do pastor propõe-se apenas a prover ao maior bem do objeto ao qual se aplica, pois que ela própria é suficientemente provida de qualidades que lhe asseguram a excelência, enquanto permanece conforme à sua natureza de arte pastoril. Pela mesma razão, eu supunha há pouco que éramos forçados a convir que todo governo, enquanto governo, se propõe unicamente o maior bem do súdito que governa e
e que lhe incumbe, quer se trate de uma cidade ou de um particular. Mas tu, pensas que os chefes das cidades, isto é, os que verdadeiramente as governam, o façam de bom grado?

– Se eu penso? Por Zeus, estou certo disso!

– Mas como! Trasímaco – retruquei – não reparaste, quanto aos outros cargos, que ninguém consente em exercê-los por si mesmos, mas que, ao contrário, exige uma remuneração[40], porque não sois vós que
346 a lucrais com o seu exercício, porém os governados? Depois, responde-me só a isso? Não se diz sempre que uma arte se distingue de outra pelo fato de possuir um poder diferente? E, bem-aventurado homem, não me venhas com subterfúgios, a fim de que avancemos um pouco.

– Mas é nisso – disse ele – que uma se distingue da outra.

– E cada uma não nos proporciona certo benefício particular e não comum a todos, como a medicina nos proporciona a saúde, e a pilotagem, a segurança na navegação e assim por diante?

– Sem dúvida.

b – E a arte do mercenário, não proporciona o salário? Pois este é o seu poder próprio. Confundes em conjunto a medicina e a pilotagem? Ou, para definir os termos com rigor, como propuseste, se alguém adquire saúde governando um barco, por lhe ser vantajoso viajar sobre o mar, chamarás por isso a sua arte de medicina?

– Certamente não – respondeu.

– Nem, creio eu, de arte do mercenário, se alguém adquire saúde exercendo-a.

– Certamente não.

– Mas como! Chamarás a medicina de arte do mercenário, porque o médico, curando, ganha salário?

40. Em Atenas, nos séc. v e iv a.C., era uma prática comum remunerar aqueles que desempenhavam a função de magistrado, garantindo assim que eles participassem efetivamente da atividade política da *pólis*.

LIVRO I

– Não – disse ele.

– Não reconhecemos que cada arte proporciona um benefício particular?

– Seja – concedeu.

– Se, portanto, todos os artesãos auferem em comum de certa vantagem, não é evidente que esta só poderá provir de um elemento comum ao qual cada artesão recorre em sua arte particular?

– Parece – disse ele.

– E dizemos que os artesãos ganham salário porque juntam à respectiva arte a do mercenário.

Trasímaco conveio a custo.

– Não é, pois, da arte que exerce, que cada um retira o lucro que consiste em receber um salário; mas, para examinar com rigor, a medicina cria a saúde, e a arte do mercenário produz o salário, a arquitetura edifica a casa, e a arte do mercenário, que a acompanha, produz o salário, e assim em todas as outras artes: cada um trabalha na obra que lhe é própria e beneficia o objeto a que se aplica. Mas, se o salário não se acrescenta à arte, aproveitará o artesão de sua arte?

– Não parece – disse.

– E cessa ela de ser útil quando este trabalha gratuitamente?

– Não, a meu ver.

– Neste caso, Trasímaco, é evidente que arte alguma nem comando algum provê a seu benefício próprio, mas, como dizíamos há um momento, assegura e prescreve o do governado, visando a vantagem do mais fraco e jamais a do mais forte. Eis por que, meu caro Trasímaco, eu afirmava há pouco que ninguém consente de bom grado em governar e em curar os males de outrem, mas exige salário, porquanto quem quer exercer convenientemente sua arte jamais trabalha e determina com vistas ao seu próprio interesse, senão ao bem dos governados; por tais razões, cumpre atribuir um salário aos que consentem em governar, seja em dinheiro, seja em honrarias ou mesmo castigo, caso se recusem[41].

– O que pretendes dizer com isso, Sócrates? – indagou Glauco.

– Conheço, efetivamente, os dois outros salários, mas ignoro o que entendes por castigo dado à guisa de salário.

– Não conheces, portanto, a remuneração dos melhores, aquela pela qual os mais virtuosos governam, quando decidem aceitar cargos de chefia. Não sabes que o amor à honra e ao dinheiro passa por coisa vergonhosa e o é de fato?

– Bem sei – disse ele.

41. Cf. Livro VII, 519e-520a.

50 A REPÚBLICA DE PLATÃO

– Por esta causa – repliquei – as pessoas de bem não querem governar nem pelas riquezas nem pela honra; pois não querem ser tratadas de mercenárias exigindo abertamente o salário de suas funções, nem de larápias auferindo destas funções públicas proveitos secretos; tampouco agem pela honra: pois de modo algum são ambiciosas. Portanto, é
c preciso que haja coação e castigo para que consintam em governar – por isso, tomar o poder de plena vontade, sem que a necessidade obrigue, arrisca ser tachado de coisa vergonhosa – e o maior castigo está em ser governado por alguém pior do que a gente, quando a gente mesma não quer governar; é neste temor que me parecem agir, quando governam, os homens de bem, e então vão ao poder, não como a um bem, a fim
d de gozá-lo, mas como a uma tarefa necessária, que não podem confiar a melhores do que eles, nem a iguais. Se uma cidade de homens de bem viesse à existência[42], lutar-se-ia nela, parece-me, para escapar ao poder, assim como agora se luta para obtê-lo, e daí tornar-se-ia claro que o verdadeiro governante[43] não foi feito, na realidade, para buscar a sua vantagem própria, mas a do governado; de sorte que todo homem sensato preferiria ser beneficiado por outrem a se dar o incômodo de beneficiar a outrem. Por conseguinte, não concordo absolutamente
e com Trasímaco que a justiça seja o interesse do mais forte. Mas retornaremos a este ponto, outra vez; atribuo muito importância ao que diz agora Trasímaco, que a vida do homem injusto é superior à do justo. Que partido tomas tu, Glauco? – perguntei. – Qual destas asserções te parece a mais verdadeira?

– A vida do justo – respondeu – me parece mais proveitosa.
348 a   – Ouviste a enumeração que Trasímaco acaba de fazer dos bens ligados à vida do injusto?

– Ouvi, mas não estou convencido.

– Queres então que o convençamos, se conseguirmos encontrar algum meio, de que não está com a verdade?

– Como não haveria de querer? – replicou ele.

– Se portanto – continuei – armando nossas forças contra ele e opondo discurso contra discurso, enumerarmos os bens que a justiça fornece, ainda que ele replique, a seu turno e nós novamente, será
b mister contar e medir as vantagens de parte a parte, em cada discurso,

---

42. Platão antecipa sutilmente a visão de uma cidade ideal, que será concebida por Sócrates e seus interlocutores a partir do Livro ii (369c).

43. Essa qualificação "verdadeiro governante" (τῷ ὄντι ἀληθινὸς ἄρχων), sobrecarregada no grego, antecipa implicitamente a figura do rei-filósofo que paulatinamente é construída na *República* (cf. Livro v, 473c-d).

LIVRO I 51

e necessitaremos de juízes para decidir[44]; se, ao contrário, como ainda há pouco, debatermos a questão até um mútuo acordo, seremos nós próprios em conjunto juízes e advogados[45].

– É certo.

– Qual dos dois métodos preferes?

– O segundo.

– Ora pois, Trasímaco, recomecemos pelo início e responde-me. Pretendes que a perfeita injustiça é mais vantajosa do que a perfeita justiça?

– Certamente – redargüiu – e já apresentei as razões.   c

– Muito bem, mas como entendes essas duas coisas; denominam uma virtude e a outra, vício?

– Sem dúvida.

– E é a justiça que denominas virtude e a injustiça, vício?

– Será isso verossímil, meu caro, quando digo que a injustiça é vantajosa e a justiça não o é?

– O que então?

– O contrário – disse ele.

– A justiça é um vício?

– Não, mas uma nobre ingenuidade.   d

– Então, a injustiça é uma perversidade de caráter?

– Não, é prudência.

– Será, Trasímaco, que os injustos te parecem sábios e bons?

– Sim – retrucou – os que são capazes de cometer a injustiça com perfeição e submeter cidades e povos. Não julgas, porventura, que fato de gatunos? Tais práticas são por certo proveitosas, enquanto não descobertas; mas não merecem ser mencionadas ao lado das que acabo de indicar.

---

44. Nos tribunais atenienses, eram concedidos dois discursos à acusação, e dois à defesa. O primeiro a discursar era o acusador, seguido pelo defensor; esse procedimento se repetia mais uma vez.

45. Platão apresenta nesta passagem uma distinção fundamental entre retórica e dialética. Na retórica, temos um discurso contra o outro, que se antepõem (i.e., antilogia), cujo objetivo é vencer, ser mais forte e persuasivo que o outro. Por isso, é necessário que um juiz julgue qual das partes apresenta os melhores argumentos. Na dialética, por outro lado, o que se busca é o consenso (i.e, homologia) guiado por um interesse comum, i.e., o conhecimento. Nesse caso, não é preciso um juiz, na medida em que os dois interlocutores são eles mesmos suficientes para garantir a validade dos argumentos, tendo como suporte o rigor lógico. Essa é uma distinção que, apesar de genérica, mostra como Platão tem uma preocupação constante, presente em vários diálogos, de distinguir a filosofia da sofística, a dialética da retórica (cf. *Górgias*, 471e-472c, 474a-b, 475e, 487d-488a).

52 A REPÚBLICA DE PLATÃO

e   – Compreendo bem o teu pensamento; o que me surpreende, porém, é que classifiques a injustiça com a virtude e a sabedoria, e a justiça com os contrários destas[46].

– No entanto, é exatamente assim que as classifico.

– Isto está agravando-se, meu amigo – repliquei – e não é fácil saber o que se pode dizer. Com efeito, se estabelecesse, simplesmente, que a injustiça beneficia, embora convindo, como alguns outros, que é vício e coisa vergonhosa, poderíamos responder-te invocando as noções correntes sobre o assunto; mas, evidentemente, dirás que ela é

349 a bela e forte, e lhe concederás todos os atributos que nós concedemos à justiça, posto que ousaste classificá-la com a virtude e a sabedoria.

– Adivinhas muito bem – disse ele.

– Não devo, todavia, recusar-me a prosseguir neste exame, enquanto me for dado crer que falas seriamente. Pois me parece realmente, Trasímaco, que não fazes caçoada, e que exprimes a tua verdadeira opinião[47].

– Que te importa – replicou – que seja ou não minha opinião: Refuta-me apenas.

b   – Não importa, com efeito – confessei. – Mas procura responder ainda isto: pensas que o homem justo quereria prevalecer em algo sobre outro justo?

– Nunca – disse ele – pois não seria cortês e simples como é.

– Quê! Nem mesmo numa ação justa?

– Nem mesmo nisso.

– Mas pretenderia ele prevalecer sobre o homem injusto, e pensaria ou não fazê-lo justamente?

– Pensaria – redargüiu – e pretenderia, mas não poderia fazê-lo.

– Não é esta a minha indagação: pergunto se não teria o justo nem

c   a pretensão nem a vontade de prevalecer sobre o justo, mas somente sobre o injusto.

– Assim é – disse ele.

– E o injusto pretenderia prevalecer sobre o justo e sobre a ação justa?

---

46. É este o grande desafio de Sócrates na *República*: mostrar que a justiça (δικαιοσύνη) se associa à virtude (ἀρετή) e à sabedoria (σοφία), e não o contrário, como pretende Trasímaco.

47. Este é um dos aspectos da "refutação" socrática (ἔλεγχος): o que importa é o argumento em si, independentemente se ele se conforma ou não à opinião de quem o anuncia; o compromisso dos interlocutores é com a argumentação, e não com as crenças pessoais de cada um (cf. Platão, *Protágoras*, 333c).

LIVRO I   53

– Como não haveria de querer, ele que pretende prevalecer sobre todos?

– Assim, pois, prevalecerá sobre o homem injusto e sobre a ação injusta, e lutará para prevalecer sobre todos?

– É isso.

– Digamos, então, que o justo não prevalece sobre o seu semelhante, mas sobre o seu contrário; o injusto prevalece sobre o seu semelhante e sobre o seu contrário.   d

– Excelentemente expresso – exclamou.

– Mas – continuei – o injusto é sábio e bom, enquanto o justo não é uma nem outra coisa?

– Excelente, também – disse ele.

– Por conseguinte, o injusto assemelha-se ao sábio e ao bom, e o justo não se lhes assemelha?

– Como poderia ser de outro modo? Sendo o que é, ele se parece a seus similares, e o outro não se lhes parece.

– Ótimo. Cada um é, portanto, tal como aqueles aos quais se assemelha.

– Quem pode duvidar disso? – perguntou ele.

– Seja, Trasímaco; agora, não dizes de um homem que ele é músico   e e de outro que ele não é?

– Sim.

– Qual dos dois é sabedor, e qual não o é?

– O músico é seguramente sabedor e o outro não o é.

– E um não é bom nas coisas em que é sabedor, e o outro mau nas coisas em que não o é?

– Sim.

– Mas com respeito ao médico, não é assim?

– É sim.

– Agora, crês, excelente homem, que um músico que afina sua lira quer, retesando ou distendendo as cordas, prevalecer sobre algum músico, ou pretende obter vantagem sobre ele?

– Não, não creio.

– Mas sobre um homem ignorante da música, quererá ele prevalecer?

– Sim, necessariamente.

– E o médico? Prescrevendo comida e bebida, quererá prevalecer   350 a sobre outro médico, ou sobre a prática médica?

– Certamente não.

– E sobre um homem ignorante em medicina?

– Sim.

54 A REPÚBLICA DE PLATÃO

– Mas veja, a respeito de toda espécie de ciência e de ignorância, se um sabedor, qualquer que seja, te parece querer prevalecer, nos atos ou nas palavras, sobre outro sabedor, e não agir do mesmo modo como o seu semelhante no mesmo caso.

– É possivelmente necessário – confessou – que terá de ser assim como dizes.

b   – Mas o ignorante não quererá prevalecer similarmente sobre o sabedor e o ignorante?

– Talvez.

– Ora, o sabedor é sábio?

– Sim.

– E o sábio é bom?

– Sim.

– Logo, o homem sábio e bom não quererá prevalecer sobre o seu semelhante, mas sobre quem não se lhe assemelha, sobre o seu contrário.

– Aparentemente – disse ele.

– Enquanto o homem malévolo e ignorante quererá prevalecer sobre o seu semelhante e sobre o seu contrário.

– É de crer.

– Mas, Trasímaco – prossegui – nosso homem injusto não prevalece sobre o seu contrário e o seu semelhante? Não o disseste?

– Sim – confirmou ele.

c   – Em não é certo que o justo não prevalecerá sobre o seu semelhante, mas sobre o seu contrário?

– Sim.

– O justo – disse eu – assemelha-se, portanto, ao homem sábio e bom, e o injusto ao homem malévolo e ignorante.

– Pode ser.

– Mas tínhamos reconhecido que cada um deles é tal como aquele a quem ele se assemelha.

– Com efeito, tínhamos reconhecido.

– O justo se nos revela, pois, bom e sábio, e o injusto, ignorante e malévolo.

Trasímaco concordou com tudo isso, não tão facilmente como eu
d   o relato, mas a contragosto e com pesar. Suava em bica, tanto mais que fazia muito calor; e foi então que vi Trasímaco corar pela primeira vez! Mas quando afinal conviemos em que a justiça é virtude e sabedoria e a injustiça, vício e ignorância, prosseguiu: – Seja! Consideremos isso assentado: mas dissemos que a injustiça também partilha da força. Não te lembras, Trasímaco?

LIVRO I   55

– Lembro-me – disse ele – mas não me agrada o que acabas de afirmar, e tenho o que contestar. Entretanto, sei muito bem que se eu tomar da palavra dirás que faço uma arenga. Deixa-me, pois, falar à vontade, ou, se desejas interrogar-me, interroga-me; e eu, como se faz com as velhas que contam histórias, te direi "seja!" e, com a cabeça, te aprovarei ou desaprovarei.

– Pelo menos – pedi – não respondas contra a tua opinião.

– Farei o que te aprouver, já que não me deixas falar. Que queres mais?

– Nada mais, por Zeus – retruquei – faze como bem entenderes; vou te interrogar.

– Interroga.

– Formular-te-ei, portanto, a mesma pergunta de há pouco, a fim de retomar o fio da discussão: o que é a justiça comparada à injustiça? Foi dito, com efeito, que a injustiça é mais forte e mais poderosa do que a justiça; mas agora, se a justiça é sabedoria e virtude, será fácil mostrar, penso, que ela é mais forte do que a injustiça, porquanto a injustiça é ignorância. Ninguém pode continuar ignorando-o. No entanto, não é de maneira tão simples, Trasímaco, que desejo encarar o assunto, mas do seguinte ponto de vista: existirá, dize-me, cidade injusta que tente assujeitar ou que assujeitou injustamente outras cidades, mantendo grande número delas em escravidão?

– Seguramente – respondeu. – E é como há de proceder a melhor cidade, por ser a mais injusta no seu gênero.

– Sei que esta era a tua tese. Mas a este propósito considera o seguinte ponto: acaso uma cidade que se assenhoreia de outra cidade poderá fazê-lo sem a justiça, ou será obrigada a recorrer a ela?[48]

– Se, como tu dizias há pouco, a justiça é sabedoria, terá de recorrer a ela; mas, se é como eu dizia, empregará a injustiça.

– Estou encantado, Trasímaco, por não te contentares em aprovar ou desaprovar com um aceno de cabeça, e por responderes tão bem.

– É – disse ele – para te dar prazer.

– Muito gentil de tua parte. Mas concede-me a graça de responder ainda a isto: crês que uma cidade, um exército, um bando de salteadores ou de ladrões, ou qualquer outra sociedade que persiga em comum um fim injusto, poderia conduzir a bom termo qualquer empresa, se os seus membros violassem entre si as regras da justiça?

– Certamente não – confessou.

---

48. Sobre a relação entre poder imperial e justiça, cf. Tucídides, *História da Guerra do Peloponeso*, I, 76-77; Isócrates, *Panegírico*, 101-105.

56   A REPÚBLICA DE PLATÃO

– Mas se as observassem? Ela iria melhor?

– Sem dúvida.

– Com efeito, Trasímaco, a injustiça engendra entre os homens dissensões, ódios e lutas, enquanto a justiça mantém a concórdia e a amizade. Não é?

– Seja! – disse ele – para não ter que discutir contigo.

– Tu te comportas muito bem, excelente homem. Mas responde à seguinte pergunta: se é próprio da injustiça gerar ódio em toda parte onde ela se encontra, surgindo entre homens livres ou escravos, não fará com que se detestem, briguem entre si e se tornem impotentes de e empreender qualquer coisa em comum?

– Por certo.

– Mas caso surja em dois homens? Não ficarão eles divididos, rancorosos, inimigos um do outro, como já o são dos justos?

– Ficarão, sim – confirmou.

– E se, admirável amigo, a injustiça surge num só homem, perderá ela o seu poder ou guardá-lo-á intacto?

– Seja que ela o guarde intacto! – concedeu ele.

– Portanto, não parece ter o poder, onde quer que ela surja, cidade, 352 a   tribo, exército ou sociedade qualquer, cada um deles de tornar primeiramente incapaz de proceder de acordo consigo próprio, por causa das dissensões e diferenças que ela provoca, e, em seguida, de fazê-lo inimigo de si próprio, de seu contrário e do justo?

– Sem dúvida.

– E num só homem, imagino que produzirá os mesmos efeitos, que está na natureza dela produzir; primeiro, torná-lo-á incapaz de agir, provocando em seu íntimo sedição e discórdia; em seguida, há de fazê-lo inimigo de si próprio e dos justos. Não é?[49]

– É, sim.

– Mas, meu caro, não são os deuses justos?

– Seja! – disse ele.

b   – Logo, também dos deuses o justo será inimigo, Trasímaco, e o justo amigo.

– Regala-te à vontade com os teus discursos: não te contradirei, fim de não atrair sobre mim o ressentimento dos que nos ouvem.

---

49. Essa questão sobre a dissensão interna da alma ficará melhor esclarecida no Livro IV (cf. 436b-441c), quando Platão define a natureza da alma e de suas partes. Por outro lado, a analogia entre cidade (macrocosmo) e indivíduo (microcosmo), utilizada aqui por Platão, será o procedimento metodológico por excelência na *República*, como ficará evidente nos Livros seguintes.

LIVRO I   57

– Pois bem, adiante! – repliquei – sacia-me com o restante do festim, continuando a responder. Acabamos de ver que os homens justos são mais sábios, melhores e mais poderosos na ação do que os injustos e que estes são incapazes de agir de comum acordo, e quando dizemos que conduziram alguma vez, vigorosamente, uma empresa c em comum, isto não é de maneira nenhuma a verdade, pois não se teriam poupado uns aos outros, se fossem absolutamente injustos; assim é evidente que havia neles certa justiça que os impediu de se prejudicarem mutuamente, enquanto prejudicavam as suas vítimas, e que lhes permitiu fazer tudo o que fizeram; lançando-se a seus injustos empreendimentos, estavam apenas, em parte, pervertidos pela injustiça, porquanto os perversos consumados e os perfeitos injustos são do mesmo modo perfeitamente incapazes de fazer algo, seja o que for. É d assim que compreendo o caso, e não como o formulaste no começo. Falta examinar, agora, se a vida do justo é melhor e mais feliz do que a do injusto: questão que havíamos postergado a um exame ulterior. Ora, isto me parece evidente, depois do que dissemos. Entretanto, devemos examinar melhor o problema, pois a discussão, aqui, não trata de uma bagatela, mas da maneira pela qual precisamos regrar nossa vida.

– Examina pois – disse ele.

– É o que vou fazer – respondi. – E dize-me: parece-te que o cavalo tenha uma função?

– Sim.   e

– Ora, colocarias como função do cavalo, ou de seja o que for, o que só se pode fazer por meio dele, ou o que se pode com ele melhor fazer?

– Não compreendo – disse ele.

– Expliquemo-nos: enxergas por algo mais a não ser pelos olhos?

– Claro que não.

– E ouves por algo mais a não ser pelos ouvidos?

– De forma alguma.

– Por conseguinte, podemos dizer com justiça que estas são funções dos referidos órgãos.

– Sem dúvida.

– Mas então! Não poderias podar uma videira com uma espada, 353 a ou faca ou com muitos outros instrumentos?

– Por que não?

– Mas com nenhum, penso, tão bem quanto com um podão, que é feito para isso.

– É verdade.

– Não afirmaremos, pois, que esta é a sua função?

– Afirmá-lo-emos, seguramente.

58   A REPÚBLICA DE PLATÃO

– Agora, quero crer, compreendes melhor o que eu dizia há pouco, ao te perguntar se a função de uma coisa é o que só ela pode fazer, ou o que ela faz melhor do que as outras.

– Compreendo – disse – e julgo que é realmente esta última a
b função de cada coisa.

– Ótimo – redargüi. – Mas não há também uma virtude em cada coisa, a que uma função está consignada? Voltemos a nossos exemplos anteriores: os olhos, dizemos, têm uma função?

– Têm, sim.

– Portanto, têm também uma virtude?

– Uma virtude, também.

– Mas, então, os ouvidos, dissemos, têm uma função?

– Sim.

– E, portanto, uma virtude também?

– Também.

– Mas não acontece o mesmo, a propósito de qualquer coisa?

– Acontece, sim.

– Pois bem! Poderiam os olhos cumprir bem a sua função, se não
c possuíssem igualmente a virtude que lhes é própria, ou se, em vez desta virtude, possuíssem o vício contrário?

– Como haveriam de poder? Queres dizer provavelmente a ce- gueira em lugar da vista?

– Qual essa virtude, pouco importa; ainda não é o que te pergun- to, mas apenas se cada coisa se desempenha bem de sua função pela virtude própria, e mal, pelo vício contrário[50].

– Isso é como dizes – confessou.

– Portanto, os ouvidos, privados da virtude que lhes é própria, preencherão mal as suas funções?

– Sem dúvida.

d – Aplica-se esse princípio a todas as outras coisas?

– Parece-me.

– Ora, assim sendo, examina agora o seguinte: não tem a alma uma função que nada mais, exceto ela, poderia realizar, como a de vigiar, comandar, deliberar e tudo o mais no mesmo gênero? Podemos atribuir estas funções a outra coisa que não à alma e não temos o direito de dizer que elas lhe são próprias?

– Não podemos atribuí-las a nenhuma outra coisa.

– E a vida? Não diremos que é uma função da alma?

50. Sobre a definição de "virtude" (ἀρετή), ver supra n. 21, p. 34.

LIVRO I   59

– Seguramente – respondeu[51].

– Logo, afirmaremos que a alma também tem sua virtude própria?

– Sim, afirmaremos.

– Ora, Trasímaco, poderá alguma vez a alma se desempenhar   e
bem destas funções se for privada de sua virtude própria? Ou é isso
impossível?

– É impossível

– Por conseqüência, é necessário que a alma perversa comande e
vigie mal, e que a alma boa faça tudo isso bem.

– É necessário.

– Ora, não ficamos de acordo que a justiça é uma virtude e a injustiça, um vício da alma?

– Ficamos, com efeito.

– Portanto, a alma justa e o homem justo hão de viver bem e o
injusto mal?

– Parece – disse ele – pelo teu raciocínio.

– Mas quem vive bem é, por certo, feliz e afortunado, e quem   354 a
vive mal, o contrário.

– Quem pode duvidar?

– Assim, o justo é feliz e o injusto, infeliz.

– Seja! – concedeu ele.

– E não é proveitoso ser infeliz, mas ser feliz.

– Não resta dúvida.

– Nunca, por conseguinte, divino Trasímaco, é a injustiça mais
proveitosa do que a justiça.

– Seja este, Sócrates – disse ele – o teu festim da deusa Bêndis[52]!

– Devo este favor a ti, Trasímaco, visto que te apaziguaste,
cessando de te mostrar rude para comigo. Entretanto, não me regalei   b
inteiramente: por minha culpa e não por tua. Parece-me que procedi
como os glutões, que se atiram avidamente ao prato que se lhes apresenta, antes de haver suficientemente degustado o anterior; do mesmo
modo, antes de ter achado o que procurávamos no início, a natureza

---

51. Trasímaco aceita prontamente essa função vital da alma porque ela remonta
ao sentido primeiro de "alma" (ψυχή), presente sobretudo nos poemas homéricos.
"Alma" (ψυχή) em Homero significa, em linhas gerais, "sopro vital", e aparece na
Ilíada quando o guerreiro tomba no campo de batalha e expira a sua "alma"; esse
ato de expirar a "alma" simboliza, assim, a sua morte. Essa concepção de "alma"
permanece na tradição médica do séc. v a.C. Todavia, a concepção de alma que
compreende as funções de vigiar, comandar e deliberar, muito presente na filosofia
platônica, tem uma origem pitagórica, e era menos difundida em Atenas.

52. Ver supra n. 2, p. 21.

60 A REPÚBLICA DE PLATÃO

da justiça, lancei-me a uma digressão para examinar se ela é vício e ignorância ou sabedoria e virtude; como sobreviesse em seguida outra consideração, a saber, se a injustiça é mais vantajosa do que a justiça, não pude impedir-me de passar de uma a outra, de modo que o resultado
c de nossa palestra é que nada sei; pois, não sabendo o que é a justiça, sei menos ainda, se é virtude ou não, e se aquele que a possui é feliz ou infeliz[53].

---

53. Sócrates termina o Livro I constatando que na discussão precedente sobre a justiça (se é ou não mais vantajoso ser justo do que injusto) não se chegou a uma conclusão positiva. Esse é o estado de *aporia*, que é uma característica comum à boa parte dos primeiros diálogos platônicos, os ditos "socráticos" (como o *Cármides, Laques, Lísis* etc). Assim, para saber se o homem justo é ou não feliz, cumpre saber antes o que é a justiça, qual a sua definição. Pois como podemos julgar se o homem justo é feliz ou não, se não sabemos o que é a justiça em si?

LIVRO II

Pronunciando estas palavras, eu acreditava ter-me livrado da pa- 357 a
lestra; mas isto, parece, constituía, apenas, um prelúdio. Com efeito,
Glauco, que se mostra cheio de coragem em todas as circunstâncias,
não admitiu a retirada de Trasímaco: – Ficas contente, Sócrates – disse ele –
em ter-nos aparentemente persuadido, ou queres nos persuadir verdadeiramente de que, de qualquer maneira, é melhor ser justo do que injusto?   b
– Preferiria – respondi – persuadir-vos verdadeiramente, se de-
pendesse de mim.
– Não fazes então – retrucou – o que queres. Pois, dize-me: não te
parece haver uma espécie de bens[1] que buscamos, não em vista de suas
conseqüências, mas porque os amamos por si mesmos, como a alegria

---

1. Platão refere-se aqui às coisas que são boas em si mesmas, independentemente de suas conseqüências extrínsecas. Esses bens são buscados por si mesmos
pelos homens, e não em vista de outra coisa, não como meio para algum outro fim.
No diálogo *Górgias* (cf. 467e), Platão enumera três desses bens: a sabedoria, a saúde e a riqueza (os bens da alma, do corpo e os bens "externos", respectivamente).
Nesse mesmo trecho do *Górgias,* Platão ainda considera uma classe intermediária
entre o bem e o mal, ou seja, aquelas coisas que não são nem boas nem más em
si mesmas, mas que participam ora do bem, ora do mal, como as ações de sentar,
caminhar, correr e navegar. Nessa classe intermediária, se houver algum benefício
para o homem, será para ele um bem; se houver prejuízo, um mal.

62 A REPÚBLICA DE PLATÃO

e os prazeres inofensivos que, em seguida, não produzem outro efeito, exceto o deleite de quem os possui?

– No meu parecer – disse eu – existem bens desta natureza.

c – Mas como, não é certo que os amamos por si mesmos e por suas decorrências[2], como o bom senso, a vista, a saúde? Pois tais bens nos são caros por ambos os motivos.

– Sim – respondi.

– Mas não divisas uma terceira espécie de bens em que figuram a ginástica, a cura de uma doença, o exercício da arte medicinal ou de outra profissão lucrativa? Destes bens poderíamos dizer que não

d se apresentam sem pena; nós os buscamos não por eles próprios, mas pelas recompensas e outras vantagens que acarretam.

– Esta terceira espécie existe de fato – disse. – Mas aonde queres chegar?

– Em qual delas – indagou – colocas a justiça?

358 a – Na mais bela, penso, na dos bens que, por si mesmos e por suas conseqüências, devem ser amados por quem pretenda ser plenamente feliz.

– No entanto, não é o sentir da maior parte dos homens, os quais incluem a justiça na classe dos bens penosos que cumpre cultivar, devido às recompensas e às distinções que conferem, mas dos quais se deve fugir como de algo difícil.

– Sei – disse – que esta é a opinião da maioria, e disso mesmo Trasímaco a acusa há muito tempo, reservando seus elogios só para a injustiça. Mas eu tenho, segundo parece, cabeça dura.

b – Ora vamos – replicou – ouça-me, por minha vez, se não mudaste de parecer. Creio, de fato, que Trasímaco se rendeu mais cedo do que devia, por ti fascinado como que sob a ação de uma serpente[3]: quanto

---

2. Encontramos um eco desta discussão em Aristóteles (cf. *Ética Nicomaquéia*, i, 6, 1096b 14-19):

χωρίσαντες οὖν ἀπὸ τῶν ὠφελίμων τὰ καθ' αὑτὰ σκεψώμεθα εἰ λέγεται κατὰ μίαν ἰδέαν. καθ' αὑτὰ δὲ ποῖα θείη τις ἄν; ἢ ὅσα καὶ μονούμενα διώκεται, οἶον τὸ φρονεῖν καὶ ὁρᾶν καὶ ἡδοναί τινες καὶ τιμαί; ταῦτα γὰρ εἰ καὶ δι' ἄλλο τι διώκομεν, ὅμως τῶν καθ' αὑτὰ ἀγαθῶν θείη τις ἄν.

Tendo separado então os bens em si mesmos dos bens úteis, investiguemos se eles são chamados bens conforme uma forma única. Que tipo de bens alguém consideraria ser os bens em si mesmo? São porventura aqueles bens que buscamos exclusivamente, tal como o pensar, o ver e certos prazeres e honras? Embora os busquemos por causa de outra coisa, alguém poderia incluí-los entre os bens em si mesmos.

3. Essa é uma metáfora que figura a situação do interlocutor, no caso Trasímaco, quando ele é levado por Sócrates, por meio de raciocínios lógicos, a se contradizer. É o que se costuma denominar "refutação socrática" (ἔλεγχος). O "encantamento" (κήλησις) era um poder atribuído a Orfeu, que, quando tocava

a mim, não estou de modo algum satisfeito com vossa exposição sobre a justiça e a injustiça. Desejo conhecer a natureza delas, e qual o poder próprio de cada uma, tomada em si mesma[4], na alma onde reside, sem levar em conta recompensas que proporcionam e suas conseqüências. Eis, pois, como procederei, se te parecer certo: retomando a argumentação de Trasímaco, direi primeiro o que se entende comumente por justiça e qual a sua origem; em segundo lugar, que os que a praticam não o fazem voluntariamente, mas porque a consideram algo necessário e não um bem[5]; em terceiro, que têm razão de agir assim, pois a vida do injusto é bem melhor do que a do justo, como eles pretendem[6]. No tocante a mim, Sócrates, não partilho desta opinião. Entretanto, sintome perturbado, com os ouvidos cheios dos discursos de Trasímaco e de mil outros. Porém, ainda não ouvi ninguém falar da justiça e de sua superioridade sobre a injustiça, como eu desejaria. Desejaria que a elogiassem em si mesma a por ela mesma, e é de ti, principalmente, que espero tal elogio. Daí por que, reunindo todas as minhas forças, louvarei a vida do homem injusto e, assim fazendo, mostrar-te-ei como gostaria de ouvir-te censurar a injustiça e louvar a justiça. Mas vê se isso te convém.

   – Perfeitamente – respondi; – com efeito, de que outro assunto

a lira, fascinava até mesmo os animais. Nos diálogos platônicos, esse poder de encantamento é atribuído ironicamente a Protágoras (cf. *Protágoras*, 315a-b), e a Trasímaco (cf. *Fedro*, 267d), aludindo à capacidade persuasiva de seus discursos. Ver supra n. 36, p. 46..

   4. Esta expressão "tomada em si mesma" (αὐτὸ καθ' αὑτό) tem um sentido técnico na filosofia de Platão, designando a "idéia" (ἰδέα) ou "forma" (εἶδος) de cada coisa, objeto do conhecimento intelectual. Todavia, neste passo da *República*, a Teoria das Idéias ainda não está presente, e só será apresentada pormenorizadamente no Livro vi (cf. 508a-509d). Nesse sentido, essa expressão utilizada aqui por Glauco não se refere especificamente à "idéia" de justiça (no sentido técnico da filosofia platônica), mas revela antes seu interesse crescente em buscar, por meio do diálogo, uma definição conceitual e universal de justiça.

   5. cf. Livro ii, 360c; Livro vi, 493c.

   6. Glauco usará um recurso que Sócrates, no Livro i, tentou insistentemente impedir Trasímaco de empregar. Em vez de um "discurso longo" (μακρολογία) à maneira dos retores, Sócrates fez com que Trasímaco discutisse o valor da justiça e da injustiça por meio do "diálogo" (διαλέγεσθαι), o método filosófico por excelência em Platão. Diferentemente do caso de Trasímaco, Sócrates concede a Glauco que faça um discurso em elogio à injustiça, para que em seguida se examine a consistência e a validade da tese exposta. É importante notar que se trata de um exercício retórico de Glauco, pois ele próprio confessa não concordar com a opinião expressa no discurso que ele mesmo irá fazer.

64 A REPÚBLICA DE PLATÃO

um homem sensato se comprazeria em falar e em ouvir falar com mais freqüência?

e   – Tua observação é excelente – disse ele; – escuta pois o que devo expor-te em primeiro lugar: qual é a natureza e a origem da justiça.

– Os homens pretendem que, por natureza, é bom cometer injustiça e mau sofrê-la, mas que há maior mal em sofrê-la do que bem em cometê-la. Por isso, quando alternadamente a cometem e a sofrem, experimentando os dois estados, aqueles que não podem evitar um

359 a nem escolher o outro consideram útil firmar um acordo para não mais cometer nem sofrer injustiça. Daí nasceram as leis e as convenções, e o que a lei prescrevia chamou-se legítimo e justo. Eis a origem e a essência da justiça: ela ocupa o meio entre o maior bem – cometer impunemente a injustiça – e o maior mal – sofrê-la quando a gente é incapaz de vingar-se. Entre estes dois extremos, a justiça é apreciada

b não como um bem em si, mas apenas tolerada, por serem impotentes os homens para cometer injustiça. Com efeito, quem pode praticar a injustiça, no caso de ser homem na acepção plena da palavra, nunca irá firmar um acordo com alguém para se abster de cometê-la ou de sofrê-la, pois seria louco. Tal é, portanto, Sócrates, a natureza da justiça e tal é a sua origem, na opinião comum[7].

– Agora, que aqueles que a praticam agem a contragosto e por impotência de cometer a injustiça é o que sentiremos particularmente bem se fizermos a seguinte suposição: concedamos ao justo e ao injusto

c a licença de praticar o que lhes aprouver; sigamo-los e observemos onde o desejo leva um e outro. Prendamos o justo em flagrante delito de perseguir o mesmo objetivo que o injusto, impelido pela necessidade de predominar sobre os outros: é isso que a natureza toda procura como um bem, mas que, por lei e por força, se reduz ao respeito à igualdade. A licença a que me refiro seria especialmente significativa se ambos

d recebessem o poder que teve outrora, dizem, o antepassado de Giges, o Lídio[8]. Este homem era pastor a serviço do rei que então governava a

---

7. Glauco reconsidera a tese geral defendida por Trasímaco (de que a injustiça é mais vantajosa que a justiça) e faz um discurso com novas considerações sobre a natureza da justiça e da injustiça. Ele parte do pressuposto de que a natureza (φύσις) e a lei (νόμος) são coisas distintas: a lei é estabelecida pelos homens em oposição à natureza, a mesma tese defendida pela personagem Cálicles no *Górgias*. Ver supra n. 38, p. 46..

8. Há uma confusão a respeito desse "ancestral de Giges" citado no discurso de Glauco: se se trata de algum ancestral de Giges ou do próprio Giges. Nos manuscritos, a leitura que temos é indubitável: "ancestral do Lídio [Giges]", que se confirma pelo comentário de Proclo (cf. *Comentários à República de Platão*, 2, 111, 4). Heródoto

LIVRO II   65

Lídia. Um dia, durante uma violenta tempestade acompanhada de abalo sísmico, o solo fendeu-se e formou-se um precipício perto do local onde apascentava o seu rebanho. Cheio de assombro, desceu ao fundo do abismo e, entre outras maravilhas que a fábula enumera, viu um cavalo de bronze, oco, perfurado com pequenas aberturas; tendo-se debruçado sobre uma, percebeu dentro um cadáver de estatura maior, parece, que a de um homem, e que trazia na mão um anel de ouro, do qual ele se e apoderou; a seguir, partiu sem tomar outra coisa. Ora, à reunião habitual dos pastores que se realizava cada mês para informar o rei do estado de seus rebanhos, ele compareceu com o anel no dedo. Tendo tomado assento no meio dos outros, voltou por acaso o engaste do anel para o interior da mão; imediatamente tornou-se invisível aos seus vizinhos, 360 a que começaram a falar dele como se ele houvesse partido. Espantado, manejou de novo o anel com hesitação, voltou o engaste para fora e, assim fazendo, tornou a ficar visível. Dando-se conta do fato, repetiu a experiência para averiguar se o anel possuía realmente semelhante poder, o mesmo prodígio reproduziu-se: virando o engaste para dentro, ficava invisível; para fora, visível. Desde que se certificou disso, agiu de modo a figurar no rol dos mensageiros que se dirigiam para junto do rei. Chegando ao palácio, seduziu a rainha, tramou com ela a morte do rei, b matou-o e obteve assim o poder. Se, pois, existissem dois anéis desta espécie e se o justo recebesse um, e o injusto outro, nenhum dos dois seria, ao que se pensa, de natureza tão diamantina a ponto de perseverar na justiça e ter a coragem de não tocar no bem de outrem, já que poderia tomar sem receio, na ágora, tudo o que quisesse, introduzir-se nas casas c para unir-se a quem lhe agradasse, matar ou libertar da prisão quem bem entendesse e fazer tudo a seu bel-prazer, convertido como que num deus entre os homens. Procedendo assim, nada o distinguiria do mau: ambos tenderiam para o mesmo fim. E citar-se-ia isso como a grande prova de que ninguém é justo voluntariamente, mas por coerção, não constituindo a justiça um bem em si, pois quem se crê capaz de cometer a injustiça a comete. Todo homem, com efeito, pensa que a injustiça é individualmente mais proveitosa do que a justiça e, pensa com razão, d

---

(cf. *Histórias*, ı, 8-13) diz que Giges tomou o poder da Lídia depois de ter seduzido a mulher do rei, mas não faz menção alguma ao episódio do anel referido aqui por Platão; fontes tardias atribuem esse episódio do anel contado por Platão ao próprio Giges, e não a um "ancestral do Lídio [Giges]". A confusão ainda aumenta quando, no Livro x (cf. 612b), Platão se refere ao "anel de Giges" (τὸν Γύγου δακτύλιον), e não ao "anel do ancestral de Giges", aludindo a essa história contada por Glauco no Livro ıı. Portanto, temos aqui (i) ou duas versões de uma mesma história, (ii) ou duas histórias sobrepostas, (iii) ou uma livre invenção de Platão.

66 A REPÚBLICA DE PLATÃO

segundo o partidário desta doutrina. Pois, se alguém recebesse a licença de que falei, e jamais consentisse em cometer a injustiça, ou em tocar no bem alheio, pareceria o mais infeliz dos homens, e o mais insensato, aos que tomassem conhecimento de sua conduta; estando mutuamente em presença, louvá-lo-iam, mas para se enganarem uns aos outros, e devido ao temor de serem eles próprios vítimas da injustiça. Eis o que eu tinha a dizer sobre este ponto.

e   Agora, para efetuar um julgamento sobre a vida dos dois homens a que nos referimos, oponhamos o mais justo ao mais injusto, e estaremos em condições de julgá-los bem; fazê-lo seria impossível de outra maneira. Mas de que modo estabelecer esta oposição? Do seguinte: nada tiremos ao injusto de sua injustiça, nem ao justo de sua justiça, porém suponhamo-los perfeitos, cada um em seu gênero de vida. Em primeiro lugar, que o injusto aja como os artesãos hábeis – qual o piloto consumado, ou o médico, que sabem distinguir nas suas respectivas

361 a   artes o possível do impossível, empreendendo um e abandonando outro e, se se engana em algum ponto, é capaz de reparar o erro – assim pois, que o injusto se dissimule habilmente ao empreender alguma ação perversa, caso pretenda ser superior na injustiça. De quem se deixa apanhar, deve-se fazer pouco caso, pois a extrema injustiça consiste em parecer justo não o sendo. Cumpre, portanto, conceder ao homem perfeitamente injusto a perfeita injustiça, sem excluir nada, e admitir que, cometendo os atos mais injustos, daí retira a maior reputação de

b   justiça; que, se se equivoca em algo, é capaz de reparar o erro, de falar com eloqüência para se desculpar se alguém denuncia um de seus crimes, e de usar de violência, quando a violência é necessária, ajudado por sua coragem, seu vigor e seus recursos em amigos e dinheiro. Em face de tal personagem coloquemos o justo, homem simples e generoso, que deseja, segundo Ésquilo, não parecer, mas ser bom. Despojemo-o

c   desta aparência. Com efeito, se parecer justo, contará, a este título, honras e recompensas; não se saberá então se ele é assim pela justiça ou pelas honras e pelas recompensas. Por isso, é mister despojá-lo de tudo, salvo da justiça, e torná-lo o oposto do precedente. Sem cometer ato injusto, que tenha a maior reputação de injustiça, a fim de que seja posto à prova em sua virtude, não se deixando abalar pela má fama e por

d   suas conseqüências; que permaneça inabalável até a morte, parecendo injusto a vida inteira, mas sendo justo, a fim de que, chegando ambos aos extremos, um da justiça e outro da injustiça, possamos julgar qual é o mais feliz.

– Oh! Caro Glauco – disse – com que força estás polindo, qual estátuas, estes dois homens, para submetê-los ao nosso julgamento!

LIVRO II   67

– Faço o que posso – prosseguiu. – Agora, caso sejam como acabo de apresentá-los, não será difícil, creio, descrever o gênero de vida que espera, a um e outro. Digamo-lo, pois; e se esta linguagem te soar muito rude, lembra-te, Sócrates, de que não sou eu quem fala, mas aqueles que colocam a injustiça acima da justiça. Dirão que o justo, tal como o representei, será açoitado, exposto à tortura, carregado de grilhões, que lhe queimarão os olhos, que enfim, tendo sofrido todos os males, será empalado e saberá então que não se deve querer ser justo, mas parece-lo. Destarte, as palavras de Ésquilo[9] aplicar-se-iam muito mais exatamente ao injusto; pois, na realidade, dir-se-á, ele é precisamente aquele cujas ações se conformam à verdade e que, vivendo apenas para as aparências, não quer parecer injusto, mas sê-lo:

> Cultivando em seu espírito o sulco profundo,
> de onde brotam sagazes desígnios.

Primeiro, governa na sua cidade, graças a seu aspecto de homem justo; em seguida, toma esposa onde lhe apraz, dará seus filhos em casamento com quem lhe apraz, constitui ligações de prazer ou de conveniência com quem melhor lhe parece e aufere proveito de tudo isso, pois não tem o menor escrúpulo de ser injusto. Se entra em conflito, público ou particular, com alguém, leva a melhor e triunfa sobre o adversário; por este meio enriquece, faz bem aos amigos, mal aos inimigos, oferece sacrifícios aos deuses e presenteia-os com largueza e magnificência, e concilia, bem melhor do que o justo, os deuses ou os homens a quem pretende agradar; por isso, convém naturalmente que seja mais querido aos deuses do que o justo. Destarte, Sócrates, dizem eles que os deuses e os homens oferecem ao injusto uma vida melhor do que ao justo.

Quando Glauco terminou de falar, dispunha-me a responder-lhe, mas seu irmão Adimanto interveio: – Crês, Sócrates – perguntou – que a questão tenha sido suficientemente desenvolvida?

– E por que não? – indaguei.

– O ponto essencial – contestou – foi esquecido.

– Muito bem! – repliquei – de acordo com o provérbio, que o irmão socorra o irmão. Se Glauco omitiu algum ponto, acorre em sua ajuda. Entretanto, ele disse o bastante para me deixar fora de combate e na impotência de defender a justiça.

E ele: – Vã escusa – disse; – ouve ainda isto. Cumpre, com efeito,

---

9. Ésquilo, *Os Sete Contra Tebas,* vv. 593-594.

68 A REPÚBLICA DE PLATÃO

que eu exponha a tese contrária àquela que ele sustentou, a tese dos que louvam a justiça e censuram a injustiça, para que saliente mais o que, a meu ver, constitui o pensamento de Glauco[10]. Ora, os pais recomendam aos filhos que sejam justos, e assim procedem todos os que têm o encargo de outras pessoas, louvando, não a justiça em si mesma, porém a reputação que ela confere, a fim de que aquele que parece justo obtenha, devido a esta reputação, os cargos, as alianças e todas as demais vantagens que, segundo Glauco acaba de enumerar, se vinculam ao bom renome. E essa gente leva ainda mais longe os lucros da aparência. É o que nos diz o bom Hesíodo e Homero o confirma. O primeiro, com efeito, diz que para os justos os deuses fazem com que

363 a

b

> os carvalhos se carreguem de glandes nos altos ramos
> e de abelhas no tronco;

e acrescenta que, para eles,

> Nédias ovelhas também se arqueiam sob o peso do tosão[11]

e que possuem muitos outros bens similares. O segundo atém-se quase à mesma linguagem, quando se refere à glória

> de um rei irrepreensível que, temendo os deuses
> sobre numerosos e fortes vassalos governasse,
> e distribuísse a justiça; e para ele a negra terra produz
> trigo e cevada em abundância, e grandes árvores vergadas sob os frutos;
> o rebanho cresce e o mar lhe oferece os seus peixes[12].

c

Museu e seu filho, da parte dos deuses, concedem aos justos recompensas maiores ainda. Conduzindo-os ao Hades[13], introduzem-nos no banquete dos bem-aventurados, onde, coroados de flores, passam

---

10. Depois do discurso de Glauco, elogiando a injustiça, Adimanto propõe um segundo discurso, elogiando, inversamente, a justiça. Essa é a estrutura da "antilogia" (ἀντιλογία), i.e., dois discursos que se antepõem, duas teses contrárias que apresentam argumentos consistentes, gerando, assim, controvérsia. Esse expediente próprio da retórica é muitas vezes empregado por Platão nos diálogos como instrumento para avaliar e testar opiniões que são contrárias entre si. Ver supra n. 45, p. 51.

11. Hesíodo, *Os Trabalhos e os Dias*, vv. 232-233.

12. Homero, *Odisséia*, xix, vv. 109-113.

13. Platão se refere à concepção escatológica dos mistérios órficos e/ou eleusinos. O filho de Museu a que se refere Adimanto, Eumolpos (segundo certa versão genealógica), foi o legendário fundador dos mistérios de Elêusis. Museu, por sua vez, foi, como seu mestre Orfeu, um poeta mítico da Trácia, cuja poesia teria tratado de temas cosmológicos. Museu se associa aos mistérios órficos. Logo abaixo, a referência aos mistérios é direta (cf. 364e).

LIVRO II   69

o tempo a inebriar-se, como se o mais belo prêmio da virtude fosse   d
a eterna embriaguez. Outros prolongam as recompensas conferidas
pelos deuses; dizem, com efeito, que o homem piedoso e fiel a seus
juramentos revive nos filhos de seus filhos e na posteridade. É assim,
e em termos parecidos, que tecem o elogio da justiça. Quanto aos ímpios e aos injustos, mergulham-nos na lama do Hades e os condenam
a carregar água num crivo; durante a vida, devotam-nos à infâmia, e   e
todos os castigos enumerados por Glauco a propósito dos justos que
parecem injustos. Com referência aos injustos é só o que sabem dizer;
não inventaram nada de novo. Tal é a maneira de louvarem a justiça e
censurarem a injustiça.

Além disso, examina, Sócrates, outra concepção da justiça e da
injustiça, desenvolvida pelos particulares e pelos poetas. Todos, a uma   364 a
só voz, celebram como belas a temperança e a justiça, mas acham-nas
difíceis e penosas; a intemperança e a injustiça, ao contrário, afigu-
ram-se-lhes agradáveis e de fácil posse, vergonhosas apenas diante da
opinião e da lei; as ações injustas, dizem eles, são no conjunto mais
vantajosas do que as justas, e facilmente consentem em proclamar felizes os perversos e em honrá-los, quando são ricos ou contam algum
poder; em compensação, desprezam e olham de cima os bons que são
fracos e pobres, embora reconheçam serem eles melhores do que os   b
outros. Mas, de todos esses discursos, os que proferem acerca dos deuses e da virtude são os mais estranhos. Os deuses mesmos, pretendem
eles, reservaram muitas vezes aos homens virtuosos o infortúnio e vida
miserável, enquanto concediam aos maus a sorte contrária. Sacerdotes
mendicantes e adivinhos, de seu lado, apresentam-se às portas dos ricos
e os convencem de que obtiveram dos deuses o poder de reparar as
faltas, que eles ou seus antepassados eventualmente cometeram, por   c
meio de sacrifícios e conjuros, com acompanhamento de prazeres e
festas; se se quer infligir dano a um inimigo, com um pequeno gasto
pode-se prejudicar tanto o justo como o injusto, mediante as evoca-
ções e fórmulas mágicas destes sacerdotes, pois, a dar-lhes ouvido,
persuadem os deuses para que se ponham a serviço deles. Em apoio
a todas estas assertivas invocam o testemunho dos poetas. Uns falam
da facilidade do vício:

Para o mal em bando encaminhamo-nos
facilmente: a trilha é suave e ele mora muito perto;   d
Mas diante da virtude, os deuses colocaram o suor e o trabalho,
e um longo caminho, rochoso e íngreme[14].

14. Hesíodo, *Os Trabalhos e os Dias*, vv. 287-289.

70 A REPÚBLICA DE PLATÃO

Outros, a fim de provar que os homens podem influenciar os deuses, alegam estes versos de Homero

> O próprios deuses deixam-se dobrar;
> com sacrifícios e preces afáveis
> com libações e fumaças das vítimas, os homens,
> em súplicas, desviam-lhes a cólera
> quando se excedem e erram[15].

e

E produzem uma multidão de livros de Museu e Orfeu, descendentes, dizem eles, de Selene e das Musas. Pautam os sacrifícios por estes livros e convencem, não só os particulares, mas ainda cidades inteiras, que é possível absolver-se e purificar-se dos crimes, ainda em vida ou após a morte, por meio de sacrifícios[16] e festas que denominam mistérios. A essas práticas dão o nome de expiação, atribuindo-lhes o poder de livrar-nos dos males do outro mundo, onde, se as negligenciamos, terríveis suplícios nos aguardam.

365 a

Todos esses discursos, meu caro Sócrates, e tantos outros similares pronunciados sobre a virtude e o vício, e a estima que os homens e os deuses lhes concedem, que efeito, supomos, hão de surtir na alma do jovem dotado de boa índole que os ouve e é capaz, como que voejando de conversação em conversação, de colher uma resposta à pergunta: o que se deve ser e que caminho se deve seguir para se atravessar a vida da melhor maneira possível? É provável que dirá a si próprio, com Píndaro:

b

> Escalarei eu pela justiça ou por oblíquos ardis a mais alta muralha
> para assim me fortificar e passar minha vida?[17]

Ao que se relata, se eu for justo sem parecê-lo, não extrairei daí qualquer lucro, mas aborrecimentos e danos evidentes; injusto, mas

---

15. Homero, *Ilíada*, IX, vv. 497-501. Nesta passagem citada por Platão, Fênix se dirige a Aquiles.

16. Heráclito (cerca de 540-470 a.C.), um dos filósofos pré-socráticos, critica a idéia de purificação dos mistérios neste fragmento (Fr. 5 DK):

> καθαίρονται δ' ἄλλῳ αἵματι μιαινόμενοι οἷον εἴ τις εἰς πηλὸν ἐμβὰς πηλῷ ἀπονίζοιτο. μαίνεσθαι δ' ἂν δοκοίη, εἴ τις αὐτὸν ἀνθρώπων ἐπιφράσαιτο οὕτω ποιέοντα. καὶ τοῖς ἀγάλμασι δὲ τουτέοισιν εὔχονται, ὁκοῖον εἴ τις δόμοισι λεσχηνεύοιτο, οὔ τι γινώσκων θεοὺς οὐδ' ἥρωας οἵτινές εἰσι.

> Os impuros se purificam com sangue alheio como se alguém, envolto em lama, com lama se lavasse. Mas ele pareceria louco, se algum homem o percebesse fazendo isso. E a estas estátuas fazem preces, como se alguém conversasse com casas, desconhecendo quem são deuses ou heróis.

17. Píndaro, Fr. 213 (William H. Race, *Loeb Classical Library*, 1997).

LIVRO II   71

provido de reputação de justiça, dizem que levarei uma vida divina.
Logo, já que a aparência, como os sábios mostram-no, violenta a   c
verdade[18], e é senhora da felicidade, devo pender inteiramente para
ela. Como fachada e decoração, devo traçar ao meu redor uma vã
imagem de virtude e arrastar atrás de mim a raposa do sapientíssimo
Arquíloco[19], animal sutil e fértil em artimanhas. "Porém, dir-se-á, não
é fácil para o perverso ficar desapercebido por muito tempo". Não, de
fato, responderemos, assim como nenhuma grande empresa é fácil;
entretanto, se queremos ser felizes, devemos trilhar o caminho que nos   d
é traçado por tais discursos. Para não sermos descobertos, formaremos
associações secretas e heterias, e há mestres da persuasão para nos ensinar eloqüência pública e judiciária; graças a estes meios, persuadindo
numa coisa, praticando violência noutra, prevaleceremos sem incorrer
em castigo. "Mas, prosseguir-se-á, não é possível escapar ao olhar dos
deuses, nem infligir-lhes violência". Será que, se eles não existem,
ou não se ocupam dos negócios humanos, devemos ainda cuidar de
escapar-lhes? E se existem e se ocupam de nós, só os conhecemos por   e
ouvir dizer e pelas genealogias dos poetas; ora, estes pretendem que
sejam suscetíveis, mediante sacrifícios, preces piedosas ou oferendas,
de se deixar dobrar, e é preciso crer em ambas as coisas ou não crer
em nenhuma. Se, pois, é preciso crer, seremos injustos e far-lhe-emos
sacrifícios com o produto de nossas injustiças. Sendo justos, com efeito   366 a
ficaríamos por eles isentos do castigo, mas renunciaríamos aos benefícios da injustiça; injustos, ao contrário, gozaremos destes benefícios
e, através de preces, escaparemos ao castigo de nossas faltas e nossas
transgressões. "Mas no Hades, dir-se-á, sofreremos a pena das injustiças cometidas neste mundo, nós e os filhos de nossos filhos". Mas,
meu amigo, responderá o homem que raciocina, os mistérios podem
muito, assim como os deuses libertadores, a crer nas maiores cidades   b
e nos filhos dos deuses, poetas e intérpretes da vontade divina, que nos
asseguram que tudo, de fato, se passa dessa maneira.

Por que razão preferiremos ainda a justiça à extrema injustiça, a
qual, se a praticarmos com fingida honestidade, nos permitirá lograr
êxito à vontade junto aos deuses e junto aos homens, durante a nossa
vida e após a nossa morte, como o afirma a maioria das autoridades, e
as mais eminentes? Depois do que foi dito, haverá meio, Sócrates, de   c
consentir em honrar a justiça, quando se dispõe de alguma superiori-

---

18. Essas palavras são atribuídas a Simônides (cf. Fr. 598, D. Campbell, *Loeb
Classical Library*, 2001).

19. Arquíloco, Fr. 86-89 (J. M. Edmonds, *Loeb Classical Library*, 1982).

72 A REPÚBLICA DE PLATÃO

dade, de alma ou de corpo, de riquezas ou de nascimento, e de não rir, ouvindo-se elogiá-la? Assim pois, se alguém estiver em condições de provar que é falso o que dissemos, e de se dar suficientemente conta de que a justiça é o melhor dos bens, mostrar-se-á cheio de indulgência e não se encolerizará contra os homens injustos; sabe que, à exceção dos que, por serem de natureza divina, sentem aversão à injustiça, e dos

d que dela se abstêm porque receberam as luzes da ciência, ninguém é justo voluntariamente, mas tão-só a covardia, a idade ou qualquer outra fraqueza é que induzem a condenar a injustiça, quando se é incapaz de cometê-la. A prova é evidente: com efeito, entre as pessoas que se encontram neste caso, o primeiro a receber o poder de ser injusto é o primeiro a usá-lo, na medida de seus meios. E a causa de tudo isso não é outra salvo a que nos empenhou, a meu irmão e a mim, nesta discussão, Sócrates, para te dizer: "Ó admirável amigo, dentre todos

e vós que pretendeis ser os defensores da justiça, a começar pelos heróis dos primeiros tempos cujos discursos chegaram até nós, ninguém ainda censurou a injustiça ou louvou a justiça de outro modo, a não ser pela reputação, pelas honras e recompensas que se lhe vinculam; quanto ao fato de estarem uma e outra, por seu próprio poder, na alma que as possui, ocultas aos deuses e aos homens, ninguém, em verso ou em prosa, jamais demonstrou suficientemente que uma é o maior dos males da alma e a outra, a justiça, o maior dos bens. Com efeito,

367 a se todos vós nos falásseis assim desde o início e se, desde a infância, nos persuadísseis desta verdade, não teríamos de nos guardar mutuamente para não cometermos injustiça, mas cada um de nós o melhor guardião de si mesmo, devido ao medo de, se fosse injusto, coabitar com o maior dos males".

Isto, Sócrates, e talvez mais, Trasímaco ou qualquer outro poderia dizer sobre a justiça e a injustiça, invertendo os respectivos poderes de

b maneira exacerbante, parece-me. Quanto a mim – pois nada quero te esconder – foi com o desejo de te ouvir sustentar a tese contrária que apliquei tanto quanto possível todas as minhas forças neste discurso. Portanto, não te limites a nos provar que a justiça é mais forte do que a injustiça; mostra-nos os efeitos que cada uma produz por si mesma na alma onde se acha, e que fazem com que uma constitua um bem e a outra um mal. Afasta as reputações que elas nos valem, como Glauco to recomendou. Se, com efeito, não afastares para um e outro lado as verdadeiras reputações, e se lhes juntares as falsas, diremos que não elogias a justiça, mas a aparência, que não condenas a injustiça, mas a

c aparência, que recomendas praticar a injustiça às ocultas e concordas com Trasímaco em que a justiça é um bem alheio, isto é, a vantagem

LIVRO II

do mais forte, enquanto a injustiça é útil e vantajosa a si própria, mas nociva ao mais fraco.

Visto teres reconhecido que a justiça pertence à classe dos maiores bens, os que merecem ser procurados por suas conseqüências e muito mais por si mesmos, como a vista, o ouvido, a razão, a saúde e todas as coisas que constituem verdadeiros bens, por sua natureza e não segundo a opinião, louva, pois, na justiça o que ela tem por si própria de vantajoso para quem a possui; e censura, na injustiça, o que ela tem de prejudicial; quanto às recompensas e à reputação, deixa que outros as enalteçam. Quanto a mim, aceitaria de outrem que louvasse a justiça e reprovasse a injustiça desta maneira, fazendo elogios e censuras com respeito à reputação e às recompensas que proporcionam, mas não o aceitarei de ti, a menos que mo ordenes, pois passaste a vida inteira no exame desta única questão. Portanto, não te contentes em nos provar que a justiça é mais forte do que a injustiça, porém mostra-nos também, através dos efeitos que cada uma produz por si mesma no seu possuidor, que faz de uma um bem e de outra um mal, quer seja vista ou não pelos deuses e pelos homens[20].

Sempre admirara o caráter de Glauco e de Adimanto, mas nesta circunstância deu-me extremo prazer ouvi-los e disse-lhes: – Não é indevidamente, ó filhos de tal pai, que o amante de Glauco começava nestes termos a elegia que vos dedicou, quando vos distinguistes na batalha de Mégara[21]:

---

20. Adimanto impele Sócrates a fazer o elogio da justiça considerando-a em si mesma, i.e., independentemente da reputação (δόξα) que o homem pode dela desfrutar. Sócrates deve mostrar que a justiça é por natureza um bem, e que o homem deve almejá-la sobre todas coisas. Pois se Sócrates fizer tão-somente um elogio da reputação (δόξα) da justiça, de que a justiça é um bem na medida em que o homem se beneficia com sua reputação, então ele concordará com Glauco que vale a pena ser injusto, parecendo, contudo, ser justo (cf. 361a). Nesse caso, o homem desfrutaria de todos os benefícios que a injustiça proporciona (segundo o argumento dos adversários); além disso, teria a reputação de justo, que encobriria seus atos e o tornaria benquisto pelos demais homens. Portanto, a tarefa de Sócrates de refutar absolutamente o argumento do adversário (representado pela figura de Trasímaco no Livro I e pelos discursos de Glauco e Adimanto no Livro II em defesa da injustiça) passa necessariamente pela demonstração de que a justiça, por natureza, é um bem para a alma, independentemente da reputação que dela advém.

21. A batalha de Mégara se deu em 409 a.C., nos últimos anos da Guerra do Peloponeso entre Atenas e Esparta (431-404 a.C.) (cf. Diodoro Sículo, *Biblioteca Histórica*, 13, 65).

74 A REPÚBLICA DE PLATÃO

Filhos de Áriston[22], raça divina de um homem ilustre.

Este elogio, meus amigos, parece vos convir perfeitamente. Há, de fato, algo de verdadeiramente divino nos vossos sentimentos, para não ficardes convencidos de que a injustiça vale mais do que a justiça, quando sois capazes de falar deste modo sobre o assunto. Ora, creio que na verdade não estais convencidos – conjeturo-o, segundo os outros traços de vosso caráter, pois a julgar apenas por vossa linguagem eu desconfiaria de vós – e quanto mais confiança vos concedo, mais atrapalhado me sinto acerca do partido a tomar. De um lado, não sei como socorrer a justiça; parece-me que não tenho a força necessária, e eis para mim o sinal disso: quando pensava haver demonstrado contra Trasímaco a superioridade da justiça sobre a injustiça, não admitistes as minhas razões. De outro lado, não sei como não acudi-la; receio, com efeito, que seja ímpio, quando a maltratam em minha presença, desistir de defendê-la, enquanto ainda respiro e sou capaz de falar. O melhor, pois, será dar-lhe o apoio que eu puder.

Glauco e os outros me conjuraram a empregar para tanto todos os meus recursos e a não deixar a discussão cair, mas a pesquisar a natureza do justo e do injusto e a verdade sobre suas respectivas vantagens. Expressei-lhes então o meu modo de pensar: – A busca que empreendemos não é de medíocre importância, porém exige, na minha opinião, uma vista penetrante. Ora, posto que nos fala esta qualidade, eis como – prossegui – creio ser preciso enfrentá-la. Se, a pessoas que não possuíssem vista muito penetrante, fosse ordenado ler, de longe, letras traçadas em diminutos caracteres, e se uma delas percebesse que estas mesmas letras se acham traçadas alhures, em grandes caracteres sobre um espaço maior, constituiria para elas, imagino, um feliz acaso poder ler primeiro as letras grandes e examinar, depois, as pequenas, para averiguar se são as mesmas.

– Seguramente – disse Adimanto. – Mas, Sócrates, o que de semelhante vês na procura do justo?

– Vou te dizer – respondi. – É a justiça, afirmamos nós, um atributo não só do indivíduo, mas também da cidade inteira?

– Por certo – confirmou.

– Ora, a cidade é maior do que o indivíduo?

– Maior sem dúvida.

---

22. O nome *Áriston* provém de ἄριστος [aristos], que significa "o melhor, homem excelente". Platão faz um jogo com o nome do pai, como se o próprio significado do nome já revelasse seu caráter.

LIVRO II

– Talvez num quadro maior, a justiça seja maior e mais fácil de estudar. Por conseguinte, se quiserdes, procuraremos antes a natureza 369 a da justiça nas cidades; em seguida, examiná-la-emos no indivíduo, de maneira a perceber a semelhança da grande na forma da pequena[23].

– Isto parece-me muito bem expresso – respondeu.

– Agora – prossegui – se observarmos o nascimento de uma cidade, não veremos aparecer nela a justiça, assim como a injustiça?

– Provavelmente – disse ele.

– E posto isto, não teríamos esperança de descobrir mais facilmente o que procuramos?

– Sim, sem dúvida.   b

– Parece-vos, portanto, que devemos tentar levar a cabo esta busca? A meu ver, o caso não é de pouca monta. Examinai-o.

– Tudo está examinado – replicou Adimanto – não procedas de outra forma.

– O que dá nascimento a uma cidade – disse eu – é, creio, a impotência de cada indivíduo de bastar-se a si próprio e a sua necessidade de uma multidão de coisas; ou pensas existir outra causa qualquer na origem de uma cidade?

– Nenhuma outra.

– Assim pois, um homem traz consigo outro homem para determinado emprego, e outro ainda para um outro emprego, e a multiplicidade das necessidades reúne numa mesma residência grande número de associados e auxiliares; a esse estabelecimento comum demos o nome de cidade, não foi?

– Perfeitamente.

– Mas quando um homem dá e recebe, age com o pensamento de que a troca se faz em vantagem sua.

– Sem dúvida.

– Pois bem! – repliquei – construamos com palavras uma cidade desde o princípio; serão as nossas necessidades, ao que parece, que a construirão.

– Sem objeção.

– O primeiro e o mais importante de todos é o da alimentação, de d que depende a conservação de nosso ser e nossa vida.

---

23. Para encontrar a definição apropriada de justiça, Platão toma primeiro como paradigma a cidade (macrocosmo), que permite vislumbrá-la melhor. Em seguida, aplica ao indivíduo (microcosmo) aquilo que se descobriu em relação à cidade. Esse recurso está presente em toda a *República*. O uso da analogia é muito comum nos diálogos de Platão.

76 A REPÚBLICA DE PLATÃO

– Seguramente.

– O segundo é o da habitação; o terceiro, o do vestuário e de tudo o que se lhe relaciona.

– É isso.

– Mas vejamos! – disse eu – como há de estar em condições uma cidade para fornecer tantas coisas? Não será preciso que um seja agricultor, outro pedreiro, outro tecelão? Acrescentaremos ainda um sapateiro ou algum outro artesão para as necessidades do corpo?

– Certamente.

– Portanto, em sua mais estrita necessidade, a cidade será formada de quatro ou cinco homens.

e   – Assim parece.

– Mas como? Será mister que cada um cumpra sua própria função para toda a comunidade, que o agricultor, por exemplo, garanta sozinho a alimentação de quatro, despenda quatro vezes mais tempo e trabalho em fazer provisão de trigo, e o partilhe com os outros, ou então, ocupando-se apenas de si próprio, será preciso que produza o quarto dessa

370 a alimentação no quarto de tempo, e dos três quartos restantes empregue um em prover-se de habitação, o outro de vestimentas, o terceiro de calçados, e, sem preocupar-se com a comunidade, trate ele mesmo de seus negócios?

Adimanto respondeu: – Talvez, Sócrates, a primeira maneira fosse mais cômoda.

– Por Zeus – redargüi – não é de surpreender. Com efeito, tuas palavras me sugerem a reflexão de que, primeiramente, a natureza não

b fez cada um de nós semelhante ao outro, mas diferente em aptidões, e próprio para essa ou aquela função. Não achas também?

– Sim.

– Mas como? Em que casos se trabalha melhor, quando se exercem vários misteres ou apenas um?

– Quando se exerce um apenas – respondeu.

– É evidente ainda, parece-me, que, se o trabalho não é feito no tempo certo, ele acabará por se perder.

– De fato, é evidente.

– Isso porque a obra, a meu ver, não espera a disposição do obreiro,

c mas é esse que deve, necessariamente, dedicar-se com toda seriedade à obra, em vez de considerá-la mero passatempo.

– Necessariamente.

– Por conseguinte, produzimos todas as coisas em maior número, melhor e mais facilmente, quando cada um, segundo suas aptidões e no

LIVRO II

tempo conveniente, se entrega a um único trabalho, ficando dispensado de todos os outros.

– Sem dúvida nenhuma.

– Portanto, Adimanto, precisamos de mais de quatro cidadãos para satisfazer as necessidades de que falamos. Com efeito, é provável que o lavrador não irá fazer, ele mesmo, sua charrua, se quiser que ela seja boa, nem sua enxada, nem as outras ferramentas agrícolas; o pedreiro tampouco fará suas ferramentas; ora, elas também lhe fazem muita falta. O mesmo acontecerá com o tecelão e o sapateiro, não é? $\quad$ d

– Decerto.

– Temos, pois, carpinteiros, ferreiros e muitos artífices semelhantes que, tornando-se membros de nossa pequena cidade, aumentar-lhe-ão a população.

– Certamente.

– Mas será maior ainda se lhe juntarmos boieiros, pastores de ovelhas e de outros animais, a fim de que o lavrador disponha de bois $\quad$ e para o arado, o pedreiro, assim como o agricultor, de animais de tiro para as carroças, o tecelão e o sapateiro, de peles e lãs.

– Tampouco seria – disse ele – uma pequena cidade, se reunisse todas essas pessoas.

– Mas – prossegui – fundar esta cidade em sítio onde não haja necessidade de importar coisa alguma é quase impossível.

– É impossível, de fato.

– Ela necessitará, pois, de outras pessoas ainda, que, de outra cidade, lhe tragam tudo o que lhe faltar.

– Sim, necessitará.

– Mas se estas pessoas forem de mãos vazias, sem levar algo do que os fornecedores precisam, partirão também de mãos vazias, não $\quad$ 371 a partirão?

– Parece-me.

– Haverá mister, pois, que a nossa cidade produza não só o bastante para si mesma, como ainda o que, em tal quantidade, lhe pedem os seus fornecedores.

– Haverá, realmente.

– Em conseqüência, carecerá de maior número de lavradores e outros artesãos.

– Por certo.

– E também de agentes que se encarreguem da importação e da exportação das diversas mercadorias. Ora, estes são comerciantes, não são?

– Sim.

78　　　　　　　　A REPÚBLICA DE PLATÃO

– Portanto, precisaremos também de comerciantes.

– Seguramente.

– E se o comércio se fizer por mar, necessitaremos outrossim de
b uma multidão de gente versada na arte da navegação.

– Sim, de uma multidão.

– Mas então, na própria cidade, como hão de permutar os homens
os produtos de seu trabalho? Pois foi por esse motivo que os associa-
mos, fundando uma cidade.

– É evidente – disse ele – que será por meio de venda e compra.

– Daí a necessidade de ter uma ágora e moeda[24], símbolo do valor
dos objetos trocados.

– Certamente.

c　　– Mas se o lavrador ou qualquer outro artesão, levando à ágora
um de seus produtos, não chegar ao mesmo tempo que os que querem
trocar com ele, não deixará o seu trabalho interrompido, para ficar
sentado na ágora.

– De forma alguma – respondeu ele; – há pessoas que, vendo isso,
se incumbem de semelhante serviço; nas cidades bem organizadas,
são em geral os indivíduos de saúde mais fraca, incapazes de qualquer
d outra faina. Seu papel é permanecer na ágora, comprando por dinheiro
dos que precisam vender e vendendo, por dinheiro também, aos que
precisam comprar.

– Portanto – redargüi – esta necessidade dará origem à classe dos
mercadores em nossa cidade; pois não denominamos "tendeiros" as
pessoas que se consagram à compra e venda, estabelecidos permanentemente na ágora, e de negociantes os que viajam de cidade em cidade.

– Perfeitamente.

e　　– Há ainda, penso, outras personagens que prestam serviço: as que,
pouco dignas pelo espírito de participar da comunidade, são, pelo vigor
corporal, aptas aos trabalhos rudes; vendem o emprego de suas forças

---

24. Xenófanes, Fr. 4 DK (*in*: Polux, IX, 83):

εἴτε Φείδων πρῶτος ὁ ᾿Αργεῖος ἔκοψε νόμισμα εἴτε Δημοδίκη ἡ Κυμαία
συνοικήσασα Μίδαι τῶι Φρυγὶ (παῖς δ᾿ ἦν ᾿Αγαμέμνονος Κυμαίων βασιλέως)
εἴτε ᾿Αθηναίοις ᾿Εριχθόνιος καὶ Λύκος, εἴτε Λυδοί, καθά φησι Ξ. cf. Herod. I 94
Λυδοὶ γὰρ δὴ καὶ πρῶτοι ἀνθρώπων τῶν ἡμεῖς ἴδμεν, νόμισμα χρυσοῦ καὶ
ἀργυροῦ κοψάμενοι ἐχρήσαντο.

Ou Fídon, o Argivo, foi o primeiro a cunhar moedas, ou Demódica, a Ciméia, que era
casada com Midas, o Frígio (era filha de Agamêmnon, rei dos Cimeus), ou entre os Atenienses Erictônio e Lico, ou os Lídios, conforme diz Xenófanes. *cf. Heródoto, I, 94:* De
fato, foram os Lídios os primeiros homens que nós vimos a utilizarem moedas cunhadas
de ouro e de prata.

LIVRO II 79

e, como denominam salário o preço de seu labor, recebem o nome de assalariados, não é?

– Perfeitamente.

– Tais assalariados constituem, ao que parece, o complemento indispensável da cidade.

– É minha opinião.

– Ótimo! Adimanto, não recebeu a nossa cidade suficientes acréscimos para ser perfeita?

– Talvez.

– Então, onde encontraremos aí a justiça e a injustiça? Com qual dos elementos que examinamos se originaram elas?

– Quanto a mim – respondeu – não sei, Sócrates, a menos que seja nas relações mútuas dos cidadãos. 372 a

– Talvez – repliquei – tenhas razão; mas cumpre examinar o caso sem desânimo. Consideremos primeiro de que maneira há de viver gente assim organizada. Não produzirá trigo, vinho, vestuário e calçados? Não construirá casas? Durante o verão, trabalhará a maior parte do tempo nu e descalça, durante o inverno, vestida e calçada convenientemente. Para se nutrir, preparará farinha de cevada e de trigo, cozendo esta e limitando-se a amassar aquela; disporá os magníficos bolos e pães sobre ramos ou folhas frescas e, deitada sobre leitos de folhagem, feitos de teixo e mirto, regalar-se-á em companhia da prole, bebendo vinho, com a cabeça coroada de flores e cantando louvores aos deuses; passará assim a vida em agradável convívio e regulará o número dos filhos segundo os recursos, pelo medo da pobreza ou da guerra. b

c

Glauco então interveio: – É a pão seco, parece, que banqueteias esses homens.

– Dizes a verdade – contestei. – Esqueci os manjares; terão sal, evidentemente, azeitonas, queijo, cebolas e os legumes cozidos que se preparam no campo. Para a sobremesa, servir-lhes-emos até figos, ervilhas e favos; hão de torrar, na brasa, bagos de mirto e glandes, que comerão, bebendo moderadamente. Assim, vivendo em paz e saúde, morrerão velhos, como é natural, e legarão aos filhos uma vida semelhante à sua. d

A essa altura ele observou: – Se fundasses uma cidade de porcos, Sócrates – disse – engordá-los-ias de outro modo?

– Mas então, Glauco, como devem viver? – indaguei.

– Como se vive comumente – respondeu; – é preciso que se deitem em camas, penso, se querem ficar à vontade, que comam sobre mesas e que lhes sejam servidos manjares e sobremesas atualmente conhecidas. e

80 A REPÚBLICA DE PLATÃO

– Seja – disse; – compreendo. Examinamos não apenas uma cidade em formação, mas também uma cidade cheia de luxo. Talvez o processo não seja mau; poderia ocorrer, com efeito, que tal estudo nos mostrasse como a justiça e a injustiça nascem nas cidades. Seja como for, a verdadeira cidade me parece aquela que descrevi como sã; agora, se quiserdes, dirigiremos nossos olhares para uma cidade tomada de

373 a   inflamação; nada no-lo impede. Nossas disposições, com efeito, serão insuficientes para alguns, assim como nosso regime; eles terão camas, mesas, móveis de toda espécie, pratos requintados, óleos aromáticos, perfumes de queimar, cortesãs, guloseimas, e tudo isso em grande variedade. Logo, não mais deveremos supor como simplesmente necessárias as coisas de que falamos de início, casas, roupas e calçados; será preciso por em ação a pintura e a bordadura, conseguir ouro, marfim e todos os materiais preciosos, não será?

b   – Sim – respondeu.

– Por conseguinte, cumprirá engrandecer a cidade, pois a que consideramos sã já não basta, e enchê-la de uma multidão de indivíduos que não se encontram nas urbes por necessidade, como os caçadores de toda espécie e os imitadores[25], a turba dos que imitam as formas e as cores, e a turba dos que cultivam a música: os poetas e seu cortejo de rapsodos, atores, dançarinos, empresários de teatro; os fabricantes

c   de artigos de todo tipo e especialmente de atavios femininos. Cumprir-nos-á também aumentar o número dos servidores; ou julgas que não careceremos de pedagogos, amas-de-leite, governantas, criadas de quarto, cabeleireiros, bem como de cozinheiros e açougueiros? E não precisaremos outrossim de porqueiros? Tudo isso não figurava em nossa primeira cidade e tampouco havia necessidade, mas nesta será indispensável. E será mister agregar animais domésticos de toda espécie para os que quiserem comê-los, não é?

– Por que não?

d   – Mas, levando este modo de vida, os médicos nos serão bem mais necessários do que antes.

– Bem mais.

– E o país, que até então bastava para alimentar os seus habitantes, tornar-se-á pequeno demais e insuficiente. O que dizes?

– Que é verdade – respondeu.

25. É a primeira ocorrência do termo "imitador" (μιμητής) na *República*, termo esse que será central na crítica platônica à poesia e aos poetas nos Livros II, III e X. Neste trecho, o termo se aplica aos pintores e a todos os que estão envolvidos com a música (poetas, dançarinos, coreutas etc.). Ver infra n. 29, p. 85.

LIVRO II 81

– Desde logo, não seremos forçados a invadir o território de nossos vizinhos, se quisermos ter suficientes pastagens e lavouras? E eles não praticarão o mesmo conosco se, transpondo os limites do necessário, se entregarem, como nós, ao insaciável desejo de possuir?

– Com toda necessidade, Sócrates – disse ele.

– Posto isto, faremos a guerra, Glauco? Ou o que acontecerá?

– Faremos a guerra.

– Não é ainda o momento de dizer – continuei – se a guerra tem bons ou maus efeitos; notemos apenas que descobrimos a origem da guerra nesta paixão que é, ao máximo grau, geradora das mais terríveis calamidades tanto no âmbito privado quanto no público, onde quer que apareça.

– Perfeitamente.

– Neste caso, meu amigo, a cidade deve ser mais ainda engrandecida e faz-se necessário não apenas um pequeno aditamento, mas o de um exército inteiro, que possa entrar em campanha para defender todos os bens a que nos referimos e dar batalha aos invasores.

– Mas como? – retrucou ele – os próprios cidadãos não são capazes disso?

– Não – respondi – se tu e todos nós conviemos num princípio justo, ao fundarmos a cidade; ora, conviemos, se bem te lembras, que é impossível a um só homem exercer convenientemente vários misteres.

– É certo – confessou ele.

– Ora essa! – prossegui. – Os exercícios guerreiros não te parecem provir de uma técnica?

– Sim, seguramente – disse ele.

– Deve-se então conceder maior solicitude à arte dos calçados do que à arte da guerra?

– De nenhuma forma.

– Mas vedamos ao sapateiro empreender ao mesmo tempo o mister de lavrador, de tecelão ou de pedreiro; reduzimo-lo a ser apenas sapateiro, a fim de que sejam bem executados os nossos trabalhos de sapataria; a cada um dos outros artesãos, similarmente, atribuímos um só ofício, aquele para o qual é feito pela natureza, e que ele deve exercer durante a vida inteira, sendo dispensado dos outros, se é que pretende aproveitar as ocasiões favoráveis e realizar belamente sua tarefa. Mas não é da mais alta importância que o mister da guerra seja bem praticado? Ou será ele tão fácil que um lavrador, um sapateiro ou qualquer outro artífice pode, ao mesmo tempo, ser guerreiro, ao passo que não se pode vir a ser bom jogador de gamão ou de dados se a gente não se aplica

82 A REPÚBLICA DE PLATÃO

a estes jogos desde a infância, e não apenas ocasionalmente? Bastará
d empunhar o escudo ou qualquer outra das armas e dos instrumentos
de guerra para tornar-se, no mesmo dia, bom antagonista num recontro
de hoplitas ou em alguma outra peleja, enquanto os instrumentos das
demais artes, quando apenas empunhados, nunca farão alguém artífice
ou atleta e serão inúteis a quem não haja adquirido a ciência deles e
não se tenha exercitado suficientemente no seu uso?

– Se assim fosse – disse ele – bem grande seria o valor dos instrumentos!

– Assim – continuei – quanto mais importante a função dos guar-
e diães, mais tempo livre exige, bem como mais arte e mais cuidado.

– Também acho – disse ele.

– E não serão necessárias aptidões naturais para exercer esta
profissão?

– Como não?

– Nossa tarefa consistirá, pois, ao que parece, em escolher, se
formos capazes, os que são por natureza aptos a guardar a cidade.

– Esta será a nossa tarefa, seguramente.

– Por Zeus – prossegui – não será pequena a incumbência que
assumiremos! Entretanto, não devemos perder o ânimo, na medida,
pelo menos, em que no-lo permitam as nossas forças.

375 a   – Não, efetivamente, não devemos perder o ânimo – disse ele.

– Pois bem! – redargüi – crês que a natureza de um cão jovem,
de boa raça, difere, no que concerne à guarda, ao de um jovem bem
nascido[26]?

– O que queres dizer?

– Que ambos devem possuir sentidos aguçados para descobrir o
inimigo, rapidez para persegui-lo logo que o descubram e força para
combatê-lo, se necessário, quando for alcançado.

– De fato – disse ele – todas estas qualidades são requeridas.

– E também a coragem, para combater bem.

– Certamente.

– Mas poderá ser corajoso aquele que não é dotado de brio[27],

26. Aqui, como em inúmeras outras ocasiões, Platão faz um jogo com as
palavras σκύλαξ *[skylax]* ("cão jovem") e φύλαξ *[phylax]* ("guardião"), que têm
uma sonoridade semelhante no grego.

27. É a primeira ocorrência do adjetivo θυμοειδής ("dotado de brio") na
República. Ele compõem o termo que designará uma das partes da alma, a "parte
irascível" (τὸ θυμοειδές). Nesse sentido, a "coragem" (ἀνδρεία), enquanto virtude
do guerreiro, está intimamente associada a esse aspecto irascível e/ou brioso da alma.
Platão definirá as partes da alma no Livro IV (cf. 436b-441c).

LIVRO II   83

cavalo, cão ou outro animal qualquer? Não observaste já que o brio é algo indomável e invencível, e que toda alma por ele possuída não saberia temer nem ceder? [b]

– Observei, sim.

– Eis, pois, evidentemente, as qualidades que o guardião deve possuir no que respeita ao corpo.

– Sim.

– E no que respeita à alma deve ser também brioso.

– Sim, também.

– Mas então, Glauco – continuei – não serão eles ferozes entre si e relativamente aos outros cidadãos, de naturezas análogas?

– Por Zeus – disse ele – é difícil que seja de outro modo.

– Entretanto, cumpre que sejam brandos com os seus e rudes com os inimigos; do contrário, não precisarão esperar que os outros destruam a cidade: antecipar-se-ão destruindo-a sozinhos. [c]

– É verdade – confessou.

– O que faremos, pois? – prossegui. – Onde encontraremos um caráter ao mesmo tempo brando e altamente impetuoso? Uma natureza branda é, com efeito, o oposto de uma natureza irascível.

– Assim parece.

– Todavia, se uma destas qualidades faltar, não teremos um bom guardião; ora, parece impossível reuni-las, donde se segue ser impossível achar um bom guardião. [d]

– É o que temo.

Hesitei um instante; depois, tendo considerado o que acabávamos de dizer, prossegui: – Bem merecemos, meu amigo, estar neste apuro, pois nos desviamos da comparação que nos propusemos.

O que dizes?

– Não refletimos que existem de fato estas naturezas que julgamos impossíveis e que reúnem estas qualidades contrárias.

– Onde, pois?

– Podemos vê-las nos diferentes animais, mas sobretudo naquele que comparávamos ao guardião. Bem sabes, sem dúvida, que os cães de boa raça são, naturalmente, tão doces quanto possível com as pessoas da casa e com os que conhecem, e o contrário com os que desconhecem. [e]

– Por certo, bem sei.

– A coisa é portanto possível – disse eu – e não estamos indo contra a natureza, ao procurar um guardião com tal caráter.

– Parece que não.

84 A REPÚBLICA DE PLATÃO

– Agora, não julgas que ainda falta algo a nosso futuro guardião? Além do humor animoso, ele deve ter uma índole filosófica.

376 a – Como assim? – disse ele. – Não compreendo.

– Notarás – prossegui – esta qualidade no cão, e ela é digna de admiração, num animal.

– Que qualidade?

– A de se mostrar raivoso quando avista um desconhecido, embora não lhe tenha feito este mal nenhum, enquanto adula a quem conhece, ainda que não lhe tenha feito bem algum. Este fato nunca te surpreendeu?

– Até agora, mal lhe prestei atenção – respondeu; – mas é evidente que o cão assim procede.

b – E manifesta por este meio uma bela maneira de sentir, e verdadeiramente filosófica.

– Como?

– Pelo fato – contestei – de discernir um rosto amigo de um rosto inimigo tão somente porque conhece um e desconhece outro. Ora, como não teria o desejo de aprender quem distingue pelo conhecimento e pelo desconhecimento o amigo do estranho?

– É impossível – respondeu ele – que seja de outro modo.

– Mas – disse eu – a natureza ávida de aprender não é a mesma que a natureza filósofa?

– É a mesma – reconheceu ele.

– Pois bem! Não ousaremos assentar também que o homem, para

c ser brando com os amigos e conhecidos, deve, por natureza, ser filósofo e ávido de aprender?

– Assentemo-lo.

– Portanto, filósofo, irascível, ágil e forte há de ser aquele que destinamos a tornar-se belo e bom guardião da cidade.

– Perfeitamente – disse ele.

– Tais serão as suas qualidades. Mas de que maneira criá-lo e instruí-lo? Poderá o exame desta questão ajudar-nos a descobrir o objeto

d de todas as nossas buscas, a saber, como nascem numa cidade a justiça e a injustiça? Devemos sabê-lo, pois não queremos omitir um ponto importante, nem nos empenhar em dissertações demasiado longas.

Então, o irmão de Glauco disse: – De minha parte, creio, que este exame nos será útil para alcançar o nosso objetivo.

– Por Zeus, Adimanto – exclamei – então não se deve abandoná-lo, por mais longo que possa ser!

– Certamente não!

LIVRO II   85

– Vamos pois! E como se contássemos uma fábula com vagar, procedamos em pensamento à história da educação desses homens.

– É o que se deve fazer.   e

– Mas que educação lhes ministraremos[28]? Será difícil achar outra melhor do que a que foi descoberta no decorrer do tempo? A saber: ginástica para o corpo e música para a alma[29].

– É assim.

– Não começaremos tal educação antes pela música do que pela ginástica?

– Sem dúvida.

– Ora, incluis tu os discursos na música, ou não?

– Claro que incluo.

– E há duas espécies de discursos, os verdadeiros e os mentirosos?

– Sim.

– Entrarão ambos em nossa educação, porém em primeiro lugar   377 a
os mentirosos, não é assim?

– Não compreendo – disse ele – o que queres dizer com isso.

– Não compreendes – redargüi – que contamos primeiro fábulas às crianças? Em geral são falsas, embora encerrem algumas verdades. Utilizamos estas fábulas, para a educação das crianças, antes dos exercícios gímnicos.

– É verdade.

– Daí por que eu dizia que a música deve vir antes da ginástica.

– E com razão.

28. Platão passa agora a analisar o modo adequado de educar os guardiães da cidade. O tema da educação (παιδεία) é extremamente importante na *República,* pois permitirá que Platão discuta a função pedagógica da poesia e suas conseqüências morais. O modelo de educação vigente na Grécia nos séc. v e iv a.C. se pautava nos poemas tradicionais, especialmente nos de Homero, ver supra n. 15, p. 27. Ele criticará os poetas e a poesia do ponto de vista moral, especialmente quanto à concepção dos deuses, ressaltando sua influência sobre as ações dos homens. No Livro x, Platão retomará a questão da poesia e a discutirá sob novas perspectivas, analisando seu estatuto ontológico, por um lado (cf. 597e-601b), e fazendo uma "psicologia moral" da experiência estética, por outro (cf. 602b-611a).

29. O termo "música" (μουσική) significa genericamente "uma atividade realizada sob a égide das Musas". A "música" grega envolvia a poesia como um todo, i.e., ela unia dois elementos, a palavra e a música, num mesmo fenômeno estético. A princípio, poesia e música não eram praticadas separadamente. A separação, todavia, começou com Melanipide (séc. v a.C.), que inverteu a relação entre elas, fazendo com que a poesia se guiasse a partir das linhas melódicas, e não o contrário; e terminou com Timóteo de Mileto (450-360 a.C.), que fez com que o esquema métrico já não mais constituísse a base rítmica da execução musical, dando primazia à música.

86 A REPÚBLICA DE PLATÃO

– Agora, não sabes que o começo, em qualquer coisa, é o que há b de mais importante, particularmente para um ser jovem e delicado? É principalmente nessa fase que ele se molda e lhe é impresso o cunho com que se pretende marcá-lo.

– Com toda certeza.

– Então, permitiremos assim facilmente que as crianças ouçam qualquer fábula inventada seja lá por quem for, e agasalhem em suas almas opiniões o mais das vezes contrárias àquelas que devem agasalhar, a nosso ver, quando forem crescidas?

– De maneira alguma.

– Portanto, seria preciso antes de tudo, parece, vigiar os fazedores c de fábulas, escolher suas boas composições e rejeitar as más. Obrigaremos, em seguida, as mães e as nutrizes a narrar às crianças aquelas que tivermos escolhido e a modelar a alma com suas fábulas muito mais do que o corpo com suas mãos[30]; mas as que elas narram presentemente são, em sua maioria, de rejeitar.

– Quais? – indagou ele.

– Julgaremos – respondi – as pequenas pelas grandes; pois grandes d e pequenas devem ser feitas com o mesmo modelo e produzir o mesmo efeito, não achas também?

– Sim – disse ele – mas não vejo quais são estas grandes fábulas de que falas.

– São – repliquei – as de Hesíodo, de Homero e dos outros poetas. Pois eles compuseram fábulas mentirosas que foram e ainda são contadas aos homens[31].

---

30. No diálogo *As Leis* (cf. Livro vii, 789e), Platão diz que as mães e as amas costumavam apalpar o corpo das crianças para que adquirisse uma boa conformação.

31. Platão não é o primeiro a censurar e criticar os grandes poetas gregos, especialmente Homero e Hesíodo. Antes dele, Xenófanes de Cólofon (cerca de 570-478 a.C.) e Heráclito de Éfeso (cerca de 540-470 a.C.), dois filósofos pré-socráticos já haviam atacado veementemente esses poetas. Xenófanes critica dois aspectos da poesia de Homero e Hesíodo: (i) a imoralidade e (ii e iii) o antropomorfismo dos deuses, como fica evidente nestes dois fragmentos (Frs. 11, 14 e 15 DK, respectivamente):

(i) πάντα θεοῖς ἀνέθηκαν Ὅμηρός τε Ἡσίοδός τε
ὅσσα παρ᾽ ἀνθρώποισιν ὀνείδεα καὶ ψόγος ἐστίν,
κλέπτειν μοιχεύειν τε καὶ ἀλλήλους ἀπατεύειν.
(i) Aos deuses Homero e Hesíodo atribuíram tudo
o que entre os homens é injurioso e censurável,
roubar, cometer adultério e enganar uns aos outros.

LIVRO II   87

– Quais são estas fábulas – perguntou – e o que nelas reprovas?
– O que é preciso – respondi – antes e acima de tudo reprovar,
especialmente quando a mentira não for bem contada.
– Mas quando é que não tem?
– Quando os deuses e os heróis são mal representados, como um   e
pintor que pinta objetos sem qualquer semelhança com os que preten-
deu representar.

(ii) ἀλλ' οἱ βροτοὶ δοκέουσι γεννᾶσθαι θεούς,
τὴν σφετέρην δ' ἐσθῆτα ἔχειν φωνήν τε δέμας τε.
(ii) Mas os mortais acham que os deuses foram gerados,
e que, como eles, possuem vestes, fala e corpo.

(iii) ἀλλ' εἰ χεῖρας ἔχον βόες <ἵπποι τ'> ἠὲ λέοντες,
ἢ γράψαι χείρεσσι καὶ ἔργα τελεῖν ἅπερ ἄνδρες,
ἵπποι μέν θ' ἵπποισι βόες δέ τε βουσὶν ὁμοίας
καὶ <κε> θεῶν ἰδέας ἔγραφον καὶ σώματ' ἐποίουν
τοιαῦθ' οἷόν περ καὐτοὶ δέμας εἶχον <ἕκαστοι>.
(iii) Mas se mãos tivessem os bois, os cavalos ou os leões,
ou se com elas desenhassem e obras compusessem como
os homens, os cavalos desenhariam as formas dos deuses
iguais a cavalos, e os bois iguais a bois, e os corpos fariam
tais quais o corpo que cada um deles tem.

Heráclito, por sua vez, tem um tom mais sarcástico em sua crítica, e não
poupa nem Xenófanes, que era praticamente seu contemporâneo (Frs. 40, 56 e 42
DK, respectivamente):

(i) πολυμαθίη νόον οὐ διδάσκει· Ἡσίοδον γὰρ ἂν ἐδίδαξε καὶ
Πυθαγόρην αὖτις τε Ξενοφάνεά τε καὶ Ἑκαταῖον.
(i) Muita instrução não ensina a inteligência; pois teria
ensinado Hesíodo, e depois Pitágoras, Xenófanes e
Hecateu.

(ii) ἐξηπάτηνται οἱ ἄνθρωποι πρὸς τὴν γνῶσιν τῶν φανερῶν παραπλησίως Ὁμήρῳ,
ὃς ἐγένετο τῶν Ἑλλήνων σοφώτερος πάντων. ἐκεῖνόν τε γὰρ παῖδες φθεῖρας
κατακτείνοντες ἐξηπάτησαν εἰπόντες· ὅσα εἴδομεν καὶ ἐλάβομεν, ταῦτα
ἀπολείπομεν, ὅσα δὲ οὔτε εἴδομεν οὔτ' ἐλάβομεν, ταῦτα φέρομεν.
(ii) Estão enganados os homens quanto ao conhecimento das coisas visíveis, semelhantes
a Homero, que se tornou o mais sábio dentre todos os Helenos. Pois as crianças, matando
piolhos, enganaram-no ao dizer: "tudo quanto vimos e pegamos, dispensamos, mas tudo
quanto não vimos nem pegamos, carregamos".

(iii) ... Ὅμηρον ἄξιον ἐκ τῶν ἀγώνων ἐκβάλλεσθαι καὶ ῥαπίζεσθαι καὶ Ἀρχίλοχον
ὁμοίως.
(iii) ... Homero é digno de ser expulso das competições e de ser açoitado, e Arquíloco
igualmente.

Portanto, quando Platão, nos Livros II, III e X da *República*, ataca a poesia e os
poetas, ele se insere nessa tradição crítica do pensamento que já existia na Grécia.

88 A REPÚBLICA DE PLATÃO

– É de fato justo – disse ele – que tais coisas sejam reprovadas. Mas por que dizemos isso e ao que nos referimos?

– Primeiramente – prossegui – foi mau inventor que cometeu a maior das mentiras, e sobre assunto de grande importância, com referência às atrocidades que Hesíodo atribui a Urano[32], e como Cronos dele se vingou. Ainda que a conduta de Urano e a maneira como foi tratado pelo filho fossem verdadeiras, creio que não se deveria relatá-las tão levianamente a seres desprovidos de razão e a crianças, porém que mais valeria amortalhá-las no silêncio; e, sendo imprescindível falar delas, é preciso fazê-lo em segredo, perante o menor número possível de ouvintes, depois de se ter imolado, não um porco, mas alguma grande vítima, difícil de obter, a fim de que haja apenas pouquíssimos iniciados.

– Realmente – disse ele – estes relatos são perigosos.

– E inadmissíveis, Adimanto, em nossa cidade. Não se deve dizer diante de um jovem ouvinte que, praticando os piores crimes e castigando um pai injusto da forma mais cruel, ele nada faz de extraordinário e procede como os primeiros e os maiores entre os deuses[33].

– Não, por Zeus – bradou – não me parece, a mim tampouco, que tais coisas sejam convenientes para dizer!

– Cumpre ainda evitar absolutamente – continuei – dizer que os deuses fazem guerra aos deuses, estendem-se armadilhas uns aos outros e combatem entre si, mesmo porque isso não é verdade se quisermos que os futuros guardiães de nossa cidade considerem o cúmulo da vergonha brigar entre si levianamente. E cumpre menos ainda lhes contar ou representar em pinturas os embates dos gigantes, e estes inumeráveis ódios de toda espécie que armam os deuses e os heróis contra os seus próximos e amigos[34]. Ao contrário, se quisermos persua-

378 a

b

c

---

32. Hesíodo, *Teogonia*, vv. 154-181. Nesse trecho do poema, Hesíodo conta como Urano, que ocultava os filhos nas profundezas da Terra, foi capado e destronado por Cronos.

33. Platão já expressa aqui o problema moral que envolve a concepção dos deuses presente na poesia: muitos atos imorais são praticados pelos deuses e contados nos poemas, e esse atos podem servir de modelo de conduta imoral para as crianças que são criadas ouvindo e repetindo esses versos. Platão acusa a poesia e os poetas de desconhecerem o que é o bem e o que é o mal.

34. Xenófanes, Fr. 1 DK (apenas um trecho):

(...) ἀνδρῶν δ' αἰνεῖν τοῦτον ὃς ἐσθλὰ πιὼν ἀναφαίνει,
ὥς οἱ μνημοσύνη καὶ τόνος ἀμφ' ἀρετῆς,
οὔτι μάχας διέπων Τιτήνων οὐδὲ Γιγάντων
οὐδὲ <τε> Κενταύρων, πλάσματα τῶν προτέρων,
ἢ στάσιας σφεδανάς, τοῖσ' οὐδὲν χρηστὸν ἔνεστι·
θεῶν <δὲ> προμηθείην αἰὲν ἔχει ἀγαθόν.

LIVRO II 89

di-los de que jamais um cidadão alimentou ódio a outro e que tal coisa é ímpia, devemos mandar que anciãos e mulheres velhas lhes repitam   d
isso desde a infância e, quando crescidos, devemos obrigar os poetas a compor-lhes fábulas que tendam ao mesmo escopo. Mas que se lhes conte história de Hera agrilhoada pelo filho, de Hefesto precipitado do céu pelo pai[35], por haver defendido a mãe contra o marido que a espancava, e os combates de deuses que Homero imaginou[36], eis o que não admitiremos em nossa cidade, sejam estas ficções alegóricas ou não. Pois, a criança não pode discernir o que é alegoria do que não é, e as opiniões que acolhe nesta idade tornam-se, comumente, indeléveis e inabaláveis. É por isso, sem dúvida, que é preciso fazer o máximo   e
para que as primeiras fábulas que ela ouve sejam as mais belas e as mais apropriadas para ensinar-lhe a virtude.

– Tuas palavras são sensatas – reconheceu ele. – Mas se ainda assim alguém nos perguntasse o que entendemos por isso e quais são estas fábulas, o que diríamos?

Respondi-lhe: – Adimanto, neste momento, nem eu, nem tu, somos poetas, mas fundadores de cidade; ora, a fundadores compete conhecer   379 a
os modelos a que os poetas devem obedecer em suas histórias e proibir que alguém se afaste deles; mas não lhes compete compor fábulas.

– Muito bem – disse ele; – mas eu gostaria justamente de saber quais os modelos a que é necessário obedecer nas histórias concernentes aos deuses.

– Isto te dará uma idéia – prossegui; – é preciso sempre representar o deus em sua essência, quer o ponham em cena na epopéia, quer na poesia lírica ou na tragédia.

– É preciso, de fato.

Ora, a divindade não é essencialmente boa e não é assim que   b
se deve falar dele?

– Por certo.

– Mas nada que é bom é prejudicial, não é?

– É minha opinião.

– Ora, o que não é prejudicial não prejudica?

É de se louvar o homem que, tendo bebido, coisas nobres nos revela,
como sua memória e seu empenho pela excelência,
e não os relatos das batalhas dos Titãs, nem dos Gigantes,
nem dos Centauros, invenções dos ancestrais,
ou as rixas violentas; neles nenhum ganho há;
mas ter sempre veneração aos deuses é um bem.

35. Homero, *Ilíada*, I, vv. 586-594.
36. Idem, XX, vv. 1-74; XXI, vv. 385-513.

90 A REPÚBLICA DE PLATÃO

– De modo algum.

– Mas o que não prejudica não faz mal?

– Tampouco.

– E o que não faz mal pode ser causa de algum mal?

– Como poderia?

– Mas então! O bem é útil?

– Sim.

– É, pois, causa de êxito?

– Sim.

– Mas então o bem não é a causa de tudo; é causa do que é bom e não do que é mau.

c – É incontestável – disse ele.

– Por conseguinte – prossegui – o deus, posto que é bom, não é a causa de tudo, como se pretende comumente; é causa apenas de pequena parte do que ocorre com os homens e não da maior parte, pois os nossos bens são muito menos numerosos do que os nossos males, e devem ser atribuídos tão-somente a ele, ao passo que, para os nossos males, é mister procurar outra causa, mas não o deus[37].

– Pareces dizer – confessou – completa verdade.

– Portanto – disse eu – é impossível admitir, da parte de Homero
d ou de outro poeta qualquer, erros sobre os deuses tão absurdos como estes:

> Dois tonéis se encontram à soleira de Zeus,
> Um cheio de sortes felizes, e outro, infelizes,

e aquele ao qual Zeus concede uma mistura de ambos

> ora experimenta do mal, ora do bem;

mas quem recebe apenas do segundo, sem mescla,

> a fome devoradora o acossa sobre a terra divina[38];

---

37. Platão define aqui, em linhas gerais, uma nova concepção de divindade em contraposição aos deuses figurados na poesia. Platão considera que a verdadeira divindade é essencialmente boa, e portanto, causa somente de bens. Platão ataca diretamente o caráter antropomórfico dos deuses na poesia, que praticam, tal como os homens, atos bons e maus indistintamente. Essa ausência de discernimento entre bem e mal, como constata Platão, é o fundamento de sua crítica moral à poesia e aos poetas.

38. Homero, *Ilíada*, XXIV, vv. 527-532. Há divergências entre as citações de Platão e o texto de Homero tal como nós o temos hoje.

LIVRO II 91

e ainda que Zeus é para nós   e

dispensador tanto dos bens como dos males[39].

E no tocante à quebra dos juramentos e dos tratados de que Pândaro se tornou culpado[40], se alguém disser que ela foi cometida por instigação de Atena e de Zeus, não o aprovaremos, assim como não aprovaremos aquele que tornar Têmis e Zeus responsáveis pela querela   380 a e pelo julgamento das deusas[41]; do mesmo modo, não permitiremos que os jovens ouçam estes versos de Ésquilo, onde é dito que

Deus engendra o crime entre os mortais
quando quer arruinar inteiramente uma casa[42].

Se alguém compõe um poema, tal como aquele em que figuram os versos jâmbicos acima, sobre as desditas de Níobe, dos Pelópidas, dos troianos, ou sobre qualquer outro tema semelhante, não lhe deve ser dado dizer que tais desditas são obra de deus, ou, se o diz, precisa apresentar a razão, pouco mais ou menos como, agora, procuramos   b fazer. Deve dizer que nisso deus nada fez senão coisa justa e boa e que os culpados obtiveram o castigo como proveito; mas que os mortais punidos tenham sido desventurados e deus o autor de seus males, é algo que não devemos dar ao poeta a liberdade de dizer. Em compensação, devemos deixá-lo livre se afirma que o castigo dos malvados se impunha por sua própria infelicidade, e que deus lhes fez bem, punindo-os. Desde logo, se se pretende que deus, que é bom, é a causa das desventuras de alguém, combateremos tais palavras com todas as nossas forças e não permitiremos que sejam enunciadas ou ouvidas, pelos jovens ou   c pelos velhos, em verso ou em prosa, numa cidade que deve ter boas leis, porque seria ímpio emiti-las e porque não lhes proporcionariam proveito algum, por serem todas contraditórias entre si.

– Voto esta lei contigo – disse ele – ela me apraz.

– Eis portanto – redargüi – a primeira regra e o primeiro modelo à qual será mister conformar-se nos discursos e nas composições poéticas: Deus não é a causa de tudo, mas apenas do bem[43].

39. Não encontramos esse verso nos textos de Homero.
40. *Ilíada*, IV, vv. 69-126.
41. Idem, XX, vv. 1-74. Platão talvez esteja aludindo a esse episódio do poema.
42. Ésquilo, fr. 77 (Herbert W. Smyth, *Loeb Classical Library,* 1995).
43. Ver supra n. 37, p. 90.

92 A REPÚBLICA DE PLATÃO

– Isto basta – disse ele.

d – Passemos à segunda regra. Julgas que deus seja um mágico, capaz de aparecer insidiosamente sob formas diversas, ora realmente presente e transmudando a própria imagem numa multidão de figuras diferentes, ora enganando-nos e mostrando de si mesmo apenas fantasmas sem realidade[44]? Não é antes um ser simples, o menos capaz de sair da forma que lhe é própria?

– Não posso te responder de improviso – disse ele.

– Mas responde a isto: não é necessário, se um ser sai de sua forma,
e que se transforme sozinho ou seja transformado por outro?

– É necessário.

– Mas as coisas melhor constituídas não são as menos suscetíveis de ser alteradas e mudadas por influência estranha? Toma, por exemplo, as alterações causadas ao corpo pela alimentação, bebida, fadiga ou à planta pelo calor do sol, pelos ventos e outros acidentes similares; o
381 a objeto que é mais são e mais vigoroso não é o menos afetado?

– Sem dúvida.

– E a alma mais corajosa e a mais sábia não é a menos perturbada e a menos alterada pelos acidentes externos?

– Sim.

– Pela mesma razão, de todos os objetos fabricados, edifícios, vestimentas, os bens trabalhados e em bom estado são os que o tempo e os outros agentes de destruição menos alteram.

– É exato.

b – Portanto, todo ser perfeito, venha a sua perfeição da natureza, da arte, ou de ambas, está menos exposto a qualquer mudança oriunda de fora.

– Parece.

– Mas deus, como tudo que é divino, é em todo ponto perfeito?

---

44. Xenófanes também concebe uma nova divindade que, em alguns aspectos, se assemelha à concepção platônica, como podemos notar nestes dois fragmentos (Frs. 23 e 26 DK, respectivamente):

(i) εἷς θεός, ἔν τε θεοῖσι καὶ ἀνθρώποισι μέγιστος,
οὔτι δέμας θνητοῖσιν ὁμοίιος οὐδὲ νόημα.
(i) Um deus, entre deuses e homens o maior,
nem no corpo nem no pensamento semelhante aos mortais.

(ii) αἰεὶ δ'ἐν ταὐτῶι μίμνει κινούμενος οὐδέν
οὐδὲ μέτερχεσθαί μιν ἐπιτρέπει ἄλλοτε ἄλληι.
(ii) Fica sempre no mesmo lugar, sem se mover,
nem lhe convém sair por aí vez ou outra.

LIVRO II · 93

– Como não?

– E por isso, o menos suscetível de ser modificado por qualquer influência externa?

– O menos suscetível, certamente.

– Mas seria por si próprio que ele haveria de mudar e se transformar?

– Evidentemente – respondeu – por si próprio, se é verdade que ele se transforma.

– Mas então assume uma forma melhor e mais bela, ou pior e mais feia?

– É necessário que assuma uma forma pior, se é que muda; pois   c
não podemos dizer que falte em Deus qualquer grau de beleza ou de virtude.

– Tens inteira razão – disse eu. – Mas, assim sendo, julgas possível, Adimanto, que um ser se torne voluntariamente pior em qualquer sentido que seja, quer se trate de um deus quer de um homem?

– É impossível – confessou.

– É impossível também – continuei – que um deus consinta em transformar-se; cada um dos deuses, sendo o mais belo e o melhor possível, permanece sempre na simplicidade de forma que lhe é própria.

– Isso é absolutamente necessário, parece-me.

– Logo, que nenhum poeta, excelente amigo, nos venha dizer que   d

os deuses, sob as feições de remotos estrangeiros
e assumindo todas as formas, percorrem as cidades[45]

que nenhum deles recite mentiras sobre Proteu e sobre Tétis[46] e introduza, nas tragédias ou em outros poemas, Hera disfarçada de sacerdotisa que mendiga

para as dadivosas filhas do Rio Ínaco, de Argos[47],

e que nos impinja muitas outras ficções dessa natureza. Que as mães,   e
persuadidas pelos poetas, não atemorizem os filhos, contando-lhes intempestivamente que certos deuses vagueiam, de noite, sob as feições de estrangeiros de toda espécie, a fim de evitar, ao mesmo tempo, blasfemar contra os deuses e tornar os filhos mais medrosos.

---

45. Homero, *Odisséia*, xvii, vv. 485-486.

46. Sobre Proteu, cf. *Odisséia*, iv, vv. 456-458; sobre as mutações de Tétis, cf. Píndaro, *Neméias*, iv, vv. 62-65.

47. Ésquilo, fr. 84 (Herbert W. Smyth, *Loeb Classical Library*, 1995).

94 A REPÚBLICA DE PLATÃO

– Que evitem isso, com efeito – disse ele.

– Mas – prossegui – será que os deuses, incapazes de mudança por si próprios, poderiam fazer-nos crer que aparecem sob formas diversas, recorrendo à impostura e à magia?

– Talvez.

382 a — Como! – exclamei – um deus quereria mentir, em palavra ou em ato, apresentando-nos um fantasma em lugar de si mesmo?

– Não sei – confessou.

– Não sabes – repliquei – que a verdadeira mentira, se posso assim me exprimir, é igualmente detestada pelos deuses e pelos homens?

– O que queres dizer? – indagou ele.

– Quero dizer – respondi – que ninguém consente de bom grado em ser enganado, na parte soberana de seu ser, sobre as coisas mais importantes; ao contrário, nada se teme tanto como albergar aí a mentira.

– Ainda não compreendo – disse ele.

b — Crês sem dúvida que emito algum oráculo; ora, digo que ser enganado na alma acerca da natureza das coisas, permanecer enganado e ignorá-lo, acolher e guardar aí o erro, é o que a gente menos suporta; e é principalmente neste caso que se detesta a mentira.

– E muito – acrescentou.

– Mas – prossegui – com a maior exatidão, pode-se denominar verdadeira mentira o que acabo de mencionar: a ignorância em que se encontra na alma da pessoa enganada; pois a mentira nos discursos é imitação do estado de alma, imagem que se produz mais tarde e não c mentira absolutamente pura, não é?

– Certamente.

– A verdadeira mentira é, pois, odiada não só pelos deuses, como também pelos homens.

– É o que me parece.

– Mas a mentira no discurso? É às vezes útil a alguns, de maneira a não merecer o ódio? Em relação aos inimigos e aos que chamamos amigos, quando impelidos pelo furor ou pelo contra-senso, empreendem alguma ação maldosa não é útil, como remédio, para desviá-los d de tal ação? E nessas histórias de que falamos há pouco, quando, não sabendo a verdade sobre os eventos do passado, concedemos tanta verossimilhança quanto possível à mentira, não a tornamos útil?

– Seguramente é assim.

– Mas por qual dessas razões seria a mentira útil a Deus? A ignorância dos acontecimentos do passado movê-lo-ia a conceder verossimilhança à mentira?

LIVRO II 95

– Seria ridículo.

– Não existe, portanto, em Deus um poeta mentiroso?

– Não me parece.

– Mas seria então o temor de seus inimigos que o levaria a mentir?

– Nem de longe.

– O furor ou o contra-senso de seus amigos? e

– Mas – observou ele – os deuses não possuem amigos entre os furiosos e os insensatos.

– Não há, pois, razão para que Deus minta?

– Nenhuma.

– Por conseguinte, a natureza demoníaca[48] e divina é totalmente estranha à mentira.

– Totalmente – confirmou ele.

– E Deus é absolutamente simples e verdadeiro, em ato e em palavra; não muda por si próprio de forma e não engana os outros por fantasmas, nem por discursos, nem pelo envio de sinais, no estado de vigília ou em sonho.

– Assim creio – confessou ele – depois do que acabas de dizer. 383 a

– Reconheces pois – prossegui – que a segunda regra a obedecer nos discursos e composições poéticas sobre os deuses é a seguinte: eles não são mágicos que mudam de forma e não nos extraviam por meio de embustes, em palavra ou em ato.

– Reconheço.

– Assim, embora louvando muitas coisas em Homero, não louvaremos a passagem onde declara que Zeus enviou um sonho a

---

48. O campo semântico da palavra δαίμων *[daimon]*, de que porvém τὸ δαιμονίον ("natureza demoníaca"), é muito complexo. Homero emprega o termo para designar um poder divino que não se pode nomear, derivando daí o sentido mais amplo de "divindade", por um lado, e de "destino", por outro (por ex.: Homero, *Odisséia*, VI, v. 172; XXI, v. 201 – Platão, *Fedro*, 274c6-7 – Sófocles, *Ájax*, vv. 1129-1130). A segunda acepção do termo é mais estrita e se refere também a um poder divino, porém menor que o de um "deus" (θέος): daí a noção de "semideus" ou "demônio" (o *daimon*, porém, não se configura necessariamente como uma força maligna para os gregos, como o é para a tradição cristã). Platão, por sua vez, define os *daimones* na *Apologia* (27d8-9) como "certos filhos bastardos de deuses nascidos ou das Ninfas ou de alguma outra entidade divina" (θεῶν παῖδες νόθοι τινες ἢ ἐκ νυμφῶν ἢ ἐκ τινων ἄλλων). O termo designa genericamente, então, um "espírito" intimamente vinculado à vida pessoal de cada um, como o célebre *daimon* de Sócrates (por ex.: Hesíodo, *Os Trabalhos e os Dias*, vv. 122-123 – Sófocles, *Édipo Rei*, vv. 1193-1195).

96 A REPÚBLICA DE PLATÃO

b   Agamêmnon[49], nem a passagem de Ésquilo em que Tétis lembra que
Apolo, ao cantar em suas núpcias, prometeu-lhe

> insistiu na sua felicidade de mãe cujos filhos seriam
> isentos de moléstia e favorecidos por longa existência
> – Ele disse tudo isso e entoou um peã sobre a minha sorte
> cara aos deuses, infundindo-me ânimo.
> E eu esperava que não fosse mentirosa
> a boca sagrada de Febo, fonte de arte mântica;
> mas ele, o cantor, o conviva deste festim
> e o núncio destas palavras, ele é o assassino
> de meu filho[50]...

c   Censuraremos o poeta que falar assim dos deuses e não lhe conce-
deremos coro; também não permitiremos que os mestres se utilizem de
suas fábulas na educação da juventude, se é que desejamos que nossos
guardiães sejam piedosos e semelhantes aos deuses na maior medida
em que mortais o possam ser.
– Estou de acordo contigo quanto a estas regras – disse ele – e
pretendo adotá-las como leis.

---

49. *Ilíada*, II, vv. 1-34.
50. Ésquilo, fr. 189 (Herbert W. Smyth, *Loeb Classical Library*, 1995).

LIVRO III

– Tais são – disse eu – com respeito aos deuses, os discursos 386 a
que cumpre fazer e não fazer, desde a infância, a homens que deverão honrar os deuses e seus pais, e levar em grande conta a amizade mútua.

– E estas conclusões me parecem muito justas.

– Mas, se devem ser corajosos, não é preciso também fazer-lhes b
discursos capazes de lhes tirar, tanto quanto possível, o medo à morte? Ou pensas que alguém possa tornar-se corajoso tendo em si este medo?

– Por Zeus – respondeu ele – não penso que possa.

– Mas como? Quem acredita que o Hades existe e é um lugar terrível, julgas que não teme a morte e, no combate, a prefere à derrota e à servidão?

– De modo algum.

– É mister portanto, ao que parece, vigiar ainda os que se dedicam a contar essa espécie de fábulas e pedir-lhes que não censurem, de maneira simplista, as coisas do Hades, mas antes que as elogiem; pois seus relatos não só não são verdadeiros como também inúteis a c
futuros guerreiros.

– É mister seguramente – disse ele.

– Expungiremos por conseqüência – redargüi – a começar por estes versos, todas as assertivas deste gênero:

98   A REPÚBLICA DE PLATÃO

> Eu preferiria cultivar como jornaleiro
>   [de outrem,
> de um homem pobre que leva uma vida apurada,
> a imperar sobre todos os mortos esfacelados[1]...

e esta:

d

> (Aidoneu receou) que aos mortais e aos imortais aparecessem
> as moradas apavorantes, bolorentas, a que os próprios deuses têm horror[2].

e esta outra:

> Ah! Ainda restam nas moradas do Hades
> Um espectro, uma imagem, privado porém de todo alento[3].

E esta:

> Só ele (Tirésias) guarda os sentidos, enquanto as outras
> Se esvoaçam como sombras[4].

e ainda:

> Sua alma, evolando-se do corpo, foi-se ao Hades,
> deplorando o destino, abandonando a força e a juventude[5].

E esta:

> ... a alma debaixo da terra, qual uma fumaça,
> partiu soltando gritos agudos[6].

387 a   e mais isto:

> Como morcegos no fundo de um antro sagrado
> voejando aos gritos e apegando-se uns aos outros
> quando um deles cai da fila que se aferra ao rochedo,
> assim, aos gritos estridentes, elas partiam juntas[7] ...

b   No tocante a estas passagens e a todas as outras do mesmo gênero, solicitaremos a Homero e aos outros poetas que não levem a mal se as destruirmos; não que lhes falte poesia e não lisonjeiem o ouvido da maioria mas, quanto mais poéticas, menos convêm à audição de

---

1. Homero, *Odisséia*, XI, vv. 489-491.
2. Homero, *Ilíada*, XX, vv. 64-65.
3. Idem, XXIII, vv. 103-104.
4. *Odisséia*, X, vv. 494-495.
5. *Ilíada*, XVI, vv. 856-857.
6. Idem, XXIII, vv. 100-101.
7. *Odisséia*, XXIV, vv. 6-9.

LIVRO III 99

crianças e de homens que devem ser livres e temer a escravidão mais do que a morte.

– Tens perfeita razão.

– Portanto, cumpre também rejeitar todos os nomes terríveis e apavorantes relativos a tais assuntos: os de Cocito[8], de Estige[9], dos habitantes dos ínferos, dos espectros e outros do mesmo gênero que c põem a tremer quem os escuta. Talvez tenham sua utilidade sob qualquer outro aspecto; mas receamos que tal tremor enfebreça e amolente exageradamente nossos guardiães.

– E é com justiça – disse ele – que receamos.

– É preciso, pois, suprimir estes nomes?

– Sim.

– E substituí-los, em prosa e em poesia, por palavras de caráter oposto.

– Evidentemente.

– Suprimiremos também as lamentações e as queixas que se cos- d tuma por na boca dos grandes homens.

– É necessário – disse ele – suprimir isto com o resto.

– Mas examina – repliquei – se a razão nos autoriza ou não a efetuar esta supressão. Dizemos que o homem de valor não considerará a morte ser terrível para outro homem de valor, do qual é companheiro.

– É como dizemos, de fato.

– Portanto, não o pranteará como a alguém que tenha sofrido algo de terrível.

– Não, por certo.

– Mas podemos também dizer que principalmente um tal homem basta-se para ser feliz e que, por esse motivo, se destaca dos demais e homens, por não necessitar do auxílio de ninguém.

– É verdade.

– Menos do que qualquer outro, sentirá, por conseqüência, a desgraça de perder um filho, um irmão, riquezas ou qualquer outro bem do mesmo gênero.

– Menos do que qualquer, seguramente.

– Lamentar-se-á, outrossim, menos do que outro qualquer e suportará com mais moderação tal desgraça, quando esta o atingir.

---

8. Etimologicamente, Cocito (Κώκυτος) significa "[rio] da lamentação", pois o nome provém do verbo κωκύω ("gritar de dor, lamentar-se"). É um dos rios do Hades.

9. Etimologicamente, Estige (Στύξ) significa "[rio] glacial, que faz arrepiar, estremecer". É um dos rios do Hades.

100 A REPÚBLICA DE PLATÃO

– Lamentar-se-á, muito menos, com efeito.

– Será, pois, com razão que haveremos de tirar as lamentações aos homens ilustres, deixando-as às mulheres e, mais ainda, às mulheres 388 a comuns, e aos homens fracos, a fim de que tais fraquezas excitem a indignação dos que pretendemos educar para a guarda dos pais.

– Será com razão – disse ele.

– E uma vez mais, pediremos, pois, a Homero e aos outros poetas que não nos representem Aquiles, o filho de uma deusa

... ora deitado de lado, ora
de costas, e ora de face para a terra

depois levantando-se, e vagando, inquieto, à beira do mar infecundo[10],
b *nem apanhando com as duas mãos a poeira negra e espalhando-a
sobre a cabeça*[11], nem chorando e lastimando-se tantas vezes e de tais maneiras como Homero o representou; nem Príamo, cujo nascimento o aproximava dos deuses[12], suplicando

espojando-se no esterco, fazia persistentes pedidos,
por entre prantos profundos, chamando cada qual por seu nome[13].

E rogar-lhes-emos com maior insistência ainda que não nos representem os deuses a lamentar-se e dizer:

c   Ai de mim! Infeliz de mim ! Desgraçada mãe do
[mais nobre dos homens[14]!...

E se falam assim dos deuses, que pelo menos não se atrevam a desfigurar o maior dos deuses, a ponto de fazê-lo dizer:

Que triste espetáculo! Um homem que me é caro,
[meus olhos
avistam fugindo em torno das muralhas! Meu coração
[se compunge[15];

---

10. Homero, *Ilíada,* XXIV, vv. 10-12.
11. Idem, XVIII, vv. 23-24.
12. Zeus era o sétimo antepassado de Príamo.
13. *Ilíada,* XXII, vv. 414-415.
14. Idem, XVIII, v. 54. Nesse trecho do poema, Tétis lamenta a sorte de seu filho Aquiles.
15. Idem, XXII, vv. 168-169. Nesse trecho do poema, Zeus está se referindo à morte próxima de Heitor.

LIVRO III   101

e em outra parte:

> Ai de mim! O destino assinalou que o mais caro dos homens,
> O meu Sarpédon, seja subjugado pelos golpes de Pátroclo, filho
> [de Menécio[16.   d

Se efetivamente, meu caro Adimanto, nossos jovens levassem a sério tais discursos, em vez de se rirem deles como de fraquezas indignas dos deuses, ser-lhes-ia difícil, não sendo mais do que homens, crê-los indignos de si próprios e exprobrar-se a si mesmos pelo que de semelhante cressem a dizer ou fazer; porém, à menor desdita, abandonar-se-iam sem pejo e sem coragem às lágrimas e às lamúrias.

– Dizes a verdade – confessou.   e

– Mas isso não deve ser assim; acabamos de ver por que razão, e devemos dar-lhe crédito, enquanto não nos persuadirem por outra melhor.

– De fato, não deve ser assim.

– É preciso que nossos guardiães tampouco sejam amigos do riso. Pois, quase sempre, quando nos entregamos a um riso violento, tal estado acarreta, na alma, uma transformação igualmente violenta.

– É o que me parece – disse ele.

– Torna-se, portanto, inadmissível que nos representem homens dignos de estima como dominados pelo riso, e mais ainda em se tra- 389 a
tando de deuses.

– Mais ainda, indubitavelmente.

– Portanto, não aprovaremos esta passagem de Homero sobre os deuses:

> Um riso inextinguível rebentou entre os deuses ditosos,
> quando viram Hefesto a desvelar-se assim pela sala[17].

– Não se pode aprová-la, segundo o teu raciocínio.

– Se assim o desejas – disse ele – seja meu este raciocínio! Com efeito, não se pode aprová-la.   b

– Mas também devemos fazer grande caso da verdade. Pois se razão nos cabia há pouco, se a mentira é realmente inútil aos deuses, mas útil aos homens, sob a forma de remédio, é evidente que o emprego de tal remédio deve estar reservado aos médicos e que os leigos não devem sequer tocar nele.

16. Idem, xvi, vv. 433-434.
17. Idem, i, vv. 599-600.

102   A REPÚBLICA DE PLATÃO

– É evidente – disse ele.

– E se compete a alguém mais mentir, é aos chefes da cidade, para enganar, no interesse da cidade, os inimigos ou os cidadãos; a qualquer

c outra pessoa a mentira é proibida, e declararemos que o particular que mente aos chefes comete uma falta da mesma natureza, porém maior, que o doente que não conta a verdade ao médico, que o aluno que oculta ao pedótriba as sua condições físicas, ou o marinheiro que ilude o piloto sobre o estado do barco e da tripulação, não o informando do que faz ele mesmo ou um de seus camaradas.

– É absolutamente certo – reconheceu.

d – Por conseguinte, se o chefe surpreende, em flagrante delito de mentira, qualquer cidadão

> da classe dos artesãos,
> seja adivinho, médico ou carpinteiro[18],

há de puni-lo, por introduzir prática capaz de destruir e perder uma cidade tanto quanto um barco.

– Há de puni-lo, se as ações corresponderem às palavras.

– Mas, não é a temperança necessária aos nossos jovens?

– Como não?

– Ora, para a massa dos homens, os principais pontos da tempe-

e rança não são os seguintes: obedecer aos chefes e ser amo de si mesmo no que concerne aos prazeres do vinho, do amor e da mesa[19]?

– Parece-me que sim.

– Neste caso, aprovaremos, penso, esta passagem onde Homero faz Diomedes dizer:

---

18. *Odisséia*, XVII, vv. 383-384.

19. Sobre a definição de "temperança" (σωφροσύνη), cf. Livro IV, 430d-432b. Platão atribuirá, para cada parte da alma, uma virtude correspondente. A "temperança" (σωφροσύνη) diz respeito ao controle da razão sobre os apetites e/ou desejos do corpo (ἐπιθυμίαι) (cf. Aristóteles, *Ética Nicomaquéia*, II, 3, 1104b3-8; III, 10, 1117b23-1118b8). Além disso, Platão inclui também na definição de "temperança" a obediência aos chefes, transpondo para o âmbito político essa disposição psicológica (i.e., assim como os apetites do corpo devem obedecer à razão, os governados devem obedecer aos governantes). Nota-se claramente que os trechos da *Ilíada* e da *Odisséia* selecionados por Platão, neste passo do diálogo, tratam justamente de situações relacionadas aos prazeres da comida, da bebida e do sexo, ou de situações relativas à obediência aos chefes. Platão quer ressaltar aqui como muitas vezes não há temperança nas ações dos deuses, conforme sua figuração na poesia.

LIVRO III   103

Amigo, senta-te em silêncio e obedece à minha palavra[20]!

e a passagem que vem após:

... Os aqueus, respirando furor, caminhavam
em silêncio, temendo os seus chefes[21],

e todos os pontos semelhantes.
– Sim.
– Mas o que pensar deste verso:

embriagado de vinho, olhos de cão, coração de
[corça[22]!

e do que segue? São belas as impertinências que os particulares, em   390 a
prosa ou em verso, disseram a seus chefes?
– De modo nenhum.
– Não são, com efeito, creio eu, coisas próprias, quando ouvidas,
a conduzir os moços à temperança. Que elas lhes proporcionem algum
outro prazer, nisso nada há de espantoso. Mas o que te parece?
– Sou da tua opinião – concordou.
– Mas como, quando um poeta faz o mais sábio dos homens declarar que nada no mundo lhe parece mais belo que

... perto dali, mesas carregadas
de pão e viandas, e um escanção servindo da cratera   b
o vinho que ele traz e verte nas taças[23]?

julgas isto próprio a tornar o moço senhor de si mesmo? Convém-lhe
ouvir contar

que não há fado mais feio que de fome findar a existência[24]

ou que Zeus, velando só, enquanto os deuses e os homens dormiam,
esqueceu facilmente, na ardência do desejo amoroso que o acometeu,   c

20. *Ilíada*, IV, v. 412.
21. Estes dois versos, que aqui são citados juntos por Platão, correspondem
aos versos 8 (Canto 3) e 431 (Canto 4) da *Ilíada*, respectivamente.
22. *Ilíada*, I, v. 225. Nesse trecho do poema, Aquiles se dirige a Agamêmnon.
23. *Odisséia*, IX, vv. 8-10.
24. Idem, XII, v. 342.

104 A REPÚBLICA DE PLATÃO

todos os desígnios que concebera, e sentiu-se a tal ponto deslumbrado à vista de Hera que não consentiu em tornar ao palácio, mas quis ali mesmo, no chão, unir-se-lhe protestando-lhe que jamais a desejara tanto, nem sequer no dia em que se haviam encontrado pela primeira vez

> às ocultas dos pais adoráveis[25],

ou que Ares e Afrodite foram postos em cadeias por Hefesto, devido a um caso do mesmo gênero[26]?

– Não, por Zeus – disse ele – não, isso não me parece conveniente.

d   – Mas – continuei – se, exemplos de firmeza a toda prova nos são dados, em palavras ou em atos, por homens ilustres, devemos admirá-los e escutá-los; como estes versos:

> Golpeando-se no peito, sofreu o coração:
> Suporta meu coração! Chicanice bem pior um dia já
> [suportaste[27]!

– Tens toda razão – confessou ele.

– Não se deve tampouco tolerar que nossos guerreiros sejam subornáveis e amigos das riquezas.

e   – De nenhum modo.

– Nem cantar em presença deles:

> Os presentes dobram os deuses, dobram também
> [os reis veneráveis[28];

nem elogiar o preceptor de Aquiles, Fênix, como se tivesse aconselhado sabiamente a seu discípulo, mandando-o socorrer os aqueus se estes lhe enviassem presentes ou, do contrário, não se desfazer de seu ressentimento[29]; e, no tocante ao próprio Aquiles, não consentiríamos em reconhecer que tenha amado as riquezas a ponto de aceitar presentes

---

25. *Ilíada*, xiv, vv. 296.

26. *Odisséia*, viii, vv. 266-366. A relação amorosa de Ares e Afrodite é contada pelo aedo Demódoco.

27. Idem, xx, vv. 17-18.

28. A *Suda* (uma grande enciclopédia grega, compilada possivelmente no final do séc. x d.C.) atribui esse verso a Hesíodo (fr. 361 Merkelbach-West).

29. *Ilíada*, ix, vv. 515-519.

LIVRO III 105

de Agamêmnon[30] e de não querer entregar um cadáver antes de receber 391 a
o resgate, sem o qual nada se faria[31].
— Não é justo — disse ele — elogiar semelhantes traços.

— Hesito — prossegui — por respeito a Homero, em afirmar que é
ímpio atribuir tais sentimentos a Aquiles e crer nos que lhos atribuem,
bem como nos que o levam a dizer, dirigindo-se a Apolo:

Asseteador, ó mais funesto de todos os deuses! Por que me
[enganaste?
Ah! Eu me vingaria prontamente, se tivesse poder para tanto[32].

Que ele se tenha mostrado desobediente e pronto a combater o rio que b
era um deus[33]; bem como o que disse a outro rio, o Esperqueio, ao qual
seus cabelos haviam sido consagrados, decidido, agora

A ofertá-los ao herói Pátroclo, para que os leve consigo[34]

achando-se este, como era, cadáver: eis algumas coisas que não são de
crer. E quanto a Heitor, arrastado à volta do túmulo de Pátroclo[35], e aos
prisioneiros degolados sobre a sua pira[36], sustentaremos que tais relatos
são falsos, e não admitiremos que se faça crer a nossos guerreiros que c
Aquiles, o filho de uma deusa e do sapientíssimo Peleu, por sua vez,
neto de Zeus[37], e discípulo do mui sábio Quíron, tivesse a alma tão
desordenada a ponto de abrigar nela duas moléstias contrárias: uma
baixa cupidez e um orgulhoso desprezo aos deuses e aos homens.
— Tens razão — disse ele.

— Guardemo-nos portanto — prossegui — de crer e permitir dizer
que Teseu, filho de Posídon, e Pirítoo, filho de Zeus, tentaram raptos d
tão criminosos como os que se lhes atribuem[38], nem que qualquer outro

30. Idem, xix, vv. 278-281.
31. Idem, xxiv, vv. 502, 555-556, 594.
32. Idem, xxii, vv. 15-20.
33. Rio Escamandro (cf. *Ilíada*, xxi, vv. 130-132, 216-226, 233-382).
34. *Ilíada*, xxiii, vv. 140-151.
35. Idem, xxiv, vv. 14-18.
36. Idem, xxiii, vv. 175-177.
37. Peleu era filho de Éaco, que era filho, por sua vez, de Zeus.
38. Pirítoo ajudou Teseu no rapto de Helena e Teseu, por sua vez, ajudou Pirítoo
a tentar tirar Perséfone do Hades. Mas quando chegaram ao mundo dos mortos, ficaram presos até que Héracles viesse e os salvasse. No entanto, Héracles só conseguiu
tirar de lá Teseu, pois quando foi a vez de salvar Pirítoo, a terra tremeu e o impediu
de fazê-lo. Pirítoo ficou, assim, preso para sempre no mundo dos mortos.

106 A REPÚBLICA DE PLATÃO

filho de deus, qualquer herói, ousou cometer os terríveis e sacrílegos atos de que são falsamente acusados. Ao contrário, obriguemos os poetas a reconhecer que eles não foram os autores de tais ações ou que não são os filhos dos deuses; mas não lhes permitamos efetuar as duas asserções ao mesmo tempo, nem tentar convencer os nossos jovens de que os deuses criam coisas más e que os heróis não se mostram em
e nada melhores do que os homens[39]. Como dizíamos há pouco[40], estas palavras são ímpias e falsas; pois demonstramos ser impossível que o mal provenha dos deuses.

– Sem objeção.

– Acrescentemos que são nocivas a quem as ouve; todo homem, com efeito, justificará a própria maldade, se estiver convicto de que fez tão-somente o que fazem e fizeram os descendentes dos deuses,

os parentes próximos de Zeus, que nas alturas
etéreas do Ida, mantêm ainda um altar a seu pai
[consagrado,

e que neles, até hoje

sangue divino ainda guardam nas veias[41].

Estas razões obrigam-nos a pôr termo a tais ficções, com o receio
392 a de que possam deixar nossos jovens levianos e maus.

– Certamente – disse ele.

– Agora – prossegui – que outra espécie de discurso nos resta examinar, dentre os que convém proferir ou não proferir? Pois, já estabelecemos como é preciso falar dos deuses, dos demônios[42], dos heróis e dos habitantes do Hades.

– Perfeitamente.

– Logo, o que nos falta estabelecer concerne aos homens?

– É evidente.

– Mas, meu amigo, é-nos impossível, no momento, fixar tais regras.

– Por quê?

– Porque diríamos, penso, que os poetas e os fazedores de fábulas

39. Fica evidente aqui a crítica de Platão ao antropomorfismo dos deuses na poesia. Ver supra n. 37, p. 90.
40. Cf. Livro II, 378b-d, 380b-c.
41. Ésquilo, fr. 83 (Herbert W. Smyth, *Loeb Classical Library*, 1995).
42. Ver supra n. 48, p. 95.

LIVRO III   107

cometem os maiores erros em relação aos homens, quando pretendem   b
que muitos injustos são felizes, enquanto os justos são infelizes; que
a injustiça é proveitosa se permanece oculta; que a justiça é um bem
para outrem, mas para a gente um dano. Proibir-lhes-íamos semelhantes discursos e prescrever-lhes-íamos que cantassem e dissessem o
contrário; não achas, também?

– Estou certo disso – respondeu ele.

– Mas se reconheces que tenho razão nesse aspecto, devo concluir
que concordaste também sobre o que há muito buscamos.

– Tua reflexão é justa – confessou.

– Se devemos ou não falar dos homens da forma como acabo   c
de indicar, é o que decidiremos quando tivermos descoberto o que é
a justiça e se, por natureza, ela beneficia a pessoa que a possui, quer
passe por justa ou não?[43]

– Nada mais verdadeiro – disse ele.

– Mas ponhamos um fim quanto aos discursos; penso que, depois
disso, cumpre examinar a dicção; teremos então tratado de maneira
completa do fundo e da forma.

Então disse Adimanto: – Não compreendo o que queres dizer.

– É indispensável, todavia – repliquei. – Talvez compreendas me-   d
lhor da seguinte maneira. Tudo o que dizem os contadores de fábulas
e os poetas não é o relato de acontecimentos passados, presentes ou
futuros?

– Como – respondeu ele – seria diferente?

– Pois bem! Não empregam para tanto o relato simples, ou imitativo, ou ambos a um só tempo?[44]

– Disso, também te peço uma explicação mais clara.

– Sou, ao que parece, um mestre ridículo e obscuro. Portanto,
como os que são incapazes de se explicar, não tomarei a questão no
conjunto mas em uma das partes, e tentarei por aí mostrar-te o que   e
quero dizer. Responde-me: não sabes os primeiros versos da *Ilíada*,
onde o poeta narra que Crises pediu a Agamêmnon que lhe devolvesse
a filha, por ele raptada, e que o sacerdote, não tendo logrado o objeto   393 a
de seu pedido, invocou o deus contra os aqueus?

---

43. Platão ressalta mais um vez que a finalidade da investigação é encontrar a
definição apropriada de justiça tomada em si mesma (αὐτὸ καθ' αὐτό), independentemente de suas conseqüências extrínsecas, do âmbito da reputação (δόξα).

44. Platão passa agora a examinar as formas de narrativa presentes na poesia.
São três possíveis: o "relato simples" (ἁπλῆ διήγησις), a "imitação" (μίμησις) e
a "mistura de ambos". Platão classificará então os gêneros poéticos segundo essa
distinção.

108 A REPÚBLICA DE PLATÃO

– Sei, sim.

– Sabes portanto que até estes versos:

Ele implorava a todos os aqueus,
mas sobretudo aos dois Atridas, chefes de povos[45],

o poeta fala em seu nome e não procura voltar nosso pensamento em outro sentido, como se fosse outro o autor destas palavras e não ele próprio. Mas no que segue, ele se expressa como se fora Crises e se esforça por nos dar na medida do possível a ilusão de que não é Homero quem fala, mas o ancião, o sacerdote de Apolo: e, quase da mesma maneira compôs ele todo o relato dos acontecimentos que se sucederam em Ílio, em Ítaca e em toda *Odisséia*.

– Perfeitamente – disse ele.

– Há narração, portanto, em ambos os casos: tanto na reprodução dos discursos pronunciados pelas personagens, como quando relata os eventos que se colocam entre estes discursos?

– Como não?

– Mas quando fala sob o nome de outrem, não diremos que torna na medida do possível a sua elocução semelhante à da personagem cujo discurso ele nos anuncia?[46]

– É o que diremos. Por que não?

– Ora, tornarmo-nos semelhante a outrem com respeito à voz e ao aspecto, é imitar aquele ao qual nos tornamos semelhantes?

– Sem dúvida.

– Mas neste caso parece que Homero e os outros poetas se utilizam da imitação em seus relatos.

– Perfeitamente.

– Ao contrário, se o poeta jamais se dissimulasse, a imitação estaria ausente de toda a sua poesia, de todos os seus relatos. Mas, para que não me digas que isso também não compreendes, vou te explicar. Se, com efeito, Homero, depois de dizer que Crises, trazendo o resgate de sua filha, veio suplicar aos aqueus, sobretudo aos reis, se depois disso não se exprimisse como se ele fosse Crises, mas sempre como Homero,

---

45. *Ilíada*, I, vv. 15-16.

46. É este o sentido de "imitação" (μίμησις) que Platão emprega no Livro III. Podemos dizer, em suma, que "imitação" é o discurso poético em 1ª pessoa, como se o narrador fosse a própria personagem. Sobre o problema semântico do termo "imitação" (μίμησις), ver infra n.1, p. 373 e n. 8, p. 377.

LIVRO III   109

bem sabes que aí não haveria imitação, porém simples relato[47]. Eis, pouco mais ou menos, qual seria a sua forma – expressar-me-ei em prosa, pois não sou poeta: "O sacerdote, tendo chegado, rogou aos deuses que concedessem aos aqueus a tomada de Tróia e que os salvaguar-   e dassem, contanto que lhe restituíssem a filha, aceitando o seu resgate e reverenciando o deus. Após ter assim falado, todos testemunharam-lhe deferência e o aprovaram, mas Agamêmnon enfureceu-se, ordenando-lhe que partisse imediatamente e não mais voltasse, de medo que o cetro e as fitas do deus não mais lhe fossem de qualquer ajuda. Antes de libertar-lhe a filha acrescentou, ela envelheceria em Argos com ele. Assim ordenou-lhe que fosse embora e não o irritasse, se desejava regressar são e salvo. O velho, diante destas palavras, foi assaltado de   394 a temor e retirou-se em silêncio; mas, tendo saído do campo, endereçou a Apolo numerosas preces invocando este deus por todos os seus nomes, conjurando-o a lembrar-se e a retribuir a seu sacerdote, se este alguma vez, quer construindo templos, quer sacrificando vítimas, o honrara com dádivas agradáveis; como recompensa, pediu-lhe insistentemente que fizesse os aqueus expiar, por suas flechas, as lágrimas que vertia". Eis, meu caro, um relato simples sem imitação.   b

– Compreendo – disse ele.

– Compreende também que há uma espécie de relato oposto a esse, quando se elimina o que diz o poeta entre os discursos e se deixa apenas o diálogo.

– Isso eu também compreendo – respondeu ele; – é a forma própria à tragédia.

– Tua observação é muito justa – continuei – e penso que agora vês claramente o que eu não conseguia te explicar há pouco, a saber, que há uma primeira espécie de poesia e de ficção inteiramente imitativa que   c abrange, como já disseste, a tragédia e a comédia; uma segunda, em que os fatos são relacionados pelo próprio poeta, e hás de encontrá-la sobretudo nos ditirambos[48], e enfim uma terceira, formada pela com-

47. É esta a definição de "relato simples" (ἁπλῆ διήγησις). Em suma, trata-se do discurso poético em 3ª pessoa, em que o narrador não se identifica com a personagem.
48. "Ditirambo" era originalmente um poema coral lírico associado ao culto de Dioniso. Teria surgido na Frígia e posteriormente chegado à Grécia junto ao culto desse deus. O ditirambo era praticado também nas festas em honra de outros deuses, especialmente de Apolo. A princípio, o ditirambo era composto em forma de narrativa, como considera aqui Platão, mas teria se tornado posteriormente mimético, como diz Aristóteles (cf. Problemas, xix, 15, 918b 18-20).

110   A REPÚBLICA DE PLATÃO

binação das duas precedentes, em uso na epopéia e em muitos outros gêneros. Estás me compreendendo?

– Sim, entendo o que pretendias há pouco dizer.

– Lembra-te também que antes disso dizíamos ter tratado do conteúdo do discurso, mas que nos restava examinar-lhe a forma.

– Eu me lembro.

d   – Dizia eu, precisamente, que devíamos decidir se permitiríamos aos poetas compor relatos puramente imitativos, ou imitar determinada coisa e outra não, e quais num e noutro caso, ou se lhes interditaríamos a imitação.

– Pressinto – disse ele – que examinarás se devemos ou não admitir a tragédia e a comédia em nossa cidade.

– Talvez – respondi – e talvez mais do que isso, pois não sei ainda; mas por onde a razão, como um sopro, nos conduzir, por aí devemos ir.

– Eis algo bem dito.

e   – Agora, Adimanto, examina se nossos guardiães devem ou não ser imitadores. Do que afirmamos mais acima, não segue que cada um só pode exercer adequadamente uma ocupação, e não várias, e que aquele que tentasse dedicar-se a várias malograria em todas, de tal modo que não adquiriria reputação em nenhuma delas?

– Como não haveria de ser assim?

– Ora, o raciocínio não é o mesmo no concernente à imitação? Pode o mesmo homem imitar tão bem várias coisas quanto uma só?

– Não, seguramente.

395 a   – Ainda menos poderá exercer ao mesmo tempo uma profissão importante e ser um bom imitador em muitas coisas, posto que as mesmas pessoas não podem sair-se bem em duas formas de imitação que pareçam próximas uma da outra, como a tragédia e a comédia; não as chamaste, há pouco, de imitações?

– Sim, e tens razão de afirmar que as mesmas pessoas não podem sair-se bem em ambas.

– Não é possível mesmo ser, a um só tempo, rapsodo e ator.

– É verdade.

– E os atores que representam nas comédias e nas tragédias não b   são os mesmos; ora, tudo isso é imitação, não é?

– É sim.

– Parece-me, Adimanto, que a natureza humana se reduz a partes ainda menores, de modo que o homem não pode imitar bem muitas coisas, ou fazer as próprias coisas que a imitação reproduz.

– Nada mais certo – disse ele.

LIVRO III

– Se quisermos, portanto, manter o nosso primeiro princípio, a saber, que nossos guardiães, dispensados de todas as outras ocupações, devem devotar-se exclusivamente à independência da cidade e negligenciar tudo o que não se relacione a isso, é preciso que nada façam nem imitem coisa alguma; se imitarem, que sejam as qualidades que lhes convêm adquirir desde a infância: coragem, temperança, pureza, liberalidade e outras virtudes do mesmo gênero; mas não devem praticar nem saber habilmente imitar a baixeza, nem qualquer dos outros vícios, por medo de que, da imitação, venham encontrar prazer na realidade[49]. Ou não notaste que a imitação, se se persevera em cultivá-la desde a infância, fixa-se nos hábitos e converte-se numa segunda natureza do corpo, da voz e até da inteligência? c

d

– Certamente – respondeu.

– Não admitiremos, pois – prossegui – que aqueles dos quais pretendemos cuidar e que devem tornar-se homens virtuosos, imitem, eles que são homens, uma mulher jovem ou velha, seja no ato de injuriar o marido, ou quando se ponha a rivalizar com os deuses, para gabar-se de sua felicidade; ou se encontra na desgraça, quando se entrega ao pranto e aos lamentos; com maior razão ainda, não admitiremos que a imitem doente, apaixonada ou nas dores do parto. e

– Não, por certo – disse ele.

– Nem que imitem os escravos e as escravas em suas ações servis.

– Isso tampouco.

– Nem, ao que parece, os indivíduos maus e covardes que praticam o oposto do que dizíamos há pouco, que se rebaixam e se ridicularizam uns aos outros, e proferem termos vergonhosos, seja na embriaguez, seja na sobriedade; nem todas as faltas de que se torna culpada semelhante gente, em atos e em palavras, para consigo própria e para com os outros. Penso que não se deve também acostumá-los a imitar a linguagem e a conduta dos loucos; pois é preciso conhecer os loucos e os maus, homens e mulheres, mas não fazer nada do que eles fazem e tampouco imitá-los. 396 a

– Isto é verdade.

– Mas então? – continuei. – Imitarão eles os ferreiros, os demais

---

49. Note que Platão considera a possibilidade de se admitir a "imitação" (μίμησις) na educação dos guardiães, desde que essa imitação esteja subordinada aos princípios da moralidade platônica, i.e., desde que os modelos de conduta imitados sejam modelos apropriados de coragem, de temperança, e de todas as demais virtudes admitidas por ele.

112 A REPÚBLICA DE PLATÃO

b artesãos, os remadores que impelem as trirremes, os mestres de tripulação, e tudo o que se refere a tais ofícios?

– E como – replicou ele – seria isso permissível, visto que não lhes será dado mesmo o direito de se ocupar de qualquer desses ofícios?

– E o relincho dos cavalos, o mugido dos touros, o murmúrio dos rios, o fragor do mar, o trovão e todos os ruídos do mesmo gênero, hão eles de imitá-los?

– Não – respondeu – pois lhes é proibido ser loucos e imitar os loucos.

– Se – disse eu – compreendo corretamente o teu pensamento, há, pois, uma forma de falar e contar que acompanha o verdadeiro homem c de bem, quando tem algo a dizer; há outra, diferente, à qual sempre se liga e se conforma o homem de natureza e educação contrárias.

– Quais são estas maneiras? – indagou ele.

– O homem comedido, me parece, quando for levado, num relato, a reportar alguma frase ou ação de um homem bom, quererá exprimir-se como se fosse este homem e não enrubescerá por tal imid tação, principalmente se imita algum traço de firmeza ou de sabedoria. Imitará menos freqüentemente e menos bem o seu modelo, se o vir cambaleante, por efeito da doença, do amor, da embriaguez ou de outro acidente. E quando tiver que falar de um homem indigno dele, não consentirá em imitá-lo seriamente, mas apenas de passagem, caso este homem haja feito algo de bom; e ainda assim sentirá vergonha disso, tanto porque não está exercitado a imitar tais homens, como porque e lhe repugna modelar-se e formar-se a partir do tipo de gente que lhe é inferior; no fundo, despreza a imitação e a vê tão-somente como um divertimento.

– É natural – disse ele.

– Utilizará, pois, de uma forma de relato similar à que mencionamos, há um momento, a propósito dos versos de Homero, e seu discurso participará ao mesmo tempo da imitação e da narração simples, porém, num longo discurso, haverá apenas uma parte mínima de imitação. Não tenho razão?

– Indiscutivelmente – respondeu – tal deve ser o tipo deste orador.

397 a   – Por conseguinte – continuei – o orador diferente, na medida em que for medíocre, imitará tudo e não crerá coisa alguma indigna dele, de modo que tentará seriamente imitar, em presença de numeroso auditório, o que há pouco enumeramos: o barulho do trovão, dos ventos, do granizo, dos eixos, das polias; os sons da trombeta, da flauta, da siringe, de todos os instrumentos e, ademais, os gritos dos cães, dos

LIVRO III 113

carneiros e dos pássaros; seu discurso inteiro será imitativo de vozes e b
gestos: entrará nele pouquíssimo relato.

– Sim – disse ele – é inevitável.

– Eis as duas espécies de relato de que eu queria falar.

– Elas, de fato, existem.

– Ora, a primeira só comporta pequenas variações, e uma vez dado
ao discurso a harmonia e o ritmo que lhe convêm[50], mal será necessário
conservar esta mesma e única harmonia que é quase uniforme, e um c
ritmo que, similarmente, não muda.

– É realmente como dizes.

– Mas a outra, não exige o contrário? Não precisa de todas as
harmonias, de todos os ritmos, para exprimir-se da maneira que lhe é
própria, dado que comporta todas as formas de variações.

– É muito justo.

– Mas todos os poetas e em geral todos os que narram, não empregam uma ou outra destas formas de dicção, ou uma mistura das
duas?

– Necessariamente – disse ele.

– Que faremos, pois? – contestei. – Admitiremos em nossa cidade d
todas estas formas, uma ou outra das formas puras, ou sua mistura?

– Se minha opinião predominar – respondeu – decidir-nos-emos
em favor da forma pura que imita o homem de bem.

– Entretanto, Adimanto, a forma mesclada conta muita aceitação;
e a forma de longe a mais agradável às crianças, a seus preceptores e
à multidão é a oposta daquela que tu preferes.

– Com efeito, é a mais agradável.

– Mas – prossegui – e me dirás, talvez, que ela não convém ao
nosso governo, porque, em nosso meio, não há homem duplo nem e
múltiplo e cada um faz somente uma coisa.

---

50. O termo grego "harmonia" (ἁρμονία) não possui o mesmo sentido técnico da linguagem musical moderna. Ele designa não só a relação e a disposição
dos intervalos entre as notas da melodia, mas também a afinação, a altura do som,
o andamento melódico, as cores, a intensidade, o timbre da música. Os diferentes
grupos de harmonias compõem os "modos" musicais de que Platão tratará adiante
(cf. Livro III, 398c-401d). O "ritmo" (ῥυθμός), por sua vez, se aplica tanto à música
quanto às palavras e é equivalente ao metro e à acentuação musical que o acompanha. Platão, no diálogo As Leis, define da seguinte forma "ritmo" e "harmonia"
(Livro II, 664e8-665a3):

ΑΘ: τῇ δὴ τῆς κινήσεως τάξει ῥυθμὸς ὄνομα εἴη, τῇ δὲ αὖ τῆς φωνῆς, τοῦ τε
ὀξέος ἅμα καὶ βαρέος συγκεραννυμένων, ἁρμονία ὄνομα προσαγορεύοιτο.

O ATENIENSE: Dissemos então que ritmo é o nome da ordenação do movimento, e harmonia, por sua vez, o nome das misturas de agudos e graves na ordenação da voz.

114   A REPÚBLICA DE PLATÃO

– Ela não convém, de fato.

– Não é, pois, por esta causa que uso em nossa cidade se encontrará o sapateiro sapateiro, e não piloto ao mesmo tempo que sapateiro, o lavrador lavrador, e não juiz ao mesmo tempo que lavrador, o guerreiro guerreiro e não comerciante ao mesmo tempo que guerreiro, e assim por diante?

– É verdade – disse ele.

398 a   – Se portanto um homem na aparência capaz, por sua habilidade, de assumir todas as formas e tudo imitar, viesse à nossa cidade, para exibir-se com seus poemas, reverenciar-lo-íamos profundamente como a um ente sagrado, extraordinário, agradável; mas lhe diríamos que em nossa cidade não há homem como ele e nem pode haver; então o enviaríamos a qualquer outra cidade, após termos vertido mirra sobre sua cabeça e o termos adornado com fitas[51]. De nossa parte, visando

b   a utilidade, recorrermos ao poeta e ao narrador mais austero e menos agradável que imitará para nós o tom do homem de bem e se conformará em sua linguagem, às regras que estabelecemos desde o início, quando empreendemos a educação de nossos guerreiros[52].

– Sim – disse ele – agiremos dessa maneira se depender de nós.

– Agora, meu amigo, parece-me que terminamos com esta parte da música que concerne aos discursos e às fábulas, pois tratamos do conteúdo e da forma.

– Também me parece – respondeu ele.

c   – Depois disto, não nos resta tratar do caráter do canto e da melodia?

– Sim, evidentemente.

– Ora, não descobriria toda pessoa, imediatamente, o que devemos dizer a respeito e o que eles devem ser, se quisermos permanecer de acordo com nossas considerações anteriores?

Então Glauco, sorrindo: – Quanto a mim, Sócrates – disse ele – corro o risco de permanecer fora de "todas as pessoas", pois quase não estou em condição de inferir, no mesmo instante, o que devem ser tais coisas; suspeito-o, entretanto.

– Em todo caso – continuei – estás em condição de efetuar esta

d   primeira observação: que a melodia se compõe de três elementos, as palavras, a harmonia e o ritmo[53].

---

51. Ver supra n. 31, p. 86.

52. Platão, nesse passo da discussão, ainda admite certa espécie de poesia que se presta à educação dos guardiães. Essa poesia deve construir a imagem do homem de bem, como modelo de conduta moral a ser imitado.

53. Ver supra n. 50, p. 113.

LIVRO III   115

– Quanto a isso, sim – reconheceu.

– Quanto às palavras, diferem elas das que não são cantadas? Não devem ser compostas segundo as regras que enunciamos há pouco e numa forma semelhante?

– É verdade – disse ele.

– E a harmonia e o ritmo devem acompanhar as palavras.

– Como não?

– Mas já afirmamos que não poderia haver queixas e lamentações em nossos discursos.

– Não pode haver, com efeito.

– Quais são, pois, as harmonias plangentes?[54]. Dize-me, já que e és músico.

– São – respondeu – a lídia mista, a lídia aguda e outras similares[55].

– Por conseguinte, é preciso eliminar essas harmonias, não é? Pois são inúteis até mesmo às mulheres e com maior razão ainda aos homens[56].

54. Depois de ter analisado a parte discursiva da poesia e selecionado os tipos de histórias que podem ser contadas aos guardiães, Platão passa agora a discutir a parte propriamente musical da poesia, a saber, a harmonia e o ritmo. A cada modo musical (i.e., harmonia), Platão associará certo tipo de comportamento moral: aqueles modos que incitarem uma conduta moral louvável, que impelirem os guardiães, no processo de educação, a se comportar com moderação e com bravura, serão admitidos na cidade concebida por Sócrates e seus interlocutores; porém, aqueles modos que, inversamente, conduzirem os homens a ações indignas moralmente, como os modos que incitam o choro e o lamento, serão expurgados da cidade e não se prestarão à educação dos guardiães.

55. As harmonias (ou "oitavas") citadas por Platão se diferenciam pela seqüência dos intervalos e pela nota que inicia a escala. Abaixo, segue um quadro sinóptico (as letras minúsculas correspondem às notas musicais, conforme a notação moderna):

Lídia Mista	b-c-d-e-f-g-a-b
Lídia Aguda	a-b-c-d-e-f-g-a
Lídia Frouxa	f-g-a-b-c-d-e-f
Jônia Frouxa	g-a-b-c-d-e-f-g
Dória	e-f-g-a-b-c-d-e
Frígia	d-e-f-g-a-b-c-d

56. Aristóteles, *Política*, VIII, 5, 1340a 38– b5:

(...) ἐν δὲ τοῖς μέλεσιν αὐτοῖς ἔστι μιμήματα τῶν ἠθῶν καὶ τοῦτ' ἐστὶ φανερόν· εὐθὺς γὰρ ἡ τῶν ἁρμονιῶν διέστηκε φύσις, ὥστε ἀκούοντας ἄλλως διατίθεσθαι καὶ μὴ τὸν αὐτὸν ἔχειν τρόπον πρὸς ἑκάστην αὐτῶν, ἀλλὰ πρὸς μὲν ἐνίας ὀδυρτικωτέρως καὶ συνεστηκότως μᾶλλον, οἷον πρὸς τὴν μιξολυδιστὶ καλουμένην, πρὸς δὲ τὰς μαλακωτέρως τὴν διάνοιαν, οἷον πρὸς τὰς ἀνειμένας, μέσως δὲ καὶ καθεστηκότως μάλιστα πρὸς ἑτέραν, οἷον δοκεῖ ποιεῖν ἡ δωριστὶ μόνη τῶν ἁρμονιῶν, ἐνθουσιαστικοὺς δ' ἡ φρυγιστί.

E nas próprias melodias há imitações de caracteres, e isso é evidente. Pois as harmonias diferem naturalmente, de modo que os ouvintes são por elas afetados diferentemente e

116 A REPÚBLICA DE PLATÃO

– Certamente.

– Mas nada é tão inconveniente aos guardiães quanto a ebriedade, a lassidão e a indolência.

– Sem objeção.

– Quais, portanto, as harmonias lassas, usuais nos banquetes?

– A jônia e uma variante da lídia são chamadas frouxas.

399 a   – Muito bem!, meu amigo, te servirás delas para formar guerreiros?

– De maneira nenhuma – disse ele; – entretanto, temo que te restem unicamente a dória e a frígia[57].

– Não sou conhecedor de harmonias – confessei; – mas deixa-nos a que imita como convém, de um bravo empenhado na batalha ou em qualquer outra ação violenta, os tons e os acentos, quando por infortúnio, ele corre ao encontro de ferimentos, da morte, ou cai em qualquer

b   outra desdita, e quando em todas estas conjeturas, firme em seu lugar e resoluto, repele os ataques da sorte. Deixa-nos outra harmonia para imitar o homem empenhado numa ação pacífica, não violenta, porém voluntária, que procura persuadir a fim de conseguir o que pede, seja a um deus com suas preces, seja a um homem com suas lições e conselhos, ou que, ao contrário, solicitado, ensinado, persuadido, se submete a outrem, e, tendo por estes meios realizado o seu fim, segundo a sua vontade, não concebe daí orgulho, mas conduz-se em todas estas circunstâncias com sabedoria e moderação, contente com

c   o que lhe acontece. A estas duas harmonias, a violenta e a voluntária, que imitarão com maior beleza os acentos dos infelizes, dos felizes, dos sábios e dos bravos, a estas deixa ficar.

– Mas – redargüiu – as harmonias que me pedes para conservar não são outras senão as que acabo de mencionar.

– Portanto – prossegui – não teremos necessidade, para os nossos cânticos e as nossas melodias, de instrumentos de cordas numerosas, que produzem todas as harmonias.

– Parece-me que não.

– E por conseqüência não precisaremos manter fabricantes de

d   triângulos, harpas e outros instrumentos policórdios e poliarmônicos.

– Não, aparentemente.

– Mas como? Os fabricantes de flautas e os flautistas, hás de

não se comportam do mesmo modo com relação a cada uma delas. Algumas deixam os homens mais lamentosos e mais contidos, como a chamada Mixolídia [ou "Lídia Mista"]; outras amolecem a mente, como as harmonias frouxas; aquela harmonia que deixa os homens mais moderados e mais firmes parece ser somente a Dória, ao passo que a Frígia os deixa entusiasmados.

57. Cf. Platão, *Laques*, 188d.

LIVRO III 117

admiti-los na cidade? Não é este instrumento o que pode emitir mais sons e os instrumentos que produzem todas as harmonias, não são imitações da flauta?

– É evidente.

– Sobram-te portanto – continuei – a lira e a cítara, úteis à cidade; nos campos, os pastores terão a siringe.

– É – disse ele – o que decorre de nosso raciocínio.

– De resto, meu amigo, não estamos inovando, ao preferir Apolo e os instrumentos de Apolo a Mársias[58] e seus instrumentos.

– Não, por Zeus! Não creio que estejamos inovando.

– Mas, pelo Cão – exclamei – depuramos, sem nos aperceber, a cidade que, ainda há pouco, dizíamos entregue às delícias.

– E procedemos sabiamente – disse ele.

– Ora pois – prossegui – terminemos de depurá-la. Após as harmonias, falta-nos examinar os ritmos; não devemos procurar que sejam variados, nem que formem medidas de toda espécie, mas discernir os que expressam uma vida regrada e corajosa; depois de discerni-los, obrigaremos a medida e a melodia a se conformarem às palavras e não 400 a as palavras à medida e à melodia. Quais sejam estes ritmos, compete a ti no-los designar, como fizeste com as harmonias.

– Mas, por Zeus! – objetou ele – não sei o que dizer. Que existam de fato três espécies[59] com as quais se entrançam todas as medidas como há quatro espécies de tons de onde tiramos todas as harmonias, é algo que posso afirmar, pois o estudei; mas quais os que imitam tal gênero de vida, não sei.

– Acerca deste ponto – disse eu – consultaremos Dámon[60] e lhe b perguntaremos quais as medidas que convêm à baixeza, à insolência, à loucura c aos outros vícios, e quais os ritmos que devemos deixar a

e

400 a

b

---

58. Mársias, na mitologia grega, era um sátiro que se apoderou da "flauta" (αὐλός) criada pela deusa Atena. Tornando-se excelente flautista, desafiou Apolo, com sua cítara, para uma competição, em que o vencedor poderia fazer com o perdedor o que lhe aprouvesse. A vitória foi dada pelas Musas a Apolo, que atou Mársias numa árvore e o esfolou ainda vivo.

59. Os vários metros são compostos de pés que podem ser agrupados em três compassos: (i) o 2/2, que inclui o dáctilo (- ⏑ ⏑), o espondeu (- -) e o anapesto (⏑ ⏑ -); (ii) o 3/2, que inclui o crético (- ⏑ -), o peônio (- ⏑ ⏑ ⏑) e o báquico (⏑ - -); e (iii) o 2/1, que inclui o jambo (⏑ -) e o troqueu (- ⏑). Essa divisão foi feita por Aristides Quintiliano (cf. *Sobre a Música*, 1, 14, 49). Os termos gregos são: (i) τὸ ἴσον, (ii) τὸ ἡμιόλιον, (iii) τὸ διπλάσιον.

60. Dámon era uma autoridade em música a quem Sócrates costumava recorrer (cf. *Alcebíades I*, 118c; *Laques*, 200b).

118 A REPÚBLICA DE PLATÃO

seus contrários. Julgo tê-lo ouvido vagamente referir-se ao enóplio[61] composto, ao dáctilo, ao heróico, mas não sei que arranjo dava ao último ritmo, no qual igualava os tempos fracos e os tempos fortes, e que findava por uma breve e uma longa. Chamava também, creio, a um

c pé iambo e a outro troqueu, e consignava-lhes longas e breves. E, em alguns destes metros censurava ou louvava, parece-me, o movimento da medida não menos que os próprios ritmos, ou algo que dependia dos dois, pois não sei ao certo; mas, como já dizia, entreguemos tais questões a Dámon: discuti-las exigiria muito tempo, não é?

– Sim, por Zeus!

– Mas eis um ponto que podes solucionar, é que a graça e a falta de graça dependem da eurritmia e da arritmia.

– Sem dúvida.

d – Mas o bom e o mau ritmo acompanham e imitam, um o bom estilo e, o outro, o mau, e o mesmo sucede com a boa e a má harmonia, se é que o ritmo e a harmonia se conformam às palavras, como dizíamos há pouco, e não as palavras ao ritmo e à harmonia.

– Seguramente – disse ele – devem concordar com as palavras.

– Mas a maneira de dizer e o próprio discurso não dependem do caráter da alma?

– Como não?

– E o restante não depende do discurso?

– Sim.

– Assim o bom discurso, a boa harmonia, a graça e a eurritmia

e dependem da simplicidade do caráter, não desta tolice que eufemisti-camente denominamos simplicidade, mas da verdadeira simplicidade de um espírito que alia a bondade à beleza.

– Perfeitamente.

– Ora, não devem os nossos jovens em tudo procurar estas quali-dades, se quiserem cumprir a tarefa que lhes é própria?

– Devem, sim.

401 a – Mas a pintura está cheia delas, assim como todas as artes do mesmo gênero: delas está cheia a indústria do tecelão, do bordador, do arquiteto, do fabricante de outros objetos e até a natureza dos corpos e das plantas; em tudo isto há, com efeito, graça ou feiúra. E a falta de beleza, de ritmo ou de harmonia são irmãs da má linguagem e o mau caráter, enquanto as qualidades opostas são irmãs e imitações do caráter oposto, do caráter sábio e reto de conduta.

---

61. O "enóplio composto" era um processo rítmico comum que consistia neste esquema:　　˘ ̄ ˘ ˘ ̄ ˘ ˘ ̄

LIVRO III   119

– Certamente – disse ele.

– Mas são os poetas os únicos a que devíamos vigiar e obrigar a   b
só introduzir em suas criações a imagem do bom caráter? Não cumpre
vigiar também os demais artífices e impedi-los de introduzir o vício,
a incontinência, a baixeza e a feiúra na pintura dos seres vivos, na
arquitetura, ou em qualquer outra arte? E, se eles não conseguem
conformar-se a esta regra, não devemos proibi-los de trabalhar entre
nós, no temor de que nossos guardiães, criados no meio das imagens
do vício, como num mau pasto, colham e ingiram aí, um pouco a cada   c
dia, muita erva funesta, e destarte acumulem, sem que o saibam, um
dano irreparável em suas almas? Não é preciso, ao contrário, buscar
os artesãos bem dotados para seguir de perto a natureza do belo e do
gracioso, a fim de que nossos moços, como os habitantes de uma região
sadia, aproveitem de tudo o que os cerca, de qualquer lado que lhes
venham aos olhos ou aos ouvidos uma efluência das belas obras, qual
uma brisa a trazer a saúde de regiões salubres e a dispô-los insensivel-   d
mente, desde a infância, a imitar, a amar os belos discursos e a pôr-se
de acordo com eles?

– Não se poderia educá-los de modo mais belo.

– Não é certo pois, Glauco – continuei – que a educação musical
é soberana porque o ritmo e a harmonia gozam, ao mais alto ponto, do
poder de penetrar na alma e comovê-la fortemente, trazendo ambos
consigo a graça e outorgando-a, se se foi bem educado ou senão o
contrário?[62] E também porque o jovem a quem ela é ministrada como   e
convém sente mui vivamente a imperfeição e a feiúra das obras de arte
ou da natureza, experimentando por elas, justamente, desprazer? Elogia
as belas coisas, recebe-as jubilosamente na alma, convertendo-as no
alimento desta e faz-se assim nobre e bom; ao contrário, condena com   402 a
justiça as coisas feias, detesta-as desde a infância, antes que a razão lhe
venha e, quando esta lhe vem, acolhe-a com ternura, reconhecendo-a
tanto melhor como parente, quanto a sua educação a isso o preparou.

– Parece-me, efetivamente – disse ele – que são estas as vantagens
que cabe esperar da educação pela música.

Prossegui: – Ao tempo em que aprendemos as letras, não julgamos
sabê-las suficientemente a não ser quando seus elementos, em pequeno
número, porém dispersos em todas as palavras, não mais nos escapam,

---

62. Platão retomará no Livro x a questão que envolve os efeitos psicológicos
causados pela contemplação estética, revendo a condição da poesia na cidade (cf.
602b-608b). Para isso, é preciso que Platão defina antes a natureza da alma e de suas
partes (cf. Livro iv, 435c-437c).

120 A REPÚBLICA DE PLATÃO

b e quando, seja a palavra pequena ou grande, não os descuramos, como inúteis de notar; então, ao contrário, aplicamo-nos a distingui-los, convencidos de que não há outro meio de aprender a ler.

– É verdade.

– É verdade, igualmente, que não reconhecemos as imagens das letras, refletidas na água ou num espelho, antes de conhecer as próprias letras, pois tudo isso é objeto da mesma arte e do mesmo estudo.

– Com toda certeza.

– Muito bem!, digo do mesmo modo, pelos deuses, que não se-

c remos músicos, nem nós nem os guardiães que pretendemos educar, antes de sabermos reconhecer as formas da temperança, da coragem, da generosidade, da grandeza de alma, das virtudes suas irmãs e dos vícios contrários, em toda parte onde estejam dispersas; antes de percebermos sua presença onde quer que se encontrem, elas ou suas imagens, sem descurar nenhuma, seja nas pequenas seja nas grandes coisas, convencidos de que são objeto da mesma arte e do mesmo estudo.

– É inteiramente necessário – reconheceu ele.

d – Logo – continuei – homem que reúne, ao mesmo tempo, belas disposições na alma e no exterior os traços que correspondam e se harmonizem com tais disposições, porque participam do mesmo modelo, constitui o mais belo dos espetáculos para quem o possa contemplar.

– De longe, o mais belo.

– Porém, o mais belo é também o mais amável?

– Como não?

– Por conseguinte, o músico amará tais homens tanto quanto possível; porém não amará o homem desprovido de harmonia.

– Não – confessou ele – ao menos se for a alma que tiver algum defeito; se for o corpo, no entanto, tomará o seu partido e consentirá

e em amá-lo.

– Compreendo – repliquei; – sentes ou sentiste tal amor, e eu te aprovo. Mas dize-me; o prazer excessivo concorda com a temperança?

– Como seria possível, se ele não perturba menos a alma do que a dor?

– E com as outras virtudes?

403 a – De modo algum.

– Mas então? E com a insolência e a incontinência?

– Mais do que com qualquer outra coisa.

– Mas conheces tu prazer maior e mais vívido do que o do amor sensual?

– Não conheço – respondeu; – nem há outro mais furioso.

LIVRO III   121

– O verdadeiro amor, ao invés, ama com sabedoria e medida a ordem e a beleza?

– Certamente – confirmou.

– Portanto, nada que seja furioso ou aparentado à incontinência deve aproximar do verdadeiro amor.

– Nada.

– E por conseguinte, o prazer sensual tampouco deve se aproximar dele, e não devem ter o menor contato com aquele o amante e a criança que se amam com verdadeiro amor. b

– Não, por Zeus, Sócrates, ele não deve aproximar!

– Assim pois, ao que parece, estabelecerás como lei, na cidade cujo plano estamos traçando, que o amante só pode beijar, conviver ou abraçar o jovem rapaz como a um filho, com vista a um nobre fim, se consegue persuadi-lo; mas que, no restante, há de manter como objeto de seus cuidados relações tais que nunca provoquem a suspeita de ter ido mais longe, se não desejar incorrer na exprobração de homem grosseiro e desprovido de educação musical. c

– Tens razão.

– Agora – continuei – não crês, como eu, que nossa discussão sobre a música chegou a seu termo? Findou onde devia findar: pois a música deve acabar no amor ao belo.

– Sou de tua opinião – respondeu ele.

– Após a música, é pela ginástica que cumpre formar os jovens.

– Sem dúvida.

– Cumpre, portanto, exercitá-los nela seriamente desde a infância e no decurso da vida. Eis o meu pensamento a este respeito: examina-o comigo. A meu ver, não é o corpo, por melhor constituído que seja, que por sua virtude própria torna a alma boa, mas, ao contrário, é a alma que, quando boa, confere ao corpo, por sua virtude própria, toda a perfeição de que ele é capaz. O que te parece? d

– O mesmo que a ti – disse ele.

– Se pois, após haver dedicado suficiente zelo à alma, lhe deixássemos a tarefa de precisar o que concerne ao corpo, limitando-nos a indicar os modelos gerais, a fim de evitar longos discursos, não faríamos bem? e

– Realmente bem.

– Já declaramos que nossos guardiães devem fugir da embriaguez; com efeito, a um guardião menos do que a outro qualquer é permitido, por estar ébrio, não saber onde se encontra.

– Seria, de fato, ridículo – anuiu ele – que um guardião precisasse ser guardado!

122 A REPÚBLICA DE PLATÃO

– Mas que diremos da alimentação? Nossos homens são os atletas que se preparam para a competição mais importante, não é?

– Sim.

404 a – Logo, o regime dos atuais atletas lhes conviria?

– Talvez.

– Mas – redargüi – trata-se de um regime sonolento e perigoso para a saúde. Não vês que estes atletas passam a vida dormindo e que por pouco que se afastem do regime que se lhe prescreveu contraem graves e violentas moléstia?

– Vejo, sim.

– De um regime mais fino – prossegui – necessitam nossos atletas guerreiros, aos quais é indispensável remanescer, como os cães, sempre despertos, enxergar e ouvir com a máxima acuidade e, embora mudan-

b do amiúde de bebida e alimentação, expondo-se ao sol abrasante e ao frio, conservar uma saúde inalterável.

– É o que se me afigura.

– Ora, a melhor ginástica não é irmã da música simples de que falamos há um momento?

– O que queres dizer?

– Que uma boa ginástica é simples, mormente se destinada a guerreiros.

– Como assim?

– Poder-se-ia – respondi – aprendê-la com Homero. Pois, bem sabes que, quando ele põe os seus heróis a comer em campanha, não os regala

c com peixes, embora estejam perto do mar, nas margens do Helesponto, nem com carnes cozidas, mas simplesmente com carnes assadas, por ser esse o alimento mais conveniente para soldados: pois, em toda parte, pode-se dizer, é mais fácil servir-se do fogo mesmo do que carregar utensílios.

– Sim, por certo.

– De condimentos, creio eu, Homero nunca faz menção. Os outros atletas não sabem que para permanecer em boa forma mister será abster-se de tudo isso?

– E é com razão – disse ele – que o sabem e se abstêm disso.

d – Quanto à mesa siracusana e aos pratos variados da Sicília, não creio, meu amigo, que os aproves, se nossas prescrições te parecem justas[63].

---

63. A comida siciliana era notoriamente luxuriosa, e as cortesãs de Corinto, que eram associadas ao culto de Afrodite, bastante conhecidas naquela época. Platão trata aqui justamente da "temperança" (σωφροσύνη), uma das virtudes essenciais para a formação do caráter dos guardiães da cidade. Sobre a "temperança", ver supra n. 19, p. 102.

LIVRO III

– Claro que não.

– Não aprovarás, tampouco, que homens que devem manter-se em boa forma tenham por amante uma jovem de Corinto?

– De nenhum modo.

– Nem que se entreguem às afamadas delícias da pastelaria Ática?

– Não, necessariamente.

– De fato, comparando tal alimentação e tal regime à melopéia e ao canto onde entram todos os tons e todos os ritmos, faríamos, suponho, uma comparação justa.   e

– Sem dúvida.

– Aqui a variedade produz o desregramento, lá engendra a doença; ao contrário, a simplicidade na música torna a alma sóbria e, na ginástica, o corpo sadio.

– Nada mais verdadeiro.

– Mas se o desregramento e as doenças se multiplicam numa   405 a
cidade, não se abrirão muitos tribunais e clínicas? A jurisprudência e a medicina não serão nela honradas quando os próprios homens livres se lhe aplicarem em grande número e com ardor?

– Como é que isso não haveria de acontecer?

– Ora, existe maior prova do vício e da baixeza da educação numa cidade do que a precisão de médicos e juizes hábeis, não só para a gente do vulgo e os artesãos, mas ainda para os que se jactam de ter recebido educação liberal? Ou pensarias que não constitui vergonha e   b
grande prova de falta de educação alguém ser forçado a recorrer a uma justiça de empréstimo e a converter os outros em mestres e juízes do seu direito, à falta de justiça pessoal?

– É a maior vergonha que há! – exclamou ele.

– Mas crês que haja ainda maior vergonha quando, não contente em passar, diante dos tribunais a maior parte da vida sustentando ou intentando pleitos, alguém se vangloria, por vulgaridade, de ser hábil em cometer a injustiça e de ser capaz de pregar todas as peças, de es-   c
capulir por todos os expedientes e vergar-se como vime para evitar o castigo?[64] E tudo isso por interesses mesquinhos e desprezíveis, porque

64. Platão está aludindo aqui à retórica empregada nos tribunais a serviço de causas injustas. Esse tipo de prática judiciária, que era bastante comum em Atenas, é muito bem representado, por exemplo, na comédia *As Nuvens* de Aristófanes. No trecho a seguir, a fala da personagem Estrepsíades, que busca um meio para escapar das dívidas contraídas pelo filho, expressa muito bem a que se prestava essa "má retórica" (vv. 112-8):

124   A REPÚBLICA DE PLATÃO

não se sabe quão mais belo e melhor é ordenar a vida de modo a não carecer de um juiz sonolento?

– Isto – confessou – é mais vergonhoso ainda.

d – De outro lado, recorrer à arte do médico, não por causa de ferimentos ou de uma dessas moléstias que as estações trazem, mas porque, sob o efeito da preguiça e do regime que descrevemos, alguém se encheu de humores e vapores como um pântano, e obrigar os sutis filhos de Asclépio a dar a estas doenças os nomes de "flatulências" e "catarros", não é, também, algo vergonhoso?[65]

– Sim – respondeu ele – na verdade estes são nomes de doenças novas e estranhas.

– Tais – continuei – que não existiam, julgo, no tempo de Asclépio.

e Eu o conjeturo porque os seus filhos, em Tróia, não censuraram a mulher que a Eurípilo, ferido, deu a beber vinho prâmnio abundantemente

406 a polvilhado de farinha de cevada e queijo ralado, de conhecido efeito inflamatório, assim como não desaprovaram o remédio de Pátroclo[66].

– Era todavia – disse ele – uma beberagem bem extravagante para um homem naquele estado.

– Não – observei-lhe – se levares em conta que a medicina atual, que segue passo a passo as doenças, só foi praticada pelos Asclepíades

ΣΤ.
εἶναι παρ' αὐτοῖς φασὶν ἄμφω τὼ λόγω,
τὸν κρείττον', ὅστις ἐστί, καὶ τὸν ἥττονα.
τούτοιν τὸν ἕτερον τοῖν λόγοιν, τὸν ἥττονα,
νικᾶν λέγοντά φασι τἀδικώτερα.
ἢν οὖν μάθῃς μοι τὸν ἄδικον τοῦτον λόγον,
ἃ νῦν ὀφείλω διὰ σέ, τούτων τῶν χρεῶν
οὐκ ἂν ἀποδοίην οὐδ' ἂν ὀβολὸν οὐδενί.
ESTREPSÍADES
Dizem que eles têm dois discursos,
o forte, seja ele qual for, e o fraco.
Um desses discursos, o fraco,
vence nas causas mais injustas (dizem eles).
Se então aprendesses para mim o discurso injusto,
dessas dívidas que hoje tenho por tua causa
nada pagaria, nem mesmo um óbolo.

65. Na mitologia grega, Asclépio é filho de Apolo e deus da medicina. A expressão "os filhos de Asclépio" se referia originalmente a seus filhos, que herdaram a arte médica. Num momento posterior, essa expressão passou a designar, especificamente, os sacerdotes de seu culto e, genericamente, os próprios médicos e/ou curandeiros. Esse sentido genérico é o que Platão emprega nessa passagem.

66. Na *Ilíada* (cf. xi, vv. 624-641), a poção é dada por Hecamede, escrava de Nestor, a Macáon, e não a Eurípilo, como diz Platão. Sobre o tratamento da ferida de Eurípilo por Pátroclo, cf. Homero, *Ilíada*, xi, vv. 844-8 e xv, v. 394.

LIVRO III   125

antes da época de Heródico. Heródico[67], porém, por ser pedótriba e viver adoentado, combinou a ginástica com a medicina, o que serviu antes de mais nada para atormentá-lo, a ele mesmo, e depois dele a muitos outros.   b

– Como assim? – indagou.

– Preparando-lhe uma morte lenta – respondi. – Pois, como sua doença fosse mortal, acompanhou-a passo a passo sem poder, creio, curá-la; renunciando a qualquer outra ocupação, passou a vida cuidando-se, sendo devorado pela inquietude por pouco que se apartasse do seu regime habitual; destarte, arrastando uma existência languescente, à força de habilidade, atingiu a velhice.

– Sua arte prestou-lhe um belo serviço! – exclamou ele.

– Ele bem o merecia – repliquei – por não ter visto que, se Asclépio   c não ensinou este gênero de medicina a seus descendentes, não foi por ignorância nem por inexperiência, mas porque sabia que, numa cidade bem governada, cada um tem a tarefa fixa que é obrigado a cumprir, e que ninguém tem o lazer para passar a vida doente e tratando-se. Sentimos o ridículo deste abuso nos artesãos, mas nos ricos e nos pretensos felizes não o sentimos.

– Por quê? – inquiriu ele.

– Um carpinteiro enfermo – disse eu – pede ao médico um remédio   d que, por vômito ou purgação, evacue sua enfermidade, ou então que lhe faça, quer uma cauterização, quer uma incisão, que o livre dela. Mas se alguém lhe prescreve um longo regime, com bandagens em torno da cabeça e tudo o mais, ele declara imediatamente que não tem tempo para ficar doente, que não vê nenhuma vantagem em viver assim, ocupando-se apenas de sua moléstia e negligenciando o trabalho que tem pela frente. Em seguida, despede o médico e, retomando o regime   e habitual, recobra a saúde e vive exercendo o seu ofício; ou então, se o seu corpo não está em condições de resistir, a morte o tira do apuro.

– Eis a medicina que parece convir a tal homem.

– Não é – indaguei – porque ele tem uma função a desempenhar   407 a e se não a desempenha não encontra vantagem em viver?

– É evidente.

– Mas o rico, dizemos nós, não tem trabalho de que não possa se abster sem que a vida lhe seja insuportável.

– É o que dizem.

67. Heródico de Mégara foi um dos primeiros a estudar formas terapêuticas de exercício e de dieta.

126   A REPÚBLICA DE PLATÃO

– Não ouviste Focílides afirmar que *desde que se tenha do que viver cumpre praticar a virtude*?[68]

– Penso também que se deve praticá-la antes.

b   – Não lhe contestemos este ponto; mas vejamos por nós mesmos se o rico deve praticar a virtude e se lhe é impossível viver sem ela, ou se a mania de alimentar as doenças, que impede o carpinteiro e os outros artesãos de se aplicar a seus misteres, não impede o rico de seguir o preceito de Focílides.

– Sim, por Zeus, e nada talvez o impeça tanto quanto este cuidado excessivo com o corpo que vai além do que admite a ginástica; pois ele é molesto nos assuntos domésticos, nas expedições militares e nas obrigações civis em tempo de paz.

c   – Mas seu principal inconveniente é dificultar todo estudo, toda reflexão ou meditação interior. Com efeito, fica-se temendo sempre dores de cabeça e vertigens que se imputam à filosofia; por isso, em toda parte onde se encontra, este cuidado impossibilita exercitar-se ou conservar-se a virtude, pois faz com que a gente se julgue sempre doente e não pare de queixar-se da saúde.

– É o que, de fato, ocorre.

– Digamos portanto que Asclépio sabia disso e que foi para os homens que devem à natureza e ao regime que seguem, uma boa

d   constituição, mas sofrem de uma doença localizada, que ele inventou a medicina. Afugentou-lhes as moléstias por meio de remédios e incisões, embora lhes ordenando nada mudar no seu regime costumeiro, a fim de não prejudicar os negócios da cidade. Quanto aos indivíduos inteiramente minados pela doença, não tentou prolongar-lhes a existência com um moroso tratamento de infusões e purgações, nem pô-los em condição de engendrar filhos condenados provavelmente a se lhes assemelhar; não supôs que fosse necessário cuidar de um homem incapaz

e   de viver no círculo de deveres que lhe é determinado, porque disso nem o próprio enfermo nem a cidade auferem proveito.

– Fazes de Asclépio um político – observou ele.

– É evidente que o era. Não vês que os seus filhos, ao mesmo tem-

408 a po que combatiam valentemente diante de Tróia, exerciam a medicina, como eu digo? Não te lembras que, sendo Menelau atingido por uma flecha de Pândaro,

---

68. Focílides de Mileto (séc. VI a.C.) ficou conhecido pelos seus ditos gnômicos em versos elegíacos e hexâmetros. Só conhecemos esses ditos de forma fragmentária, conservados na obra de diferentes autores, como, por exemplo, nesta citação feita aqui por Platão.

LIVRO III 127

eles sugaram o sangue da ferida e cobriram-na habilmente
[com bálsamo[69],

sem lhe prescrever, assim como a Eurípilo, o que era necessário beber ou comer em seguida? Sabiam que tais remédios bastavam para curar homens que, antes dos ferimentos, estavam sãos e regrados no seu b regime, mesmo se houvessem tomado no próprio momento a beberagem de que falamos; quanto ao indivíduo doentio por natureza e incontinente, não julgavam que houvesse vantagem, para ele ou para outrem, em prolongar-lhe a vida, nem que a arte da medicina fosse feita em sua intenção, nem que se devesse tratá-lo, fosse ele mais rico do que Midas[70].

– Eram bem sagazes, pelo que dizes, os filhos de Asclépio!

– Como convém – disse eu. – Entretanto, os poetas trágicos e Píndaro não partilham de nosso parecer. Pretendem que Asclépio era filho de Apolo e que se deixou persuadir, a preço de ouro, a curar um c homem rico atingido por doença mortal, razão pela qual foi fulminado pelo raio[71]. Quanto a nós, pelo que afirmamos mais cima, não acreditaremos nestas duas assertivas ao mesmo tempo: se Asclépio era filho de um deus, não era, diremos nós, ávido de um ganho sórdido, e se era ávido de um ganho sórdido, não era filho de um deus.

– É exato. Mas o que dizes, Sócrates, disso: é preciso ter bons médicos na cidade? Ora, sem dúvida, os bons médicos são, principalmente, os que mais trataram indivíduos sãos e doentes; similarmente, d os bons juízes são os que tiveram de lidar com temperamentos de toda espécie.

– Seguramente – respondi – são precisos bons juízes e bons médicos. Mas sabeis quais os que considero como tais?

– Saberei, se mo disseres.

– Vou tentar; mas abrangeste na mesma questão duas coisas dessemelhantes.

– Como assim? – indagou.

– Os mais hábeis médicos seriam aqueles que, começando desde a infância a aprender tal arte, houvessem tratado o maior número de corpos e os de constituição mais precária, e que, além da compleição e

---

69. Homero, *Ilíada,* IV, v. 218.

70. Midas (738-696 a.C.) foi rei da Frígia e conhecido na Grécia pela sua riqueza. Heródoto diz que ele foi o primeiro não-grego a fazer oferendas em Delfos (cf. Heródoto, I, 14).

71. Cf. Ésquilo, *Agamêmnon,* vv. 1022-1024; Eurípides, *Alceste,* vv. 3-4; Píndaro, *Píticas,* III, vv. 55-58.

128 A REPÚBLICA DE PLATÃO

malsã, houvessem sofrido de todos os males. Com efeito, eles não curam, penso, o corpo pelo corpo – de outro modo não conviria que jamais fossem ou se tornassem doentes, – mas o corpo pela alma, e a alma que é ou vem a ser enferma não pode cuidar bem de qualquer mal que seja.

– É verdade – disse ele.

409 a – Mas o juiz, meu amigo, comanda a alma pela alma[72]. E por isso mesmo, não convém que, desde os mais tenros anos, ela seja educada na companhia de almas perversas, nem que tenha percorrido a série de todos os crimes, com o exclusivo fim de poder, com acuidade, conjeturar por si mesma os crimes dos outros, como o médico conjetura as moléstias do corpo; ao contrário, é necessário que tenha permanecido ignorante e isenta do vício, se se pretende que, bela e boa, julgue sadiamente o que é justo. Daí por que as pessoas de bem se mostram simples na juventude e são facilmente enganadas pelos velhacos; não possuem
b em si modelos de sentimentos semelhantes aos dos perversos.

– Sim – concordou ele – é exatamente o que lhes acontece.

– Por isso – reatei – o bom juiz não poderia ser jovem, mas velho, é preciso que tenha aprendido tarde o que é a injustiça, que a tenha conhecido sem alojá-la na alma, mas estudando-a por muito tempo, como um vício estranho, na alma dos outros, e que a ciência, e não a
c experiência própria, o façam sentir nitidamente que mal ela constitui.

– Tal homem – reconheceu ele – seria o mais nobre dos juízes.

– E seria o bom juiz que exiges – acrescentei; – pois quem tem a alma boa é bom. Quanto ao homem hábil e desconfiado, que cometeu muitas injustiças e se crê esperto e sagaz, dá prova de sua habilidade em precaver-se quando mantém comércio com a sua igualha, porque tem em mira os modelos que traz em si; mas quando se encontra com
d gente de bem, de idade já avançada, parece tolo, despropositadamente incrédulo, ignorante do que seja um caráter são, porque não possui o modelo deste, em si próprio. Mas, como se encontra mais freqüentemente com os maus do que com os homens de bem, passa antes por sábio do que por ignorante, a seus olhos e aos de outrem.

– É perfeitamente certo – disse ele.

– Portanto – continuei – não é neste homem que hemos de procurar

---

72. Platão também traça essa analogia entre medicina e justiça no diálogo *Górgias* (cf. 463e-465e): a medicina está para o corpo assim como a justiça está para alma. São duas artes que têm a função de corrigir aquilo que se encontra corrompido: a medicina cuida do corpo doente em vista da saúde, e a justiça cuida da alma injusta em vista do que é justo.

LIVRO III 129

o juiz bom e sábio, porém no primeiro. Pois a perversidade não poderia conhecer-se a si mesma e conhecer a virtude, enquanto a virtude de uma natureza cultivada pela educação conseguirá, com o tempo, concomitantemente conhecer-se a si mesma e conhecer o vício. É e pois ao homem virtuoso, parece-me, e não ao malvado, que compete tornar-se hábil.

– É o que também me parece.

– Assim, estabelecerás na cidade médicos e juízes tais como os descrevemos, para cuidar dos cidadãos bem constituídos de corpo 410 a e alma; quanto aos outros, deixaremos morrer os que têm o corpo doentio, e os que têm a alma perversa, por natureza, e incorrigível, condenaremos à morte.

– É com certeza o melhor a fazer, em prol dos próprios doentes e da cidade.

– Mas é evidente – continuei – que os jovens se guardarão da necessidade de recorrer a juízes se cultivarem esta música simples que, dizíamos, engendra a temperança.

– Sem dúvida.

– E não é verdade que, seguindo as mesmas indicações, o músico b que pratica a ginástica chegará a dispensar o médico, exceto nos casos de necessidade?

– Creio que sim.

– Nos seus exercícios mesmos e nos seus trabalhos, propor-se-á estimular a parte generosa de sua alma mais do que a incrementar a força física e não se sobrecarregará, como os outros atletas, de alimentação e de exercícios tendo em vista unicamente o vigor corporal.

– É muito exato – disse.

– Ora, Glauco   perguntei – os que basearam a educação na mú- c sica e na ginástica, fizeram-no para formar o corpo por uma e a alma pela outra?

– Por que esta pergunta?

– Há possibilidades – disse eu – de que uma e outra tenham sido estabelecidas principalmente para a alma.

– Como assim?

– Não observaste qual a disposição de espírito dos que se dedicam à ginástica a vida inteira e não tocam na música? Ou dos que fazem o oposto.

– De que falas?

– Da rudeza e da dureza de uns, da moleza e da brandura de d outros.

– Sim, observei que aqueles que se dedicam a uma ginástica sem

130 A REPÚBLICA DE PLATÃO

mistura contraem nela demasiado rudeza, e os que cultivam exclusivamente a música tornam-se mais moles do que desejaria a decência.

– E, entretanto, é o temperamento arrebatado de suas naturezas que produz a rudeza; bem dirigido, far-se-ia coragem, mas quando forçado além de certo limite degenera em dureza e em mau humor, como é natural.

– É o que me parece.

e – Mas como? E a doçura, não pertence à natureza filosófica? Demasiado afrouxada, ela a amolece mais do que deveria, porém bem dirigida, suaviza e ordena.

– É isso mesmo.

– Ora, cumpre, dizemos nós, que nossos guardiães reúnam estas duas naturezas.

– Com efeito, é necessário.

– Não seria necessário, pois, pô-las em harmonia uma com a outra?

– Sem dúvida.

411 a – E a harmonia delas não torna a alma temperante e corajosa?

– Totalmente.

– Ao passo que o desacordo a torna covarde e grosseira?

– Certamente.

– Se pois um homem permite à música extasiá-lo ao som da flauta e verter-lhe na alma, por via dos ouvidos, estas harmonias doces, moles e plangentes a que nos referimos há pouco, se passa a vida a trautear, fulgurando de alegria com a beleza do canto: em primeiro lugar abranda
b o elemento irascível de sua alma, como o fogo amolece o ferro, e o faz útil, de inútil e quebradiço que era antes; mas se continua a entregar-se ao encanto, sua coragem não tarda a dissolver-se e a fundir-se, até reduzir-se a nada, a ser excisada, como um nervo, de sua alma, deixando-o um "guerreiro sem vigor"[73].

– É perfeitamente verdade – disse ele.

– E se recebeu da natureza uma alma sem coragem, este resultado não se faz esperar: se, ao contrário, nasceu ardente, o coração se lhe
c debilita, torna-se impressionável e pronto por bagatelas, a encolerizar-se e a aplacar-se. Em vez de corajoso, ei-lo irritável, colérico e cheio de mau humor.

– Com toda certeza.

– De outra parte, o que sobrevém se ele se dedica totalmente à ginástica e à boa mesa, sem se preocupar com a música e a filosofia?

---

73. Menelau é chamado de "guerreiro sem vigor" (μαλακὸς αἰχμητής) (cf. Homero, *Ilíada*, xvii, v. 588).

LIVRO III   131

Primeiramente, o sentimento de suas forças não o enche de orgulho e coragem, e não se torna ele mais valente do que era?

– Seguramente.

– Mas se ele nada mais faz e não tem comércio com a Musa? Ainda que tenha na alma algum desejo de aprender, como não aprecia nenhu- d ma ciência, não participa de nenhuma busca, de nenhuma discussão, de nenhum outro exercício da música, não acabará aquele desejo por enfraquecer-se e ficar surdo e cego pela falta de estímulos e alimentos e por suas sensações não serem depuradas?

– É assim mesmo – disse ele.

– Por conseguinte, penso, tal homem faz-se inimigo da razão e das Musas; não mais se serve do discurso para persuadir; em tudo, chega a e seus fins pela violência e selvageria, como um animal feroz, e vive no seio da ignorância e da grosseria, sem harmonia e sem graça.

– É perfeitamente exato.

– Para estes dois elementos da alma, o corajoso e o filosófico, um deus, aparentemente, diria eu, deu aos homens duas artes, a música e a ginástica; não para a alma e o corpo, a não ser acidentalmente, mas para aqueles dois elementos, a fim de que se harmonizem entre si pela 412 a tensão ou pelo afrouxamento até o ponto conveniente.

– Parece.

– Por conseqüência, aquele que reúne de modo mais perfeito a ginástica à música e as aplica na melhor medida à própria alma, aquele, diremos nós mui justamente, é perfeito músico e perfeito harmonista, muito mais do que aquele que afina as cordas de um instrumento.

– Nós o diremos mui justamente, Sócrates.

– Teremos, pois, precisão em nossa cidade, Glauco, de um chefe encarregado de regular esta mistura, se quisermos salvar nossa cons- tituição.

– Seguramente, teremos a maior precisão dele. b

– Tal é nosso plano de ensino e educação, em suas linhas gerais; pois, de que serve estender-nos sobre as danças de nossos jovens, as suas caçadas com ou sem matilha, as suas competições gímnicas e hípicas? É assaz claro que as regras a seguir no caso dependem das que estabelecemos, não sendo difícil encontrá-las.

– Talvez – disse ele – não seja difícil.

– Admitamo-lo – prossegui. – Depois disso, o que nos resta determi- nar? Não é a escolha dos cidadãos que devem comandar ou obedecer?

– Sem dúvida. c

– Ora, é evidente que os anciãos deverão comandar e os moços obedecer.

132 A REPÚBLICA DE PLATÃO

– É evidente.

– E que dentre os anciãos cumpre escolher os melhores.

– É também evidente.

– Mas os melhores entre os lavradores não são os mais aptos a cultivar a terra?

– Sim.

– Logo, não há mister que nossos chefes, posto que devem ser os melhores entre os guardiães, sejam os mais aptos a guardar a cidade.

– Sim.

– E isso não requer inteligência, autoridade e devotamento ao interesse público?

d   – Certamente.

– Mas não é devotado principalmente ao que se ama?

– Necessariamente.

– Ora, um homem ama sobretudo o que acredita estar com ele em comunhão de interesse, aquilo cujo êxito considera como seu e cujo insucesso também considera como seu.

– Sim – disse ele.

– Escolheremos, pois, dentre os guardiães aqueles que, após exame, nos parecerem mais zelosos em fazer, a vida toda e de toda boa e vontade, o que considerem proveitoso à cidade, jamais consentindo em fazer o contrário.

– Eis, com efeito, os que convêm escolher – aprovou ele.

– Creio, portanto, que é preciso observá-los em todas as idades, para verificar se permanecem fiéis a esta máxima e que, nem por força de encantamentos nem por violência de qualquer espécie serão levados a abandonar ou olvidar a opinião que lhes impõe trabalhar para o maior bem da cidade.

– O que entendes por este abandono? – perguntou.

– Vou te dizer – respondi. – Parece-me que uma opinião sai do espírito, voluntária ou involuntariamente; voluntariamente, a que é 413 a falsa quando o seu erro nos é apontado, e, involuntariamente, toda opinião verdadeira.

– No que tange à saída voluntária, compreendo; mas no que tange à involuntária, careço de explicações.

– Então como? Não achas como eu que os homens são involuntariamente privados de bens e, voluntariamente, dos males? Ora, iludir-se acerca da verdade não constitui um mal e estar com a verdade, um bem? E não te parece estar com a verdade quem concebe as coisas como elas realmente são?

LIVRO III

– Tens razão – disse ele – e creio que só involuntariamente nos privamos da opinião verdadeira.

– E dela somos privados por roubo, por encantamento ou por violência.

– Eis ainda o que não compreendo!

– Estou me exprimindo aparentemente – continuei – à maneira dos trágicos. Digo que somos roubados quando somos dissuadidos ou esquecemos porque o tempo num caso, e a razão noutro, arrebatam nossa opinião sem o sabermos. Compreendes, agora?

– Sim.

– Digo que somos vítimas da violência quando a tristeza ou a dor nos forçam a mudar de opinião.

– Compreendo isso também, e é correto.

– Logo, quanto aos encantados, penso que dirás comigo tratar-se dos que mudam de sentimento sob o encanto do prazer ou sob a opressão do temor.

– De fato – confessou ele – tudo o que engana parece encantar.

– Assim, como há pouco eu te dizia, cumpre procurar os mais fiéis guardiães desta máxima de que em qualquer circunstância deverão fazer o que se considera como o mais vantajoso para a cidade. É mister prová-los desde a infância, empenhando-os nas ações apropriadas para torná-los esquecidos daquela máxima e serem induzidos a erro, depois escolher os que se recordam e que são difíceis de seduzir, e excluir os outros, não é?

– Sim.

– É preciso também impor-lhes fainas, dores, combates, nos quais serão observadas as mesmas condições.

– Portanto – prossegui   devemos levá-las a concorrer numa terceira espécie de prova, a do encantamento, e observá-los: do mesmo modo que conduzimos os potros ao meio de ruídos e tumultos para verificar se eles são medrosos, é preciso, durante a juventude, transportar os guerreiros ao meio de objetos assustadores, depois reconduzi-los aos prazeres, a fim de comprovar, com muito mais cuidado do que se comprova o ouro pelo fogo, se resistem ao encanto e se mostram decentes em todas estas conjunturas, se permanecem bons guardiães de si próprios e da música que aprenderam, se se conduzem sempre com ritmo e harmonia e são, enfim, capazes de se tornar eminentemente úteis a si mesmos e à cidade. E aquele que houver suportado as provas da infância, da adolescência e da idade viril, e tiver saído puro, estabeleceremos como chefe da cidade e guardião e o honraremos durante a sua vida e após a sua morte, concedendo-lhe a insigne recompensa de

134 A REPÚBLICA DE PLATÃO

túmulos e monumentos em sua memória; mas aquele que falhar nessas provas, será excluído. Eis, Glauco, de que maneira se deve efetuar, na minha opinião, a escolha dos chefes e dos guardiães, para descrevê-la apenas em geral, e sem entrar no pormenor.

– Sou de tua opinião – disse ele.

b   – Por conseguinte, para ser verdadeiramente tão exato quanto possível, não convém chamar, de uma parte, guardiães perfeitos os que nos protegem contra os inimigos de fora como contra os amigos de dentro, a fim de tirar a uns a vontade e aos outros o poder de lesar, e atribuir, de outra parte, aos jovens que chamamos há um momento guardiães, o nome de auxiliares[74] e de executores das decisões dos chefes?

– Parece-me.

– Agora – reatei – de que meios disporemos para tornar crível alguma nobre mentira, numa destas que qualificamos há pouco de necessárias, mormente aos próprios chefes e, senão, aos demais cidadãos?

– Que mentira? – indagou ele.

– Uma que não é absolutamente nova, mas de origem fenícia[75] – respondi. – Concerne a uma coisa que já ocorreu em muitos lugares, como os poetas dizem e fazem crer, mas que não sucedeu em nossos dias, que talvez nunca mais sucederá e que dificilmente será acreditada.

– Parece-me – disse ele – que titubeias bastante em dizer o que pensas!

– Verás, quando eu tiver falado, que tenho muita razão de titubear.

– Mas fala e nada tema.

d   – Vou fazê-lo – embora não saiba de que audácia e de que expressões hei de usar para isso – e tentarei persuadir, primeiro, os chefes e os soldados, depois os outros cidadãos, de que tudo quanto lhes ensinamos, criando-os e instruindo-os, tudo aquilo cuja sensação e experiência acreditavam ter, não era, por assim dizer, senão sonho; que na realidade eram então formados e educados no seio da terra, e   eles, suas armas e tudo o que lhes pertence; que, depois de enformá-los

74. Platão passa a utilizar o termo "auxiliar" (ἐπίκουρος) para designar especificamente o guerreiro. O termo "guardião" (φύλαξ) é utilizado para designar os "auxiliares" (ἐπίκουροι) e os "chefes" (ἄρχοντες) em conjunto, na medida em que é da classe dos guardiães (φύλακες) que saem os chefes (ἄρχοντες) que irão governar a cidade.

75. Platão refere-se possivelmente à lenda de Cadmo, que era fenício. Cadmo foi o fundador de Tebas junto com guerreiros armados que nasceram dos dentes de um dragão plantados por ele na terra. Esses guerreiros se chamavam "Espartos" (Σπαρτοί), que significa etimologicamente "os semeados" (cf. Platão, Leis, II, 663e-664a). Platão se refere aqui aos mitos de fundação de cidades, como a de Tebas.

LIVRO III 135

inteiramente, a terra, sua mãe, os deu à luz; que, a partir daí, devem encarar a região onde habitam como mãe e nutriz, defendendo-a contra quem a ataque e considerar os outros cidadãos como irmãos e filhos da terra como eles.

– Não é sem razão que hesitaste tanto tempo para proferir esta mentira!

– Sim – confessei – eu tinha ótimas razões; mas ouça, apesar de tudo, o restante da fábula: "Sois todos irmãos na cidade, dir-lhes-emos, continuando esta ficção; mas o deus que vos formou introduziu o ouro na composição daqueles dentre vós que são capazes de comandar: por isso, são os mais preciosos. Misturou prata na composição dos auxiliares; ferro e bronze, na dos lavradores e outros artesãos. Comumente, gerais filhos semelhantes a vós mesmos; mas, como sois todos parentes, pode acontecer que, do ouro, nasça um rebento de prata, da prata, um rebento de ouro e que as mesmas transmutações se produzam entre os outros metais. Por isso, antes e acima de tudo, o deus ordena aos magistrados que vigiem atentamente as crianças, que tomem muito cuidado com o metal misturado em suas almas e, caso seus próprios filhos apresentem mistura de bronze ou de ferro, que sejam impiedosos com eles e lhes concedam o gênero de honor devido à respectiva natureza, relegando-os à classe dos artesãos e dos lavradores; mas, se destes últimos nasce um rebento cuja alma contenha ouro ou prata, o deus quer que reconheçam seu valor, elevando-o à categoria de guardião ou de auxiliar, porque um oráculo afirma que a cidade perecerá quando for guardada pelo ferro ou pelo bronze". Conheces algum meio de levá-los a acreditar nesta fábula?

– Nenhum – replicou – ao menos no tocante aos homens de que falas; mas poder-se-á fazer com que nela acreditem os seus filhos, os seus descendentes e as gerações subseqüentes.

– E isto seria bem indicado, disse-lhe, para lhes inspirar maior devotamento à cidade e a seus concidadãos, pois creio compreender o que queres dizer.

– Logo, nossa invenção irá pelos caminhos em que aprouver à fama conduzi-la. Quanto a nós, armemos estes filhos da terra e façamo-los avançar sob o comando de seus chefes. Que se aproximem e escolham o lugar da cidade mais favorável para acampar, aquele em que estiverem em melhor posição de conter os cidadãos de dentro, se ocorrer que se recusem a obedecer às leis, e de repelir os ataques externos, se porventura o inimigo precipitar-se como um lobo sobre o rebanho. Após estabelecer o campo e sacrificar a quem convenha, que armem as tendas, não é?

136 A REPÚBLICA DE PLATÃO

– Sim – disse ele.

– Tais que possam protegê-los tanto do frio quanto do calor?

– Sem dúvida; pois me parece que desejas falar de suas habitações.

– Sim – respondi – das habitações de soldados e não de homens de negócios.

416 a

– No que achas tu – perguntou – que umas diferem das outras?

– Vou tentar explicar-te. A coisa mais terrível e mais vergonhosa que os pastores podem fazer, é criar, para ajudá-los na guarda dos rebanhos, cães que a intemperança, a fome ou qualquer hábito vicioso, os levasse a prejudicar os carneiros e a tornar-se semelhantes a lobos em vez de cães.

– É, realmente, uma coisa terrível.

b

– Não se deve tomar todas as precauções possíveis para impedir que nossos auxiliares procedam desta maneira com os cidadãos, visto serem muito mais fortes do que eles, para que, de benevolentes aliados, não se tornem parecidos a déspotas selvagens?

– É preciso tomar cuidado com isso – disse ele.

– Ora, a melhor maneira de torná-los prevenidos a esse respeito não consiste em ministrar-lhes uma educação realmente exemplar?

– Mas, eles a receberam – observou.

Ao que lhe respondi – Não é permitido afirmá-lo, meu caro Glauco. Mas podemos dizer, como eu fazia há pouco, que eles devem

c receber educação correta, qualquer que seja, caso tiverem de possuir a maior disposição possível de brandura, tanto entre si mesmos como com os que eles terão de proteger.

– Tens razão – confessou.

– Além dessa educação, todo homem sensato reconhecerá que suas moradas e bens devem ser elaborados de tal maneira que não os impe-

d çam de ser guardiães tão perfeitos quanto possível e não os induzam a prejudicar os outros cidadãos.

– E estará com a verdade.

– Veja pois – continuei – se para serem tais devem viver e alojar-se da maneira como vou dizer: primeiro, nenhum deles possuirá algo próprio, salvo os objetos de primeira necessidade; depois, nenhum deles terá habitação ou celeiro onde todo mundo não possa entrar. Quanto à

e alimentação requerida por atletas guerreiros, sóbrios e corajosos, hão de recebê-la dos outros cidadãos, como recompensa por seus serviços prestados, em quantidade suficiente para um ano, de modo a não haver nenhuma sobra nem falta; tomarão parte nas refeições públicas[76] e

---

76. As refeições públicas (συσσίτια) eram uma instituição em Esparta, estabelecida pelas reformas de Licurgo (cf. Plutarco, *Vidas Paralelas,* "Licurgo", 10-12).

LIVRO III

viverão em comum, como soldados em campanha. No tocante ao ouro e à prata, dir-lhe-emos que contam sempre na alma com os metais que receberam dos deuses, que não precisam dos de origem humana, e que é ímpio macular a posse do ouro divino, juntando-a à do ouro terreno, porque muitos crimes foram perpetrados pelo metal amoedado do vulgo, enquanto o deles se conserva sempre puro; que só a eles, dentre os habitantes da cidade, não é permitido manusear e tocar ouro ou a prata, nem estar sob um teto que o abrigue, nem trazê-los como enfeite, nem beber em taças de prata ou de ouro; que esse é o único meio de assegurar a sua salvação e a da cidade. Ao contrário, desde que tenham como próprio terra, casas e dinheiro, de guardiães que eram tornar-se-ão econômos e lavradores, déspotas inimigos em vez de aliados dos demais cidadãos; odiando e sendo odiados, conluiando e sendo alvo de conluios, e assim passarão toda a sua vida: temendo muito mais os adversários de dentro do que os de fora, sempre a correr para a ruína iminente, eles e o resto da cidade. Foi por todos esses motivos, finalizei, que explicamos como devem ser organizados os alojamentos e as posses dos nossos guardiães, e, em conseqüência, devemos sancioná-lo por uma lei, ou não?

417 a

b

– Sim, certamente – disse ele.

LIVRO IV

Então Adimanto interveio: – O que responderás, Sócrates, se te 419 a
objetarem que não fazes estes homens muito felizes e isto por culpa deles? Na realidade a cidade lhes pertence, e eles não gozam de quaisquer
bens da cidade como outros[1], que possuem terras, constróem belas e
grandes casas que mobiliam com apropriada magnificência, oferendam
aos deuses sacrifícios domésticos[2], concedem hospitalidade e, para
chegar ao que dizias há pouco, têm em sua posse ouro, prata e tudo o
que, na opinião corrente, assegura a felicidade. Teus guerreiros, dir-
se-á, parecem estabelecidos na cidade simplesmente como auxiliares
assalariados, sem outra ocupação exceto a de montar guarda. 420 a

– Sim – confessei; – acrescenta que eles ganham apenas a alimentação e não recebem soldos a mais como os guerreiros comuns,
de modo que não poderiam viajar à própria custa, se desejassem fazê-
lo, nem dar dinheiro a cortesãs, nem efetuar qualquer destes gastos
que efetuam os homens reputados como felizes. Eis alguns pontos
que omitiste, ao lado de muitos outros semelhantes, em teu ato
de acusação.

---

1. I.e., "como os outros gorvenantes".
2. Os "sacrifícios domésticos" (θυσίαι ἰδίαι), bem como as casas luxuosas,
eram motivo de inveja contra os cidadãos ricos por parte do povo.

140　　　A REPÚBLICA DE PLATÃO

　　　– Pois bem! – disse ele – que a isso também sejam levados!

b　　– E perguntas então o que responderia eu em minha defesa?[3]

　　　– Sim.

　　　– Seguindo o caminho que tomamos, encontraremos, penso, o que se deve responder. Diremos que não haveria nada de espantoso em que nossos guerreiros fossem muito felizes assim e que, de resto, fundando a cidade, não tivemos em mira tornar uma única classe mais feliz que as outras, mas, na medida do possível, a cidade inteira. Pensamos, com efeito, que em semelhante cidade acharíamos a justiça, e na cidade

c　　mal constituída a injustiça: examinando uma e outra, poderíamos pronunciar-nos sobre o que procuramos há muito. Ora, julgamos moldar agora a cidade feliz, não tomando à parte um pequeno número de seus habitantes, a fim de torná-los felizes, mas considerando-a no todo; imediatamente depois, examinaremos a cidade oposta. Se, portanto, estivéssemos ocupados em pintar uma estátua[4] e alguém viesse censurar-nos de não pôr as mais belas cores nas mais belas partes do corpo, e isto porque teríamos pintado os olhos, que, são o mais belo ornamento,

d　　não de púrpura, mas de negro, defender-nos-íamos sabiamente, fazen-

---

　　　3. Platão emprega o verbo ἀπολογέω ("defender-se") em seu sentido técnico, i.e., "fazer a defesa diante de um tribunal". Essa metáfora é muito recorrente nos diálogos, e neste trecho, ela figura a personagem Sócrates como se estivesse diante de um tribunal, tendo que defender a tese de que os guardiães da cidade são felizes. Como a defesa (ἀπολογία) no tribunal se dava mediante o discurso, a retórica era um importante instrumento para a prática judiciária em Atenas, e a fala de Sócrates a seguir é um exemplo de discurso retórico. O registro mais célebre desse tipo de discurso na obra de Platão é a *Apologia de Sócrates,* em que Sócrates se defende no tribunal contra a acusação de que corrompia a juventude e não cria nos deuses da cidade.

　　　4. Os gregos costumavam pintar as estátuas com diversas cores, e gostavam especialmente de ressaltar os olhos. Vejamos esta passagem do diálogo *Hípias Maior* (290a8-b8):

　　　ΣΩ: Ὀρθῶς μέντοι. τοιγάρτοι ἐκεῖνος, ἐπειδὰ ἐγὼ ὁμολογῶ ἀγαθὸν εἶναι δημιουργὸν τὸν Φειδίαν, "Εἶτα", φήσει, "οἴει τοῦτο τὸ καλὸν ὃ σὺ λέγεις ἠγνόει Φειδίας;" καὶ ἐγώ· Τί μάλιστα; φήσω. "Ὅτι," ἐρεῖ, "τῆς Ἀθηνᾶς τοὺς ὀφθαλμοὺς οὐ χρυσοῦς ἐποίησεν, οὐδὲ τὸ ἄλλο πρόσωπον οὐδὲ τοὺς πόδας οὐδὲ τὰς χεῖρας, εἴπερ χρυσοῦν γε δὴ ὂν κάλλιστον ἔμελλε φαίνεσθαι, ἀλλ' ἐλεφάντινον· δῆλον ὅτι τοῦτο ὑπὸ ἀμαθίας ἐξήμαρτεν, ἀγνοῶν ὅτι χρυσὸς ἄρ' ἐστὶν πάντα καλὰ ποιῶν, ὅπου ἂν προσγένηται."

　　　Sócrates: Corretamente. Quando eu concordar que Fídias é um bom artífice, ele certamente dirá "Seja! Julgas que este belo a que te referes Fídias desconhecia?". E eu responderei "Por quê?", e ele tornará a dizer: "Porque ele não fez de ouro os olhos de Atena, nem o resto da face, nem os pés, nem as mãos, pois pareceria mais belo se fosse de ouro; ele, ao contrário, a fez de marfim. É evidente que ele cometeu esse erro por ignorância, não sabendo que o ouro, quando presente, deixa todas as coisas belas quando lhes é acrescido".

LIVRO IV   141

do-lhe o seguinte discurso: "Ó crítico assombroso, não imagines que devamos pintar olhos tão belos que não mais pareçam olhos e proceder da mesma maneira com as outras partes do corpo, porém considera se, dando a cada parte a cor que lhe convém, criamos um belo conjunto. E, no caso presente, não nos forces a ligar, à condição dos guardiães, uma felicidade que os converta em tudo mais exceto em guardiães. Pois, poderíamos vestir nossos lavradores de vestes suntuosas, coroá-los de ouro e permitir que cultivassem a terra tão-somente para o seu prazer; poderíamos deitar os oleiros em grácil disposição ao redor do fogo, deixar que, bebendo e se regalando, girem a roda apenas na medida em que desejem ocupar-se de sua faina e, de igual maneira, fazer felizes todos os outros cidadãos, a fim de que a cidade inteira esteja em júbilo. Mas não nos dês este conselho, porque, se te prestássemos ouvidos, o lavrador cessaria de ser lavrador, o oleiro de ser oleiro e desaparece-riam todas as profissões, cujo conjunto forma a cidade. Ainda assim, a importância destas profissões é menor: que remendões de sapatos se tornem medíocres e maus profissionais, e que, na sua arrogância, se façam passar pelo que não são, não constitui algo terrível para a cidade. Ao contrário, quando os guardiães das leis e da cidade são guardiães apenas na aparência, percebes que eles a arruinam de alto a baixo, ao passo que, de outro lado, só eles possuem o poder de administrá-la bem e torná-la venturosa". Se, portanto, somos nós que formamos verdadei-ros guardiães, absolutamente incapazes de prejudicar a cidade, quem os converte em lavradores e em felizes convivas de uma festa, fala de outra coisa, mas não de uma cidade. É necessário, por conseguinte, examinar se, estabelecendo nossos guardiães, propomo-nos torná-los tão felizes quanto possível, ou se visamos a felicidade da cidade inteira, caso em que devemos coagir os auxiliares e os guardiães a assegurá-la, e persuadi-los, bem como a todos os demais cidadãos, de que devem desempenhar da melhor maneira as funções de que foram incumbidos; e quando a cidade se tornar próspera e estiver bem organizada, deixare-mos cada classe participar da felicidade, segundo a sua natureza.

— Em tudo o que disseste me pareces ter razão — declarou ele.

— Agora, achas sensato irmanar esta observação com as prece-dentes?

— Qual?

— Considera os outros artífices e vê se não é isso que os estraga, tornando-os maus, por sua vez.

— O quê, pois?

— A riqueza — repliquei — e a pobreza.

— Como assim?

142   A REPÚBLICA DE PLATÃO

– Da seguinte maneira: crês que o oleiro, tendo enriquecido, ainda quererá ocupar-se de seu ofício?

– Não.

– Não se tornará ele mais preguiçoso e mais negligente do que era?

– Sim, muito mais.

– E pior oleiro?

– Bem pior oleiro, também.

e   – Além disso, se a pobreza o impede de obter ferramentas, ou quaisquer outros objetos necessários à sua arte, ele não somente fabricaria artigos de qualidade inferior, como ensinaria mal o seu próprio ofício aos seus filhos e aos de outros, transformando-os em maus artesãos.

– Como não?

– Logo, uma e outra, pobreza e riqueza, degeneram igualmente o produto do trabalho e os artesãos.

– Aparentemente.

– E encontramos, ao que parece, outras coisas sobre as quais os guardiães devem velar muito atentamente, a fim de que esses males não se insinuem na cidade sem que o saibam.

– Quais?

422 a   – A riqueza e a pobreza – respondi; – pois uma engendra o luxo, a preguiça e o gosto da novidade e a outra, o servilismo e a ineficiência, além do gosto pela novidade.

– Perfeitamente – disse ele. – Entretanto, Sócrates, examina isso: como estará a nossa cidade, que não possui riquezas, em condições de fazer a guerra, particularmente quando forçada a lutar contra uma cidade grande e rica?

– É evidente – confessei – que a luta contra uma tal cidade é difícil, b   mas contra duas é muito mais fácil.

– O que queres dizer? – indagou ele.

– Primeiro – observei – quando for necessário chegar às vias de fato, os nossos atletas guerreiros não terão de combater um exército de homens ricos?

– Sim – disse ele.

– Ótimo! Adimanto, não julgas que um pugilista adestrado da melhor maneira possível possa enfrentar facilmente dois lutadores sem prática, sobretudo se forem ricos e gordos?

– Talvez não, se o atacarem ao mesmo tempo.

– Nem mesmo se conseguisse escapar e depois, volvendo-se, c   golpear aquele que sempre primeiro se aproxima, e repetisse muitas

LIVRO IV 143

vezes esta manobra, ao sol e sob intenso calor? Tal homem não bateria até mais do que dois adversários?[5]

– Sem dúvida, nisso nada haveria de surpreendente.

– Mas não crês que os ricos conhecem melhor a ciência e a arte do pugilismo e dela têm mais experiência que da guerra?

– Claro que não.

– Portanto, ao que tudo indica, nossos atletas se sairão melhores contra adversários duas ou três vezes mais numerosos que eles.

– Eu concordarei contigo – disse ele – pois se me afigura que tens razão.   d

– Mas então! Se enviassem uma embaixada a outra cidade para dizer, o que seria verdade: "O ouro e a prata não são de qualquer serventia entre nós; não temos o direito de possuí-los, mas vós o tendes. Combatei, pois, conosco e obtereis os despojos do inimigo comum". Achas que haveria gente que, depois de ouvir tais palavras, optaria por

---

5. Esta técnica de combate aludida aqui por Platão não se trata da "hoplítica", i.e., do combate em falanges. Vejamos este trecho do diálogo *Laques* (191a5-c6), que esclarece o que Platão está dizendo:

ΣΩ. [...] ἀλλὰ τί αὖ ὅδε, ὃς ἂν φεύγων μάχηται τοῖς πολεμίοις ἀλλὰ μὴ μένων;
ΛΑ. Πῶς φεύγων;
ΣΩ. Ὥσπερ που καὶ Σκύθαι λέγονται οὐχ ἧττον φεύγοντες ἢ διώκοντες μάχεσθαι, καὶ Ὅμηρός που ἐπαινῶν τοὺς τοῦ Αἰνείου ἵππους κραιπνὰ μάλ' ἔνθα καὶ ἔνθα ἔφη ἐπίστασθαι διώκειν ἠδὲ φέβεσθαι· καὶ αὐτὸν τὸν Αἰνείαν κατὰ τοῦτ' ἐνεκωμίασε, κατὰ τὴν φόβου ἐπιστήμην, καὶ εἶπεν αὐτὸν εἶναι μήστωρα φόβοιο.
ΛΑ. Καὶ καλῶς γε, ὦ Σώκρατες· περὶ ἁρμάτων γὰρ ἔλεγε. καὶ σὺ τὸ τῶν Σκυθῶν ἱππέων πέρι λέγεις· τὸ μὲν γὰρ ἱππικὸν [τὸ ἐκείνων] οὕτω μάχεται, τὸ δὲ ὁπλιτικὸν [τό γε τῶν Ἑλλήνων], ὡς ἐγὼ λέγω.
ΣΩ. Πλήν γ' ἴσως, ὦ Λάχης, τὸ Λακεδαιμονίαι. Λακεδαιμονίους γάρ φασιν ἐν Πλαταιαῖς, ἐπειδὴ πρὸς τοῖς γερροφόροις ἐγένοντο, οὐκ ἐθέλειν μένοντας πρὸς αὐτοὺς μάχεσθαι, ἀλλὰ φεύγειν, ἐπειδὴ δ' ἐλύθησαν αἱ τάξεις τῶν Περσῶν, ἀναστρεφομένους ὥσπερ ἱππέας μάχεσθαι καὶ οὕτω νικῆσαι τὴν ἐκεῖ μάχην.
ΛΑ. Ἀληθῆ λέγεις.

Sócrates: [...] Mas o que diríamos, por sua vez, daquele que luta contra os inimigos fugindo, e não permanecendo em seu posto?
Laques: Como assim, fugindo?
Sócrates: Como os Citas: dizem que eles lutam tanto fugindo quanto perseguindo os inimigos. Homero, elogiando os cavalos de Enéias, dizia que "eles, muito prestos, sabiam, aqui e ali, ora perseguir os inimigos, ora deles fugir"; e é por isto que Homero louvou o próprio Enéias, por saber fugir, e disse que ele era "o mestre da fuga".
Laques: E disse corretamente, Sócrates, pois ele se referia aos carros. Tu te referes aos cavaleiros dos Citas: a cavalaria luta dessa maneira, mas os hoplitas helênicos, daquela maneira que expus.
Sócrates: Exceto, Laques, os hoplitas lacedemônios. Dizem que os Lacedemônios, em Platéia, quando se defrontaram com a falange porta-escudo dos Persas, não quiseram permanecer em seus postos e com ela lutar, mas fugiram; porém, quando as fileiras dos Persas se dispersaram, eles, dando meia-volta, lutaram como os cavaleiros e venceram assim aquela batalha.
Laques: Dizes a verdade.

144 A REPÚBLICA DE PLATÃO

fazer guerra a mastins sólidos e vigorosos, em vez de fazê-la, com a ajuda destes mastins, a carneiros gordos e tenros?

– Creio que não. Mas se numa só cidade se acumulam as riquezas

e das outras, toma cuidado para que isso não acarrete perigo à cidade pobre.

– És um afortunado – disse eu – por acreditar que outra cidade, afora a que fundamos, mereça este nome!

– Por que não? – perguntou ele.

– Às outras cidades – respondi – é preciso dar um nome de significação mais ampla, pois cada uma é múltipla, e não uma, como se diz no jogo[6]; encerra, ao menos, duas cidades inimigas entre si: a dos

423 a pobres e a dos ricos, e cada uma destas se subdivide em várias outras. Se as considerares como formando uma só, ficarás completamente decepcionado, mas se as tratares como múltiplas, concedendo a umas as riquezas, os poderes, ou mesmo os moradores das outras, contarás sempre muitos aliados e poucos inimigos. E, enquanto a tua cidade for sabiamente administrada, tal como acabamos de estabelecê-la, será a maior de todas, não digo em renome, porém a maior na realidade, ainda que se componha apenas de mil guerreiros; pois não descobrirás facilmente uma cidade tão grande, nem entre os helenos, nem entre

b os bárbaros, embora existam muitas que parecem ultrapassá-la várias vezes em grandeza. Pensas de outro modo?

– Não, por Zeus! – disse ele.

– Assim, eis o mais seguro limite que podem os nossos guardiães impor ao crescimento da cidade; tendo reservado um território proporcional, não se preocuparão com posteriores anexações.

– Qual é este limite?

– Julgo – redargüi – que é o seguinte: até o ponto onde, engrandecida, ela conserva a unidade, pode a cidade tomar extensão, mas não além.

c – Muito bem.

– Logo, prescreveremos igualmente aos guardiães que vigiem com o máximo zelo, para que a cidade não seja pequena, nem grande na aparência, mas de proporções suficientes, embora guardando a unidade.

---

6. Platão se refere a um jogo cujas regras não sabemos exatamente. Costuma-se compará-lo com o jogo de damas, pois, segundo o escoliasta (os "escólios" são breves comentários explicativos da época bizantina a textos de vários autores antigos), o tabuleiro era dividido em sessenta espaços, e cada um deles era chamado πόλις ("cidade").

LIVRO IV 145

– E com isso far-lhes-emos talvez – disse ele – uma prescrição sem importância!

– Menos importante ainda – prossegui – é a que mencionamos há pouco, ao dizer que cumpria relegar às outras classes a criança nascida entre os guardiães que se revelasse inferior e alçar ao nível de guardião d a criança bem dotada nascida nas outras classes. Isto visava mostrar que aos demais cidadãos é preciso outrossim confiar a função para a qual são feitos por natureza, e isto somente, com o fito de que cada um, ocupando-se de sua própria tarefa, seja um e não múltiplo, e de que a cidade assim se desenvolva se mantendo uma e não se tornando múltipla.

– Eis, de fato, uma questão ainda menos importante que a precedente!

– Na verdade, meu bom Adimanto, nossas prescrições não são, como se poderia crer, numerosas e importantes; são todas muito sim- e ples, contanto que se observe um único grande ponto, que, aliás, mais do que grande, é suficiente.

– Qual é? – inquiriu.

– A educação da infância e da juventude – respondi; – pois se os nossos jovens forem bem educados e vierem a ser homens razoáveis, hão de facilmente compreender sozinhos tudo isso e o que deixamos de lado, por enquanto, a propriedade das mulheres, o casamento e a procriação dos filhos, coisas que, segundo o provérbio, devem ser tão 424 a comuns quanto possível entre amigos[7].

– Isso será, de fato, perfeitamente justo – disse ele.

– E uma vez que nossa cidade houver adquirido o impulso, irá engrandecendo-se como um círculo; pois uma educação e uma instrução de boa qualidade, quando preservadas de toda alteração, criam boas índoles e, em contraparte, índoles honestas, tendo recebido semelhante educação, tornam-se melhores do que aquelas que as precederam, em diversos aspectos e, entre outros, no da procriação, como vemos entre b os outros animais[8].

– É natural.

– Logo, para dizê-lo em poucas palavras, cumpre que os encarregados da cidade se empenhem no sentido de que a educação não venha se corromper sem o conhecimento deles, que velem por ela em todas

---

7. Segundo Diógenes Laércio (cf. *As Vidas e as Doutrinas dos Filósofos Ilustres,* VIII, 10), esse provérbio remonta a Pitágoras e à prática comum de compartilhar os bens entre os membros do grupo esotérico.

8. Cf. Livro V, 459a-461e.

146 A REPÚBLICA DE PLATÃO

as circunstâncias e, com todo o cuidado possível, acautelando-se para nada de novo, no tocante à ginástica e à música, seja introduzido contra as regras estabelecidas, no temor de que, se alguém disser

> os homens apreciam sobretudo o canto
> que mais novo ressoa nos lábios dos aedos[9],

c não se vá imaginar, talvez, que o poeta pretenda falar, não de canções recentes, mas de uma nova maneira de cantar, e que passe a elogiar a inovação. Ora, não se deve louvar nem admitir tal interpretação, pois é de temer que a adoção de um novo gênero musical ponha tudo em perigo. Nunca, com efeito, se assesta um golpe contra as formas da música sem abalar as leis fundamentais da cidade, como afirma Dámon, e eu o creio de bom grado[10].

– Inclui-me, também – disse Adimanto – entre os que crêem.

d – Portanto, é aí, na música, parece-me, que os guardiães devem edificar o seu corpo de guarda[11].

– Sem dúvida, é onde o desrespeito às leis se insinua facilmente, sem que nos apercebamos.

– Sim, sob a forma de jogo, e como se não ocasionasse mal nenhum.

– E realmente – prossegui – não faz outra coisa senão introduzir-se pouco a pouco e infiltrar-se docemente nos costumes e nas usanças; daí, surge mais forte e passa às relações sociais; depois, das relações e sociais, dirige-se às leis e às constituições com muita insolência, Sócrates, até que, enfim, subverte tudo tanto no âmbito particular quanto no público.

– Seja – disse eu – mas é verdadeiramente assim?

– Parece-me – foi a sua resposta.

---

9. Cf. Homero, *Odisséia*, I, vv. 351-352. Nessa citação, Platão troca o verbo ἐπικλέουσ᾽ ("louvar, exortar"), que aparece originalmente no texto homérico, pelo verbo ἐπιφρονεύουσ᾽ ("estimar, apreciar").

10. Sobre Dámon, ver supra n. 60, p. 117.

11. Platão enfatiza novamente a importância de se cuidar atentamente da educação dos cidadãos. O primeiro passo foi submeter a poesia (e a música como um todo, por conseguinte, ver supra n. 29, p. 85) às exigências de uma moralidade regida pela razão, colocando-a a serviço da educação dos guardiães e dos cidadãos. O segundo passo, então, é estabelecer mecanismos de controle para que não apareça na poesia imagens de condutas imorais, que paulatinamente poderiam corromper todo o código moral da cidade. A preocupação de Platão com a reforma moral, que o fez criticar a poesia, passa necessariamente pela concepção de um novo modelo de educação (παιδεία) para os homens.

LIVRO IV 147

– Por conseguinte, como dizíamos no começo, é preciso submeter desde o início os jogos de nossas crianças a uma disciplina mais
rigorosa, pois se os jogos e as crianças escapam à regra, é impossível
que venham a ser, depois de crescerem, homens submissos às leis e de 425 a
comportamento exemplar.

– Sem dúvida.

– Quando, pois, as crianças brincam bem desde o início, a ordem,
por meio da música, penetra-as, e, ao invés do que ocorre no caso
que citavas, acompanha-os por toda parte, aumentando-lhes a força e
reerguendo na cidade o que nela possa estar em declínio.

– É verdade – disse ele.

– E redescobrem, disse eu, estes regulamentos que se afiguram de
pouca monta e que seus predecessores deixaram cair em desuso.

– Quais?

– Os que ordenam aos jovens que guardem silêncio quando b
convém, em presença dos anciãos, que os auxiliem a sentar, que se
levantem para lhes ceder o lugar, que cerquem os pais de cuidados, e
os que concernem ao corte dos cabelos, às vestimentas, aos calçados,
ao arranjo externo do corpo e outras coisas semelhantes. Não julgas
que venham a redescobrir tais regulamentos?

– Sim, sem dúvida.

– Mas em minha opinião seria simplista legislar sobre tais assuntos, pois as ordenações adotadas, orais ou escritas, não surtiriam o
menor efeito e não poderiam ser mantidas.

– E como é que poderiam?

– O que parece seguro, Adimanto, é que o impulso dado pela
educação determina tudo o que segue. Tanto mais que o semelhante c
não atrai sempre o semelhante?

– Certo!

– E caberia dizer, penso, que, ao fim, este impulso vem a dar num
grande e perfeito resultado, seja em bem, seja em mal.

– Seguramente.

– Daí por que não irei mais longe e não tentarei legislar a
respeito.

– E com razão.

– Mas, pelos deuses, o que faremos no que concerne aos negócios
da ágora, aos contratos que os cidadãos das diversas classes nela firmam d
entre si, e se quiseres, aos contratos de mão-de-obra? O que faremos
no que concerne às injúrias, às brigas, à introdução das instâncias, ao
estabelecimento dos juízes, à taxação e ao pagamento dos impostos que
poderiam ser necessários sobre os mercados e os portos e, em geral, à

148 A REPÚBLICA DE PLATÃO

regulamentação do mercado, da cidade, do porto e do resto. Ousaremos legislar sobre tudo isso?

e — Não convém – respondeu ele – fazer tais prescrições a gente honesta; com efeito, encontrarão por si próprios facilmente a maioria dos regulamentos que é preciso estabelecer nestas matérias.

— Sim, meu amigo – disse eu – se Deus lhes permitir conservar intactas as leis que acabamos de enumerar mais acima.

— Senão – continuou – passarão a vida a elaborar grande número de regulamentos similares e apresentar emendas acerca de milhares de particularidades, supondo alcançar assim o melhor.

— Queres dizer que viverão como aqueles doentes cuja intemperança lhes impede de abandonar um mau regime.

— Perfeitamente.

426 a — Sem dúvida, estas pessoas passam o tempo de maneira encantadora: cuidando-se, não chegam a nada, salvo a complicar e agravar as suas moléstias; e esperam, cada vez que se lhes aconselha um remédio, que graças a ele ficarão bons de saúde.

— Com efeito – disse ele – tais são as disposições destes doentes.

— Mas como! – prossegui – não constitui neles um traço engraçado que considerem como o pior inimigo quem lhes diz a verdade, a saber, que, enquanto não renunciarem a se embriagar, a se empanturrar de

b comida, a se entregar à libertinagem e à preguiça, nem remédios, nem cautérios, nem incisões, nem encantamentos, nem amuletos, nem outras coisas do mesmo gênero de nada lhes servirão?

— Este traço não é de modo algum engraçado – observou ele – pois não há nenhuma graça em se irar contra quem dispensa bons conselhos.

— Tu não és, ao que parece, admirador desses indivíduos.

— Certamente não, por Zeus!

— Portanto, não aprovarias tampouco uma cidade inteira que age como acaba de ser dito. Pois, não te parecem proceder do mesmo modo

c que estes doentes as cidades mal governadas que proíbem aos cidadãos, sob pena de morte, de mexer no conjunto de sua constituição[12], enquanto aquele que serve estes cidadãos da forma mais agradável e os adula, solícito em antecipar-lhes, em prever-lhes os desejos e hábil

---

12. Platão alude provavelmente às leis, como o decreto de Demofante (410 a.C.), que condenavam à pena de morte todas as pessoas que atentassem contra a constituição democrática de Atenas.

LIVRO IV   149

em satisfazê-los, é tratado de homem virtuoso, sábio profundo, e é honrado por elas?[13]

– Na minha opinião é – reconheceu – proceder do mesmo modo que eles, e eu não as aprovo de jeito algum.

– Mas o que dizer dos que consentem, dos que se apressam, d mesmo, em servir tais cidades? Não lhes admiras a coragem e a destreza?

– Sim, disse, com exceção dos que se deixam enganar e se julgam autênticos políticos porque a multidão os enaltece.

– O que dizes tu? Não desculpas esses homens? Crês, portanto, que uma pessoa que não sabe medir, se outros, em igual situação, afirmassem ter ela quatro côvados, poderia deixar de considerar que e esta medida vale para si?

– Não – confessou – não creio

– Por conseguinte, não te exaltes contra eles; pois são os mais engraçados do mundo, estes homens! Fazem leis sobre os assuntos que enumeramos há pouco e as reformam, imaginando que conseguirão pôr cabo às fraudes que se cometem nos contratos e nos negócios a que nos referimos antes: não sabem que, na realidade, cortam as cabeças de uma hidra[14].

– Efetivamente – disse ele – não fazem outra coisa.   427 a

– Quanto a mim – reatei – eu não admitiria que, numa cidade mal ou bem governada, o verdadeiro legislador se devesse preocupar em redigir tal gênero de leis: nalguns casos, porque são inúteis e de efeito nulo; em outros, porque qualquer pessoa poderá descobri-las com facilidade, visto que decorrem naturalmente das instituições já estabelecidas.

O que nos resta, pois, ainda a fazer em legislação? – perguntou. b

Respondi: – A nós nada; mas a Apolo, ao deus de Delfos, resta fazer as mais importantes, as mais belas e as principais leis.

– Quais?

– As que se referem à construção dos templos, aos sacrifícios e aos cultos de deuses, daímones e heróis, e também às sepulturas dos mortos[15] e a tudo quanto se deve oferecer aos de lá para serem propícios. Pois, não possuímos a ciência disso; daí por que, ao fundar a cidade, não

13. Esse é o modelo de político criticado duramente por Platão: o que age tendo em vista *agradar* os homens, e não beneficiá-los.

14. A "Hidra de Lerna" é uma serpente aquática de inúmeras cabeças. Quando se cortava uma, nasciam duas cabeças no lugar. É célebre por ter sido um dos "Doze Trabalhos de Héracles".

15. I.e., do Hades.

150 A REPÚBLICA DE PLATÃO

c devemos obedecer a ninguém mais, se somos inteligentes, nem adotar outro guia, exceto o de nossa pátria[16]. Ora, este deus, em semelhantes matérias, é o guia nacional de todos os homens, visto que distribui seus oráculos assentado sobre a ônfale, no centro da terra[17].

— Tens razão — conveio ele — é assim que se deve fazer.

— Eis, portanto, fundada a tua cidade, filho de Áriston — continuei —.

d Agora, toma onde queiras uma luz suficiente, chama teu irmão, Polemarco, e os outros, e examina se nos é possível ver onde reside nela a justiça, onde a injustiça, em que diferem uma da outra, e qual das duas deve possuir quem pretenda ser feliz, escape ou não aos olhares dos deuses e dos homens[18].

— É como se nada dissesses! — interveio Glauco. — Pois nos prometeste, efetuar tu mesmo esta busca, pretendendo que seria ímpio de tua parte não prestar auxílio à justiça por todos os meios a teu alcance[19].

— É verdade que fiz a promessa que mencionas; devo pois cumprila, mas é preciso que me ajudeis.

— Nós te ajudaremos.

— Espero — continuei — encontrar o que procuramos da seguinte maneira: se a nossa cidade foi bem fundada como devia ser, ela é perfeita.

— Necessariamente.

— É, portanto, evidente que é sábia, corajosa, temperante e justa[20].

— É evidente.

---

16. Os gregos costumavam consultar o oráculo de Apolo em Delfos antes de fundar ou colonizar alguma cidade. Por isso, Apolo era chamado de "fundador" (ἀρχηγέτης) e "colonizador" (οἰκιστής).

17. O "ônfalo" (ὀμφαλός, que significa "umbigo") era uma pedra de mármore cônica que ficava no santuário de Delfos, templo de Apolo. Era considerado o marco do centro da terra, como nos diz Pausânias (*Descrição da Grécia*, x, 16, 3-4):

τὸν δὲ ὑπὸ Δελφῶν καλούμενον Ὀμφαλὸν λίθου πεποιημένον λευκοῦ, τοῦτο εἶναι τὸ ἐν μέσῳ γῆς πάσης αὐτοί τε λέγουσιν οἱ Δελφοὶ καὶ ἐν ᾠδῇ τινι Πίνδαρος ὁμολογοῦντα σφισιν ἐποίησεν.

O chamado *Ônfalo* de Delfos é feito de mármore e está situado no centro de toda a terra, como os próprios habitantes de Delfos afirmam e Píndaro com eles concorda numa de suas odes.

18. Ou seja, considerando a justiça e a injustiça em si mesmas.

19. Cf. Livro II, 368b-c.

20. Encontramos aqui enumeradas as quatro virtudes cardinais da filosofia moral de Platão: a sabedoria (σοφία), a coragem (ἀνδρεία), a temperança (σωφροσύνη) e a justiça (δικαιοσύνη). Às vezes, Platão inclui a piedade (ὁσιότης) como uma quinta virtude (cf. *Laques*, 199b8; *Protágoras*, 329b3-8, 330b6, 330d2, 330e1 etc.), mas no diálogo *Eutífron* (cf. 12d-14a) ela é definida como uma espécie de justiça concernente aos deuses. Nesse caso, a piedade estaria incluída na própria definição de justiça, com a diferença que ela diz respeito aos deuses, e não aos homens.

LIVRO IV 151

– Por conseguinte, qualquer que seja, destas virtudes, a que achar-
mos nela, as demais virtudes serão as que não tivermos achado.

– Sem dúvida. 428 a

– Se, por exemplo, de quatro coisas, procurássemos uma, em não
importa qual objeto, e se desde o começo ela se nos apresentasse, sabe-
ríamos o suficiente a seu propósito; mas, se tivéssemos conhecimento
primeiro das três outras, por isso mesmo conheceríamos a coisa procurada, pois é patente que ela não seria outra senão a coisa restante.

– É exato – disse ele.

– Logo, sendo os objetos de nossa busca em número de quatro,
não devemos adotar o mesmo método?

– Sim, evidentemente.

– Ora, no caso que nos ocupa, creio que é a sabedoria a primeira
a ser claramente percebida; e eis que a respeito dela surge um fato b
estranho.

– Qual? – indagou ele.

– A cidade que fundamos, digo eu, me parece realmente sábia,
pois é prudente em suas deliberações, não é verdade?

– Sim.

– E a prudência nas deliberações é evidentemente uma espécie
de ciência; com efeito, não é por ignorância, mas por ciência que se
delibera bem.

– Evidentemente.

– Mas há na cidade grande diversidade de ciências[21].

– Sem dúvida.

– Será, pois, por causa da ciência dos carpinteiros que se há de
dizer que a cidade é sábia e prudente em suas deliberações?

De modo nenhum – respondeu ele – mas esta ciência fará dizer c
que ela é hábil na arte da carpintaria.

– Em conseqüência, não é por deliberar com ciência sobre a melhor maneira de fabricar as obras de marcenaria que a cidade deve ser
denominada sábia?

– Certamente não!

– Seria por sua ciência com referência às obras de bronze ou de
outros metais?

– Por nenhuma destas ciências – declarou ele.

---

21. O termo "ciência" (ἐπιστήμη) é empregado aqui por Platão em seu sentido genérico, i.e., como equivalente à "arte" (τέχνη), designando a capacidade e
competência de "saber fazer algo".

152 A REPÚBLICA DE PLATÃO

– Tampouco pela ciência da produção dos frutos da terra, pois a este título é agrícola.

– Parece-me.

– Então como? – prossegui. – Há na cidade que acabamos de
d fundar uma ciência, residente em certos cidadãos, pela qual esta cidade delibera, não sobre uma parte, mas sobre o conjunto de si mesma, para conhecer a melhor maneira possível de se relacionar tanto consigo própria como com as outras cidades?[22]

– Seguramente há.

– Qual? – inquiri – E em quais cidadãos se encontra ela?

– É – redargüiu – a ciência dos guardiães, e encontra-se entre os chefes que há pouco cognominamos de guardiães perfeitos.

– E como chamas a cidade que possui esta ciência ?

– Chamo-a prudente em suas deliberações e verdadeiramente sábia.

e – Mas – reatei – quais são, em teu parecer, mais numerosos na cidade, os ferreiros ou os verdadeiros guardiães?

– Os ferreiros, e de muito.

– Por conseguinte, de todos os corpos que tomam o seu nome da profissão que exercem, o dos guardiães será o menos numeroso?

– De muito.

– Assim, é devido à classe, à sua parte menos numerosa e à ciência que reside nesta parte, isto é, àqueles que se acham à sua testa e a governam, que uma cidade, fundada segundo a natureza, deve ser
429 a sábia; e, como parece, essa estirpe é por natureza a menos numerosa, à qual convém participar dessa ciência que é a única, dentre as demais ciências, a ser chamada de sabedoria[23].

22. Essa ciência dos guardiães (ἐπιστήμη φυλακική) que consiste em "deliberar e/ou decidir de forma adequada" (εὐβουλία) sobre questões que envolvem a cidade como um todo é o que poderíamos chamar de "ciência e/ou arte política", embora Platão não a nomeie aqui explicitamente dessa forma. No diálogo *Eutidemo* (cf. 290e-292e), Platão fala sobre a "arte real" (τέχνη βασιλική), que se aproxima dessa caracterização da "ciência dos guardiães" (ἐπιστήμη φυλακική) apresentada aqui na *República*. Mas é no *Político* que Platão discute com mais profundidade essa "arte real" (τέχνη βασιλική), objeto central do diálogo (cf. 310e-311c).

23. Platão, *Político*, 297b4-c4:
ΞΕ. Καὶ μὴν πρὸς ἐκεῖνα οὐδὲ ἀντιρρητέον.
ΝΕ. ΣΩ. Τὰ ποῖα εἶπες;
ΞΕ. Ὡς οὐκ ἄν ποτε πλῆθος οὐδ' ὡντινωοῦν τὴν τοιαύτην λαβὸν ἐπιστήμην οἷόν τ' ἂν γένοιτο μετὰ νοῦ διοικεῖν πόλιν, ἀλλὰ περὶ σμικρόν τι καὶ ὀλίγον καὶ τὸ ἕν ἐστι ζητητέον τὴν μίαν ἐκείνην πολιτείαν τὴν ὀρθήν, τὰς δ' ἄλλας μιμήματα θετέον, ὥσπερ καὶ ὀλίγον πρότερον ἐρρήθη, τὰς μὲν ἐπὶ τὰ καλλίονα, τὰς δ' ἐπὶ τὰ αἰσχίω μιμουμένας ταύτην.

LIVRO IV 153

– É perfeitamente correto – disse ele.

– Descobrimos, portanto, não sei de que maneira, uma das quatro virtudes procuradas, e em que ponto da cidade ela reside.

– Para mim – observou – ela me parece descoberta de forma satisfatória.

– Quanto à própria coragem e à parte da cidade em que reside, parte devido à qual a cidade é denominada corajosa, não é difícil divisá-las.

– Como, pois?

– Quem diria – prossegui – que uma cidade é covarde ou corajosa b em relação a algo mais exceto a esta parte que faz a guerra e carrega as armas por ela?

– Ninguém – respondi – diria em relação a nada mais.

– Igualmente, não penso que os outros cidadãos, covardes ou corajosos, disponham do poder de conferir à cidade um ou outro destes caracteres.

– Eles não o dispõem, com efeito.

– Logo, a cidade é corajosa devido a uma parcela de si mesma e porque possui nesta parcela a força de guardar constantemente intacta a sua opinião sobre as coisas a temer: a saber, que são aquelas, em nú- c mero e em natureza, que o legislador designou no seu plano educativo. Ou não é isso o que chamas coragem?

– Não entendi inteiramente o que acabas de dizer. Repete-o.

– Digo que a coragem é uma espécie de salvação.

– Sim, mas que espécie de salvação?

– Da opinião que a lei engendrou em nós, por meio da educação, sobre as coisas que são de temer, sobre seu número e sua natureza. E eu entendia por salvação, em todas as circunstâncias, o fato de alguém conservá-la a salvo em meio de penas e prazeres, de desejos e temo- d res, sem jamais abandoná-la. Vou te explicar por uma comparação, se quiseres.

– Quero sim.

– Sabes, prossegui, que os tingidores, quando querem tingir a lã de púrpura, escolhem primeiro, entre as de diversas cores, uma só es-

---

ESTRANGEIRO: Com certeza não devemos contestar aquele ponto.

SÓCRATES, o jovem: A que te referes?

ESTRANGEIRO: Que jamais a multidão de homens, quem quer que eles sejam, se adquirisse este tipo de conhecimento, tornar-se-ia capaz de administrar a cidade com inteligência; devemos, ao contrário, procurar essa única forma correta de constituição política num pequeno e reduzido grupo ou numa só pessoa, e devemos considerar as demais formas de constituição política como imitações desta, como há pouco foi dito, umas imitando de maneira mais bela, outras de maneira mais feia.

154 A REPÚBLICA DE PLATÃO

pécie de lã, a branca; em seguida, preparam-na, submetendo-a a longo tratamento, a fim de que adquira ao máximo o brilho da cor; afinal a
e mergulham na tintura. E o que se tinge desta maneira é indelével; a lavagem, quer seja com água simples, quer com sabão, não lhe subtrai a cor; em compensação, bem sabes o que ocorre quando não se procede assim, quando se tingem lãs de outra cor, ou mesmo lã branca sem prepará-la de antemão.

– Sei – disse ele – que a cor logo desbota e fica ridícula.

– Concebe pois, – disse – que procedemos, na medida de nossas forças, a uma operação semelhante, por nosso turno, ao escolher os
430 a guerreiros e educá-los na música e na ginástica. Não imagines que tenha sido outra a nossa intenção: visávamos que adquirissem uma tintura tão bela quanto possível das leis, a fim de que, graças à índole deles e a uma educação apropriada, possuíssem, sobre as coisas a temer e o resto, uma opinião indelével, que não pudesse ser apagada por estes sabões descorantes de ação tão terrível – refiro-me ao prazer – mais poderoso em sua ação do que qualquer álcali[24] ou qualquer lixívia[25]
b – e à dor, ao medo e ao desejo – mais poderosos do que todo outro dissolvente. É esta a força que salvaguarda constantemente a opinião reta e legítima, no tocante as coisas que são ou não de temer, que eu denomino e defino como coragem, se a isso nada objetares.

– Mas nada tenho a objetar – disse ele – pois me parece que, se a opinião reta sobre estas mesmas coisas não é o fruto da educação, como sucede aos animais e aos escravos, não a consideras absolutamente conforme a lei e a chamas de outro nome que não o de coragem[26].
c – O que dizes é muito exato – confessou ele.

– Admito, pois, a tua definição de coragem.

– Admite também, disse-lhe, que se trata de uma virtude política e terás razão. Mas acerca deste ponto, se quiseres, discutiremos melhor em outra ocasião; no momento não é a coragem que buscamos, porém a justiça. E basta por hora, penso, sobre o assunto.

– É justo – disse ele.

---

24. Este "álcali" (χαλεστραῖον) é uma espécie de detergente encontrado nas proximidades da cidade de Calestra, na Macedônia.

25. Cf. Aristóteles, *Ética Nicomaquéia*, ii, 3, 1105a1-5:

ἔτι δ' ἐκ νηπίου πᾶσιν ἡμῖν συντέθραπται· διὸ χαλεπὸν ἀποτρίψασθαι τοῦτο τὸ πάθος ἐγκεχρωσμένον τῷ βίῳ. κανονίζομεν δὲ καὶ τὰς πράξεις, οἳ μὲν μᾶλλον οἳ δ' ἧττον, ἡδονῇ καὶ λύπῃ.

Além disso, [o prazer] cresce com todos nós desde a infância; por isso é difícil extirpar essa afecção que está incrustada em nossa vida. Medimos nossas ações, uns menos, outros mais, pelo prazer e pela dor.

26. Cf. Platão, *Laques*, 196d-e; *Protágoras*, 349b-351b.

LIVRO IV   155

– Desde logo – continuei – nos resta encontrar ainda duas virtudes d
na cidade, a temperança[27], e o objeto de toda a nossa busca, a justiça.

– Perfeitamente.

– Pois bem! Como poderíamos encontrar a justiça, sem antes nos ocuparmos da temperança?

– De nada sei – replicou – mas não gostaria que ela se nos apresentasse primeiro, se isso nos impedir de examinar a temperança. Se queres dar-me o prazer, examina antes esta última.

– Mas é claro que eu quero; eu faria mal em recusar. e

– Examina-a portanto – disse ele.

– É o que vou fazer. E, a ver as coisas daqui, ela se assemelha, mais do que suas virtudes precedentes, a um acorde e a uma harmonia[28].

– Como assim?

– A temperança é de algum modo uma ordem, um senhorio exercido sobre certos prazeres e certas paixões, como indica, de uma forma que se me afigura um tanto estranha, a expressão corrente "senhor de si mesmo", e outras parecidas, que são, por assim dizer, traços desta virtude, não é verdade?

– Com toda certeza.

– Ora, a expressão "senhor de si mesmo" não é ridícula? Quem é senhor de si mesmo é também, suponho, escravo de si mesmo, e quem é escravo é senhor; pois em todos esses casos a pessoa designada é a 431 a
mesma.

– Sem dúvida.

– Mas esta expressão me parece querer significar que há na alma humana duas partes: uma melhor em qualidade e outra pior; quando a melhor por natureza comanda a pior, afirma-se que o homem é senhor de si próprio – trata-se seguramente de um elogio; mas quando, devido à má educação ou a alguma freqüentação nociva, a parte melhor, que é a menor, se vê dominada pela massa dos elementos que compõem a pior, condena-se esta dominação como vergonhosa e diz-se do homem em b
semelhante estado que ele é escravo de si próprio e intemperante.

– A explicação me parece justa – disse ele.

– Lança, pois, os olhos – continuei – sobre a nossa jovem cidade;

---

27. No diálogo *Cármides*, Platão propõe cinco definições diferentes de "temperança" (σωφροσύνη) e rejeita sucessivamente todas elas. Essas definições são: (i) uma espécie de calmaria (ἡσυχία) (cf. 159b-160d); (ii) pudor (αἰδώς) (cf. 160d-161b); (iii) fazer suas próprias coisas (τὸ τὰ ἑαυτοῦ πράττειν) (cf. 161b-162b); (iv) fazer coisas boas (ἡ τῶν ἀγαθῶν πρᾶξις) (cf. 162e-164c) e (v) conhecer a si mesmo (τὸ γιγνώσκειν αὐτὸν ἑαυτόν) (cf. 164c-166b).

28. Sobre o termo "harmonia" (ἁρμονία), ver supra n. 50, p. 113.

156 A REPÚBLICA DE PLATÃO

encontrarás aí realizada uma dessas condições e dirás que ela é com razão denominada senhora de si mesma, se é que tudo aquilo cuja parte melhor comanda a pior deve ser denominado temperante e senhor de si próprio.

– Lanço meus olhos sobre ela e vejo que dizes a verdade.

– Sem dúvida, encontraremos também nela, em grande número

c e de todas as espécies, paixões, prazeres e penas, sobretudo entre as crianças, as mulheres, os servidores e a maioria dos homens de baixa categoria que são denominados livres.

– Certamente.

– Mas, quanto aos desejos simples e moderados, que, sensíveis ao raciocínio, são guiados pela inteligência e pela opinião justa, encontrá-los-ás apenas em raras pessoas, naquelas dotadas de excelente natureza, que uma excelente educação formou.

– É certo.

– Não vês igualmente que na tua cidade os desejos da maioria

d dos homens de baixa categoria são dominados pelos desejos e pela sabedoria do número bem menor dos homens virtuosos?

– Vejo sim.

– Se, portanto, se pode dizer de alguma cidade que ela é senhora de seus prazeres, de suas paixões e de si própria, há de ser desta.

– Seguramente.

– Mas não se deve também chamá-la temperante em consideração a tudo isso?

– Com toda certeza.

– E se em outra cidade governantes e governados têm a mesma

e opinião no tocante àqueles que devem comandar, na nossa também haverá este acordo, não é?

– Sem dúvida alguma.

– Pois bem! Quando os cidadãos se acham dispostos desta maneira, entre quais dirás tu se encontra a temperança? Entre os governantes ou os governados?

– Entre uns e outros, sem dúvida – respondeu.

– Assim, como vês, há pouco adivinhamos corretamente, quando declarávamos que a temperança se assemelha a uma espécie de harmonia[29].

---

29. Aristóteles rejeita essa definição de "temperança" ($\sigma\omega\phi\rho\sigma\sigma\acute{\nu}\nu\eta$) como uma espécie de "harmonia" ($\sigma\nu\mu\phi\omega\nu\acute{\iota}\alpha$), pois se trata de uma metáfora. Segundo ele, o termo "harmonia" diz respeito tão-somente a notas musicais (cf. *Tópicos*, IV, 123a 33-37).

LIVRO IV 157

– Como assim?

– Porque a ela não acontece como à coragem e à sabedoria que, residindo respectivamente numa parte da cidade, tornam-na corajosa e sábia. A temperança não age assim: espalhada através do conjunto do Estado, promove um acordo perfeito entre os cidadãos: os mais fracos, os mais fortes e os intermediários, no que diz respeito à inteligência, se o quiseres, à força, ou ainda ao número, às riquezas ou a qualquer outra vantagem do mesmo gênero. Por isso, podemos afirmar com grande razão que a temperança consiste nesta concórdia, harmonia natural entre o superior e o inferior para decidir qual dos dois deve comandar, tanto na cidade, como no indivíduo[30].

432 a

– Sou inteiramente de tua opinião.

b

– Seja – disse eu; – eis três coisas descobertas em nossa cidade. No atinente à quarta, pela qual esta cidade participa também da virtude, qual pode ser? É evidente que é a justiça.

– É evidente.

– Desse modo, Glauco, devemos agora, como caçadores[31], postar-nos em círculo ao redor da moita e atentar para que a justiça não fuja e não suma diante de nossos olhos. Pois é claro que ela está algures por aqui. Observa pois, procura lobrigá-la; poderás talvez avistá-la primeiro, indicando-ma.

c

– Bem que gostaria! Mas se me tomares antes como um seguidor, capaz de discernir o que lhe assinalam, farás um uso muito adequado de minhas forças.

– Então – disse-lhe – segue-me, após teres orado comigo[32].

– Eu te seguirei – disse ele – conduze-me apenas.

– Certamente – respondi – o local está encoberto e é de acesso penoso; é escuro e difícil de explorar. Contudo, é preciso avançar.

– Sim, é preciso avançar.

d

– Então, depois de ter observado: – Oh! Oh! Glauco – exclamei –

---

30. Com essa explicação, se esclarece melhor aquela assertiva anterior que incluía na definição de temperança a obediência aos chefes. Ver supra n. 19, p. 102.

31. Essa imagem da caça como metáfora da investigação filosófica é muito recorrente nos diálogos platônicos (cf. Leis, 654e; Parmênides, 128c; Lísis, 218c).

32. Possivelmente se trata de preces a Apolo e a Ártemis, a partir do que diz Xenofonte (Sobre a Caça, 6, 12-13):

αὐτὸν δὲ τὰς κύνας λαβόντα ἰέναι πρὸς τὴν ὑπαγωγὴν τοῦ κυνηγεσίου, καὶ εὐξάμενον τῷ Ἀπόλλωνι καὶ τῇ Ἀρτέμιδι τῇ Ἀγροτέρᾳ μεταδοῦναι τῆς θήρας λῦσαι μίαν κύνα [...].

Tendo pegado os cães, dirige-se ao local da caça e, depois de fazer preces a Apolo e a Ártemis, a Caçadora, para que compartilhem a presa, solta um único cão [...].

158 A REPÚBLICA DE PLATÃO

é possível que estejamos em boa pista; creio que a justiça não nos escapará.

– Boa nova! – disse ele.

– Na verdade, fomos muito indolentes!

– Por quê?

– Há muito tempo, homem afortunado, desde o início deste colóquio, que o objeto de nossa pesquisa parece rolar a nossos pés e nós não o enxergamos, totalmente ridículos! Como as pessoas que procuram às vezes aquilo que têm entre as mãos, em vez de olhar o que se achava diante de nós, examinávamos um ponto longínquo: é por isso talvez, que o nosso objeto nos escapou.

– E tu, como entendes isso? – inquiriu.

– Da seguinte maneira – respondi – creio que, de certo modo, falávamos e ouvíamos falar da justiça, sem percebermos que, de algum modo, estávamos a tratar dela.

– Longo preâmbulo – replicou ele – para quem deseja ouvir!

433 a – Pois bem! – continuei – ouve se tenho razão. O princípio que estabelecemos desde o começo, quando fundamos a cidade, a ser sempre necessariamente observado, este princípio ou uma de suas formas é, parece-me, a justiça. Ora, estabelecemos, e repetimos muitas vezes, se bem te recordas, que cada um deve ocupar-se na cidade de uma única tarefa, aquela para a qual é melhor dotado por natureza.

– Sim, foi o que dissemos, de fato.

– E que a justiça consiste em cuidar do trabalho próprio e não se b imiscuir no de outrem, ouvimos muitos outros dizerem e nós mesmos, amiúde, o dissemos.

– Nós o dissemos, com efeito.

– Assim, pois – prossegui – este princípio que ordena a cada um se ocupar de sua própria função poderia ser, de alguma maneira, a justiça; sabes de onde tiro esta conjetura?

– Não – confessou – diz.

– Creio que o que resta na cidade daquilo que examinamos, temperança, coragem e sabedoria, é o elemento que conferiu a todas o poder de nascer e, após o nascimento, de salvaguardar-se enquanto c está presente. Ora, afirmamos que a justiça seria o restante das virtudes procuradas, se encontrássemos as três outras.

– Necessariamente.

– Entretanto – continuei – se houvesse que decidir qual destas virtudes é a que, por sua presença, contribui principalmente para a perfeição da cidade, seria difícil dizer se é a conformidade de opinião entre os governantes e os governados, a salvaguarda, entre os guerrei-

LIVRO IV   159

ros, da opinião legítima no concernente às coisas que são ou não são de
temer, a sabedoria e a vigilância entre os chefes, ou se a que contribui   d
principalmente para esta perfeição é a presença, na criança, na mulher,
no escravo, no homem livre, no artesão, no governante e no governado,
desta virtude pela qual cada um se ocupa de sua própria tarefa e não se
imiscui de modo algum na de outrem.

– Seria difícil decidir – disse ele. – E como não haveria de ser?

– Assim a força que contém cada cidadão nos limites de sua própria tarefa, concorre, para a virtude de uma cidade, juntamente com a
sabedoria, a temperança e a coragem desta cidade.

– Certamente.

– Mas acaso não dirás que a justiça é essa força que concorre com   e
as outras para a virtude de uma cidade?

– Sim, seguramente.

– Examina agora a questão da seguinte maneira, para verificar se
teu parecer permanece o mesmo? Encarregarás os chefes de julgar os
processos?

– Sem dúvida.

– E propor-se-ão eles, assim fazendo, outro fim além deste: impedir que cada uma das partes possua bens da outra ou seja despojada
dos seus.

– Não, nenhum outro fim.

– Porque isso é justo?

– Sim.

– E por aí reconhecer-se-á que a justiça consiste em reter apenas
os bens que nos pertencem como próprios e em exercer apenas a nossa   434 a
própria função.

– É isso.

– Portanto, vê se pensas como eu. Que um carpinteiro tente exercer o ofício de sapateiro, ou um sapateiro o do carpinteiro, e que eles
troquem também as ferramentas ou os respectivos salários, ou então
que um mesmo homem procure exercer estes dois ofícios e que todas
as outras mudanças possíveis, salvo a que vou dizer, se produzam, crês
que tal fato possa prejudicar grandemente a cidade?

– Não muito – respondeu.

– Em compensação, no meu modo de pensar, quando qualquer
indivíduo, que a natureza destina a ser artífice ou a ocupar algum ou-   b
tro emprego lucrativo, exaltado por sua riqueza, pelo grande número
de suas relações, por sua força ou por outra vantagem similar, intenta
elevar-se ao grau de guerreiro, ou um guerreiro ao grau de chefe e de
guardião, para o que não revela capacidade alguma; quando são eles

160   A REPÚBLICA DE PLATÃO

que trocam seus instrumentos e suas obrigações respectivas, ou quando um mesmo homem procura preencher todas estas funções ao mesmo tempo, acreditas então comigo, penso, que esta confusão e esta tamanha multiplicidade de profissões acarretam a ruína da cidade.

– Perfeitamente.

– A prática de atividades diversas e a troca de funções entre estas c três classes constituem, portanto, para a cidade, o supremo dano, e é com todo o direito que se chamaria tal desordem o maior dos delitos.

– Certamente.

– Ora, o maior dos delitos que se possa cometer para com a nossa própria cidade, não dirás que é a injustiça?

– Como não?

– É nisso, pois, que consiste a injustiça. Eis agora a recíproca? Quando a classe dos homens de negócios, a dos auxiliares e a dos guardiães exercem cada uma a sua própria função e se dedicam apenas a esta função, não se trata do oposto da injustiça e do que torna a cidade justa?[33]

d   – Parece-me – confessou ele – que não pode ser diferentemente.

– Não o afirmemos ainda – prossegui – com absoluta certeza; mas se reconhecermos que esta concepção, aplicada a cada homem em particular, é, neste caso também, a justiça, dar-lhe-emos, então, nosso assentimento – pois o que dizer a mais? – do contrário, faremos incidir nosso exame sobre outra coisa. No momento, rematemos nossa inquirição que, pensamos nós, devia permitir que víssemos mais facilmente a justiça no homem, se tentássemos primeiro contemplá-la em algo e maior em que ela se encontrasse. Ora, pareceu-nos que essa tal coisa fosse a cidade: fundamos, portanto, uma cidade tão perfeita quanto possível, sabendo muito bem que a justiça se encontraria numa cidade assim constituída. O que nela descobrimos, transportemo-lo agora ao indivíduo e, se for reconhecido que é a justiça, tanto melhor. Mas se se evidenciar que a justiça é outra coisa no indivíduo, retornaremos à 435 a cidade para reexaminar nossas conclusões. Talvez, comparando estas concepções, e atritando-as uma contra a outra, façamos daí surgir a jus-

---

33. É esta a definição provisória de justiça (δικαιοσύνη) do ponto de vista da cidade (macrocosmo): cada uma das três classes (a dos negociadores, a dos auxiliares e a dos guardiães) desempenhar exclusivamente a função que lhe é própria, sem infringir os limites que separam uma das outras. Na seqüência da discussão, Platão volta sua análise para o indivíduo (microcosmo), fazendo uma analogia com a cidade, e define a natureza das três partes da alma (436b-437c). Essa Teoria da Alma permite que se vislumbre finalmente a justiça do ponto de vista do indivíduo (441c-444a).

LIVRO IV 161

tiça, como o fogo surge dos elementos de uma pederneira; depois, quando ela se nos tiver tornado manifesta, fixá-la-emos em nossas almas.

– Teu método é excelente – disse ele – é assim que cumpre proceder.

– Muito bem! – reatei – quando duas coisas, uma maior e outra menor são chamadas pelo mesmo nome, são elas dessemelhantes, enquanto chamadas pelo mesmo nome, ou semelhantes[34]?

– Semelhantes.

– Logo, o homem justo, enquanto justo, não diferirá em nada da b cidade justa, mas há de ser-lhe semelhante.

– Sim.

– Mas a cidade nos pareceu justa quando cada uma de suas três partes se ocupava de sua própria tarefa; será temperante, corajosa e sábia, pelas disposições e qualidades correspondentes a essas mesmas partes.

– É verdade – afirmou ele.

– Por conseqüência, meu amigo, consideraremos analogamente que o indivíduo, se a sua alma encerra estes três gêneros de qualidade, mere- c ce, devido a estas mesmas disposições, o mesmo nome que a cidade.

– É de toda necessidade, disse.

– Eis, portanto, que nos deparamos, meu admirável amigo, com uma questão fácil relativa à alma: saber se tem ou não em si estas três qualidades.

– Não creio absolutamente que seja fácil – observou ele – pois talvez assista razão ao provérbio, Sócrates, em declarar que as coisas belas são difíceis.

– Parece – continuei. – Mas saiba, Glauco, qual é minha opinião: d pelos métodos[35] de que nos servimos na presente discussão nunca atingiremos exatamente o objeto de nossa pesquisa – com efeito, é outro caminho, mais longo e mais complicado, que leva a ele[36]; entretanto, talvez cheguemos a resultados dignos do que dissemos e examinamos até aqui.

– E não te contentas com isso? – indagou ele. – Talvez seja esse o método realmente adequado. A mim, pelo menos, por enquanto ele parece bom.

– Muito bem, disse-lhe, nesse caso eu também me declaro satisfeito.

– Não desanimes, pois – retrucou; – examina.

34. Essa assertiva legitima o recurso à analogia entre cidade (macrocosmo) e indivíduo (microcosmo) para se descobrir a justiça (δικαιοσύνη).

35. A palavra grega μέθοδος ("método") possui um sentido menos forte do que hoje entendemos por "método científico". Ela significa genericamente um caminho a ser seguido, uma busca, uma investigação, uma maneira de se investigar.

36. Cf. Livro vi, 504b-505b.

162 A REPÚBLICA DE PLATÃO

e   – Não é totalmente necessário convir que em cada um de nós se encontram as mesmas formas e os mesmos caracteres que na cidade? Tanto mais que não é de outra parte que esta os recebe. Pois, seria ridículo pensar que o caráter irascível de certas cidades não se origine nos particulares que gozam da reputação de possui-lo, como os trácios, os citas e quase todos os povos do Norte, ou que não suceda o mesmo com o amor ao saber, que se poderia atribuir principalmente aos habi-

436 a   tantes de nosso país, ou com o amor às riquezas, que se poderia imputar sobretudo aos fenícios e aos egípcios[37].

– Certamente – respondeu.

– Isto se passa assim – continuei – e não é difícil compreender.

– Não, seguramente.

– Será mais difícil, porém, decidir se é pelo mesmo elemento que realizamos cada uma de nossas ações, ou determinada ação por um determinado dos três elementos; se compreendemos por meio de um, nos irritamos pelo outro e procuramos satisfazer nossos desejos por meio de um terceiro, o da alimentação, o da reprodução e todos os

b   outros da mesma natureza, ou se a alma inteira intervém em cada uma destas operações, quando somos levados a realizá-las. Eis o que será difícil determinar de maneira satisfatória[38].

– Também creio – disse ele.

37. Estes são os três elementos da alma que Platão associa a três diferentes grupos étnicos: o elemento cognoscível (τὸ λογιστικόν), representado pelos gregos; o elemento irascível (τὸ θυμοειδές), representado pelos trácios, citas e povos do Norte, e o elemento apetitivo (τὸ ἐπιθυμητικόν), representado pelos fenícios e egípcios. Esse sentimento de superioridade intelectual e cultural dos gregos, e especificamente dos atenienses, em relação a outros povos, também está presente em Isócrates (Panegírico, 50).

τοσοῦτον δ' ἀπολέλοιπεν ἡ πόλις ἡμῶν περὶ τὸ φρονεῖν καὶ λέγειν τοὺς ἄλλους ἀνθρώπους, ὥσθ' οἱ ταύτης μαθηταὶ τῶν ἄλλων διδάσκαλοι γεγόνασι, καὶ τὸ τῶν Ἑλλήνων ὄνομα πεποίηκε μηκέτι τοῦ γένους ἀλλὰ τῆς διανοίας δοκεῖν εἶναι, καὶ μᾶλλον Ἕλληνας καλεῖσθαι τοὺς τῆς παιδεύσεως τῆς ἡμετέρας ἢ τοὺς τῆς κοινῆς φύσεως μετέχοντας.

A nossa cidade [i.e., Atenas] está tão distante dos demais homens quanto à intelecção e ao discurso, que seus discípulos se tornaram os mestres deles; e ela criou o nome "Helenos" a fim de que parecesse ser não mais uma estirpe, mas a inteligência, e a fim de que "Helenos" fossem chamados antes os que compartilham de nossa educação do que os que compartilham de nosso sangue.

38. Platão enumera aqui as três partes da alma que serão definidas logo a seguir (cf. 439a-441c): a parte racional (τὸ λογιστικόν), a parte irascível (τὸ θυμοειδές) e a parte apetitiva (τὸ ἐπιθυμητικόν). A questão é saber se esses três elementos funcionam separadamente (alma tripartida), ou se alma como um todo realiza todas essas funções indistintamente (alma una).

LIVRO IV

163

– Tentemos, pois, determinar, deste modo, se tais elementos são idênticos entre si ou diferentes.

– Como?

– É evidente que o mesmo sujeito, na mesma de suas partes, e relativamente ao mesmo objeto, não poderá produzir ou experimentar ao mesmo tempo efeitos contrários[39]: de modo que, se depararmos aqui estes contrários, saberemos que há, não um, mas vários elementos.   c

– Seja.

– Examina, portanto, o que digo.

– Podes falar.

– É possível – inquiri – que a mesma coisa esteja ao mesmo tempo imóvel e em movimento, na mesma de suas partes?

– De modo algum.

– Certifiquemo-nos de maneira ainda mais precisa, pelo receio de que, adiantando-nos, nos sobrevenham dúvidas. Se alguém pretendesse que um homem, que se mantém em outras partes imóvel, mas que mexe os braços e a cabeça, encontra-se a um só tempo imóvel e em movimento, consideraríamos, penso, que esta pessoa não deve exprimir-se assim, porém dizer que uma parte de seu corpo se acha imóvel e outra   d em movimento, não é?

– Sim.

– E se o nosso interlocutor conduzisse adiante a brincadeira, dizendo com sutileza que o pião está completamente imóvel e em movimento quando gira retido no mesmo lugar por sua ponta, ou que acontece o mesmo a qualquer outro objeto movido em círculo em torno de um ponto fixo, não admitiríamos tais alegações, porque não é nas mesmas de suas partes que tais coisas se encontram então em repouso c cm movimento; diríamos que elas têm um eixo e uma circunferência,   e que, em relação ao eixo, se acham imóveis, posto que este eixo não se inclina para nenhum lado, e que, em relação à circunferência, se movem circularmente; mas quando o corpo em movimento inclina consigo a linha de eixo para a direita ou para a esquerda, para frente ou para trás, não há então imobilidade sob nenhum aspecto.

– É exato – anuiu ele.

– Logo – prossegui – semelhantes objeções não nos assustarão de modo algum, e tampouco nos persuadirão de que um mesmo sujeito, na mesma de suas partes, e relativamente ao mesmo objeto, sofra, seja   437 a ou produza concomitantemente duas coisas contrárias.

– Por certo, quanto a mim, não me persuadirão, observou.

---

39. Cf. Aristóteles, *Metafísica*, IV, 1005b 18-22.

164   A REPÚBLICA DE PLATÃO

– Entretanto – prossegui – a fim de não sermos obrigados a nos alongar, percorrendo todas as objeções similares e nos assegurando de sua falsidade, suponhamos o nosso princípio verdadeiro e sigamos adiante, depois de convencionar que se alguma vez ele se revelar falso todas as conseqüências que dele houvermos extraído até agora serão nulas[40].

– É – disse ele – o que se deve fazer.

b   – Agora – continuei – estabelecerás que aprovar e desaprovar, desejar uma coisa e recusá-la, atrair e repelir, são contrários entre si, quer se trate de atos ou de estados, pois isso não implica nenhuma diferença?

– Seguramente – respondeu – são contrários.

– Ora, neste caso não colocarás a sede, a fome, os apetites em geral, bem como o desejo e a vontade, na primeira classe destes con-

c trários que acabamos de mencionar? Por exemplo não dirás que a alma de quem deseja busca o objeto desejado, ou atrai o que gostaria de ter, ou ainda, na medida em que pretende que algo lhe seja dado, responde a si mesma, como se alguém a interrogasse, que aprova esta coisa, pelo desejo que sente de obtê-la?

– Sim, direi.

– Mas então, não consentir, não querer, não desejar são operações que classificaremos com as de repelir, afastar de si e todas as contrárias às precedentes, não é?

d   – Sem dúvida.

– Posto isto, diremos que existe uma classe dos desejos e que os mais manifestos chamamos sede e fome?

– Diremos sim – respondeu.

– Ora, uma é o desejo de beber e outra, o desejo de comer.

– Sim.

– Pois bem, a sede, enquanto sede, é na alma o desejo de algo mais do que acaba de ser dito? Por exemplo, é sede de bebida quente ou fria, em grande ou em pequena quantidade, em suma, de uma certa espécie

e de bebida? Ou é o calor, juntando-se à sede, que produz o desejo de

---

40. Sócrates utiliza aqui o "método hipotético" próprio do pensamento matemático, tendo em vista o vocabulário aqui empregado (ὑποθέμενοι, ὁμολογήσαντες) (cf. Livro VI, 510c-d: ποιησάμενοι ὑποθέσεις, ὁμολογουμένως). Mas há uma diferença importante entre o "método hipotético" aplicado à matemática e a "dialética" aplicada às questões morais e políticas: enquanto no primeiro os axiomas não admitem objeções e/ou reformulações, sendo tomados como princípios, na segunda, as hipóteses podem ser revistas e reformuladas, até que nenhuma refutação as invalide.

LIVRO IV 165

beber frio, ou o frio o de beber quente, enquanto a sede em si é apenas o desejo do objeto consignado à sua natureza, a bebida, como a fome é o desejo de alimento?

– É assim mesmo – disse ele; – cada desejo tomado em si não é 438 a senão desejo do objeto mesmo consignado à sua natureza, referindo-se o que se lhe acrescenta a esta ou aquela qualidade desse objeto.

–E que não venham – prossegui – nos perturbar subitamente dizendo que ninguém deseja a bebida, mas a boa bebida, nem a comida, mas a boa comida, pois todos os homens desejam as boas coisas; se, portanto, a sede é desejo, ela o é de uma boa coisa, qualquer que seja esta coisa, bebida ou algo diferente, e ocorre o mesmo com os demais desejos.

– Tal objeção – observou ele – parece, entretanto, ter alguma importância.

– Mas é indubitável – repliquei – que todo objeto em relação com outros, tomado numa certa qualidade sua, está, penso, em relação b com determinado objeto; tomado em si próprio, em relação apenas consigo mesmo.

– Não compreendo – confessou ele.

– Não compreendes – disse eu – que o que é maior só o é em relação a outra coisa?

– De fato.

– Ao que é menor?

– Sim.

– E o que é muito maior só o é em relação ao que é muito menor, não é?

– Sim.

E o que foi maior, em relação ao que foi menor e o que será maior, em relação ao que será menor?

– Certamente.

– Agora, no tocante ao mais em relação ao menos, ao duplo em re- c lação à metade, ao mais pesado em relação ao mais leve, ao mais rápido em relação ao mais lento, ao quente em relação ao frio e no tocante a todas as outras coisas semelhantes, não sucede o mesmo?

– Sim, realmente.

– E o mesmo princípio não se aplica às ciências? A ciência tomada em si mesma é ciência do cognoscível em si mesmo, ou do objeto, qualquer que seja, que se lhe deve consignar; mas uma ciência determinada é ciência de um objeto de qualidade determinada. Explico-me: quando a d ciência de construir casas nasceu, não a distinguiram das outras ciências a ponto de denominá-la arquitetura?

166 A REPÚBLICA DE PLATÃO

– Sim.

– Porque era tal que não se assemelhava a nenhuma outra ciência?

– Sim.

– Ora, não se tornou ela assim quando foi aplicada a um objeto determinado? E não acontece o mesmo com todas as outras artes e todas as outras ciências?

– Acontece o mesmo.

e

– Reconhece, pois – prossegui – se agora me compreendes, que era isso o que eu queria dizer: todo objeto em relação com outro, tomado em si mesmo está em relação apenas consigo próprio, tomado numa de suas qualidades está em relação com um determinado objeto. De resto, não pretendo de modo algum que aquilo que se acha em relação com determinado objeto seja semelhante a este objeto, que, por exemplo, a ciência da saúde e da doença seja ela mesma sã ou doente, e a ciência do bem e do mal, boa ou má. Porém, como a ciência não é mais ciência do cognoscível em si, mas de determinado objeto, no caso, a saúde e a doença, advém-lhe uma determinação e por este fato não é mais chamada simplesmente ciência, mas ciência médica, devido ao nome do objeto particular que ela assume[41].

– Compreendo o teu pensamento e o julgo verdadeiro.

439 a

– E a sede – indaguei – não a incluirás, de acordo com a sua natureza, na classe das coisas em relação com outras? A sede, sem dúvida, se relaciona...

– Incluirei, sim – interrompeu ele; – ela se relaciona à bebida.

– Ora, tal sede se relaciona a tal bebida; mas a sede em si mesma não se relaciona a uma bebida em grande ou pequena quantidade, boa ou má e, em suma, a uma espécie particular de bebida. A sede em si mesma se relaciona por sua natureza com a própria bebida.

– Perfeitamente.

---

41. Essa definição de medicina como "a ciência da saúde e da doença", embora possa nos parecer tão evidente, mostra que, à época de Platão, a medicina não tratava somente da patologia (doença), mas também da fisiologia (saúde). Essa definição é a mesma que aparece no diálogo *Cármides*, 170e3-8:

[...] σκεψώμεθα δὲ ἐκ τῶνδε· εἰ μέλλει ὁ σώφρων ἢ ὁστισοῦν ἄλλος τὸν ὡς ἀληθῶς ἰατρὸν διαγνώσεσθαι καὶ τὸν μή, ἆρ' οὐχ ὧδε ποιήσει· περὶ μὲν ἰατρικῆς δήπου αὐτῷ οὐ διαλέξεται - οὐδὲν γὰρ ἐπαΐει, ὡς ἔφαμεν, ὁ ἰατρὸς ἀλλ' ἢ τὸ ὑγιεινὸν καὶ τὸ νοσῶδες - ἢ οὔ;

Ναί, οὕτως.

SÓCRATES: [...] Examinemos a questão desta maneira: se o temperante ou qualquer outra pessoa pretende distinguir o verdadeiro médico daquele que não o é, porventura não fará isto? Não conversará com ele certamente sobre medicina, pois, como dissemos, o médico não conhece a respeito de nenhuma outra coisa senão da saúde e da doença, não é?

CRÍTIAS: É isso mesmo.

LIVRO IV 167

– Por conseqüência, a alma de quem tem sede, enquanto tem sede, não quer senão beber; é o que ela deseja, e para o que se lança.   b
– Evidentemente.

– Se, portanto, quando tem sede algo a puxa para trás, é, nela, um elemento diferente daquele que tem sede e que a arrasta, como a um animal selvagem, ao bebedouro; pois, já dissemos que o mesmo sujeito, na mesma de suas partes, e relativamente ao mesmo objeto, não pode produzir ao mesmo tempo efeitos contrários.

– Não, por certo.

– De igual modo, penso, seria errôneo dizer do arqueiro que suas mãos repelem e atraem o arco ao mesmo tempo; mas diz-se com muito acerto que uma de suas mãos o repele e a outra o atrai[42].

– Seguramente.   c

– Agora, afirmaremos que se encontram às vezes pessoas que, tendo sede, não querem beber?

– Sem dúvida – respondeu ele – se encontram muitas, e freqüentemente.

– Muito bem! – continuei – o que dizer dessa gente exceto que em suas almas há um princípio que lhes ordena e outro que lhes proíbe beber, sendo este diferente e mais forte que o primeiro?

– Quanto a mim, é como penso.

– Ora, o princípio que estabelece semelhantes proibições não provém, quando existe, da razão, enquanto os impulsos que dirigem a   d alma e a atraem são engendrados por disposições doentias?

– Parece.

– Por conseguinte – prossegui – não cometeremos erro em considerar que se trata de dois elementos distintos entre si e designar aquele pelo qual a alma raciocina, o seu elemento racional, e aquele pelo qual ela ama, tem fome, sede, e é arrastado por todos os outros desejos, seu elemento irracional e apetitivo, amigo de certas satisfações e certos prazeres.

– Não – confirmou ele – não cometeremos erro em pensar assim.   e

– Admitamos, pois, que discernimos estes dois elementos na alma; mas o princípio irascível, pelo qual nos encolerizamos, constitui um

---

42. Heráclito, Fr. 51 DK:

οὐ ξυνιᾶσιν ὅκως διαφερόμενον ἑωυτῶι ὁμολογέει· παλίντροπος ἁρμονίη ὅκωσπερ τόξου καὶ λύρης.

Não assimilam como o discordante consigo mesmo concorda: harmonia de tensões contrárias, assim como o arco e a lira.

168 A REPÚBLICA DE PLATÃO

terceiro elemento, ou é da mesma natureza que um dos dois outros, e qual deles?[43]

– Talvez seja da mesma natureza que o segundo, o apetitivo[44].

– Aconteceu-me – prossegui – ouvir uma história a qual dou fé: Leôncio, filho de Agláion, voltando um dia do Pireu, ladeava a parte exterior da muralha setentrional[45] quando percebeu cadáveres estendidos no local das execuções. Ao mesmo tempo que um vivo desejo de vê-los, sentiu repugnância e desviou-se; durante alguns instantes lutou

440 a contra si próprio e tapou o rosto; mas, ao fim, dominado pelo desejo, abriu grandes olhos e, correndo para os cadáveres, bradou: "Isto é para vós, miseráveis, fartai-vos deste belo espetáculo!".

– Eu também ouvi contar isso.

– Este relato – observei – mostra, no entanto, que a cólera luta às vezes contra os desejos e, portanto, se distingue deles.

– Mostra, com efeito – respondeu.

– Em muitas outras ocasiões, também – prossegui – quando um

b homem é arrastado pela força de seus desejos, a despeito de sua razão, não notamos que ele próprio se reprova, se irrita contra essa parte que o violentou e que, nesta espécie de querela entre dois princípios[46], a cólera se coloca como aliada ao lado da razão? Mas não dirás, penso, que a viste associada ao desejo, em ti mesmo ou nos outros, quando a razão decide que determinada ação não deve ser cometida contra ela.

– Não, por Zeus! – foi a sua resposta.

c – Mas o que acontece – indaguei – quando um homem crê ter cometido injustiça? Quanto mais nobre for, menos será capaz de se irar ao passar fome, frio ou outro sofrimento parecido por conta daquele que, segundo pensa, o faz sofrer com justiça, não é? Como estou dizendo, não se recusará ele a despertar a sua cólera contra aquele que o trata assim?

– É verdade – respondeu.

---

43. Temos aqui, portanto, distinguidas as três partes da alma: a parte racional (τὸ λογιστικόν), a parte apetitiva (τὸ ἐπιθυμητικόν) e a parte irascível (τὸ θυμοειδές). Ver supra n. 38, p. 162.

44. Essa assertiva de Glauco é absolutamente plausível porque tanto a parte apetitiva (τὸ ἐπιθυμητικόν) quanto a irascível (τὸ θυμοειδές) pertencem ao âmbito irracional da alma, em contraposição à parte racional (τὸ λογιστικόν).

45. Uma das muralhas que ia de Atenas ao Pireu.

46. A questão da "dissensão" (στάσις), aplicada à psicologia aqui por Platão (seguindo a analogia entre indivíduo e cidade), é um dos tópicos centrais do pensamento político do séc. IV a.C., tendo em vista que a Guerra do Peloponeso (431-404 a.C.) desestruturou politicamente Atenas, destruindo sua unidade.

LIVRO IV   169

– Em contrapartida, se se julga vítima de uma injustiça, não é só
então que ferve, se irrita, luta do lado que lhe parece justo[47], mesmo que
deva passar fome, frio e todas as provações do gênero, e, firme nas suas   d
posições, triunfa, não se desfazendo destes sentimentos generosos sem
que haja realizado o seu intuito, ou tenha morrido, ou seja chamado a
si e acalmado pela razão, como um cão é chamado pelo pastor.

– Esta imagem é inteiramente justa – observou ele – pois estabelecemos que, em nossa cidade, os auxiliares ficariam submetidos aos
chefes como os cães a seus pastores.

– Compreendes perfeitamente o que pretendo dizer; mas fazes,
ademais, esta reflexão?

– Qual?   e

– Que é o oposto do que pensávamos há pouco que se nos revela
no atinente ao elemento irascível. Com efeito, há pouco pensávamos
estar ele ligado ao elemento apetitivo, enquanto agora dizemos que
para tanto falta muito e que, bem ao contrário, quando uma sedição se
eleva na alma, ele toma as armas a favor da razão.

– Seguramente – disse.

– É ele, pois, diferente da razão, ou é uma de suas formas, de modo
que não haveria três elementos na alma, porém dois somente, o racional
e o apetitivo? Ou então, assim como três classes compunham a cidade,
a dos comerciantes, a dos auxiliares e a dos conselheiros, do mesmo   441 a
modo, na alma, o princípio irascível constitui um terceiro elemento,
auxiliar natural da razão quando a má educação não a corrompeu?

– É necessário – respondeu ele – que constitua um terceiro elemento.

– Sim – disse eu – caso se mostre diferente do elemento racional,
como se mostrou diferente do apetitivo.

– Isto não é difícil verificar – continuou. – Pode-se, com efeito,
observá-lo nas crianças: desde o nascimento, apresentam-se cheias de
irascibilidade, mas algumas não parecem adquirir jamais o uso razão
e a maioria só a adquire muito tarde[48].   b

47. Cf. Platão, *Timeu*, 70b-c.
48. Platão, *Leis*, VII, 808d1-e4:
ἡμέρας δὲ ὄρθρου τε ἐπανιόντων παῖδας μὲν πρὸς διδασκάλους που τρέπεσθαι
χρεών, ἄνευ ποιμένος δὲ πρόβατα οὔτ' ἄλλο οὐδέν πω βιωτέον, οὐδὲ δὴ παῖδας
ἄνευ τινῶν παιδαγωγῶν οὐδὲ δούλους ἄνευ δεσποτῶν. ὁ δὲ παῖς πάντων θηρίων
ἐστὶ δυσμεταχειριστότατον· ὅσῳ γὰρ μάλιστα ἔχει πηγὴν τοῦ φρονεῖν μήπω
κατηρτυμένην, ἐπίβουλον καὶ δριμὺ καὶ ὑβριστότατον θηρίων γίγνεται. διὸ δὴ
πολλοῖς αὐτὸ οἷον χαλινοῖς τισιν δεῖ δεσμεύειν, πρῶτον μέν, τροφῶν καὶ μητέρων
ὅταν ἀπαλλάττηται, παιδαγωγοῖς παιδίας καὶ νηπιότητος χάριν, ἔτι δ' αὖ τοῖς
διδάσκουσιν καὶ ὁτιοῦν καὶ μαθήμασιν ὡς ἐλεύθερον.

170   A REPÚBLICA DE PLATÃO

– Sim, por Zeus, dizes a verdade; e ver-se-ia que é assim até entre os animais selvagens. Ademais, o verso de Homero que citamos mais acima dá testemunho disso:

Golpeando-se no peito, sofreou o coração...[49]

É evidente que Homero representa aqui dois princípios distintos, um,
c   que raciocinou sobre o melhor e o pior, sofreando o outro, que se exacerba de maneira desarrazoada.
– Está perfeitamente bem expresso.
– Eis portanto – prossegui; – estas dificuldades penosamente transpostas a nado e eis adequadamente reconhecido haver na cidade e na alma de cada indivíduo partes correspondentes e iguais em número.
– Sim.
– Por conseqüência, não é já necessário que sendo sábia a cidade por determinada causa, pela mesma razão o seja também o indivíduo?
– Sim, sem dúvida.
d   – E que a cidade seja corajosa pelo mesmo elemento e da mesma maneira que o indivíduo? Enfim, que tudo quanto se refere à virtude se encontre similarmente numa e noutra?
– É necessário.
– Assim, Glauco, diremos, penso, que a justiça no indivíduo apresenta o mesmo caráter que na cidade.
– Isso é o que necessariamente se conclui.
– Ora, não esquecemos, por certo, que a cidade era justa devido ao fato de cada uma de suas três classes se ocupar de sua própria tarefa.
– Não me parece que o tenhamos esquecido.
– Lembremo-nos, pois, de que, do mesmo modo, cada um de nós,
e   em quem cada elemento preencherá a sua própria tarefa, será justo e preencherá, por sua vez, a sua própria tarefa.
– Sim, por certo, respondeu, é preciso lembrar-se disso.
– Por conseguinte, não compete à razão comandar, visto ser

No alvorecer do dia, as crianças devem se dirigir então aos mestres: sem o pastor, nem as ovelhas nem qualquer outro animal pode sobreviver, nem as crianças, por sua vez, sem algum pedagogo, nem os escravos, sem os senhores. De todos os animais, a criança é o mais intratável, pois enquanto a sua fonte de intelecção ainda não está desenvolvida, ela é insidiosa, rude e o mais desmedido de todos os animais. E é por isso mesmo que ela deve ser atada com inúmeros freios: primeiramente, quando se livra das amas e das mães, ela é controlada pelos pedagogos devido a sua puerícia e ignorância; em seguida, quando se torna homem livre, pelos mestres do que quer que seja e pelos estudos.
49. Homero, *Odisséia*, xx, v. 17.

LIVRO IV

sábia e ter o encargo de cuidar da alma inteira, e à cólera obedecer e secundar a razão?

– Sim, certamente.

– Mas não é, como dissemos[50], uma mistura de música e ginástica que porá de acordo estas partes, fortalecendo e nutrindo uma com belos discursos e com as ciências, afrouxando, apaziguando e abrandando a outra pela harmonia e pelo ritmo?[51]

442 a

– Sem dúvida alguma, respondeu.

– E estas duas partes educadas desta maneira, realmente instruídas no seu papel e exercitadas para cumpri-lo, hão de governar o elemento apetitivo, que ocupa o maior lugar na alma, e que, por natureza, é ao mais alto grau ávido de riquezas; elas o vigiarão, por medo de que, saciando-se dos pretensos prazeres do corpo, ele cresça, adquira vigor e, em vez de se ocupar de sua própria tarefa, tente dominar e governar os que não lhes estão naturalmente sujeitos, com o que acabará por destruir a vida[52].

b

– Seguramente – disse ele.

– E, dos inimigos externos não guardarão elas, ao máximo, a alma inteira e o corpo, uma deliberando e outra combatendo sob as ordens da primeira e executando corajosamente os projetos por ela concebidos?

– Certo.

---

50. Cf. Livro III, 411e.

51. I.e., a parte racional (τὸ λογιστικόν) e a parte irascível (τὸ θυμοειδές), respectivamente.

52. Essa relação hierárquica entre as três partes da alma, segundo a qual a parte racional (τὸ λογιστικόν), tendo como aliada a parte irascível (τὸ θυμοειδές), deve conter e comandar as afecções da parte apetitiva (τὸ ἐπιθυμητικόν), é brilhantemente ilustrada na *alegoria do cocheiro e sua parelha* do diálogo *Fedro* (cf. 253c-255a). Nela, o cocheiro, representando a razão (τὸ λογιστικόν), comanda com suas rédeas dois cavalos. O da direita, de cor branca, de boa compleição, obedece prontamente ao que diz o cocheiro e segue suas prescrições moderadamente; esse cavalo representa a parte irascível (τὸ θυμοειδές), aliada natural da razão. O cavalo da esquerda, todavia, de cor negra, de olhos sangüíneos, surdo, que só obedece por meio da força e que com muito custo cede ao que manda o cocheiro, tende sempre a arrastar a parelha segundo suas inclinações, ainda que o cocheiro e o cavalo da direita o force em direção contrária; esse cavalo representa a parte apetitiva da alma (τὸ ἐπιθυμητικόν), que se coloca contra a razão e sua aliada, a parte irascível. Essa alegoria expressa muito bem o conflito interno da alma, entre suas três partes; nesse sentido, a boa educação e os bons hábitos cultivados desde a infância são fundamentais para que essa parte apetitiva seja paulatinamente educada e passe a obedecer ao que prescreve a parte racional. Essa educação da alma, que visa uma ordenação interna, é o que pretende em última instância esse novo projeto educacional concebido por Platão na *República*.

172 A REPÚBLICA DE PLATÃO

– Ora, chamamos o indivíduo de corajoso, penso, em consideração
c à parte irascível de sua alma que, tanto nos prazeres como nas dores o
conserva sob o comando da razão a respeito do que deve ou não deve
ser temido.

– É exato – disse.

– De outro lado, chamamo-lo de sábio em consideração a esta
pequena parte dele mesmo que comanda e emite tais preceitos, parte
que possui também a ciência do que é proveitoso a cada um dos três
elementos da alma e a seu conjunto.

– Perfeitamente.

– Mas como? Não o chamamos temperante devido à amizade e à
harmonia destes elementos, quando a que comanda e as que obedecem
d ficam de acordo em reconhecer que a razão deve governar e que não
se erga sedição alguma contra ela?

– É indubitável – disse ele – que a temperança não é outra coisa,
tanto na cidade como no indivíduo[53].

– Por conseqüência – prossegui – este será justo pela razão e da
maneira como já muitas vezes indicamos.

– É realmente necessário.

– Agora – perguntei – a justiça ter-se-á embotado a ponto de se
nos apresentar diferente do que era na cidade?

– Não creio – respondeu ele.

– Porque, se ainda restasse alguma dúvida em nossa alma, po-
e deríamos dirimi-la completamente, comparando a nossa definição da
justiça às noções comuns.

– Quais?

– Por exemplo, se precisássemos decidir, com respeito à nossa
cidade e ao homem que, por natureza e por educação, lhe é semelhante,
se é crível que este homem, tendo recebido um depósito de ouro ou
de prata, o haja desviado, crês que alguém o julgaria mais capaz de tal
443 a ação do que aqueles que não se lhe assemelham?

– Não creio.

– Mas este homem não seria capaz de cometer sacrilégio, roubo
ou traição, tanto em relação a seus amigos, quando em relação à sua
cidade?

---

53. A cada parte da alma, portanto, corresponde uma determinada virtude: à parte racional (τὸ λογιστικόν), a sabedoria (σοφία); à parte irascível
(τὸ θυμοειδές), a coragem (ἀνδρεία); à parte apetitiva (τὸ ἐπιθυμητικόν), a temperança (σωφροσύνη), que nasce, por sua vez, da obediência das duas partes que
devem ser comandadas à parte que deve comandar (a razão).

LIVRO IV   173

– Não, de fato – respondeu.

– E, indubitavelmente, não faltará de maneira alguma à sua palavra, quer se trate de juramentos, quer de outras promessas.

– Como poderia fazê-lo?

– E o adultério, a falta de solicitude para com os pais e de piedade para com os deuses convêm mais a outro qualquer e não a ele.

– A qualquer outro, por certo.

– Ora, a causa de tudo isso não reside no fato de que cada elemento de sua alma cumpre a tarefa própria, seja para comandar, seja para obedecer?   b

– Reside nisso e em nada mais.

– Agora, ainda perguntas se a justiça é algo mais do que este poder que faz tais homens e tais cidades?

– Não, por Zeus – respondeu – não mais pergunto.

– Eis, pois, perfeitamente realizado o nosso sonho, aquele que, como dizíamos, permitia-nos supor que, tão logo começássemos a fundar a cidade, seria provável que, com a ajuda de um deus, nos deparássemos com certo princípio e modelo da justiça.   c

– Sim, na verdade.

– Portanto, Glauco, era uma espécie de imagem da justiça, que, aliás nos foi de grande utilidade, a máxima que declarava bom que o homem nascido para ser sapateiro se ocupasse exclusivamente de sapataria e o homem nascido para ser carpinteiro, de carpintaria, e assim os outros artesãos.

– É evidente.

– Na verdade, a justiça é, ao que parece, algo semelhante, com a única diferença de que ela não rege os negócios externos do homem, mas seus negócios internos, seu ser real e o que lhe concerne realmente,   d
não permitindo a qualquer das partes da alma que cumpra uma tarefa alheia, nem às outras três partes que usurpe as respectivas funções. Ela quer que o homem regule bem os seus verdadeiros negócios domésticos, que assuma o comando de si próprio[54], ponha ordem em si e ganhe sua própria amizade; que estabeleça um perfeito acordo entre os três elementos de sua alma, como entre os três termos de uma escala musical, a mais alta, a mais baixa, a média e as intermediárias se existirem, e que, unindo-as em conjunto, ele se torne, de múltiplo que   e
era, absolutamente uno, temperante e harmonioso; que somente então se ocupe, se é que se ocupa, de adquirir riquezas, de cuidar do corpo, de exercer atividade na política ou nos negócios privados, e que em

54. Cf. Platão, *Górgias*, 491d.

174 A REPÚBLICA DE PLATÃO

tudo isso considere e denomine bela e justa a ação que salvaguarda e contribui para perfazer a ordem que ele se impôs, e denomine sabedoria, a ciência que preside tal ação; que, ao contrário, denomine injusta 444 a a ação que destrói esta ordem e ignorância, a opinião que preside esta última ação[55].

– É inteiramente verdadeiro o que dizes, Sócrates.

– Seja – prossegui; – agora se disséssemos ter descoberto o que é o homem justo, a cidade justa, no que consiste a justiça num e noutro, não se poderia afirmar, penso, que nos enganamos muito.

– Não, por Zeus – foi a sua resposta.

– Digamo-lo, pois?

– Digamo-lo.

– Está bem. Depois disso é preciso, suponho, examinar a injustiça.

– Evidentemente.

b – Ora, pode ela ser outra coisa senão uma espécie de sedição entre os três elementos da alma, uma confusão, uma usurpação de suas respectivas tarefas, a revolta de uma parte contra o todo para atribuir-se uma autoridade à qual não tem o menor direito, porque a sua natureza a destina a obedecer à parte feita para comandar? É daí, diremos nós, desta comoção e desta desordem, que nascem a injustiça, a incontinência, a covardia, a ignorância, em suma, todos os vícios.

– Seguramente.

c – Mas – continuei – visto que conhecemos a natureza da injustiça e da justiça, já vemos claramente no que consistem a ação injusta e a ação justa.

– Como assim?

– Elas não diferem em nada – respondi – das coisas sãs e das coisas malsãs; o que estas são para o corpo, elas são para a alma.

– De que maneira?

– As coisas sãs engendram a saúde e as malsãs, a doença.

– Sim.

– Do mesmo modo, as ações justas não engendram a justiça e as d injustas, a injustiça?[56]

---

55. Esta é a definição de justiça do ponto de vista do indivíduo: cada parte da alma desempenhar a função que lhe é própria, sem que uma invada o espaço da outra, numa harmonia perfeita. A justiça nasce assim da união perfeita entre as três partes da alma, que, múltipla, passa a se configurar como una.

56. Aristóteles, *Ética Nicomaquéia*, II, 1, 1103b 13-22:

οὕτω δὴ καὶ ἐπὶ τῶν ἀρετῶν ἔχει· πράττοντες γὰρ τὰ ἐν τοῖς συναλλάγμασι τοῖς πρὸς τοὺς ἀνθρώπους γινόμεθα οἳ μὲν δίκαιοι οἳ δὲ ἄδικοι, πράττοντες δὲ τὰ ἐν τοῖς δεινοῖς καὶ ἐθιζόμενοι φοβεῖσθαι ἢ θαρρεῖν οἳ μὲν ἀνδρεῖοι οἳ δὲ

LIVRO IV   175

– Sim, necessariamente.

– Ora, engendrar a saúde é estabelecer, segundo a natureza, as relações de dominação e sujeição recíproca entre os diversos elementos do corpo; engendrar a doença é permitir-lhes governar ou ser governados um pelo outro, contra a natureza.

– É isso.

– Logo, engendrar a justiça não é estabelecer, segundo a natureza, relações de dominação e sujeição entre os diversos elementos da alma? E engendrar a injustiça não é permitir-lhes governar ou ser governados um pelo outro contra a natureza?

– Sem dúvida.

– Por conseqüência, a virtude é, parece, uma espécie de saúde, beleza, boa disposição da alma, e o vício, doença, feiúra e fraqueza.   e

– É assim mesmo.

– Mas as belas ações não levam à aquisição da virtude e as vergonhosas, à do vício?

– Com necessidade.

– Devemos, agora, examinar apenas se é proveitoso agir justamen-   445 a te, praticar belas ações e ser justo, sejamos ou não conhecidos como tais, ou cometer injustiça e ser injusto, embora não sejamos punidos e não nos tornemos melhores pelo castigo[57].

δειλοί. ὁμοίως δὲ καὶ τὰ περὶ τὰς ἐπιθυμίας ἔχει καὶ τὰ περὶ τὰς ὀργάς· οἳ μὲν γὰρ σώφρονες καὶ πρᾶοι γίνονται, οἳ δ᾿ ἀκόλαστοι καὶ ὀργίλοι, οἳ μὲν ἐκ τοῦ οὑτωσὶ ἐν αὑτοῖς ἀναστρέφεσθαι, οἳ δὲ ἐκ τοῦ οὑτωσί. καὶ ἑνὶ δὴ λόγῳ ἐκ τῶν ὁμοίων ἐνεργειῶν αἱ ἕξεις γίνονται.

O Ateniense: Assim também acontece com as virtudes: a partir de nossas ações no relacionamento com os homens nos tornamos, uns justos, outros injustos; a partir de nossas ações frente ao perigo e do hábito de temer ou ousar nos tornamos, uns corajosos, outros covardes. O mesmo acontece também com relação aos apetites e à ira: uns se tornam temperantes e dóceis por se comportarem de certa maneira nessas circunstâncias, e outros intemperantes e irascíveis, por se comportarem de maneira inversa. Numa só palavra: as disposições de caráter surgem de atividades similares.

57. Platão, *Górgias*, 479c8-d6:

ΣΩ. Ἆρ᾿ οὖν συμβαίνει μέγιστον κακὸν ἡ ἀδικία καὶ τὸ ἀδικεῖν;

ΠΩΛ. Φαίνεταί γε.

ΣΩ. Καὶ μὴν ἀπαλλαγή γε ἐφάνη τούτου τοῦ κακοῦ τὸ δίκην διδόναι;

ΠΩΛ. Κινδυνεύει.

ΣΩ. Τὸ δέ γε μὴ διδόναι δίκην ἐμμονὴ τοῦ κακοῦ;

ΠΩΛ. Ναί.

ΣΩ. Δεύτερον ἄρα ἐστὶν τῶν κακῶν μεγέθει τὸ ἀδικεῖν· εἰ δὲ ἀδικοῦντα μὴ διδόναι δίκην πάντων μέγιστόν τε καὶ πρῶτον κακῶν πέφυκεν.

ΠΩΛ. Ἔοικεν.

Sócrates: Porventura não decorre que a injustiça e cometer injustiça são o maior mal?

Polo: /d/ Parece.

Sócrates: Com efeito, aplicar a justiça não aparece como a libertação desse mal?

Polo: É provável.

176 A REPÚBLICA DE PLATÃO

– Mas, Sócrates – observou ele – este exame me parece doravante ridículo. Pois, se a vida se afigura insuportável quando a constituição do corpo está arruinada, mesmo com todos os prazeres da mesa, com toda a riqueza e todo o poder possíveis, sê-lo-á com maior razão ainda,
b quando seu princípio está alterado e corrompido, ainda que tenhamos o poder de fazer tudo à nossa vontade – exceto o de escapar ao vício e à injustiça e adquirir a justiça e a virtude. Bem compreendido: se estas coisas são tais como as descrevemos.

– Com efeito, este exame seria ridículo – confessei. – Entretanto, como atingimos um ponto de onde podemos discernir com a maior clareza que tal é a verdade, não devemos fraquejar.

– Não, por Zeus – assentiu ele – de forma nenhuma devemos fraquejar.
c – Segue-me, pois – disse eu – para ver sob quantas formas se apresenta o vício: aquelas ao menos que, na minha opinião, merecem chamar a atenção.

– Estou te seguindo, podes mostrá-las.

– Muito bem! Vendo as coisas do observatório em que nos colocamos, pois é onde a discussão nos conduziu, parece-me que a forma da virtude é uma e as formas do vício são inúmeras, mas que existem quatro dignas de consideração.

– O que queres dizer? – indagou ele.

– Poderia acontecer – repliquei – que houvesse tantas espécies de almas quantas as espécies de constituições políticas.

– E quantas há?
d – Cinco espécies de constituições e cinco espécies de almas.

– Então queira nomeá-las – me falou ele.

– Ei-las: a constituição por nós descrita é uma delas, embora se possa designá-la por dois nomes. Se, com efeito, há um homem entre os chefes que supere notavelmente os outros, chamamo-la monarquia, se há muitos, aristocracia[58].

SÓCRATES: E não aplicá-la, a permanência do mal?
POLO: Sim.
SÓCRATES: Ora, então o segundo mal em grandeza é cometer injustiça; mas não aplicar a justiça a quem comete injustiça é naturalmente o primeiro e o maior de todos os males.
POLO: É plausível.
58. Platão considera indistintamente a "monarquia" (μοναρχία) e a "aristocracia" (ἀριστοκρατία) como as duas formas possíveis de constituição política capazes de garantir a viabilidade desse projeto político traçado na *República*. No diálogo *Político*, entretanto, Platão prefere ainda assim a "monarquia" (302e10-303a1):
ΞΕ. Μοναρχία τοίνυν ζευχθεῖσα μὲν ἐν γράμμασιν ἀγαθοῖς, οὓς νόμους λέγομεν, ἀρίστη πασῶν τῶν ἕξ· ἄνομος δὲ χαλεπὴ καὶ βαρυτάτη συνοικῆσαι.

LIVRO IV

– É exato – observou.

– Mas afirmo que se trata aí de uma só espécie de constituição; pois, sejam muitos os chefes ou um só, em nada abalarão as leis fundamentais da cidade, enquanto observarem os princípios de educação que descrevemos.   e

– Seria impossível – me falou ele.

NE. ΣΩ. Κινδυνεύει.

ESTRANGEIRO: Pois bem, a monarquia, uma vez submetida a boas regras escritas, que denominamos leis, é a melhor das seis [constituições políticas]; mas se não se submete a leis, é dura e a mais penosa de se conviver.

SÓCRATES, o jovem: É provável.

LIVRO V

– Chamo, pois boa e reta semelhante cidade e constituição, assim como um homem de tal jaez; e, visto que aquela é reta, chamo as outras más e defeituosas em relação ao governo da cidade, por um lado, e em relação à organização do modo de ser dos indivíduos por outro; há quatro formas de debilidade.

– Quais são? perguntou.

E eu ia enumerá-las na ordem em que elas me pareciam formar-se uma das outras[1], quando Polemarco, que estava sentado um pouco mais longe do que Adimanto, adiantando a mão, pegou este pelo manto, ao ombro, atraiu-o para si e, inclinando-se, disse-lhe em voz baixa algumas palavras das quais ouvimos apenas estas:

– Deixá-lo-emos passar adiante ou o que faremos?

– Por nada neste mundo – respondeu Adimanto, elevando já a voz.

– A quem exatamente não quereis deixar passar?

– A ti mesmo – disse ele.

– E por que razão?

449 a

b

c

---

1. O verbo "formar-se" (μεταβαίνειν) possui aqui um sentido técnico: ele designa a transformação de uma constituição política para outra (cf. Livro viii, 547c, 550d).

180 A REPÚBLICA DE PLATÃO

– Parece-nos que perdes a coragem, que nos roubas toda uma parte, e não a menor, do assunto, para não ter de estudá-lo e que imaginas escapar-nos, dizendo levianamente que, no concernente às mulheres e aos filhos, todo mundo acharia evidente que entre amigos tudo fosse comum[2].

– E não o disse com justiça, Adimanto?

– Sim – concedeu ele; – mas esta justiça, como o restante, requer explicações. Qual será o caráter desta comunidade? Muitas, com efeito, são possíveis[3]. Não omitas, pois, especificar qual é aquela a que pretendes te referir. Esperamos, há muito, que nos fales da procriação dos filhos, como ela se fará e como, após o nascimento, serão educados, e que te expliques sobre essa comunidade de mulheres e filhos que mencionas; pois acreditamos que ela acarretará na constituição grandes diferenças, ou melhor, uma diferença total, conforme seja bem ou mal realizada. Portanto, agora que passas a estudar uma outra forma de governo sem ter tratado destas questões de maneira satisfatória, resolvemos, como acabas de ouvir, não te deixar ir além, antes que hajas desenvolvido, como o resto, tudo isso.

– Considerai-me – disse Glauco – também como sufragador desta resolução.

---

2. Ver supra n. 7, p. 145.

3. Aristóteles, *Política*, II, 1260b 37– 12601a 7:

ἀνάγκη γὰρ ἤτοι πάντας κοινωνεῖν τοὺς πολίτας, ἢ μηδενός, ἢ τινῶν μὲν τινῶν δὲ μή. τὸ μὲν οὖν μηδενὸς κοινωνεῖν φανερὸν ὡς ἀδύνατον [ἡ γὰρ πολιτεία κοινωνία τις ἐστι, καὶ πρῶτον ἀνάγκη τοῦ τόπου κοινωνεῖν· ὁ μὲν γὰρ τόπος εἷς ὁ τῆς μιᾶς πόλεως, οἱ δὲ πολῖται κοινωνοὶ τῆς μιᾶς πόλεως]· ἀλλὰ πότερον ὅσων ἐνδέχεται κοινωνῆσαι, πάντων βέλτιον κοινωνεῖν τὴν μέλλουσαν οἰκήσεσθαι πόλιν καλῶς, ἢ τινῶν μὲν τινῶν δ᾽ μὴ βέλτιον; ἐνδέχεται γὰρ καὶ τέκνων καὶ γυναικῶν καὶ κτημάτων κοινωνεῖν τοὺς πολίτας ἀλλήλοις, ὥσπερ ἐν τῇ Πολιτείᾳ τῇ Πλάτωνος· ἐκεῖ γὰρ ὁ Σωκράτης φησὶ δεῖν κοινὰ τὰ τέκνα καὶ τὰς γυναῖκας εἶναι καὶ τὰς κτήσεις. τοῦτο δὴ πότερον ὡς νῦν οὕτω βέλτιον ἔχειν, ἢ κατὰ τὸν ἐν τῇ Πολιτείᾳ γεγραμμένον νόμον;

É necessário (i) que todos cidadãos compartilhem todas as coisas, (ii) ou nada compartilhem, (iii) ou compartilhem umas coisas e outras não. É evidente, por conseguinte, que é impossível que eles nada compartilhem, pois a constituição política [i.e., o Estado] é um compartilhamento, e a primeira coisa necessária é compartilhar um lugar; uma única cidade ocupará um único lugar, e os cidadãos compartilharão essa única cidade. Mas o que a cidade prestes a ser bem constituída pode compartilhar: é melhor que ela compartilhe tudo, o quanto for possível, ou é melhor que ela compartilhe umas coisas, e outras não? Pois é possível que os cidadãos compartilhem entre si filhos, mulheres, bens, como na *República* de Platão; lá, Sócrates diz que é preciso compartilhar os filhos, as mulheres e os bens. O que é então melhor: como vivemos agora, ou conforme o costume descrito na *República*?

LIVRO V 181

– Esteja tranqüilo – interveio Trasímaco. – Compreenda, Sócrates, que se trata de um partido tomado por todos nós.

– O que fizestes – exclamei – para me apanhar assim! Que nova discussão levantais sobre a constituição, como se ainda estivéssemos no princípio! Eu já me congratulava por ter acabado com ela, feliz com o fato de que todos quisessem ater-se efetivamente ao que eu dissera há pouco. Recordando estas questões, não sabeis que enxame de disputas b despertais! Eu vi isso e evitei o assunto há pouco, no temor de que fosse causa de grandes embaraços[4].

– Mas como! – observou Trasímaco – julgas que esses jovens vieram aqui para fundir ouro[5] e não para ouvir discursos?

– Sem dúvida – respondi – para ouvir discursos, mas dentro de justos limites.

– A medida de semelhantes discursos – disse Glauco – é a vida inteira, para os homens sensatos[6]. Mas deixa de lado o que nos concerne; no que te concerne, não te canses de responder às nossas indagações, da maneira que te parecer boa; de nos dizer que espécie de comunidade c se estabelecerá entre os nossos guardiães no que tange aos filhos e às mulheres e qual será a primeira educação ministrada à infância neste período intermediário que vai do nascimento à educação propriamente dita – tarefa que parece seguramente a mais penosa de todas. Tenta, pois, mostrar-nos como deverá ser dirigida.

– Homem bem-aventurado – disse eu, não avalias a dificuldade de uma tal exposição – O tema, com efeito, comporta maior número de inverossimilhanças do que os outros por nós tratados anteriormente. Não se julgará realizável o nosso projeto; e mesmo que o supusessem realizado tão perfeitamente quanto possível, ainda se duvidaria de sua preeminência. Daí por que hesito um pouco em abordá-lo, meu d caro amigo; receio que tudo quando eu disser a seu respeito se afigure apenas um vão desejo.

---

4. Esta cautela de Sócrates se repetirá em relação às três teses centrais defendidas por ele no Livro V: (i) a igualdade entre homens e mulheres quanto às funções na cidade; (ii) compartilhamento de mulheres e crianças; e (iii) a égide do poder nas mãos dos filósofos.

5. Esse provérbio refere-se às pessoas que negligenciam seu próprio dever para se aterem a uma ocupação mais atraente, embora menos proveitosa. A origem desse provérbio está ligada à seguinte história: uma jazida de ouro havia sido encontrada no monte Himeto; os atenienses, então, largaram suas ocupações usuais para explorá-la, mas quando lá chegaram, já havia outras pessoas vigiando-a.

6. Cf. Livro VI, 498d.

182 A REPÚBLICA DE PLATÃO

– Não hesite – replicou ele; – pois serás ouvido por pessoas que não são imbecis, nem incrédulas, nem malevolentes.

E eu perguntei: – Ó excelente amigo, é com o intuito de se sossegar que proferes estas palavras?

– Seguramente – respondeu ele.

– Muito bem! Fazes exatamente o contrário! Estivesse eu persuadido de falar com conhecimento de causa e teu encorajamento e ser-me-ia útil; pois discorrer, no meio de homens sensatos e amigos, sobre questões da mais alta relevância que tomamos a peito, é coisa que podemos fazer com segurança e confiança quando conhecemos a verdade; mas falar quando não estamos persuadidos e quando procu-
451 a ramos expressões, como eu faço neste momento, é coisa aterradora e perigosa, não porque expõe ao riso[7], o que seria pueril, mas porque, se eu vier a tropeçar na verdade, não somente irei ao chão como também arrastarei nossos amigos na queda, num caso em que importa ao máximo não perder pé. Prosterno-me, pois, diante de Adrastéia[8], Glauco, pelo que vou dizer. Pois estimo que aquele que mata alguém involuntariamente comete um crime menor do que aquele que se torna culpado de embuste no concernente às belas, boas e justas leis. Além disso, mais vale correr este risco entre inimigos do que entre amigos:
b me deste, pois, belo incentivo!

Então Glauco sorrindo, replicou: – Se sofrermos qualquer dano devido à discussão, Sócrates, nós te absolveremos como inocente do crime e do embuste de que formos vítimas! Toma, pois, coragem e fala.

– O absolvido – declarei – é certamente um inocente nos termos da lei[9]. É portanto natural, sendo assim neste caso, que seja do mesmo modo no presente caso.

---

7. Esta mesma expressão "expor ao riso" (γέλωτα ὀφλεῖν) aparece também na comédia *As Nuvens* de Aristófanes (γέλωτ᾽ ὀγλήσεις), em que a figura de Sócrates é satirizada ao extremo. Pode ser aqui uma alusão implícita a Aristófanes.

8. Adrastéia era outro nome para a deusa Nêmesis, que tinha como função punir os homens por sua desmesura (ὕβρις) e arrogância. Esse nome possivelmente advém de Adrastos, antigo rei de Argos, que construiu um altar em honra de Nêmesis. A primeira referência à Adrastéia na literatura grega ocorre em Ésquilo (*Prometeu Acorrentado*, v. 936):

οἱ προσκυνοῦντες τὴν Ἀδράστειαν σοφοί
São sábios os que se prostram aos pés de Adrastéia.

Nos escólios dessa peça, se explica que Adrastéia é "a deusa que pune os fanfarrões" (θεὰν τιμωρουμένην τοὺς ἀλαζόνας).

9. Como em inúmeras outras passagens dos diálogos, Platão utiliza aqui o vocabulário técnico jurídico, como se Sócrates estivesse diante do tribunal. O assassino, segundo o código penal de Drácon (séc. VII a.C.), era condenado ao exílio, pois se

LIVRO V 183

– Então fala por esta razão.

– Cumpre, por conseguinte – prossegui – voltar atrás e dizer o que deveria talvez ter dito em ordem, no momento devido. Entretanto, c talvez seja bom que, depois de determinar perfeitamente o papel dos homens, determinemos o das mulheres, tanto mais que assim o queres[10]. Para homens, por natureza e por educação tais como os descrevemos, não há na minha opinião posse e uso legítimos dos filhos e das mulheres, exceto pelo caminho em que os pusemos no começo. Ora, tentamos convertê-los, de alguma forma, nos guardiães de um rebanho.

– Sim.

– Sigamos pois esta idéia; concedamo-lhes no que toca à procria- d ção e à educação regras correspondentes, examinemos depois se os resultados nos convêm ou não.

– Como? – indagou ele.

– Do seguinte modo – respondi: – achamos que as fêmeas dos cães devem cooperar com os machos na guarda, caçar com eles e fazer tudo o mais em comum, ou que devem permanecer no canil, incapazes de outra coisa porque parem e alimentam os filhotes, enquanto os machos trabalham e assumem todo o encargo do rebanho?

– Queremos – disse ele – que tudo lhes seja comum, exceto que em- e pregaremos as fêmeas como mais fracas e os machos como mais fortes.

– Ora, é possível obter de um animal os mesmos serviços que de outro, se não for nutrido e criado da mesma maneira?

– É impossível, certamente.

– Se, portanto, exigimos das mulheres os mesmos serviços que dos homens, devemos formá-las nas mesmas disciplinas[11].

– Certo. 452 a

---

acreditava que poluía a cidade, tornando-a alvo do ódio dos deuses. Todavia, ele poderia ser absolvido e purificado desde que um membro da família da vítima ou a própria vítima antes de morrer o perdoasse (cf. Platão, *Leis,* IX, 869d-e). Todavia, no caso de um assassinato involuntário (φόνος ἀκούσιος), tanto o código penal de Drácon quanto o direito ático do séc. V a.C. não previam punição.

10. É provavelmente uma alusão aos mimos de Sófron, que se dividiam em "papéis masculinos" e "papéis femininos" (cf. Diógenes Laércio, *As Vidas e as Doutrinas dos Filósofos Ilustres,* III, 18).

11. Aristóteles critica Platão em relação a este passo da *República* (*Política,* II, 1264b 4-6):

ἄτοπον δὲ καὶ τὸ ἐκ τῶν θηρίων ποιεῖσθαι τὴν παραβολὴν, ὅτι δεῖ τὰ αυτὰ ἐπιτηδεύειν τὰς γυναῖκας τοῖς ἀνδράσιν, οἷς οἰκονομίας οὐδὲν μέτεστιν.

É também absurdo que [Sócrates], a partir da analogia feita com os animais, diga que as mulheres e os homens devem se ocupar das mesmas coisas, sendo que eles não participam absolutamente da administração da casa.

184 A REPÚBLICA DE PLATÃO

– Mas nós lhe ensinamos a música e a ginástica.

– Sim.

– Às mulheres, por conseguinte, cumpre ensinar estas duas artes, bem como as atinentes à guerra e exigir delas os mesmos serviços.

– É o que se depreende do que acabas de afirmar.

– Pode acontecer, todavia, que muitas dessas coisas pareçam ridículas por ir contra os costumes, se passarmos da palavra à ação.

– Com toda certeza.

– E qual julgarias mais ridícula? Não será, evidentemente, a de que
b as mulheres se exercitem nuas nas palestras, com os homens, e não só as jovens, mas também as velhas, como esses velhos que, enrugados e de aspecto pouco agradável, continuam se comprazendo com os exercícios do ginásio?

– Por Zeus! – exclamou – isto parecerá ridículo, ao menos no atual estágio dos costumes!

– Mas – continuei – posto que nos lançamos à discussão não devemos temer as zombarias dos gracejadores, digam o que disserem contra
c isso, quando semelhante mudança ocorrer no tocante aos exercícios do corpo, à música e sobretudo ao porte das armas e à equitação.

– Tens razão.

– Logo, já que começamos a falar, é preciso avançar até as asperezas que apresenta a nossa lei, depois de pedir aos trocistas que renunciem a seu papel e sejam sérios, lembrando-lhes que não está tão longe o tempo em que os helenos acreditavam, como acredita ainda a maioria dos bárbaros[12], que a visão de um homem nu constitui um espetáculo vergonhoso e ridículo e que, quando os exercícios gímnicos foram praticados pela primeira vez pelos cretenses, seguidos dos la-
d cedemônios[13], os cidadãos da época tiveram bom folguedo zombando de tudo isso. Não achas?

---

12. Heródoto, *Histórias*, I, 10:
παρὰ γὰρ τοῖσι Λυδοῖσι, σχεδὸν δὲ καὶ παρὰ τοῖσι ἄλλοισι βαρβάροισι, καὶ ἄνδρα ὀφθῆναι γυμνὸν ἐς αἰσχύνην μεγάλην φέρει.
Entre os Lídios e entre quase todos os outros bárbaros, ser visto nu, até mesmo para o homem, era algo bastante vergonhoso.

13. Tucídides diz, no entanto, que foram os Lacedemônios os primeiros a praticarem nus os exercícios físicos (*História da Guerra do Peloponeso*, I, 6):
ἐγυμνώθησάν τε πρῶτοι [οἱ Λακεδαιμόνιοι] καὶ ἐς τὸ φανερὸν ἀποδύντες λίπα μετὰ τοῦ γυμνάζεσθαι ἠλείψαντο· τὸ δὲ πάλαι καὶ ἐν τῷ Ὀλυμπικῷ ἀγῶνι διαζώματα ἔχοντες περὶ τὰ αἰδοῖα οἱ ἀθληταὶ ἠγωνίζοντο, καὶ οὐ πολλὰ ἔτη ἐπειδὴ πέπαυται.
Os Lacedemônios foram os primeiros a se despirem e, nus em público, a untar o corpo com óleo para a prática de exercícios físicos. Antigamente, até mesmo nos Jogos Olímpicos os atletas competiam com uma faixa enrolada em torno do sexo, e não faz muito tempo que isso foi deixado de lado.

LIVRO V 185

– Sim.

– Mas quando pelo uso, imagino, se lhes afigurou que mais valia estar nu do que vestido em todos esses exercícios, o que a seus olhos havia de ridículo na nudez foi dissipado pela razão, que acabava de descobrir onde residia o melhor. E isto mostrou que é insensato aquele que crê ridículo outra coisa exceto o mal, que tenta excitar o riso tomando como alvo de suas troças um outro espetáculo, exceto o da loucura e da perversidade, ou que se propõe e persegue seriamente um objetivo de beleza que difira do bem.

– Nada mais verdadeiro – disse.

– Mas, não é preciso convir em primeiro lugar sobre a possibilidade ou a impossibilidade de nosso projeto e permitir a quem quiser, homem gracejador ou sério, que discuta se, na raça humana, a fêmea é capaz de associar-se a todos os trabalhos do macho, ou mesmo a um só, ou se é capaz de uns e de outros não, e indague em qual dessas classes se incluem os trabalhos da guerra? Um tão belo início não levaria, como é natural, à mais bela das conclusões?[14]

– Sim, com toda certeza.

– E não queres, pois – perguntei – que contra nós mesmos defendamos o outro partido a fim de não assediarmos uma praça deserta?

– Nada se opõe a isso – disse ele.

Tomemos pois da palavra por nossos adversários: "Ó, Sócrates e Glauco, não há a menor necessidade de que outros vos façam objeções; vós mesmos, com efeito, concordastes, quando lançastes os alicerces de vossa cidade, que cada um devia ocupar-se unicamente da tarefa própria à sua natureza[15].

"– Concordamos, é verdade.

" Ora, será possível que o homem não difira infinitamente da mulher por natureza?

"– Como não difeririá ele?

"– Convém, portanto, consignar a cada qual uma tarefa diferente, de acordo com a sua natureza.

"– Certamente.

"– Por conseqüência, como não vos enganaríeis, agora, e não estaríeis em contradição com vós próprios afirmando que homens e mulheres devem realizar as mesmas tarefas, embora possuam naturezas muito distintas?" Poderias, admirável amigo, responder algo a isto?

– De pronto – confessou ele – não é absolutamente fácil; mas

---

14. Cf. Píndaro, *Píticas*, ɪ, vv. 33-35.
15. Cf. Livro ɪɪ, 369e-370c.

186 A REPÚBLICA DE PLATÃO

eu deveria pedir-te, e te peço efetivamente, que esclareças também o sentido, seja qual for, de nossa tese.

d — Estas dificuldades, Glauco, e muitas outras parecidas, faz muito que as previ: daí por que sentia receio e vacilava em abordar a lei que deve regular a posse e a educação das mulheres e dos filhos.

— Por Zeus! Não é coisa fácil!

— Certamente não. Mas, na verdade, caia um homem em uma pequena piscina ou em pleno mar, do mesmo modo ele se põe a nadar.

— Sem dúvida.

— Muito bem! Também devemos nadar e tentar sair sãos e salvos da discussão, sustentados pela esperança de encontrar quiçá um golfinho[16] para nos transportar, ou que sobrevenha alguma miraculosa salvação!

e — Parece.

— Neste caso — disse eu — vejamos se descobrimos alguma saída. Admitimos que uma diferença de natureza acarreta uma diferença de funções e, de outro lado, que a natureza da mulher difere da natureza do homem. Ora, pretendemos agora que naturezas diferentes devem cumprir as mesmas funções[17]. Não é disso que nos acusais?

— Sim.

454 a — Na verdade, Glauco, a arte da controvérsia tem um nobre poder!

— Por que assim?

— Porque muita gente, parece-me, incide nela sem querer, e julga raciocinar quando disputa. Isto provém do fato de serem incapazes de tratar de seu tema, analisando-o sob os diferentes aspectos: procedem por contradição, apegando-se apenas às palavras e utilizam entre si chicana e não dialética[18].

---

16. Platão alude possivelmente à história de Árion, um aedo natural de Corinto. Depois de fazer fortuna em Taras, na Sicília, Árion resolveu voltar à pátria. Durante sua viagem por mar, os marinheiros tramaram a sua morte com o intuito de roubar-lhe o dinheiro. Árion, então, foi obrigado a pular do navio em alto-mar, mas um golfinho o socorreu e o salvou, conseguindo retornar a Corinto e relatar o acontecido (cf. Heródoto, *Histórias*, ı, 23-4).

17. Esta é a *aporia* expressa pela objeção do contra-argumentador (453b-c), que Sócrates sintetiza aqui na forma silogística:

Premissas: (i) uma diferença de natureza acarreta diferentes funções; (ii) a natureza da mulher difere da natureza do homem.

Conclusão: (iii) a mulher e o homem possuem diferentes funções.

Conseqüência: (iv) há uma dificuldade a ser resolvida, pois se pretendia antes demonstrar que homem e mulher devem exercer as mesmas funções. Esse é o estado de *aporia*.

18. Platão distingue, em linhas gerais, a "arte da controvérsia", ou "erística" (ἔρις), da dialética (διάλεκτος): a primeira almeja somente a contradição, conduzir a discussão a ponto de paralisá-la, sem que se extraia dela qualquer conclusão positiva sobre o tema em questão. A "erística" era um dos procedimentos discursivos

LIVRO V 187

– Sim, é o que acontece com muita gente. Mas isso nos diria respeito neste momento?

– Perfeitamente, existe o perigo de que, sem querer, sejamos b arrastados à disputa.

– Como?

– Insistimos corajosamente, e como verdadeiros disputantes, sobre o ponto segundo o qual naturezas diferentes não devem ter os mesmos empregos, ao passo que não examinamos de modo algum o sentido de igualdade e diferença de naturezas, nem sob que respeito as distinguimos quando atribuímos diferentes funções às naturezas diferentes, e funções iguais a naturezas também iguais.

– Com efeito – disse ele – não examinamos.

– Por conseguinte, cabe-nos também perguntar, parece, se a natu- c reza dos calvos e a dos cabeludos são idênticas e, após convirmos que são opostas, proibir os cabeludos e exercer o ofício de sapateiro, caso os calvos o exerçam e, reciprocamente, impor proibição análoga aos calvos, se os cabeludos o exercem[19].

– Seria certamente ridículo!

– Mas – prossegui – seria ridículo por outra razão que não esta: na exposição de nosso princípio, não se cogitou de naturezas absoluta-

que Platão atribuía aos sofistas, ao lado da retórica. No diálogo *Eutidemo*, Platão mostra como os erísticos, no caso as personagens Eutidemo e Dionisodoro, agiam quando se colocavam a discutir: uma série de falsos silogismos sem qualquer tipo de seriedade ou compromisso com o conhecimento, um gosto de refutar por refutar. Numa passagem desse diálogo, Platão critica justamente a incompatibilidade desse modo de se proceder na discussão com a busca pelo conhecimento da natureza das coisas (cf. 278b). No *Górgias* (cf. 457c-d), Platão também se preocupa, em vários momentos, com separar a discussão filosoficamente orientada da discussão tipicamente erística, denominando as pessoas que se dedicam a ela como "amantes da vitória" (φιλονικοῦντες), i.e., que buscam numa discussão simplesmente vencer o interlocutor levando-o a contradizer-se. O diálogo filosófico (διαλέγεσθαι), no entanto, não tem como finalidade a vitória de uma das partes, mas, sim, uma concordância entre elas (ὁμολογία). O compromisso é com a busca pelo conhecimento conduzida com seriedade, que deve ser o interesse comum de ambas as partes. Nesse sentido, a refutação (ἔλεγχος), que também é um recurso muito utilizado por Sócrates nos diálogos (a chamada "refutação socrática"), e que aproxima a erística da dialética, é, contudo, apenas um meio que a dialética utiliza para verificar a validade dos argumentos, e nunca sua finalidade precípua, como o é para a erística. Sobre a diferença entre erística e dialética, cf. *República*, VII, 537e-539c; *Sofista*, 224e-226a, 231e; *Filebo*, 17a; *Fedro*, 261e. Sobre a diferença entre retórica e dialética, ver supra n. 45, p. 51.

19. Este é um exemplo claro de falso silogismo que os erísticos costumavam empregar em suas discussões, ver n. 18 supra.

188   A REPÚBLICA DE PLATÃO

d   mente idênticas ou diferentes: retivemos apenas esta forma de diferença ou de identidade referente aos próprios empregos. Dizíamos, por exemplo, que o médico e o homem dotado para a medicina possuem a mesma natureza, não é?

    – Sim.

    – E que um médico e um carpinteiro possuem natureza diferente.

    – Perfeitamente.

    – Se, portanto, se evidencia que os dois sexos diferem entre si quanto às suas aptidões para exercer certa arte ou certa função, diremos que é preciso consignar esta arte ou esta função a um ou a outro; mas se a diferença consiste somente no fato de a fêmea conceber e o macho

e   engendrar, nem por isso aceitaremos como demonstrado que a mulher difere do homem sob o aspecto que nos preocupa, e continuaremos pensando que os guardiães e suas mulheres devem desempenhar os mesmos empregos.

    – E não estaremos enganados.

    – Depois disso convidaremos nosso contraditor a nos informar

455 a   qual a arte ou o emprego, concernente ao serviço da cidade, para cujo exercício a natureza da mulher difere da do homem.

    – É justo esse convite.

    – Talvez nos digam, como tu há pouco, que não é fácil responder prontamente de maneira satisfatória, mas que após exame não é difícil.

    – Pode-se dizer, realmente.

    – Queres, pois, que peçamos a nosso contraditor que nos siga, ao

b   passo que nós tentaremos demonstrar-lhe não haver qualquer emprego exclusivamente próprio à mulher, no que se refere à administração da cidade?

    – Certamente.

    – Ora essa!, lhe diremos, responde a isto: quando pretendes que um homem é bem dotado para uma coisa, e outro mal dotado, entendes com isso que o primeiro aprende facilmente e o segundo com dificuldade? Que um, após breve estudo, conduz suas descobertas muito além do que aprendeu, enquanto o outro, com muito estudo e aplicação, não salva sequer o saber recebido? Que num as disposições do corpo

c   secundam o espírito e que noutro lhe suscitam obstáculos? Há outros sinais, exceto esses pelos quais distingues o homem dotado para algo que seja, daquele que não o é?

    – Ninguém há de pretender que haja outros.

LIVRO V 189

– Agora, conheces alguma ocupação humana em que os homens não superem as mulheres?[20] Alongaremos nosso discurso mencionando a tecelagem, a pastelaria e a cozinha, labores que parecem ser próprios das mulheres, e onde a inferioridade delas seria ridícula ao mais alto grau? d

– Tens razão – observou ele – ao afirmar que em tudo, por assim dizer, o sexo masculino prevalece de longo sobre o outro sexo. No entanto, muitas mulheres são superiores a muitos homens em numerosos trabalhos. Mas, em geral, a coisa se apresenta como dizes.

– Por conseqüência, meu amigo, não há emprego concernente à administração da cidade que pertença a mulher enquanto mulher, ou ao homem enquanto homem; ao contrário, as aptidões naturais se distribuem igualmente entre os dois sexos, e é conforme à natureza que a mulher, tanto quanto o homem, participe de todos os empregos, ainda e que seja, em todos, mais fraca do que o homem.

– Perfeitamente.

– Atribuiremos, portanto, todos os empregos aos homens e nenhum às mulheres?

– Como agir desta forma?

– Mas há, diremos nós, mulheres que são naturalmente aptas para a medicina ou para a música e outras que não são.

– Por certo.

– E não há algumas que são aptas para os exercícios gímnicos e 456 a militares e outras que não gostam da guerra nem do ginásio?

– Creio que sim.

– Mas como! Não há mulheres que apreciam e outras que odeiam a sabedoria? Não há corajosas e outras pusilânimes?

– Sim.

– Há, portanto, mulheres aptas para a guarda e outras inaptas. Ora, não escolhemos, para torná-los nossos guardiães, homens desta natureza?[21]

– Sim.

– Logo, a mulher e o homem gozam da mesma natureza quanto à aptidão de guardar a cidade, exceção feita ao fato de que a mulher é mais fraca e o homem mais forte.

– Assim parece.

– E, em conseqüência, cumpre escolher mulheres semelhantes a b nossos guerreiros, que viverão com eles e com eles guardarão a cidade, pois são capazes disso e suas naturezas são aparentadas.

20. Cf. Platão, *Crátilo*, 392c.
21. Cf. Livro ii, 375e; Livro iv, 428d.

190   A REPÚBLICA DE PLATÃO

– Sem dúvida.

– Mas não se deve consignar as mesmas ocupações às mesmas naturezas?

– As mesmas.

– Eis, portanto, que o circuito percorrido nos reconduz ao nosso ponto de partida, e concordamos que não é contra a natureza ocuparem-se as mulheres de nossos guardiães com música e ginástica.

– Com toda a certeza.

c   – Por conseguinte, a lei que estabelecemos não é impossível nem comparável a um vão desejo, visto que é conforme à natureza. Bem contra a natureza são as regras atualmente acolhidas.

– Dir-se-ia.

– Mas não devíamos examinar se a nossa instituição, além de possível, era também vantajosa?

– Sim.

– Ora, ela foi reconhecida como possível.

– Sim.

– Precisamos depois disso convencer-nos de que é vantajosa.

– Evidentemente.

– A educação que formará as mulheres na guarda não será diferente

d   da que forma os homens, não é? Sobretudo se lhe incumbe cultivar naturezas idênticas.

– Ela não será diferente.

– Pois bem!, mas qual a tua opinião sobre isso?

– Sobre o quê?

– Admites que um homem seja melhor e outro pior, ou os julgas todos iguais?

– Não os julgo iguais, de nenhum modo.

– Agora, na cidade que fundamos, quais são a teu ver os melhores: os guardiães que receberam a educação descrita por nós, ou os sapateiros que foram instruídos na arte do calçado?

– Tua pergunta é ridícula! – observou ele.

– Compreendo – respondi. – Mas como!, não constituem os guar-

e   diães os melhores cidadãos quando comparados com os demais?

– Incomparavelmente.

– E as guardiãs, não serão elas as melhores dentre as mulheres?

– Sim, igualmente.

– Ora, há para uma cidade algo mais valioso do que possuir os melhores homens e as melhores mulheres?

– Não.

LIVRO V   191

– Mas essa superioridade não resultou do emprego da música e da
ginástica aplicadas da maneira como descrevemos.   457 a
– Sim, sem dúvida.

– Por conseguinte, estabelecemos que essa instituição não só é
possível, como também é a mais vantajosa para a cidade.
– De fato.

– Assim, as mulheres de nossos guardiães despirão as vestimentas,
pois a virtude tomará o lugar destas; participarão da guerra e de todas
as fainas que concernem à guarda da cidade, sem se ocupar de outra
coisa; só que, no serviço, lhes atribuiremos a parte mais leve, devido à
fraqueza do seu sexo. Quanto àquele que escarnece das mulheres nuas,   b
quando estas se exercitam com vistas a um fim excelente, *ele colhe o
fruto do riso ainda verde[22]*: não sabe, aparentemente, do que escarnece,
nem o que faz; pois há e haverá sempre razão de afirmar que o útil é
belo[23] e que nada é vergonhoso exceto o nocivo.
– Tens perfeitamente razão.

– Este dispositivo da lei sobre as mulheres é, podemos dizer,
qual uma onda de que acabamos de escapar a nado. E não só não
escapamos de ficar submergidos, ao estabelecer que nossos guardiães   c
e nossas guardiãs devem fazer tudo em comum, como também nosso
argumento demonstrou que essa instituição é ao mesmo tempo possível
e vantajosa.

– Na verdade, não é pequena a onda de que acabas de escapar!

– Não dirás que é grande quando vires a seguinte.

– Fala então; quero vê-la – respondeu.

– Desta lei e das precedentes decorre, penso, esta outra.

– Qual?

– As mulheres de nossos guerreiros serão todas comuns a todos;
nenhuma delas habitará em particular com nenhum deles; do mesmo   d
modo, os filhos serão comuns e os pais não conhecerão os filhos nem
estes os pais.

– De fato, disse, em relação a essa lei haverá muito maior descren-
ça, tanto no que concerne à sua exeqüibilidade como à sua utilidade

– Não penso que se possa contestar, no concernente à vantagem,
que a comunidade de mulheres e filhos constitui um grandíssimo bem,
se for realizável; mas creio que, no pertinente à sua possibilidade,
pode-se levantar longa contestação.

22. Esta expressão aparece em Píndaro (cf. Fr. 209, William H. Race, *Loeb
Classical Library*, 1997).
23. Cf. Platão, *Hípias Maior*, 296e.

192 A REPÚBLICA DE PLATÃO

e   – Ambos os pontos – observou ele – podem muito bem ser contestados.

– Queres dizer que terei de enfrentar uma liga de dificuldades. E eu que esperava fugir de uma, se conviesses sobre esta vantagem, e precisar discutir contigo apenas a questão de sua aplicação!

– Mas não soubeste dissimilar a fuga. Dá, pois, a razão desses dois pontos.

– Faz-se mister – confessei – que eu sofra a pena incorrida. En-
458 a tretanto, concede-me esta graça: deixa-me ficar à vontade, como esses preguiçosos que costumam saciar-se com seus próprios pensamentos quando caminham a sós. Esta espécie de gente, com efeito, não espera descobrir por que meios alcançará a coisa que deseja: afastando esta preocupação a fim de não se fatigar em deliberar sobre o possível e o impossível, admite como já realizado o que deseja, arranja o resto a gosto e compraz-se em enumerar tudo quanto fará após o êxito, tornando
b   assim a sua alma, já particularmente preguiçosa, ainda mais preguiçosa. Pois bem!, também cedo à preguiça e desejo postergar para mais tarde a questão de saber como é possível o meu projeto; no momento, eu o suponho possível e vou examinar, se permitires, quais disposições hão de adotar os dirigentes quando ele for aplicado, e mostrar que nada será mais vantajoso do que sua aplicação, para a cidade e para os guardiães. Eis o que eu tentaria primeiro examinar contigo, se realmente quiseres; a seguir, veremos a outra questão.

– Mas eu quero realmente – disse ele;– examina.

– Creio, pois, que os chefes e seus auxiliares[24], se dignos do nome
c   que levam, hão de querer, estes fazer o que lhes for ordenado e aqueles ordenar, conformando-se às leis, ou inspirando-se nelas nos casos que abandonaremos à iniciativa deles.

– É natural.

– Tu portanto, na qualidade de legislador, tal como escolheste os homens, escolherás as mulheres, combinando, na medida do possível, as naturezas semelhantes. Ora, aqueles e aquelas que houveres escolhido, tendo morada em comum, tomando em comum as refeições[25] e
d   não possuindo nada próprio, estarão sempre juntos; e, encontrando-se misturados nos exercícios do ginásio e em todo o resto da educação, serão impelidos por necessidade natural, penso, a formar uniões. Não te parece que se trata de coisa necessária?

---

24. O termo "auxiliar" (ἐπικούρος) possui aqui um sentido mais genérico, não necessariamente militar, como no Livro iii (cf. 414b).

25. Ver supra n. 76, p. 136.

LIVRO V 193

– Não de necessidade de natureza geométrica – respondeu – mas amorosa, a qual tem probabilidade de ser mais forte do que a primeira para convencer e arrastar a massa dos homens.

– Tens razão – repliquei: – mas, Glauco, formar uniões ao acaso, ou cometer falta do mesmo gênero, seria impiedade numa comunidade de cidadãos felizes e os chefes não a suportarão.   e

– Sem dúvida não seria justo – assentiu ele.

– É, pois, evidente que em conseqüência disso faremos casamentos tão sagrados quanto estiver ao nosso alcance[26]; ora, os mais santos serão os mais vantajosos para a cidade.

– Seguramente.

– Mas como serão os mais vantajosos? Dize-mo, Glauco. De   459 a fato, vejo, em tua casa cães de caça e grande número de pássaros de fina qualidade; por Zeus!, dispensastes alguma atenção à sua união e à maneira como procriam?

– O que queres dizer?

– Em primeiro lugar, entre estes animais, embora sejam todos de boa raça, não há os que são ou se tornam superiores aos outros?

– Há, sim.

– Ora, pois; queres ter crias de todos igualmente, ou te empenhas a tê-las tão-somente dos melhores?

– Dos melhores.

– Mas então? Dos mais jovens, dos mais velhos, ou dos que se   b acham na flor da idade?

– Dos que se acham na flor da idade.

– E não crês que se a procriação não se efetuasse deste modo a raça de teus cães e teus pássaros degeneraria muito?

– Sem dúvida – respondeu.

– Mas qual é a tua opinião no tocante aos cavalos e aos outros animais? Com eles acontece de outra maneira?

– Seria absurdo.

– Pelos deuses, meu caro amigo – exclamei – de que eminente superioridade deverão ser dotados os nossos chefes, se ocorrer o mesmo em relação à raça humana!

– Sem dúvida ocorre o mesmo. Mas por que falar assim?   c

– Porque eles se verão compelidos a empregar grande quantidade de remédios – respondi. – Ora, um médico antes medíocre parece-nos bastar quando a doença não reclama remédios e dá mostras de ceder à

---

26. O "casamento sagrado" (γάμος ἱερός) mais célebre da mitologia grega era o de Zeus e Hera, celebrado com festividades religiosas em Atenas.

194 A REPÚBLICA DE PLATÃO

observação de um regime; em compensação, quando ela exige remédios, sabemos que é preciso um médico mais valoroso.

– É verdade, mas o que pretendem as tuas considerações?

– O seguinte – prossegui – é provável que nossos governantes
sejam forçados a usar largamente de mentiras e enganos para o bem
d dos governados; e já declaramos algures que tais práticas eram úteis
sob a forma de remédios.

– Com isso dissemos coisa razoável.

– Ora, esta coisa será particularmente razoável, segundo parece,
no que concerne aos casamentos e à procriação dos filhos.

– Como?

– É preciso, segundo os nossos princípios, tornar muito freqüentes
as relações entre os homens e as mulheres de escol e, ao contrário,
muito raras entre os indivíduos inferiores de um e de outro sexo; ademais, é preciso criar os filhos dos primeiros e não os dos segundos,
e se quisermos que o rebanho atinja a mais alta perfeição; e todas essas
medidas devem permanecer ocultas, salvo aos magistrados, para que
a tropa dos guardiães se mantenha, na medida do possível, isenta de
discórdia.

– Muito bem – disse.

– Logo, instituiremos festas, em que reuniremos noivos e noivas,
460 a com acompanhamento de sacrifícios e hinos que nossos poetas com-
porão em honra às bodas celebradas. No que diz respeito ao número de
casamentos, deixaremos aos magistrados o cuidado de regulamentá-lo,
de tal modo que mantenham a mesma quantidade de homens – tendo
em vista as perdas causadas pela guerra, moléstias e outros acidentes –
e que nossa cidade, dentro do possível, não aumente nem diminua.

– Está bem – disse ele.

– Organizaremos, imagino, algum engenhoso sorteio, a fim de
que os indivíduos medíocres acusem, em cada união, a fortuna e não
os magistrados.

– Perfeitamente – disse.

b – Quanto aos jovens que se distinguirem na guerra ou alhures,
conceder-lhes-emos, entre outros privilégios e recompensas, maior
liberdade de se unir às mulheres, de modo a haver pretexto para que a
maioria dos filhos sejam por eles engendrados.

– Tens razão.

– Os filhos, à medida que forem nascendo, serão entregues a
pessoas encarregadas de cuidar deles, homens, mulheres, ou então
homens e mulheres juntos, pois as funções públicas são comuns a
ambos os sexos.

LIVRO V 195

– Sim.

– Os referidos funcionários hão de conduzir ao lar comum os filhos c
dos indivíduos de elite, confiando-os a nutrizes residentes à parte num
bairro da cidade. Quanto aos filhos dos indivíduos inferiores, e mesmo
os dos outros, que apresentarem alguma deformidade, escondê-los-ão
em local proibido e secreto, como convém.

– ... Se se pretende conservar a pureza da raça dos guardiães
– acrescentou ele.

– As amas velarão também pela alimentação das crianças, conduzirão as mães ao lar comum na época em que os seios delas se enchem
de leite e recorrerão a todos os meios possíveis para que nenhuma d
reconheça a sua progenitura. Se não bastarem as mães para o aleita-
mento, providenciarão a vinda de outras mães, nas mesmas condições.
Em todos os casos, tomarão a precaução para que amamentem apenas
durante um tempo determinado, encarregando as amas e governantes
das vigílias e de todo trabalho penoso.

– Tornas a maternidade muito fácil – disse ele – às mulheres dos
guardiães.

– Convém, com efeito, que o seja – falei-lhe – mas prossigamos na
exposição de nosso plano. Dissemos que a procriação devia efetuar-se
na flor da idade.

– É verdade.

– Ora, não te parece que a duração média da flor da idade é de e
vinte anos na mulher e de trinta anos no homem?

– Mas como situas este tempo para cada sexo? – inquiriu.

– A mulher – respondi – conceberá filhos para a cidade desde o
vigésimo até o seu quadragésimo ano: o homem, *após ter transposto
a fase mais viva de sua corrida*, gerará para a cidade até a idade de
cinqüenta e cinco anos.

– Para um e outro, é este, com efeito, o tempo do maior vigor de 461 a
corpo e de espírito.

– Se, portanto, um cidadão ou mais velho ou mais jovem se
intrometer na obra comum de geração, declará-lo-emos culpado de
impiedade e injustiça, pois ele dá ao Estado um filho cujo nascimento
secreto não foi posto sob o amparo das preces e dos sacrifícios que
as sacerdotisas, os sacerdotes e a cidade inteira hão de oferendar por
ocasião de cada casamento, a fim de que de pais excelentes, nasçam
filhos melhores, e, de pais prestimosos, filhos ainda de maior préstimo;
este outro nascimento, ao contrário, será fruto da sombra e da mais b
censurável incontinência.

– Bem.

196   A REPÚBLICA DE PLATÃO

– A mesma lei é aplicável a quem, ainda na idade da geração, tocar numa mulher, nesta idade igualmente, sem que os magistrados os tenham unido. Declararemos que tal homem introduz na cidade um bastardo cujo nascimento não foi autorizado, nem consagrado.

– Muito bem – declarou.

– Mas quando um e outro sexo houverem ultrapassado a idade da geração, permitiremos que os homens livres se unam a quem lhes c aprouver, salvo a suas filhas, mães, netas e avós; e as mulheres do mesmo modo, salvo a seus filhos, pais e parentes em linha direta, descendente ou ascendente. Outorgar-lhe-emos esta liberdade após recomendar-lhes que adotem todas as precauções possíveis para que nenhum filho, fruto destas uniões, venha a nascer e, se existir um que abra à força seu caminho para a luz, que o exponham, levando em conta que a cidade não se incumbirá de nutri-lo.

– Tuas palavras são razoáveis – disse ele – mas como distinguirão d eles os pais, as filhas e os outros parentes que acabas de mencionar?

– Não poderão distingui-los[27] – redargüi. – Mas todos os filhos nascidos do sétimo ao décimo mês, a partir do dia em que um guardião se tiver casado, serão chamados por ele, os de sexo masculino, filhos, os do sexo feminino, filhas, e eles por sua vez o chamarão de pai; ele denominará netos os filhos destes: e estes, por seu turno, o denominarão avô, a ele e a seus companheiros de casamento, e avós a suas companheiras; enfim, todos os nascidos na época em que os respectivos e pais e mães davam filhos à cidade, tratar-se-ão de irmãos e irmãs, de maneira, como já dissemos, a não contrair uniões entre si. Todavia, a lei permitirá que irmãos e irmãs se unam se tal casamento for decretado pela sorte e aprovado, além do mais, pela Pítia[28].

– Muito bem – disse ele.

– Tal será portanto, Glauco, a comunidade das mulheres e dos filhos entre os guardiães de tua cidade. Que esta comunidade está perfeitamente de acordo com o resto da constituição e que ela é eminentemente desejável, eis o que nosso discurso deve agora confirmar, não é?

---

27. Aristóteles critica Platão em relação a este ponto (*Política*, ii, 1262a 14-18):

οὐ μὴν ἀλλ᾽ οὐδὲ διαφυγεῖν δυνατὸν τὸ μὴ τινας ὑπολαμβάνειν ἑαυτῶν ἀδελφούς τε καὶ παῖδας καὶ πατέρας καὶ μητέρας· κατὰ γὰρ τὰς ὁμοιότητας αἳ γίνονται τοῖς τέκνοις πρὸς τοὺς γεννήσαντας ἀναγκαῖον λαμβάνειν περὶ ἀλλήλων τὰς πίστεις.

Com efeito, é impossível evitar que irmãos, filhos, pais e mães não reconheçam uns aos outros; pois devido à semelhança que há entre os filhos e aqueles que os geraram, é forçoso que encontrem indícios da relação mútua entre eles.

28. Pítia era a sacerdotisa de Apolo em Delfos.

LIVRO V   197

– Sim, por Zeus! – foi a sua resposta.   462 a

– Ora, como ponto de partida de nosso acordo, não devemos perguntar a nós mesmos qual é, na organização de uma cidade, o maior bem, aquele que o legislador deve visar[29] ao estabelecer suas leis, e qual é também o maior mal? Em seguida não cumpre examinar se a comunidade que descrevemos há pouco nos coloca na trilha deste grande bem e nos distancia deste grande mal?

– Não se pode dizê-lo melhor.

– Mas haverá maior mal para uma cidade do que aquele que a divide e a torna múltipla em vez de una? Haverá maior bem do que   b
aquele que a une e a torna uma?

– Não.

– Ótimo!, a comunidade de prazer e dor não é um elo de união, quando, na medida do possível, todos os cidadãos se rejubilam ou se afligem igualmente pelos mesmos nascimentos e falecimentos?

– Sim, certamente – respondeu.

– E não é egoísmo destes sentimentos que a divide, quando uns experimentam uma viva dor, e outros uma viva alegria, por ocasião dos mesmos eventos públicos ou particulares?   c

– Sem dúvida.

– Ora, não sobrevém tal coisa porque os cidadãos não são unânimes em pronunciar estas palavras: isto me concerne, isto não me concerne, isto me é estranho?

– Sem nenhuma dúvida.

– Por conseguinte, a cidade em que a maioria dos cidadãos diz a propósito das mesmas coisas, isto me concerne, isto não me concerne, não está tal cidade excelentemente organizada?

– Certamente.

– E não se comporta ela, com pouca diferença, como um só homem? Explico-me: quando um de nossos dedos recebe algum golpe, a comunidade do corpo e da alma, que forma uma só organização, a saber, a de seu princípio diretor, experimenta uma sensação; inteira e   d

---

29. A forma verbal "visar" (στοχαζόμενον, que significa "mirar um alvo") esclarece aqui a natureza da política: a ação política "visa" um determinado fim (o maior bem), mas o seu sucesso é apenas aproximativo; não há uma precisão absoluta na ação política como há na matemática, por exemplo. Nesse sentido, mesmo quando a política é regida pelos filósofos, os mais capacitados intelectualmente para tal ofício, não se tem a garantia de que a realização desse fim seja absoluta, pois a ação política, por definição, é apenas aproximativa. Isso acontece na medida em que ela, como qualquer outra ação, pertence ao mundo empírico, sujeito às vicissitudes do devir.

198 A REPÚBLICA DE PLATÃO

simultaneamente, ela sofre com uma de suas partes: por isso dizemos que o homem está com dor no dedo. O mesmo ocorre com outra parte qualquer do homem, quer se trate do mal-estar causado pela dor ou do bem-estar que o prazer acarreta.

– Ocorre o mesmo, com efeito. E para voltar ao que perguntavas, uma cidade bem governada está numa condição muito próxima à do homem.

e – Se sobrevém, pois a um cidadão um bem ou um mal qualquer, será principalmente uma cidade assim que tornará seus os sentimentos dele e partilhará, totalmente, de sua alegria ou de seu sofrimento.

– É necessário que assim seja numa cidade dotada de boas leis.

– Agora, está em tempo de voltar à nossa cidade e examinar se as conclusões de nosso discurso se lhe aplicam em particular ou se aplicam a alguma outra cidade.

– Sim, devemos proceder dessa maneira – replicou.

463 a – Ora, nas outras cidades não há magistrados e gente do povo, como na nossa?

– Sim.

– E todos se denominam entre si cidadãos?

– Como não?

– Mas, além deste nome de cidadãos, que nome particular o povo dá, nas outras cidades, aos que o governam?

– Na maioria, ele os chama senhores[30] e, nos governos democráticos, arcontes[31].

– E em nossa cidade? Que nome, afora o de cidadãos, dará o povo aos chefes?

b – O de salvadores e defensores – respondeu.

– Estes, por sua vez, como chamarão o povo?

---

30. À época de Platão, a maior parte das cidades eram "oligarquias".

31. Os "arcontes" (ἄρχοντες) eram os magistrados da cidade, que surgiram na transição do governo monárquico para o aristocrático. No início, eram três: o "Arconte-Rei", que era eleito e desempenhava as funções do antigo rei, embora com poder reduzido, e era o representante religioso da cidade; o "Arconte-Epônimo", que era o juiz supremo e emprestava seu nome ao ano; e o "Arconte-Polemarco", que comandava o exército e cuidava da segurança e preservação da cidade. Além desses três arcontes, foi criado o "Conselho" (Βουλή), que supervisionava o exercício dos arcontes e era o tribunal de justiça. Posteriormente, foram criados mais seis arcontes, os "Tesmótetas", que tinham a função de salvaguardar as leis. No séc. v a.C., entretanto, no auge da democracia ateniense, os arcontes passaram a desempenhar funções preponderantemente judiciárias, pois a égide do poder político estava nas mãos do "Conselho" (Βουλή) e da "Assembléia" (Ἐκκλησία), em que os cidadãos livres participavam efetivamente.

LIVRO V　199

– Distribuidor do salário e da nutrição.

– Mas, nas outras cidades, como os chefes denominam os povos?

– Escravos.

– E como se tratam entre si?

– De colegas na autoridade.

– E na nossa?

– De colegas na guarda[32].

– Poderias dizer-me se, nas outras cidades, os chefes se portam como amigos com determinado colega e como estranhos, com outro?

– Muitos agem desta maneira.

– Assim, pensam e declaram que os interesses do amigo os afetam, c e não os do estranho.

– Sim.

– E entre os teus guardas? Há um só que possa pensar ou declarar de um de seus colegas que ele lhe é estranho?

– De modo algum, pois cada um julgará ver nos outros um irmão ou uma irmã, um pai ou mãe, um filho ou uma filha, ou algum outro parente, na linha ascendente ou descendente.

– Muito bem dito – observei; – mas responde ainda ao seguinte: legislarás simplesmente para que eles se concedam apenas os nomes de parentes, ou para que todas as suas ações estejam de acordo com tais d nomes, para que tributem aos pais todos os deveres de respeito, solicitude e obediência que prescreve a lei no referente aos pais, sob pena de incorrer no ódio dos deuses e dos homens, caso ajam de outro modo? Pois agir de outro modo é perpetrar uma impiedade e uma injustiça. São estas máximas ou outras que todos os teus cidadãos hão de fazer soar, desde cedo, aos ouvidos das crianças, ao lhes falar dos pais, dos que lhes foram designados como tal, e dos demais parentes?

– Estas mesmas – respondeu ele. – Pois, seria ridículo que tives- e sem nos lábios estes nomes de parentesco sem cumprir com os deveres que implicam.

– Assim, em nosso Estado, mais do que em todos os demais, os cidadãos, quando sobrevier algo de bem ou de mal a um deles, pronunciarão a uma só voz as nossas palavras de há pouco: meus negócios vão bem ou meus negócios vão mal.

---

32. O termo "colegas de autoridade" (συναρχόντες) faz parte do vocabulário comum da política ateniense (cf. Tucídides, *História da Guerra do Peloponeso*, VI, 25, 2; VIII, 27, 1). O termo "colegas de guarda" (συμφύλακες) possui em Tucídides (cf. V, 80, 3) um valor eminentemente militar, uma vez que se refere às "guarnições".

200 A REPÚBLICA DE PLATÃO

– Nada mais verdadeiro.

464 a – Mas não afirmamos também que, em conseqüência desta convicção e desta maneira de falar, haveria entre eles comunidade de alegrias e penas?

– Sim, o dissemos com razão.

– Nossos cidadãos estarão fortemente unidos no que chamarem interesse próprio e, unidos desta maneira, sentirão alegrias e dores em perfeita comunhão.

– Sim.

– Ora, qual será a causa disso senão, afora as nossas outras instituições, a comunidade das mulheres e filhos estabelecida entre os guardiães?

– Seguramente esta será a principal causa.

b – Mas conviemos que tal união de interesses constituía, para a cidade, o maior bem, quando comparamos uma cidade sabiamente organizada ao corpo, no modo como ele se comporta para com uma de suas partes, pelo que concerne ao prazer e à dor.

– E conviemos com justiça – disse.

– Por conseguinte, está para nós demonstrado que a causa do maior bem que possa sobrevir à cidade é a comunidade, entre os guardiães, dos filhos e das mulheres.

– Certamente.

– Acrescenta que estamos de acordo com nossas palavras precedentes[33]. Pois, dissemos, eles não podem ter como próprio nem casas,

c nem terras, nem qualquer outra posse, mas, recebendo dos outros cidadãos a alimentação, como salário pela guarda, devem consumi-la em comum, se quiserem ser verdadeiros guardiães.

– Muito bem – afirmou.

– Neste caso, não tenho motivo de afirmar que nossas disposições anteriores, juntadas às que acabamos de adotar, hão de torná-los, mais ainda, verdadeiros guardiães, impedindo-os de dividir a cidade, o que aconteceria se cada qual não chamasse de suas as mesmas coisas, mas coisas diferentes; se, habitando separadamente, carregassem para as

d suas respectivas casas tudo quanto conseguissem apoderar por si sós; e se, tendo mulher e filhos diferentes, criassem gozos e penas pessoais – enquanto, com uma idêntica crença no tocante ao que lhes pertence, terão todos o mesmo objetivo e todos experimentarão, tanto quanto possível, as mesmas alegrias e as mesmas dores?

– É incontestável – disse.

33. Cf. Livro III, 416b-417b.

LIVRO V 201

– Mas como? Não veremos quase desaparecer os processos e as acusações mútuas de uma cidade onde cada um possuirá de seu tão-somente o corpo e onde todo o restante será comum? Não se segue daí que os nossos cidadãos ficarão ao abrigo de todas as dissensões que a posse de riquezas, de filhos e parentes engendra entre os homens?   e

– Ficarão, necessariamente, livres de todos esses males.

– Como também, nenhum processo por agressão ou injúria será legitimamente intentado entre eles; pois haveremos de dizer-lhes ser nobre e justo protegerem-se reciprocamente os da mesma idade e impor-lhes-emos o dever dos exercícios físicos.

– Bem – disse ele.

– Esta lei – continuei – oferece ainda a seguinte vantagem: quando um cidadão se encoleriza contra outro, saciando ele a sua ira desta forma, será menos levado, em seguida, a agravar a contenda.   465 a

– Sem dúvida.

– Aos mais idosos será dado o poder de dirigir e punir os mais jovens.

– É evidente.

– É evidente também que os jovens não tentarão, sem ordem dos magistrados, empregar violência para com homens mais idosos, nem espancá-los; tampouco hão de ultrajá-los, creio eu, de nenhuma outra forma, pois, para impedi-los, bastarão dois guardiães: o temor e   b o respeito; a respeito mostrando-lhes um pai na pessoa que desejam bater, e o temor, tornando-os apreensivos de que terceiros acudam em socorro da vítima, uns na qualidade de filhos, outros na qualidade de irmãos ou de pais.

– Não pode ser de outra maneira – observou.

Assim, por ordem de nossas leis, os guerreiros gozarão entre si de paz perfeita.

– De grande paz, por certo.

– Mas se eles próprios vivem na concórdia, não é de temer que a discórdia se interponha entre eles e os demais cidadãos, ou que divida estes últimos.

– Não, seguramente.

– Quanto aos menores males de que hão de ficar isentos, hesito, por respeito às conveniências, em mencioná-los: pobres, não estarão   c na necessidade de adular os ricos; não conhecerão os percalços e os aborrecimentos que as pessoas experimentam em criar os filhos, em acumular fortuna, e que resultam da obrigação em que se vêem, para tanto, de manter escravos; não terão, ora de obter empréstimos, ora de renegar as dívidas, ora de conseguir dinheiro a todo custo para colocá-

202 A REPÚBLICA DE PLATÃO

lo à disposição de mulheres e servidores, confiando-lhes o cuidado de administrá-lo: ignorarão enfim, meu amigo, todos os males que a gente suporta nestes casos, males evidentes, sem nobreza e indignos de serem citados.

d   – Sim – respondeu – são evidentes, até para um cego.

– Ficarão livres de todas essas misérias e levarão uma vida mais feliz do que a vida bem-aventurada dos vencedores olímpicos.

– Como assim?

– Estes desfrutam apenas de pequena parte da ventura reservada aos nossos guerreiros. A vitória deles é mais bela e o tratamento que o Estado lhes assegura mais generoso; com efeito, esta vitória é a salvação da cidade inteira e, por coroa, recebem, eles e os filhos, a alimentação e tudo quanto é necessário à subsistência[34]; enquanto

e vivem, a cidade lhes confere privilégios e, após a morte, recebem sepultura condigna.

– Estas são – disse ele – belíssimas recompensas.

– Ainda te lembras que há pouco fomos censurados por não sei

---

34. Os vencedores dos Jogos Olímpicos eram alimentados no Pritaneu, em Atenas, às custas do Estado, como afirma Platão na *Apologia de Sócrates* (36d5-9):

οὐκ ἔσθ' ὅτι μᾶλλον, ὦ ἄνδρες 'Αθηναῖοι, πρέπει οὕτως τὸν τοιοῦτον ἄνδρα ἐν πρυτανείῳ σιτεῖσθαι, πολύ γε μᾶλλον ἢ εἴ τις ὑμῶν ἵππῳ ἢ συνωρίδι ἢ ζεύγει νενίκηκεν 'Ολυμπίασιν.

Não há nada mais conveniente, Atenienses, a um homem desse jaez do que ser alimentado no Pritaneu, muito mais do que qualquer um de vós que tenha vencido nas Olimpíadas, seja na corrida de cavalo, seja na corrida de carro puxado por dois ou quatro cavalos.

Ser alimentado pelo Estado era uma hábito comum de se consagrar o vencedor dos Jogos Olímpicos, como também atesta Xenófanes (Fr. 2 DK):

ἀλλ' εἰ ταχυτῆτι ποδῶν νίκην τις ἄροιτο
ἢ πενταθλεύων, ἔνθα Διὸς τέμενος
πὰρ Πίσαο ῥοῇσ' ἐν 'Ολυμπίῃ, εἴτε παλαίων
ἢ καὶ πυκτοσύνην ἀλγινοέσσαν ἔχων,
εἴτε τι δεινὸν ἄεθλον ὃ παγκράτιον καλέουσιν,
ἀστοῖσίν κ' εἴη κυδρότερος προσορᾶν
καὶ κε προεδρίην φανερὴν ἐν ἀγῶσιν ἄροιτο
καί κεν σῖτ' εἴη δημοσίων κτεάνων
ἐκ πόλεως καὶ δῶρον ὅ οἱ κειμήλιον εἴη· [...]

Mas se na velocidade dos pés alguém a vitória obtivesse
ou no pentatlo, nos domínios de Zeus
junto às correntes do Pisa em Olímpia, seja nas lutas
ou também no pungente pugilato,
seja em um terrível combate chamado pancrácio,
aos olhos dos cidadãos ele teria mais glória
e o privilégio manifesto nas competições obteria
e seu repasto seria encargo público
da cidade, e o prêmio, que lhe é mais valioso, ganharia.

quem[35] de negligenciar a felicidade de nossos guardiães, os quais, 466 a
podendo possuir todo o haver dos outros cidadãos, nada possuíam de
próprio? Respondemos, creio, que examinaríamos esta censura uma
outra vez, se a ocasião se nos apresentasse; que, no momento, nos
propúnhamos formar verdadeiros guardiães, tornar a cidade tão ditosa
quanto possível e não apenas modelar a ventura de uma única dentre
as classes que a compõem.

– Lembro-me – respondeu.

– Agora que a vida dos guardiães se nos aparece mais bela e melhor
do que a dos vencedores olímpicos, considerá-la-emos sob qualquer
aspecto comparável à vida dos sapateiros, dos demais artífices ou dos b
lavradores?

– Não me parece – respondeu.

– De resto, cabe repetir aqui o que eu dizia então[36]: se o guardião
busca uma felicidade que o converta em algo diferente de um guardião; se uma condição modesta, porém estável, e que também é, no
nosso modo de pensar, a melhor, não basta; se uma louca e pueril opinião o impele, porque dispõe do poder, a apossar-se de tudo na cidade, c
há de conhecer quão verdadeira sabedoria denotou Hesíodo ao afirmar
que *a metade é maior do que o todo[37]*.

– Se ele pedisse minha opinião, exortar-lhe-ia a permanecer nesta
condição.

– Aprovas portanto – indaguei – que haja comunidade entre mulheres e homens, como expusemos, no que tange à educação, aos filhos e à
proteção dos outros cidadãos? Concordas que as mulheres, remanesçam
elas na cidade ou sigam para a guerra, devem montar guarda com os
homens, caçar com eles, como fazem as fêmeas dos cães, e associar-
se tão completamente quanto possível a todos os trabalhos deles; que d
assim elas agirão de maneira excelente e em nada contrária à natureza
das relações entre ambos os sexos, na medida em que são feitos para
viver em comum?

– Concordo.

– Não falta senão examinar se é possível estabelecer na raça humana esta comunidade que existe nas outras raças, e qual a maneira
de pô-la em prática.

---

35. Sócrates alude à objeção feita anteriormente por Adimanto (cf. Livro IV,
419a).

36. Cf. Livro IV, 420b-421c.

37. Hesíodo, *Os Trabalhos e os Dias,* v. 40.

204 A REPÚBLICA DE PLATÃO

– Tu te antecipastes – disse ele; – exatamente no que eu ia perguntar.

e — No que diz respeito à guerra, é bastante claro, penso, como hão de fazê-la.

– Como? – perguntou.

– É evidente que a farão em comum e a ela conduzirão os seus filhos que sejam robustos, para que estes previamente vejam, como os filhos de artesãos, de que modo terão de proceder quando chegados 467 a à idade madura, e que, além disso, possam proporcionar ajuda e serviço em tudo o que concerne à guerra e assistir os pais e as mães. Não observaste o que se passa nas outras profissões e quão longo tempo, por exemplo, os filhos dos oleiros ajudam os seus pais e os vêem trabalhar, antes que eles mesmos ponham mãos à obra?

– Já observei, por certo.

– Devem, pois, os artesãos tributar mais cuidado do que os guardiães para formar os filhos pela experiência e pela observação do que convém fazer?

– Seria ridículo! – confessou ele.

b — Aliás, todo animal luta com maior coragem na presença de sua prole.

– Sim, mas há o grande risco, Sócrates, de que, sofrendo um desses reveses freqüentes na guerra, pereçam, eles e os filhos, e o resto da cidade não possa recobrar-se de tal perda.

– Dizes a verdade – continuei; – mas pensas que o nosso primeiro dever seja o de nunca expô-los ao perigo?

– De modo algum.

– Muito bem! Se devem arrostar o perigo, não será nos casos em que em o êxito os tornar melhores?

– Sim, evidentemente.

c — Ora, crês que importa pouco que crianças destinadas a tornar-se guerreiros vejam ou não o espetáculo da guerra e que a coisa não valha o risco?

– Não, isto importa, ao contrário, sob o aspecto que mencionas.

– Agiremos, portanto, de maneira que os filhos sejam espectadores dos combates, provendo-lhes à segurança, e tudo irá bem, não é?

– Sim.

– Antes de tudo, seus pais não serão ignorantes, mas saberão, d tanto quanto é possível aos homens, quais são as expedições perigosas e quais não são.

– É natural.

LIVRO V 205

– Por conseguinte, conduzirão os filhos a umas, porém evitarão de conduzi-los a outras.

– Certo.

– E não lhes darão como chefes – prossegui – os mais medíocres dos cidadãos, mas aqueles que a experiência e a idade capacitam a guiar e governar crianças.

– Sim é o que convém.

– Mas, diremos, muitas vezes ocorrem acidentes imprevistos.

– Certo.

– Em vista de semelhantes eventualidades, cumpre, meu amigo, dar, desde cedo, asas às crianças, a fim de que possam, se necessário, escapar voando.

– O que queres dizer? – perguntou ele.

– Que convém – repliquei – ensiná-los a montar a cavalo tão jovens quanto possível e, bem adestrados, levá-los ao combate como espectadores, não sobre corcéis ardentes e belicosos, mas sobre cavalos muito ligeiros na corrida e muito dóceis ao freio. Deste modo, verão perfeitamente o que terão de fazer um dia e, se preciso, salvar-se-ão com toda segurança na trilha de seus velhos guias.

– Parece-me que tens razão – observou.

– Mas o que dizer no que concerne à guerra? Como hão de se comportar os teus soldados entre si e em face do inimigo? Achas que minha opinião a respeito é justa ou não?

– Expõe.

– O soldado que tiver desertado o seu posto, jogado as suas armas ou cometido qualquer ato semelhante por covardia, não deve ser relegado aos artífices ou aos lavradores?

– Sim, certamente.

– E aquele que for aprisionado vivo pelo inimigo, não ficará de presente aos seus captores, para que façam o que quiserem de seu cativo?

– Sem dúvida.

– Quanto àquele que se houver distinguido por sua bela conduta, não convém, em primeiro lugar, que, no campo de batalha, os jovens e as crianças, tendo seguido a expedição, venham cada um por seu turno, coroá-lo? Não és deste alvitre?

– Sim.

– ... E lhe dar os cumprimentos?

– Também sou desta opinião.

– Mas uma coisa, imagino, não contará com tua aprovação.

– O quê?

e

468 a

b

206 A REPÚBLICA DE PLATÃO

– Que cada um deles o beije e seja por ele beijado.

– Mais do que qualquer outra coisa – respondeu – aprovo isso.

Acrescento mesmo a este regulamento que, enquanto perdurar a ex-
c pedição, não será permitido a nenhum dos que ele gostaria de beijar
recusar-se-lhe, a fim de que o guerreiro que ame alguém, homem ou
mulher, seja mais ardente em obter o prêmio do valor.

– Bem – prossegui. – Aliás, já dissemos[38] que prepararíamos, para
os cidadãos de escol, uniões mais numerosas do que para os outros,
e, que, para os casamentos, a escolha incidiria mais freqüentemente
sobre eles do que sobre os outros, de modo que a sua raça venha a
multiplicar-se o mais possível.

– Já o dissemos[39], de fato.

– Segundo Homero, é igualmente justo honrar os jovens que se
d distinguem por favores deste gênero. Homero, com efeito, narra que,
tendo Ájax se salientado num combate, *honraram-no*, servindo-lhe *o
dorso inteiro de uma vítima*[40] e, por isso entende que tal recompensa
convinha efetivamente a um guerreiro moço e valente, constituindo para
ele ao mesmo tempo uma distinção e um meio de aumentar as forças.

– Perfeitamente.

– Seguiremos, portanto, neste ponto a autoridade de Homero: nos
sacrifícios e em todas as solenidades semelhantes honraremos os bravos, conforme seus méritos, não só mediante os hinos e as distinções
que acabamos de mencionar, mas ainda *por meio de assentos reserva-*
e *dos, de viandas e de taças repletas*[41], a fim de fortalecê-los, homens e
mulheres, ao mesmo tempo honrando-os.

– Muito bem.

– Quanto aos guerreiros mortos na expedição, não diremos daquele que tiver encontrado um fim glorioso que ele pertence à raça
de ouro?[42]

– É o que diremos, sem a menor dúvida.

– E não acreditaremos, com Hesíodo, que, após a morte, os homens desta raça

469 a   tornam-se gênios puros e nobres sobre a terra,
        que afastam os males, guardiães dos homens mortais[43].

38. Cf. Livro IV, 460b.
39. Cf. Livro V, 459d-e.
40. Homero, *Ilíada*, VII, vv. 321-2.
41. Idem, VIII, v. 162.
42. Cf. Livro III, 415a-c.
43. Hesíodo, *Os Trabalhos e os Dias*, vv. 122-3.

LIVRO V 207

– Sim, acreditaremos.

– Consultaremos o deus[44] sobre a sepultura que é preciso conceder a estes homens divinos e extraordinários, e sobre as marcas de honor que lhes são devidas, depois procederemos aos funerais da maneira que nos for indicado.

– Seguramente.

– Desde então, como se fossem gênios protetores, seus túmulos serão objeto de nosso culto e de nossa veneração. Outorgaremos as mesmas honras àqueles, mortos de velhice ou de qualquer outro modo, nos quais se houver reconhecido, em vida, mérito eminente. b

– É muito justo – observou.

– Agora, como se conduzirão os nossos soldados em face do inimigo?

– Sob que aspecto?

– Primeiramente no que concerne à escravidão. Consideras justo que cidades helênicas escravizem helenos, ou é necessário que elas o proíbam também aos outros, na medida do possível, e que os helenos se habituem a poupar a raça helênica, pelo temor de cair na servidão dos bárbaros?[45] c

– Em tudo e por tudo – respondeu – importa que os helenos entre si usem disso com cautela.

– Importa, portanto, que não possuam eles próprios escravos helenos e que aconselhem os outros helenos a seguir-lhes o exemplo.

– Perfeitamente; assim voltarão mais as suas forças contra os bárbaros e se absterão de voltá-las contra si mesmos.

– Mas como? Arrebatar aos mortos outros despojos além de suas armas, após a vitória, é comportar-se nobremente? Isso não fornece aos covardes o pretexto de não ir enfrentar o adversário, como se d estivessem cumprindo seu dever simplesmente com permanecerem

---

44. I.e., Apolo, como havia sido dito anteriormente (cf. Livro IV, 427b).

45. Platão, *Leis*, III, 692e5-693a5:

ἀλλ' εἰ μὴ τό τε 'Αθηναίων καὶ τὸ Λακεδαιμονίων κοινῇ διανόημα ἤμυνεν τὴν ἐπιοῦσαν δουλείαν, σχεδὸν ἂν ἤδη πάντ' ἦν μεμειγμένα τὰ τῶν 'Ελλήνων γένη ἐν ἀλλήλοις, καὶ βάρβαρα ἐν Ἕλλησι καὶ Ἑλληνικὰ ἐν βαρβάροις, καθάπερ ὧν Πέρσαι τυραννοῦσι τὰ νῦν διαπεφορημένα καὶ συμπεφορημένα κακῶς ἐσπαρμένα κατοικεῖται.

Mas se a decisão em comum dos Atenienses e dos Lacedemônios não tivesse repelido a escravidão iminente, todas as tribos helênicas estariam hoje praticamente misturadas entre si, e tribos bárbaras em meio a helênicas e helênicas em meio a bárbaras, assim como sucede àquelas sujeitas à tirania dos Persas: separadas e unidas, vivem hoje miseravelmente dispersas.

208 A REPÚBLICA DE PLATÃO

inclinados sobre os cadáveres? A prática de tais rapinas já não perdeu muito exércitos?

– Sim.

– Não há baixeza e cupidez em despojar um cadáver? Não é sinal de um espírito de mulher e mesquinho tratar como inimigo o corpo de um adversário, quando ele está morto e se evolou, deixando apenas o
e instrumento de que se servia para combater? Julgas que a conduta dos que assim procedem difere da dos cães, que mordem a pedra que se lhes atira e não fazem nenhum mal a quem a atirou?[46]

– Não difere de modo algum – disse ele.

– É preciso, pois, suprimir o costume de despojar os cadáveres e a proibição de sepultá-los.

– Sim, por Zeus, é preciso cessar!

– Não conduziremos tampouco aos templos, para consagrá-las aos deuses, as armas dos vencidos[47], sobretudo as dos helenos, já que
470 a temos empenho em demonstrar benevolência com relação a nossos compatriotas. Temeremos antes macular os templos, consagrando-lhes os despojos de nossos próximos, a menos que o deus o queira de outra forma.

– Muito bem – disse.

– Passemos agora à devastação do território helênico e ao incêndio das casas. Como se comportarão nossos soldados em face do inimigo?

– Gostaria de ouvir a tua opinião a esse respeito.

– Pois bem! Creio que não se deve devastar nem incendiar, mas
b apenas arrebatar a colheita do ano. Queres que te diga por que razão?

– Sem dúvida.

– Parece-me que, se a guerra e a discórdia apresentam dois nomes diferentes, designam duas coisas realmente diferentes e aplicam-se às divisões que sobrevêm em dois objetos. Ora, afirmo que o primeiro destes objetos é o que pertence à família ou lhe é aparentado, e o segundo o que pertence a outrem ou é estranho à família. Assim, o nome de discórdia se aplica à inimizade entre parentes e o de guerra à inimizade entre estranhos.

– Nada afirmas que não seja muito justo.

c – Vê se o que vou dizer agora também o é: pretendo, com efeito, que os helenos pertencem a uma mesma família e são parentes entre si e que os bárbaros pertencem a uma família diferente e estranha.

46. Essa mesma metáfora aparece em Aristóteles (cf. *Retórica*, III, 1406b 33).

47. Tucídides também se refere a esse costume (cf. *História da Guerra do Peloponeso*, III, 114, 1).

LIVRO V 209

– Certo – aprovou ele.

– Em conseqüência, quando os helenos combatem os bárbaros, e os bárbaros combatem os helenos, diremos que eles se guerreiam, que são inimigos por natureza e chamaremos guerra a sua inimizade; mas, se acontece algo semelhante entre helenos, diremos que são amigos por natureza, mas que em tal momento a Hélade está enferma[48], em estado de sedição, e daremos a esta inimizade o nome de discórdia.

d

– Estou inteiramente contigo.

– Considera agora – reatei – o que sucede quando uma dessas perturbações, que se convencionou denominar sedição, se produz e divide uma cidade: se os cidadãos de cada facção assolam os campos e queimam as casas dos cidadãos da facção adversa, estima-se que a sedição é funesta e que tanto uns como outros não amam a pátria, pois se a amassem, não ousariam dilacerar assim a sua nutriz e mãe; em contraparte, estima-se razoável que os vencedores arrebatem apenas as colheitas os vencidos, com o pensamento de que um dia hão de se reconciliar com eles e não lhes farão sempre a guerra.

e

– Este pensamento denota um grau mais alto de civilização do que o pensamento contrário.

– Mas como? Não é um Estado helênico que estás fundando?

– Sim, deve ser helênico – respondeu.

– Seus cidadãos serão, por conseguinte, bons e civilizados?

– Ao mais alto grau.

– Mas não amarão eles os helenos? Não considerarão a Hélade como pátria? Não assistirão a solenidades religiosas comuns?

– Sem dúvida.

– Hão de considerar, portanto, as duas pendências com os helenos como uma discórdia entre parentes e não lhes atribuirão o nome de guerra.

471 a

– Perfeitamente.

– E nestas pendências hão de se haver como se devessem reconciliar-se um dia com os antagonistas.

– Certo.

– Reconduzi-los-ão suavemente à razão e não lhes infligirão, de modo algum, como castigo, a escravidão e a ruína, sendo amigos que corrigem e não inimigos.

– Sim.

– Helenos, não hão de assolar a Hélade e queimar as casas; não considerarão adversários todos os habitantes de uma cidade, homens,

48. Sobre o quadro das dissensões na Grécia nesta época, cf. Isócrates, *Panegírico*, 115-7.

210 A REPÚBLICA DE PLATÃO

mulheres, crianças, mas apenas aqueles, em pequeno número, que fo-
b rem responsáveis pela contenda; em conseqüência, e sendo a maioria
dos cidadãos constituída de seus amigos, recusarão a devastar-lhes as
terras e destruir-lhes as moradas; enfim, não prolongarão a contenda
senão enquanto os culpados não forem compelidos, pelos inocentes
que padecem, a sofrer o castigo merecido.

– Reconheço contigo que nossos cidadãos devem assim comportar-se em face de seus adversários e tratar os bárbaros como os helenos
agora se tratam entre si.

c – Façamos, pois, também uma lei que proíba aos guardiães devastar as terras e incendiar as casas.

– Sim – disse ele – e admitamos que produzirá bons efeitos, como
as precedentes.

– Mas me parece, Sócrates, que, se te deixarmos prosseguir, nunca
mais te lembrarás da questão que há pouco afastaste para entrar em
todos estes desenvolvimentos: a saber, se tal governo é possível e como
é possível. Que caso venha a realizar-se numa cidade engendrará aí todos estes bens, convenho contigo e citarei mesmo outras vantagens que
d omites: os cidadãos lutarão tanto mais valentemente contra o inimigo
quanto jamais desertarão uns aos outros, conhecendo-se como irmãos,
pais e filhos, e chamando-se por estes nomes. E se as suas mulheres
combaterem com eles, nas mesmas fileiras, ou postadas à retaguarda
para atemorizar o inimigo e virem em socorro quando necessário, sei
que então serão invencíveis. Vejo no lar igualmente os bens que eles
desfrutarão entre si, e aos quais não fizeste menção. Mas como te con-
e cedo que eles terão todas essas vantagens, e mil outras, se tal governo
se efetivar, interrompe a exposição e trata apenas de convencer-nos
de que semelhante cidade é possível, de que maneira é ela possível, e
deixemos em paz qualquer outra questão.

472 a – Com que arrebatamento – bradei – fazes essa espécie de irrupção
em meu discurso, sem a menor indulgência por minhas demoras! Mas
talvez não saibas que no momento em que acabo de escapar, a custo,
de duas ondas, levantas uma nova, a mais alta e a mais terrível das três.
Quando a tiveres visto e ouvido, me desculparás certamente por ter,
não sem razão, experimentado hesitação e medo de enunciar e tentar
melhor fundamentar proposição tão paradoxal.

– Quanto mais falares deste modo, menos te dispensaremos de nos
b dizer como é realizável tal governo. Explica-o, pois, sem tardança.

– Primeiro – respondi – devemos lembrar-nos de que foi a investigação sobre a natureza da justiça e da injustiça que nos trouxe
até aqui.

LIVRO V   211

– Sem dúvida, mas o que significa isso? – indagou.

– Nada. Somente que, se descobrirmos o que é a justiça, estimaremos que o homem justo não deve em nada diferir dela, porém ser-lhe perfeitamente idêntico, ou nos contentaremos em que se lhe aproxime   c
o mais possível e participe dela em maior medida que os outros?

– Sim – respondeu – contentar-nos-emos com isso.

– Era, portanto, para obter modelos que procuramos saber o que é a justiça em si própria e o que seria o homem perfeitamente justo, se viesse a existir; pela mesma razão, investigamos a natureza da injustiça e do homem absolutamente injusto: queríamos, dirigindo nossos olhares a um e a outro, divisar a ventura e a desventura reservadas a cada um deles, a fim de sermos obrigados a convir, no concernente a nós mesmos, que aqueles que mais se lhes assemelhar terá uma sorte mais semelhante a deles; mas nosso intuito não era o de mostrar que   d
tais modelos pudessem existir.

– Dizes a verdade – confessou ele.

– Ora pois, pensas que a habilidade de um pintor fica diminuída se, depois de pintar o mais belo modelo de homem que seja e infundir à sua pintura todos os traços convenientes, é incapaz de demonstrar que tal homem possa existir?

– Não, por Zeus, não o penso.

– Mas o que fizemos nós mesmos neste nosso discurso, senão traçar o modelo de uma boa cidade?   e

– Nada mais – respondeu.

– Crês, pois, que tudo quanto dissemos estaria menos bem dito se fôssemos incapazes de demonstrar que é possível fundar uma cidade como a que descrevemos?

– Certamente não.

– Esta é, portanto, a verdade – continuei; – mas se desejas que, para te dar prazer, eu me esforce por mostrar de que maneira particular, e em quais condições, semelhante cidade é ao mais alto grau realizável, torna a fazer-me, para esta demonstração, a mesma concessão que fizeste há pouco.

– Qual?

– É possível executar uma coisa tal como é descrita? Ou está na   473 a
natureza das coisas que a execução aprese menos a verdade do que o discurso, embora muitos não o creiam? Mas tu concordas com isso ou não?

– Concordo – respondeu.

– Não me forces, pois, a mostrar-te perfeitamente realizado o plano que delinearmos em nosso discurso. Se estivermos em condições de

212 A REPÚBLICA DE PLATÃO

descobrir como, de uma maneira muito aproximada de que descrevemos, é possível organizar a cidade, confessa que teremos descoberto
b que tuas prescrições são realizáveis. Não ficarás contente com este
resultado? Por mim, eu ficarei.

– E eu também – disse ele.

– Agora devemos, parece, esforçar-nos por descobrir e apontar que
vício interno impede as cidades atuais de ser assim organizadas como
dissemos, e qual a mínima mudança possível que poderá conduzi-las à
nossa forma de governo: de preferência uma só, senão, duas, ou, então,
as menos numerosas e as menos importantes que seja possível.

c – Perfeitamente.

– Ora, acreditamos poder mostrar que, com uma única mudança, as
cidades atuais seriam completamente transformadas; é verdade que tal
mudança não é de somenos importância, nem fácil mas é possível.

– Qual é?

– Eis que chegamos ao que comparamos à mais alta onda: mas a
coisa será dita, ainda que, qual uma onda que espoucasse de riso, deva
cobrir-me de ridículo e de vergonha. Examina o que vou dizer.

– Fala.

– Enquanto os filósofos não forem reis nas cidades, ou os que
d hoje chamamos reis e soberanos não forem verdadeira e seriamente
filósofos; enquanto o poder político e a filosofia não se encontrarem
no mesmo sujeito; enquanto as numerosas naturezas que perseguem
atualmente um ou outro destes fins de maneira exclusiva não forem
reduzidas à impossibilidade de proceder assim, não haverá termo,
meu caro Glauco, para os males das cidades, nem, parece-me, para
os do gênero humano, e jamais a cidade que há pouco descrevemos
e será realizada, tanto quanto possa sê-lo, e verá a luz do dia. Eis o que
eu vacilei muito tempo em dizer, prevendo o quanto estas palavras
chocariam a opinião comum[49]. Pois é difícil conceber que de outro
modo não poderá haver felicidade possível nem para o Estado nem
para os particulares.

---

49. Essa hesitação de Sócrates em afirmar que os filósofos devem ser os reis
nas cidades, para que seja possível a realização desse projeto político da *República*,
causa certo espanto e surpresa em Glauco. A reação de Glauco representa aqui
a visão do senso-comum. Isso mostra que essa concepção política de Platão, na
qual o filósofo se torna o homem político por excelência, é algo absolutamente
original àquela época. O filósofo, segundo Platão, é o único que possui a sabedoria
(σοφία) para reger racionalmente as ações políticas do Estado a fim de assegurar
verdadeiramente a felicidade dos cidadãos. Na figura do filósofo, se sintetiza a união
entre sabedoria e política.

Então ele disse: – Após proferir semelhante discurso, esperas, por certo, Sócrates, ver muita gente, e não sem valor, arrancar, por assim dizer, os trajes, e nus, agarrando a primeira arma ao seu alcance, preci- 474 a pitar-se sobre ti com todas as forças, no intuito de praticar maravilhas. Se não os rechaçares com as armas da razão, e se não lhes escapares, aprenderá à tua própria custa o que significa escarnecer.

– Não serás tu a causa disso? – perguntei.

– Tive razão de agir como agi – respondeu ele. – Entretanto, não te trairei, ajudar-te-ei tanto quanto possa; ora, posso mostrar-me benevolente e encorajar-te; talvez, mesmo, responderei com mais justeza do que outro a tuas perguntas. Seguro de tal auxílio, tenta provar aos b incrédulos que isso é assim como afirmas.

– Tentarei – redargüi – visto me ofereceres tão poderosa aliança. Portanto, parece-me necessário, se pretendemos escapar das pessoas a que referiste, distinguir quais os filósofos a que nos referimos quando ousamos dizer que é preciso confiar-lhes o governo, a fim de, feita esta distinção, estarmos em condições de nos defender, mostrando que a uns convêm por natureza envolver-se com a filosofia e governar a c cidade e a outros convém não envolver-se com a filosofia e obedecer ao governante.

– Seria tempo de efetuar esta distinção – disse.

– Vamos!, segue-me e vejamos se, de uma maneira ou de outra, podemos explicar-nos suficientemente.

– Avante – disse ele.

– Muito bem! Será necessário lembrar-te, ou ainda te lembras, que, ao se dizer de alguém que ele ama algo, não se entende por isso, se se fala com acerto, que ama uma parte dessa coisa e não outra, mas que aprecia essa coisa por inteiro?

– É necessário, creio, mo lembrar, pois não me recordo bem disso. d

– Assentaria a outro, Glauco, falar como falas; mas um homem enamorado não deve esquecer que todos os que estão na flor da idade excitam e emocionam, de um ou de outro modo, os amantes e admiradores dos jovens, porque todos se lhe afiguram dignos de seus desvelos e de seu carinho. Não é assim que procedeis, vós outros, em relação aos belos rapazes. Elogiais num o nariz achatado, após denominá-lo encantador; pretendeis que o nariz aquilino de outro é real e o nariz médio de um terceiro é perfeitamente; para vós, os que têm a tez morena possuem ar viril e os que a têm alva são filhos dos deuses. E a expressão "tez e amarela cor de mel", crês que ela foi criada por outro que um amante a lisonjear assim o palor com uma frase terna, nada achando nele de desagradável sobre a face de juventude? Em suma, aproveitais todos

214 A REPÚBLICA DE PLATÃO

475 a os pretextos, empregais todas as expressões para não repelir nenhum daqueles em quem desabrocha a flor da idade.

– Se queres dizer, tomando-me como exemplo, que os namorados agem deste modo, consinto, no interesse da discussão.

– Mas como? – continuei – não vês que as pessoas dadas ao vinho procedem da mesma forma e jamais lhes faltam pretextos para dar boas vindas a toda espécie de vinho?

– Sim, vejo-o muito bem.

– Vês também, penso, o que os ambiciosos, quando não conseguem o alto comando, comandam um terço de tribo e, quando não são honrados por gente de uma classe superior e respeitável, contentam-se b em sê-lo por gente de uma classe inferior e desprezível, porque são ávidos de distinções, quaisquer que sejam.

– Perfeitamente.

– Agora, responde-me: se dissermos de alguém que ele deseja uma coisa, afirmaremos com isso que a deseja na sua totalidade, ou que deseja dela apenas isso e não aquilo?

– Que ele a deseja em sua totalidade – respondeu.

– Assim, diremos que o filósofo deseja a sabedoria, não nesta ou naquela de suas partes, mas inteira.

– É certo.

– Não diremos de quem se mostra rebelde às ciências, sobretudo c se for jovem e não distinguir ainda o que é útil do que não é, que ele é amigo do saber e filósofo: do mesmo modo, não se diz de um homem inapetente, que ele tem fome, ou que deseja algum alimento, mas que está sem apetite.

– Sim, e teremos razão.

– Mas quem deseja degustar de toda ciência, que se lança alegremente ao estudo e nele se revela insaciável, a este denominaremos a justo título filósofo, não é?[50]

d Então Glauco disse: – Segundo isso, terás numerosos e estranhos filósofos, pois é o que me parecem sê-lo todos os que gostam dos espetáculos, por causa do prazer que sentem em aprender; porém, os mais extravagantes a incluir nesta classe são as pessoas ávidas de entender que, por certo, não assistiriam de bom grado a uma discussão como a nossa, mas que, como se tivessem alugado as orelhas para ouvir todos os coros, correm às Dionisíacas, não perdendo nem as da cidade, nem

50. Cf. *Laques*, 182d-e.

LIVRO V 215

a dos campos[51]. Chamaremos filósofos todos estes homens e os que denotam ardor em aprender coisas semelhantes e os que estudam as e artes inferiores?

– Seguramente não; esta gente tem apenas a aparência de filósofos.

– Quais são pois, na tua opinião, os verdadeiros filósofos?

– Os que se comprazem na contemplação da verdade – respondi.

– Tens certamente razão – replicou; – mas o que entendes por isso?

– Não seria absolutamente fácil explicá-lo a outro; mas creio que me concederás o seguinte.

– O quê?

– Visto ser o belo o oposto do feio, estas são duas coisas distintas.

– Como não?

476 a

– Mas visto serem duas coisas distintas, cada uma delas é uma?

– Sim.

– O mesmo acontece com o justo e o injusto, com bom e o mau e com todas as outras formas: cada uma, tomada em si, é uma; mas, devido ao fato de entrarem em comunidade com ações, corpos, e entre si, aparecem em toda parte e cada uma parece múltipla[52].

– Tens razão – disse ele.

– É neste sentido que distingo, de um lado, os que amam os espe- táculos, as artes e são homens práticos, e de outro, aqueles de que se b trata em nosso discurso, os únicos que se pode justamente denominar filósofos.

– Em que sentido? – indagou.

– Os primeiros – respondi – cuja curiosidade reside toda nos olhos e nos ouvidos, amam as belas vozes, as belas figuras, as belas cores e

51. As "Grandes Dionisíacas" (ou "Dionisíacas Urbanas") eram as festas que se realizavam anualmente em Atenas por volta do mês de março, onde havia parti- cipação de gregos de várias localidades e regiões diferentes. Esse festival consistia numa procissão com a estátua de Dioniso carregada em cima de um carro e na apresentação de novas tragédias e comédias durante três dias consecutivos. Havia também as "Dionisíacas Rústicas", que se realizavam nas zonas rurais por volta do mês de dezembro. Nelas também aconteciam apresentações dramáticas.

52. Platão menciona pela primeira vez aqui a "Teoria das Formas" (ou das Idéias), que será apresentada acuradamente no Livro VI. Neste passo da discussão do Livro IV, essa teoria aparece apenas como um pressuposto que Glauco admite como verdadeiro; não se trata, portanto, de uma exposição dessa teoria. O princípio é o seguinte: há a forma de cada coisa (εἶδος, ou ἰδέα, seu equivalente semântico), que é uma e que é objeto do conhecimento inteligível; e há uma multiplicidade de objetos da realidade sensível (ações, corpos etc.) que participam dessas formas, de modo a aparecer múltiplo aquilo que é um. Em suma, Platão considera como princípio a distinção entre o âmbito inteligível e o âmbito sensível.

216 A REPÚBLICA DE PLATÃO

todas as obras onde entra algo de semelhante, mas sua inteligência é incapaz de ver e amar a natureza do belo em si.

– Sim, assim é – observou.

– Mas o que não são capazes de se alçar até o próprio belo e vê-lo em sua essência, não são raros?

c – Muito raros.

– Aquele, portanto, que conhece as belas coisas, mas nem acredita que possa existir a beleza em si e que não poderia seguir o guia que quisesse levá-lo a este conhecimento, te parece viver em sonho ou desperto?[53] Pondera: sonhar, para alguém, não significa, quer esteja dormindo ou acordado, tomar a semelhança de uma coisa, não por uma semelhança, mas pela própria coisa?

– Seguramente, isto é sonhar.

– Mas quem acredita, ao contrário, que o belo existe em si, que
d pode contemplá-lo em sua essência e nos objetos que dele participam, quem nunca toma as coisas belas pelo belo, nem o belo pelas coisas belas, te parece este viver desperto ou em sonho?

– Desperto, sem dúvida – respondeu.

– Logo, não diríamos com razão que seu pensamento é conhecimento, pois conhece, enquanto o do outro é opinião[54], pois este outro julga pelas aparências?

– Por certo.

– Mas se este último, que, segundo nós, julga pelas aparências
e e não conhece, se exalta e contesta a verdade de nossa asserção, não seria aconselhável acalmá-lo e falar-lhe brandamente, sem dar-lhe a perceber que se encontra doente?

– Sim, respondeu, é o que teríamos de fazer.

– Pois bem!, veja o que lhe diremos; ou melhor, queres que o interroguemos, assegurando-lhe que não lhe invejamos de modo algum os conhecimentos que possa ter, ao contrário, que rejubilamos ele saiba alguma coisa? "Mas, indagar-lhe-emos, dize-me: aquele que conhece, conhece algo ou nada?" Glauco, responde por ele.

– Eu responderia que conhece algo.

– Que é ou que não é?

---

53. Cf. Livro VII, 533b-c.

54. Platão apresenta outra distinção fundamental de seu pensamento: entre conhecimento (γνώμη ou ἐπιστήμη) e opinião (δόξα). Esse ponto ficará ainda mais claro na "Imagem da Linha" do Livro VI (cf. 509d-511d). Essa distinção já aparece claramente em Parmênides (Fr. 8 DK, vv. 51-3).

LIVRO V 217

– Que é; pois como conhecer o que não é?[55] 477 a

– Neste caso, sem levar adiante o nosso exame, estamos suficientemente certos do seguinte: que o que é perfeitamente pode ser perfeitamente conhecido, e o que não existe de modo algum não pode ser de modo algum conhecido[56].

– Estamos suficientemente certos disso.

– Seja; mas se houvesse algo que fosse e não fosse ao mesmo tempo, não ocuparia o meio entre o que é absolutamente e o que não é de maneira nenhuma?

– Sim, ocuparia este meio.

– Se, portanto, o conhecimento versa sobre o ser, e a ignorância, necessariamente sobre o não-ser, cumpre procurar, para o que ocupa o meio entre o ser e o não-ser, algum intermediário entre a ciência e a b ignorância, suposto que exista algo semelhante.

– Sem dúvida.

– Mas é isso outra coisa exceto a opinião?[57]

– Certamente!

– É uma capacidade distinta da ciência ou idêntica a ela?

– É uma capacidade distinta.

– Assim, a opinião tem o seu objeto à parte e a ciência igualmente, cada qual segundo a sua própria capacidade.

– Sim.

– E a ciência, versando por natureza sobre o ser, tem por objeto conhecer o que é o ser[58]. Mas creio que primeiro devemos explicarnos assim.

---

55. Cf. Platão, *Parmênides*, 132b-c. Esta frase da *República* é quase uma citação de um verso de Parmênides (Fr. 2 DK, vv. 7-8):

οὔτε γὰρ ἂν γνοίης τό γε μὴ ἐὸν (οὐ γὰρ ἀνυστόν)
οὔτε φράσαις.

Pois não conhecerias o que não é (pois é impossível),
nem o dirias.

56. Esta divisão entre "o que pode ser conhecido" (γνωστόν) e "o que não pode ser conhecido" (ἀγνωστόν) diz respeito a uma propriedade dos objetos.

57. Górgias, *Elogio de Helena*, 11, Fr. 11 DK):

ἡ δὲ δόξα σφαλερὰ καὶ ἀβέβαιος οὖσα σφαλεραῖς καὶ ἀβεβαίοις εὐτυχίαις περιβάλλει τοὺς αὐτῆι χρωμένους.

A opinião, uma vez que é instável e incerta, em sorte instável e incerta envolve os que a ela se apegam.

58. Platão emprega o termo "ciência" (ἐπιστήμη) em seu sentido técnico, i.e., segundo a sua teoria epistemológica e metafísica do mundo. "Ciência" (ἐπιστήμη) designa aqui o conhecimento estável e verdadeiro do ser, em oposição à opinião (δόξα). Essa estabilidade própria da ciência se fundamenta justamente nessa relação estreita com o âmbito do ser, que garante, por sua vez, a sua objetividade

218 A REPÚBLICA DE PLATÃO

– Como?

c — Diremos que as capacidades são um gênero de seres que nos tornam capazes, a nós e a todos os outros agentes, das operações que nos são próprias. Por exemplo, digo que a visão e a audição são capacidades. Compreendes o que entendo por este nome genérico?

– Compreendo, sem dúvida – respondeu.

– Ouve, pois, qual é o meu pensamento a respeito das capacidades. Não vejo nelas cor, nem figura, nem qualquer desses atributos que muitas outras coisas possuem e em relação aos quais faço em mim mesmo d distinções entre estas coisas. Não considero numa capacidade senão o objeto ao qual ela se aplica e os efeitos que opera: por este motivo, dei a todas o nome de capacidades e denomino idênticas aquelas que se aplicam ao mesmo objeto e operam os mesmos efeitos, e diferentes aquelas cujo objeto e cujos efeitos são diferentes. E tu como fazes?

– Da mesma maneira – respondeu.

– Agora prossigamos, excelente amigo – disse eu; – incluis a ciência no número das capacidades ou em outro gênero de seres?

– Eu a incluo no número das capacidades: ela é mesmo a mais forte de todas.

e — E a opinião? Classificá-la-emos entre as capacidades ou em outra classe?

– De nenhuma forma – respondeu – pois a opinião não é senão a capacidade que nos permite julgar pela aparência.

– Mas há um instante apenas convieste que ciência e opinião são coisas distintas.

– Sem dúvida. E como poderia um homem sensato confundir o que é infalível com o que não o é?

478 a — Bem – continuei; – assim é evidente que distinguimos a opinião da ciência.

– Sim.

– Por conseqüência, cada uma delas tem por natureza um efeito distinto sobre um objeto distinto.

– Necessariamente.

– A ciência sobre aquilo que é, para conhecer como se comporta o ser.

– Sim.

(nesse sentido, Platão se insere na tradição parmenídica de pensamento). Até este passo do diálogo, o termo "ciência" (ἐπιστήμη) estava sendo empregado em seu sentido genérico, i.e., designando a capacidade e a competência de "saber fazer algo", equivalente semântico de "arte" (τέχνη). Esses dois sentidos de "ciência" (ἐπιστήμη) coexistem na filosofia platônica.

LIVRO V 219

– E a opinião, dizemos nós, para julgar pela aparência.

– Sim.

– Mas conhece ela o que a ciência conhece? A mesma coisa pode ser ao mesmo tempo objeto da ciência e da opinião? Ou é impossível?

– Segundo nós, é impossível; pois, se capacidades diferentes têm por natureza objetos diferentes, se, além disso, ciência e opinião são b duas capacidades diferentes, segue-se que o objeto da ciência não pode ser o da opinião.

– Se, portanto, o objeto da ciência é o ser, o da opinião será outra coisa diferente do ser.

– Diferente.

– Mas a opinião pode versar sobre o não-ser? Ou é impossível conhecer por meio dela o que não é? Reflete: quem opina, opina sobre alguma coisa, ou se pode opinar e não opinar sobre nada?

– É impossível.

– Assim aquele que opina, opina sobre uma certa coisa.

– Sim.

– Mas, por certo denominar-se-ia com muita justiça o não-ser de c nada e não de uma certa coisa.

– Seguramente.

– Por isso tivemos, com toda necessidade, de relacionar o ser à ciência e o não-ser, à ignorância.

– Fizemos muito bem.

– O objeto da opinião não é, portanto, o ser nem o não-ser.

– Não.

– E, por conseguinte, a opinião não é ciência nem ignorância.

– Não, ao que parece.

– Está, pois, além de uma ou de outra, superando a ciência em clareza ou a ignorância em obscuridade?

– Não.

– Então te parece ela mais obscura do que a ciência e mais clara do que a ignorância?

– Certamente – respondeu ele.

– Encontra-se entre uma e outra? d

– Sim.

– A opinião é, portanto, algo intermediário entre a ciência e a ignorância.

– De fato.

– Ora, não declaramos anteriormente que se deparássemos uma coisa que fosse e não fosse ao mesmo tempo, esta coisa ocuparia o meio entre o ser puro e o não-ser absoluto, e não seria objeto da ciência

220 A REPÚBLICA DE PLATÃO

nem da ignorância, mas do que apareceria como intermediário entre ambas?

– Nós o declaramos com razão.

– Mas se afigura, agora, que este intermediário é o que denominamos opinião.

– Assim se afigura.

e – Resta-nos, portanto, encontrar, parece, qual é esta coisa que participa ao mesmo tempo do ser e do não-ser, e que não é exatamente nem um nem outro: se a descobrirmos, chamá-la-emos a justo título objeto da opinião, consignando os extremos aos extremos e os intermediários aos intermediários, não é?

– Sem dúvida.

– Posto isto, que me responda, diria eu, este homem de bem que não 479 a crê na beleza em si, na idéia do belo eternamente imutável, mas reconhece somente a multidão das belas coisas, este amador de espetáculos que não suporta a afirmativa de que o belo é um, assim como o justo e as outras realidades semelhantes: "Dentre estas numerosas coisas belas, excelente homem, dir-lhe-emos, há uma que não possa parecer feia?[59] ou entre as justas, uma injusta? ou entre as sagradas, uma ímpia?"

b – Não, respondeu, sob algum aspecto, é necessário que as coisas belas também possam parecer-nos feias, e assim por diante.

– E os numerosos duplos? Podem parecer não menos metades do que duplos?

– Certo.

– Digo outro tanto das coisas que se denominam grandes ou pequenas, pesadas ou leves; cada uma dessas qualificações lhes convém mais do que a qualificação contrária?

– Não, elas têm sempre algo de uma e algo de outra.

– Estas numerosas coisas são mais do que não são o que se diz que são?

– Elas se assemelham – respondeu ele – a estas palavras equívo-c cas que se proferem nos banquetes e ao enigma das crianças sobre o eunuco que derruba o morcego[60], onde se diz de maneira misteriosa

---

59. Cf. Platão, *Banquete*, 210e-211b.

60. Esse "enigma infantil" a que se refere Platão é, segundo uma das duas versões oferecida pelo escoliasta, o seguinte:

αἰνός τίς ἐστιν ὡς ἀνήρ τε κοὐκ ἀνήρ ὄρνιθα κοὐκ ὄρνιθ᾽ ἰδών τε κοὐκ ἰδών, ἐπὶ ξύλου τε κοὐ ξύλου καθημένην λίθῳ τε κοὐ λίθῳ βάλοι τε κοὐ βάλοι.

Há um enigma de que um homem, que não é um homem, tendo visto e não tendo visto um pássaro que não é pássaro sentado numa árvore que não é árvore, atirou-lhe e não atirou-lhe uma pedra que não é pedra.

LIVRO V 221

com o que ele o tingiu e sobre o que estava o morcego empoleirado. Estas numerosas coisas de que falas possuem um caráter ambíguo e nenhuma pode ser fixamente concebida como ser ou como não-ser, ou em conjunto uma e outra coisa, ou nem uma nem outra.

– O que fazer delas, por conseguinte, e onde colocá-las melhor do que entre o ser e o não-ser? Elas não poderão se apresentar mais obscuras que o não-ser nem ultrapassá-lo em inexistência, nem mais claras e mais existentes do que o ser.   d

– Certamente não – disse.

– Verificamos, pois, segundo parece, que as diversas idéias da multidão concernente ao belo e às demais coisas similares, rolam, de algum modo, numa região intermediária entre nada e o ser absoluto.

– Sim, verificamos.

– Mas havíamos convencionado de antemão que, se tal coisa fosse descoberta, cumpriria dizer que é o objeto da opinião e não o objeto do conhecimento, sendo o que erra assim, num espaço intermediário, apreendido por uma capacidade intermediária.

– Convencionamos, sim.

– Assim os que passeiam seus olhares sobre numerosas coisas   e belas, mas não percebem o belo em si próprio e não podem seguir quem os queira conduzir a tal contemplação, que enxergam muitas coisas justas sem enxergar a própria justiça, e assim no restante, estes, diremos nós, opinam sobre tudo mas nada conhecem das coisas sobre as quais opinam.

– Necessariamente.

– Mas o que diremos dos que contemplam as coisas em si mesmas, em sua essência imutável? Que possuem conhecimentos e não opiniões, não é?

– Isto é igualmente necessário.

– Não diremos também que eles têm apego e amor às coisas que constituem o objeto da ciência, enquanto os outros só os têm às coisas   480 a que constituem o objeto da opinião? Não te lembras que dizíamos destes últimos que eles amam e admiram as belas vozes, as belas cores e as outras coisas parecidas, mas não admitem a existência do belo em si mesmo?

– Sim, lembro-me.

– Portanto, far-lhes-emos injustiça chamando-os mais amigos da

---

A explicação desse enigma seria esta: um eunuco mirou um morcego que ele viu imperfeitamente empoleirado num junco e errou o alvo ao atirar-lhe uma pedra-pomes.

opinião do que da sabedoria?[61] Irritar-se-ão muito contra nós se os tratarmos desta maneira?

– Não, se quiserem acreditar em mim – disse ele – pois não é permitido irritar-se contra a verdade.

– Dever-se-á, portanto, chamar filósofos, e não filodoxos, os que em tudo se apegam à realidade.

– Sem nenhuma dúvida.

---

61. Platão faz aqui um jogo de palavras: de um lado, o φιλόσοφος *[philoso-phos]*, lit. "amante da sabedoria", e de outro, o φιλόδοξος *[philodoxos]*, lit. "amante da opinião".

LIVRO VI

– Assim pois, Glauco, com algum trabalho e ao termo de uma dis- 484 a
cussão bastante longa, distinguimos os filósofos dos que não o são.
– Talvez – disse ele – não fosse fácil consegui-lo numa breve
discussão.
– Talvez – confessei. – E creio mesmo que a coisa teria sido
levada ao mais alto grau de evidência, se tivéssemos de discorrer tão-
somente sobre este ponto e se não restassem muitas outras questões a
tratar, para discernir bem em que a vida do homem justo difere da do
homem injusto.   b
– O que temos, pois, a tratar – perguntou ele – depois disso?
– Oh!, o que mais senão o que se segue imediatamente? Visto serem filósofos os que podem alcançar o conhecimento do ser imutável,
enquanto os que não podem fazê-lo, errando na multiplicidade dos
objetos cambiantes[1], não são filósofos, quais devem ser tomados por
chefes da cidade?
– O que dizer para dar uma resposta apropriada?
– Os que parecerem capazes de velar pelas leis e instituições da
cidade são os que devemos estabelecer como guardiães.   c
– Está bem – disse ele.

---

1. Ver supra n. 52, p. 215.

224   A REPÚBLICA DE PLATÃO

– Mas – prossegui – surge o problema de saber se é a um cego ou a uma pessoa dotada de vista penetrante que se deve confiar a guarda de um objeto qualquer?

– Como – replicou – surgiria ele?

– Ora, no que diferem, segundo tu, dos cegos os que estão privados do conhecimento do ser real de cada coisa, que não dispõem em suas almas de nenhum modelo luminoso, nem podem, à maneira dos pintores[2], volver seus olhares para o verdadeiro absoluto[3] e, depois de

d   o contemplar com a maior atenção, reportar-se-lhe para instituir neste mundo[4] as leis do belo, do justo e do bom, se necessário for instituí-las, ou velar por salvaguardá-las, se já existentes?

– Por Zeus – anuiu – eles não diferem muito dos cegos!

– Tomá-los-emos, portanto, como guardiães, de preferência aos que conhecem o ser de cada coisa e que, além disso, não lhes são inferiores em experiência, nem em outro gênero de mérito?

– Seria absurdo escolher outros que não estes, se, no restante, nada perdem em relação aos primeiros; pois no ponto que é talvez o mais importante, eles detêm a superioridade.

485 a   – É preciso dizer agora de que maneira poderão unir a experiência à especulação?

– Certamente.

– Como afirmamos no início deste colóquio[5], cumpre primeiro conhecer bem a índole que lhes é própria; e penso que, se chegarmos neste particular a um acordo satisfatório, concordaremos também em que podem aliar a experiência à especulação e que é a eles, e não a outrem, que deve caber o governo da cidade.

– Como assim?

– Convenhamos de início, a respeito das índoles filosóficas, que

b   elas amam sempre a ciência, porque ela pode dar-lhes a conhecer esta

---

2. Cf. Livro v, 501a-b.

3. Platão alude provavelmente à Idéia do Bem quando se refere ao "verdadeiro absoluto" (τὸ ἀληθέστατον); mas ele não a nomeia porque a discussão sobre a Idéia do Bem (cf. 504d-506b) e sobre a Teoria das Formas (cf. 508a-509d) acontecerá posteriormente no Livro vi.

4. Platão se refere à distinção entre o mundo sensível (empírico) e o mundo inteligível (noético); não se trata, portanto, de uma distinção espacial entre dois mundos, mas apenas de uma distinção feita pelo pensamento.

5. Cf. Livro v, 474b-c.

LIVRO VI   225

essência eterna que não está submetida às vicissitudes da geração e da corrupção[6].

– Convenhamos.

– E que amam esta ciência por inteiro, não renunciando de bom grado a qualquer de suas partes, pequena ou grande, honrada ou desprezada, como os ambiciosos e os apaixonados de que falamos há pouco[7].

– Tens razão – observou.

– Considera agora se os que precisam ser como acabamos de dizer c não terão necessariamente de possuir na alma uma outra qualidade.

– Qual?

– A sinceridade, e uma disposição natural para não admitir voluntariamente a mentira, mas para odiá-la e amar a verdade.

– É provável – respondeu.

– Não só, meu amigo, é provável, como é absolutamente necessário que aquele que sente naturalmente amor por alguém, preze tudo quanto se aparente e se prenda ao objeto de seu amor.

– Tens razão – disse ele.

– Ora, poderias encontrar algo que se prenda mais estreitamente à ciência do que a verdade?[8]

– E como poderia? – perguntou.

– Pode, portanto, ocorrer que a mesma natureza seja ao mesmo tempo amiga da sabedoria e amiga da mentira?   d

---

6. Os objetos do mundo inteligível (as ἰδέαι "idéias" ou εἴδη "formas", como Platão definirá adiante) não estão sujeitos às vicissitudes do devir (geração e corrupção). São, portanto, eternos e imutáveis, sempre iguais a si mesmos; são eles os verdadeiros seres (τὰ ὄντα). Os objetos do mundo sensível (τὰ φαινόμενα), em contrapartida, vêm a ser, i.e., quando gerados, adquirem uma determinação particular, e quando perdem essa determinação, são corrompidos. Nesse sentido, são efêmeros e mutáveis, e não permanecem sempre iguais a si mesmos. Essa distinção é o fundamento da metafísica platônica que será apresentada neste Livro VI (cf. 508a-511c).

7. Cf. Livro V, 474c.

8. Platão, *Górgias*, 454d4-7:

ΣΩ: Καλῶς γὰρ οἴει· γνώσῃ δὲ ἐνθένδε. εἰ γὰρ τίς σε ἔροιτο· "᾽Αρ᾽ ἔστιν τις, ὦ Γοργία, πίστις ψευδὴς καὶ ἀληθής;" φαίης ἄν, ὡς ἐγὼ οἶμαι.

ΓΟΡ: Ναί.

ΣΩ: Τί δέ; ἐπιστήμη ἐστὶν ψευδὴς καὶ ἀληθής;

ΓΟΡ: Οὐδαμῶς.

Sócrates: E julgas bem; logo entenderás. Se alguém te perguntasse "Porventura há, Górgias, uma crença falsa e uma verdadeira?," tu confirmarias, como presumo.

Górgias: Sim.

Sócrates: E então? Há um conhecimento falso e um verdadeiro?

Górgias: De forma nenhuma.

226 A REPÚBLICA DE PLATÃO

– De forma alguma.

– Por conseqüência, quem ama realmente a sabedoria deve, desde a juventude, aspirar tão vivamente quanto possível a aprender toda a verdade.

– Certo.

– Mas nós sabemos que, quando os desejos se dirigem com força a um único objeto, são mais fracos quanto ao resto, como um curso d'água desviado para esta única via.

– Sem dúvida.

– Assim, quando os desejos de um homem se voltam para as ciências e tudo o que lhes toca, creio que perseguem os prazeres que a alma experimenta em si mesma e que abandonam os do corpo[9], ao
e menos se se trata de um homem verdadeiramente filósofo e que não finge apenas sê-lo.

– Necessariamente.

– Tal homem é temperante e de modo algum amigo das riquezas; pois as razões pelas quais se busca a fortuna, com o seu acompanhamento de largos gastos, podem ser levados em conta por qualquer outro, exceto por ele.

– Certo.

486 a – É preciso ainda considerar o seguinte ponto, se queres distinguir a natureza filosófica da que não o é.

– Qual?

– Adverte que ela não possui nenhuma baixeza de sentimentos: pois a mesquinhez de espírito é quiçá o que mais repugna a uma alma que deve tender incessantemente a abraçar, no seu conjunto e na sua totalidade, as coisas divinas e as humanas.

– Nada mais verdadeiro, disse.

– Mas acreditas que um homem dotado de elevação de pensamento e a quem é dado contemplar todos os tempos e todos os seres, possa encarar a vida humana como algo de grande?

– É impossível – respondeu.

b – Assim, não pensará que a morte seja coisa a temer[10].

– Por nada no mundo.

---

9. Sobre os prazeres do corpo, ver supra n. 52, p. 171.

10. Cf. Platão, *Fédon*, 61c-69c. Não temer a morte já era um atributo dos guardiães da cidade, como foi dito no Livro III (cf. 386b-c). Mas nesta passagem do Livro VI, esse atributo decorre da contemplação intelectual da totalidade do tempo e dos seres.

LIVRO VI 227

– Logo, uma natureza covarde e baixa não terá nenhum comércio, parece, com a verdadeira filosofia.

– Não, em meu parecer.

– Mas como!, um homem moderado, isento de avidez, baixeza, arrogância e covardia, pode ser, de alguma maneira, insociável e injusto?

– De forma nenhuma.

– Portanto, quando quiseres distinguir a alma filosófica da que não o é, observarás, desde os primeiros anos, se ela se mostra justa e branda, ou insociável e selvagem.

– Perfeitamente.

– Tampouco negligenciarás o seguinte, suponho.   c

– O quê?

– Se ela tem facilidade ou dificuldade em aprender; de fato, podes esperar de alguém que se apegue fortemente ao que realiza com muito esforço e pouco êxito?

– Não, jamais.

– Mas então!, se é incapaz de reter algo do que aprende, se se apresenta cheio de esquecimento, pode ocorrer que não se apresente vazio de ciência?

– Não.

– Dando-se inutilmente ao trabalho, não pensas que será forçado, ao fim, a odiar-se a si próprio e a esse gênero de estudos.

– Como não seria forçado?

– Assim nunca admitiremos uma alma desprovida de memória   d entre as almas aptas à filosofia, pois desejamos que elas sejam dotadas de boa memória.

Certamente.

– Mas a deficiência de gosto e decência acarreta inevitavelmente, diremos nós, a falta de medida[11].

---

11. Aristóteles, *Ética Nicomaquéia*, II, 2, 1104a 11-27:

πρῶτον οὖν τοῦτο θεωρετέον, ὅτι τὰ τοιαῦτα πέφυκεν ὑπ' ἐνδείας καὶ ὑπερβολῆς φθείρεσθαι, (δεῖ γὰρ ὑπὲρ τῶν ἀφανῶν τοῖς φανεροῖς μαρτυρίοις χρῆσθαι) ὥσπερ ἐπὶ τῆς ἰσχύος καὶ τῆς ὑγιείας ὁρῶμεν· τά τε γὰρ ὑπερβάλλοντα γυμνασία καὶ τὰ ἐλλείποντα φθείρει τὴν ἰσχύν, ὁμοίως δὲ καὶ τὰ ποτὰ καὶ τὰ σιτία πλείω καὶ ἐλάττω γινόμενα φθείρει τὴν ὑγίειαν, τὰ δὲ σύμμετρα καὶ ποιεῖ καὶ αὔξει καὶ σώζει. οὕτως οὖν καὶ ἐπὶ σωφροσύνης καὶ ἀνδρείας ἔχει καὶ τῶν ἄλλων ἀρετῶν. ὅ τε γὰρ πάντα φεύγων καὶ φοβούμενος καὶ μηδὲν ὑπομένων δειλὸς γίνεται, ὅ τε μηδὲν ὅλως φοβούμενος ἀλλὰ πρὸς πάντα βαδίζων θρασύς· ὁμοίως δὲ καὶ ὁ μὲν πάσης ἡδονῆς ἀπολαύων καὶ μηδεμιᾶς ἀπεχόμενος ἀκόλαστος, ὁ δὲ πᾶσαν φεύγων, ὥσπερ οἱ ἄγροικοι, ἀναίσθητός τις· φθείρεται δὴ σωφροσύνη καὶ ἡ ἀνδρεία ὑπὸ τῆς ὑπερβολῆς καὶ τῆς ἐλλείψεως, ὑπὸ δὲ τῆς μεσότητος σώζεται.

228   A REPÚBLICA DE PLATÃO

— Sem dúvida.

— Ora, acreditas que a verdade se vincule à medida ou à falta de medida?

— À medida.

— Por conseguinte, afora os outros dons, procuremos no filósofo um espírito dotado de medida e graça, cujas disposições inatas hão de conduzir facilmente à Idéia de cada ser.

— Muito bem.

e   — Mas não te parece que as qualidades que acabamos de enumerar se ligam entre si e são todas indispensáveis a uma alma que deve participar[12], de forma plena e perfeita, no conhecimento do ser?

487 a   — Elas lhe são absolutamente necessárias.

— É, pois, possível culpar em algum ponto uma profissão que nunca exerceremos convenientemente se não formos, por natureza, dotados de memória, de facilidade de aprender, de grandeza de alma e graça; se não formos amigos e como que aliados da verdade, da justiça, da coragem e da temperança?[13]

— Não — confessou ele — o próprio Momo[14] nada encontraria aí de repreensível.

— Pois bem!, não é a tais homens, amadurecidos pela educação e pela idade, que confiarás o governo da cidade?

b   Adimanto tomou então a palavra: — Sócrates — disse ele — ninguém

---

Devemos então observar primeiramente isto, que coisas desse tipo são naturalmente destruídas pela falta ou pelo excesso, como vemos suceder à força e à saúde (é preciso recorrermos a testemunhos evidentes nos casos que não são evidentes): o excesso e a falta de exercícios físicos destroem a força, e da mesma forma o excesso e a falta de comida e bebida destroem a saúde, enquanto o uso comedido as produz, as engrandece e as conserva. O mesmo também acontece com relação à temperança, à coragem e às demais virtudes: aquele que de tudo foge e a tudo teme, sem jamais se manter firme, torna-se covarde, enquanto aquele que nada teme absolutamente e que tudo enfrenta torna-se temerário; da mesma forma, também aquele que se deleita com todo prazer e não se abstém de nenhum torna-se intemperante, enquanto aquele que foge de todos, como sucede aos homens rústicos, torna-se insensível. Tanto a temperança quanto a coragem, então, são destruídas pelo excesso e pela falta, e são conservadas pelo meio-termo.

12. O termo "participar" ($\mu\epsilon\tau\alpha\lambda\acute{\eta}\psi\epsilon\sigma\theta\alpha\iota$) faz parte do vocabulário técnico da filosofia platônica. Ele designa a "participação" das coisas múltiplas, pertencentes ao âmbito sensível, no mundo das idéias (âmbito inteligível). Todavia, não se trata aqui de uma relação ontológica, e, sim, da compreensão cognoscível do ser ($\tau\grave{o}$ $\acute{o}\nu$) pelos homens (no caso, os filósofos).

13. Essa enumeração da virtudes do filósofo corresponde à dos dialéticos (cf. Livro VII, 535a-536d)

14. Momo, um dos filhos da Noite, era o deus da maledicência (cf. Hesíodo, Teogonia, v. 214). Seu nome, etimologicamente, significa "censura, reprovação" ($\mu\hat{\omega}\mu o\varsigma$).

poderia opor algo a teus raciocínios. Mas eis o que a gente sente sempre que te ouve discorrer tal como acabas de fazer: imaginamos que, por inexperiência na arte de interrogar e responder, nos deixamos desencaminhar um pouco em cada questão, e estas pequenas irregularidades, acumulando-se, surgem, ao fim da conversação, sob a forma de um grande erro, totalmente contrário ao que se acordara no começo; e assim como no gamão os jogadores inábeis acabam bloqueados pelos hábeis, a ponto de não saberem qual peça adiantar, do mesmo modo fica o teu c interlocutor bloqueado e não sabe o que falar nesta espécie de gamão em que a gente joga, não com pedras, mas com argumentos[15]; e, no entanto, ele não mais se inclina a pensar que a verdade esteja em teus discursos. Digo isso em relação à presente discussão: pois agora seria possível te responder que, se nada há a opor em palavras a cada uma de tuas questões, na realidade o que se vê efetivamente é que todos os que se aplicam à filosofia, e que, depois de estudá-la na juventude para fins de instrução, não a abandonam, porém lhe permanecem dedicados, d tornam-se na maioria personagens inteiramente extravagantes[16], para não dizer inteiramente perversos, ao passo que os que parecem os melhores, estragados todavia por este estudo que enalteces, são inúteis para as cidades[17].

E eu, depois de ouvi-lo, perguntei-lhe: – Julgas que os que proferem tais palavras não dizem a verdade?

– Não sei – respondeu – mas gostaria de conhecer a tua opinião neste sentido.

– Saiba, pois, que eles me parecem dizer a verdade.

– Mas então – replicou – com que fundamento se pode pretender e que não haverá término para os males que afligem as cidades, enquanto estas não forem governadas por tais filósofos que reconhecemos, de outra parte, lhes ser inúteis?[18]

15. Cf. Platão, *Sofista,* 230b-d.
16. Cf. Platão, *Eutidemo,* 306e.
17. Outra crítica à dialética "socrática", similar a esta de Adimanto, se encontra no diálogo *Hípias Menor* (cf. 369b).
18. Essa mesma crítica de Adimanto aos filósofos, ressaltando sua inaptidão para a política, também aparece num discurso da personagem Cálicles no diálogo *Górgias* (484c5-e3):

φιλοσοφία γάρ τοί ἐστιν, ὦ Σώκρατες, χαρίεν, ἄν τις αὐτοῦ μετρίως ἅψηται ἐν τῇ ἡλικίᾳ· ἐὰν δὲ περαιτέρω τοῦ δέοντος ἐνδιατρίψῃ, διαφθορὰ τῶν ἀνθρώπων. ἐὰν γὰρ καὶ πάνυ εὐφυὴς ᾖ καὶ πόρρω τῆς ἡλικίας φιλοσοφῇ, ἀνάγκη πάντων ἄπειρον γεγονέναι ἐστὶν ὧν χρὴ ἔμπειρον εἶναι τὸν μέλλοντα καλὸν κἀγαθὸν καὶ εὐδόκιμον ἔσεσθαι ἄνδρα. καὶ γὰρ τῶν νόμων ἄπειροι γίγνονται τῶν κατὰ τὴν πόλιν, καὶ τῶν λόγων οἷς δεῖ χρώμενον ὁμιλεῖν ἐν τοῖς συμβολαίοις τοῖς

230 A REPÚBLICA DE PLATÃO

– Formulas uma questão a que só posso responder por uma imagem.

– Contudo – disse ele – parecem-me que não tens por hábito exprimir-te por imagens!

488 a
– Bem – prossegui; – zombas de mim depois de me teres enredado num problema tão difícil de resolver. Ora pois, ouve a minha comparação a fim de ver melhor ainda o quanto estou ligado a esse processo. O tratamento que os Estados dispensam aos homens mais sábios é tão duro que ninguém no mundo sofre tratamento semelhante e que, para compor uma imagem, quem deseja defendê-los, é obrigado a reunir os traços de múltiplos objetos, à maneira dos pintores que representam animais meio bodes e meio cervos, e outras junções do mesmo gênero. Imagina, portanto, algo parecido que se passe a bordo de um ou de muitos barcos. O patrão[19] excede, em estatura e em força, todos

b os membros da tripulação, mas é um tanto surdo, um tanto míope e possui, em matéria de navegação, conhecimentos tão curtos quanto a sua vista. Os marinheiros disputam entre si o timão: cada qual acha que lhe cabe segurá-lo, embora nada conheça de sua arte e não possa indicar sob qual mestre e em que época ele a aprendeu[20]. Ainda mais, pretendem que não se trata de uma arte que se aprenda e se alguém ousa declarar o contrário, estão prontos a reduzi-lo a pedaços. Rondando

c incessantemente o patrão, acossam-no com seus pedidos, e usam de todos os meios para que ele lhes confie o timão; e se ocorre que não consigam persuadi-lo e que outros o consigam, matam estes últimos e os atiram pela amurada. Em seguida, apoderam-se do bravo piloto, quer adormecendo-o com mandrágora, quer embriagando-o, quer ainda de

ἀνθρώποις καὶ ἰδίᾳ καὶ δημοσίᾳ, καὶ συλλήβδην τῶν ἠθῶν παντάπασιν ἄπειροι γίγνονται. ἐπειδὰν οὖν ἔλθωσιν εἴς τινα ἰδίαν ἢ πολιτικὴν πρᾶξιν, καταγέλαστοι γίγνονται, ὥσπερ γε οἶμαι οἱ πολιτικοί, ἐπειδὰν αὖ εἰς τὰς ὑμετέρας διατριβὰς ἔλθωσιν καὶ τοὺς λόγους, καταγέλαστοί εἰσιν.

A filosofia, Sócrates, é de fato graciosa, desde que se esbarre nela comedidamente na idade certa; mas se se gastar com ela mais tempo que o devido, é a ruína dos homens. Pois se alguém tiver uma ótima natureza mas ficar filosofando além da idade, é forçoso que se torne inexperiente em tudo aquilo que deve ser experiente o homem que pretende ser belo, bom e bem reputado. Além disso, eles [os homens] se tornam inexperientes nas leis da cidade, e absolutamente inexperientes nos discursos que se deve empregar nas relações de transação públicas e privadas, nos prazeres e apetites humanos, e, em suma, nos costumes. Então, quando se deparam com alguma ação particular ou política, tornam-se motivo de riso, como julgo que acontece com os políticos: quando se envolvem com vossa ocupação e vossos discursos, tornam-se ridículos.

19. O "patrão" (ναύκληρος) é o dono do barco; na alegoria construída por Platão, ele estaria representando o *demo* ("povo") da cidade democrática.

20. De forma alegórica, Platão está se referindo aqui ao problema da possibilidade ou não de se ensinar a arte política (τέχνη πολιτική). No diálogo *Protágoras* (cf. 319a-320b), sua resposta é negativa.

LIVRO VI   231

outra maneira; senhores do barco, apossam-se então de tudo o que ele
contém e, bebendo e festejando, navegam como pode navegar gente
assim; além disso, louvam e intitulam bom marinheiro, excelente pilo-   d
to, mestre na arte náutica, a quem saiba ajudá-los a tomar o comando,
usando de persuasão ou de violência[21] para com o patrão – e censuram
como inútil a quem quer que não os ajude: não têm a mínima noção de
que para ser piloto de verdade é preciso estudar o tempo, as estações
e o céu, bem como os astros e os ventos, se deseja tornar-se realmente
capaz de governar um navio; quanto à maneira de comandar, com ou
sem assentimento desta ou daquela parte da equipagem, não julgam   e
que seja possível aprendê-la, pelo estudo ou pela prática, e ao mesmo
tempo a arte da pilotagem. Não achas que nos barcos onde se produzem
semelhantes cenas o verdadeiro piloto será tratado pelos marujos de   489 a
contemplador dos astros, de vão discursador e de imprestável?
    – Sem dúvida – respondeu Adimanto.
    – Não necessitas, creio eu, ver esta comparação explicada para
reconhecer nela a imagem do tratamento que é infligido aos verdadeiros
filósofos na cidade: espero que compreendas meu pensamento.
    – Sem dúvida.
    – Apresenta, pois, primeiramente, esta comparação a quem se
espanta de ver que os filósofos não são honrados nas cidades, e procura
convencê-lo que seria maravilha bem maior que eles o fossem.   b
    – Hei de fazê-lo.
    – Acrescenta que não te enganavas em declarando que os mais
sábios entre os filósofos são inúteis para as multidões, mas faze ver
que são causa desta inutilidade os que não empregam os sábios e não
os próprios sábios. Não é natural, com efeito, que o piloto peça aos
marujos que se deixem governar por ele, nem que os sábios se postem
à espera nas portas dos ricos. O autor deste gracejo disse falsidade[22].

---

21. Essa associação entre persuasão e violência aludida aqui por Platão, como
se persuadir fosse uma espécie de violência contra a alma de quem é persuadido,
também aparece no *Elogio de Helena* de Górgias. Nesse discurso, Górgias se propõe
a acabar com a má fama de Helena por causa de sua partida com Páris para Tróia. Ele
enumera, então, quatro causas possíveis que teriam levado Helena a fazer o que fez
(§6): (i) desígnio dos deuses, (ii) violência física, (iii) persuasão e (iv) amor. Górgias
tenta mostrar que, nessas quatro situações possíveis, Helena teria sido forçada involuntariamente a partir com Páris. Se não houve então vontade própria, não se pode
imputar-lhe responsabilidade moral por seu ato. Portanto, ser violentado pela força
física seria, na argumentação de Górgias, similar a ser persuadido pelo discurso.
    22. Segundo Aristóteles (cf. *Retórica*, II, 16, 1391a 10-3), a esposa do tirano
Hieron perguntou a Simônides se ele preferia ser sábio ou rico, e ele respondeu
o seguinte:

232 A REPÚBLICA DE PLATÃO

A verdade é que, rico ou pobre, o doente deve bater à porta do médico
c e quem quer que necessite de um chefe deve bater à porta do homem
capaz de comandar: não cabe ao chefe, se ele pode ser verdadeiramente útil, pedir aos governados que se submetam à sua autoridade.
Assim, comparando os políticos que hoje governam aos marinheiros
que mencionamos há pouco, e os que são por eles tratados de inúteis,
e tagarelas contempladores dos astros, aos verdadeiros pilotos, não te
enganarás.

– Muito bem.

– Segue daí que é difícil em semelhante caso que a melhor profissão seja apreciada pelos que buscam fins contrários aos dela. Porém,
d a mais grave e a mais séria acusação que atinge a filosofia lhe vem,
se possível, dos que pretendem cultivá-la e que, segundo consideras,
levam o detrator deste estudo a afirmar que a maioria dos que se lhe
dedicam são totalmente perversos e que os mais sábios são inúteis,
opinião que, contigo, reconheci como verdadeira, não é?

– Certamente.

– Mas não acabamos de encontrar a razão da inutilidade dos melhores entre os filósofos?

– De fato.

– Acerca da perversidade da maioria, queres tu que, posto isto,
procuremos a causa necessária e tentemos demonstrar, se pudermos,
e que esta causa não é a filosofia?

– Certamente.

– Pois bem!, ouçamos e chamemos à nossa memória a descrição
há pouco[23] feita por nós do caráter que é preciso ter recebido da natu-
490 a reza para tornar-se um homem nobre e bom. De início, este caráter era
guiado, se te lembras, pela verdade, que ele havia de seguir em tudo
e em toda parte, sob pena de, usando de impostura, não participar de
maneira nenhuma da verdadeira filosofia.

– Sim, foi o que dissemos.

"πλούσιον" εἰπεῖν· τοὺς σοφοὺς γὰρ ἔφη ὁρᾶν ἐπὶ ταῖς τῶν πλουσίων θύραις διατρίβοντας

Rico, pois vejo que os sábios gastam o seu tempo diante das portas dos ricos.

Sobre Simônedes, ver supra n. 13, p. 27. Anedota similar também encontramos em Diógenes Laércio (*Vidas e Doutrinas dos Filósofos Ilustres*, II, 69), que diz que o tirano Dioniso perguntou a Aristipo porque os filósofos vão às casas dos ricos, e não o contrário, e esse respondeu o seguinte:

ὅτι οἱ μὲν ἴσασιν ὧν δέονται, οἱ δ' οὐκ ἴσασιν.

Porque uns conhecem as suas necessidades, enquanto outros não as conhecem.

23. Cf. Livro VI, 485a-c.

LIVRO VI   233

– Ora, sobre este ponto, a opinião hoje reinante não é cabalmente oposta?

– Sim – concordou ele.

– Mas não teremos razão de responder em nossa defesa que o verdadeiro amigo da ciência se esforça naturalmente rumo ao ser e não se detém na multidão das coisas particulares às quais a opinião dá existência, mas procede sem desfalecimento, e não arrefece o seu ardor, até que haja penetrado a essência de cada coisa com o elemento de sua alma a que compete penetrá-la – isto compete ao elemento congênere a esta essência[24], – e, depois, tendo-se aproximado e unido à verdadeira realidade, e tendo engendrado a inteligência e a verdade, alcança o conhecimento e vive verdadeiramente e se nutre, encontrando aí, e jamais antes, o repouso para as dores do partejamento?[25] b

– Isto seria responder tão razoavelmente quanto possível – disse ele.

– Mas então?, um tal homem será levado a amar a mentira ou, bem ao contrário, a detestá-la?

– A detestá-la – redargüiu ele. c

– E por certo, quando a verdade serve de guia, não diremos, suponho, que o coro dos vícios marcha em seu séqüito.

– Como, de fato, se poderia dizê-lo?

– Ao contrário, é o dos costumes puros e justos que a temperança acompanha.

– Tens razão, disse.

– Será, pois, mister agora enumerar de novo, insistindo na sua necessidade, as demais virtudes que compõem a índole filosófica? Como te recordas, vimos desfilar sucessivamente a coragem, a grandeza de alma, a facilidade de aprender e a memória. Então nos objetastes que, sem dúvida, todo homem seria forçado a convir com o que dizíamos, d mas que, pondo de lado os discursos, e voltando a olhar para as personagens em questão, ele diria ver perfeitamente que umas são inúteis e a maior parte, de uma perversidade rematada. Procurando a causa desta acusação, chegamos a examinar por que a maioria dos filósofos é perversa e é o que nos obriga a retomar uma vez mais a definição da natureza dos verdadeiros filósofos.

---

24. Sobre a semelhança entre a alma e o verdadeiro ser, cf. *Fédon,* 79d; *Timeu,* 90a-c; *República,* x, 611e.

25. Essa é uma característica fundamental do filósofo: ele volta seus esforços para o ser (τὸ ὄν), para conhecer a natureza (φύσις) de cada coisa tomada em si mesma, e não se detém, como a maior parte dos homens, na multiplicidade do mundo sensível, i.e., no domínio da opinião (δόξα) e/ou da aparência (τὸ φαινόμενον). O filósofo é um "amante do conhecimento" (φιλομαθής).

234 A REPÚBLICA DE PLATÃO

e — É realmente isso.

— Devemos agora considerar as degradações desta natureza: como ela se perde entre o maior número, como não escapa à corrupção, exceto em alguns poucos, aqueles a quem se cognomina, não perversos, porém 491 a inúteis; consideraremos, em seguida, aquele que finge imitá-la e se atribui seu papel: quais as índoles que usurpando uma profissão acima de sua capacidade e de que são indignas, resultam em mil desvios e prestam à filosofia esta irritante reputação que assinalas.

— Mas – indagou ele – quais são as degradações de que falas?

— Tentarei – redargüi – se for capaz, descrevê-las. Todo mundo convirá conosco, espero, que tais naturezas, reunindo todas as quali- b dades que exigimos do filósofo consumado, aparecem raramente e em pequeno número; não achas, também?

— De fato.

— No tocante a estas raras índoles, considera presentemente quão numerosas e poderosas são as causas de destruição.

— Quais são elas?

— O mais estranho de compreender é que não há uma só das qua- lidades por nós elogiadas nessas naturezas que não destrua a própria alma e a afaste da filosofia: quero dizer, a coragem, a temperança e as demais virtudes que há pouco enumeramos.

— É de fato estranho de compreender – confessou.

c — Além do mais – prossegui – tudo aquilo a que se dá o nome de bens perverte a alma e a afasta da filosofia: beleza, riqueza, poderosas alianças na cidade e todas as demais vantagens deste gênero; com isso tens, sem dúvida, uma idéia geral das coisas a que me refiro.

— Sim, respondeu, mas eu teria prazer em ver-te especificar mais.

— Compreende, pois, bem este princípio geral: ele te parecerá muito claro, e o que acabo de dizer sobre o assunto não terá para ti nada de estranho.

— Como queres que eu faça? – perguntou ele.

d — Todo germe – repliquei – ou todo rebento, quer se trate de plantas ou de animais, que não encontra nutrição, clima e lugar que lhe convém, requer, bem sabemos, tanto mais desvelos quanto for mais vigoroso, pois o mal é mais contrário ao que é bom do que o que não é[26].

---

26. Xenofonte, *Memoráveis*, IV, I, 3-4:
οὐ τὸν αὐτὸν δὲ τρόπον ἐπὶ πάντας ἤει, ἀλλὰ τοὺς μὲν οἰομένους φύσει ἀγαθοὺς εἶναι, μαθήσεως δὲ καταφρονοῦντας ἐδίδασκεν ὅτι αἱ ἄρισται δοκοῦσαι εἶναι φύσεις μάλιστα παιδείας δέονται, ἐπιδεικνύων τῶν τε ἵππων τοὺς εὐφυεστάτους, θυμοειδεῖς τε καὶ σφοδροὺς ὄντας, εἰ μὲν ἐκ νέων

LIVRO VI   235

– Sem dúvida.

– É portanto conforme à razão que uma natureza excelente, submetida a um regime contrário, torne-se pior do que uma natureza medíocre.

– Sim.

– Não diremos tampouco, Adimanto, que as almas mais bem   e
dotadas, quando recebem má educação, tornam-se más ao último grau? Ou julgas que os grandes crimes e a perversidade consumada provêm de uma natureza medíocre e não de uma natureza vigorosa, e que uma alma débil jamais pode fazer grandes coisas, seja no bem, seja no mal?

– Não, penso como tu.

– Se, pois, esta natureza que atribuímos ao filósofo recebe o ensi-   492 a
namento que lhe convém, é necessário que, desenvolvendo-se, chegue a todas as virtudes; mas se foi semeada, se cresceu e sorveu a nutrição num solo inconveniente é necessário que produza todos os vícios, a menos que um deus lhe traga ajuda. Crês também, como a multidão, que haja alguns jovens corrompidos pelos sofistas e alguns sofistas, simples particulares, que os corrompem, a ponto de o fato ser digno de menção? Não pensas antes que aqueles que falam desse modo são eles mesmos os maiores sofistas, e que sabem perfeitamente instruir e   b
moldar à sua vontade moços e velhos, homens e mulheres?

δαμασθεῖεν, εὐχρηστοτάτους καὶ ἀρίστους γιγινομένους, εἰ δὲ ἀδάμαστοι γένοιντο, δυσκαθεκτοτάτους καὶ φαυλοτάτους· [...] ὁμοίως δὲ καὶ τῶν ἀνθρώπων τοὺς εὐφυεστάτους, ἐρρωμενεστάτους τε ταῖς ψυχαῖς ὄντας καὶ ἐξεργαστικωτάτους ὧν ἂν ἐγχειρῶσι, παιδευθέντας μὲν καὶ μαθόντας ἃ δεῖ πράττειν, ἀρίστους τε καὶ ὠφελιμωτάτους γίγνεσθαι· πλεῖστα γὰρ καὶ μέγιστα ἀγαθὰ ἐργάζεσθαι· ἀπαιδεύτους δὲ καὶ ἀμαθεῖς γενομένους κακίστους τε καὶ βλαβερωτάτους γίγνεσθαι· κρίνειν γὰρ οὐκ ἐπισταμένους ἃ δεῖ πράττειν, πολλάκις πονηροῖς ἐπιχειρεῖν πράγμασι, μεγαλείους δὲ καὶ σφοδροὺς ὄντας δυσκαθέκτους τε καὶ δυσαποτρέπτους εἶναι, δι' ὃ πλεῖστα καὶ μέγιστα κακὰ ἐργάζεσθαι.

[Sócrates] não se dirigia a todos do mesmo modo; aos que julgavam ser bons por natureza, mas desprezavam os estudos, ensinava que as naturezas que pareciam ser as melhores são as que mais precisam de educação, mostrando que, se os cavalos mais bem dotados naturalmente, impetuosos e ardorosos, forem domados desde novos, se tornarão os melhores e os mais úteis; mas se não forem domados, se tornarão os mais débeis e irrefreáveis. [...] O mesmo sucede também aos homens mais bem dotados por natureza, àqueles que possuem o mais forte ânimo e são os mais energéticos em tudo o que fazem: se forem educados e aprenderem como se deve agir, se tornarão os melhores e os mais benéficos homens, e realizarão os maiores e mais numerosos bens; mas se não tiverem educação e forem ignorantes, se tornarão os piores e trarão os maiores prejuízos, pois não sabem discernir como se deve agir, dando cabo muitas vezes a atos desprezíveis; sendo magníficos e ardorosos, serão irrefreáveis e recalcitrantes, por causa do que realizarão os maiores e mais numerosos males.

236   A REPÚBLICA DE PLATÃO

– E quando fazem isso? – inquiriu ele.

– Quando, sentados em filas compactas nas assembléias, nos tribunais, nos teatros, nos campos e em toda parte onde se faz multidão, censuram determinadas palavras ou determinadas ações e aprovam outras, em ambos os casos com grande algazarra e de maneira exa-
c gerada, berrando e aplaudindo, enquanto os rochedos[27] e os lugares em derredor fazem eco e redobram o estrépito da censura e do elogio. Em meio a tais cenas, não sentira, o jovem como se diz, o coração lhe fraquejar? Que educação especial resistirá a semelhante impacto, sem se submergir a tantas censuras e elogios e ser arrastada ao capricho de suas correntes? O jovem não dirá que são belas e feias as mesmas coisas que a multidão? Não se prenderá às mesmas coisas que ela? Não se lhe tornará semelhante?

d   – Com toda necessidade, Sócrates.

– E, no entanto, não falamos ainda da maior prova a que deve suportar.

– Qual?

– A que estes educadores e esses sofistas infligem de fato quando não conseguem persuadir pelo discurso. Não sabes que punem a quem não se deixa convencer, cobrindo-o de infâmia, condenando-a à multa ou à pena de morte?[28]

– Sei muito bem disso – respondeu.

– Ora, que sofista ou discurso de orientação oposta à deles poderá vencê-los nesta luta?

e   – Não há outro, parece-me.

– Não, sem dúvida – reatei – e inclusive tentar semelhante coisa constituiria grande loucura. Não há, nunca houve e nem haverá caráter formado na virtude contra as lições que a multidão subministra: falo de caráter *humano*, meu caro camarada, pois, como diz o provérbio, deixe-
493 a mos o divino fora do discurso. Sabe com efeito que se, em semelhantes

27. Platão se refere possivelmente aqui aos rochedos de Pnix, onde passou a ser realizada a Assembléia ateniense devido à Guerra do Peloponeso (entre Atenas e Esparta).

28. Alusão possível à morte de Sócrates, que foi condenado a tomar cicuta sob a acusação de que corrompia a juventude e cria em outras divindades que não as da cidade (cf. Platão, *Apologia de Sócrates,* 24b-c). A "infâmia" (ἀτιμία), e por conseguinte o exílio, era uma forma de punição que constava no direito público ateniense; era um meio eficaz de repreender os inimigos da *pólis*. O "confisco" e a "pena de morte", por sua vez, foram dois expedientes muito utilizados durante a Tirania dos Trinta (404 a.C.), no final da Guerra do Peloponeso; durante o período democrático, no entanto, eram raramente utilizados.

LIVRO VI 237

governos, existir um que se salve e se torne o que deve ser, podes afirmar sem medo de errar que ele deve isso a uma proteção divina[29].

– Não sou tampouco de opinião diferente.

– Então poderias ser ainda de minha opinião sobre o seguinte.

– Sobre o quê?

– Todos estes indivíduos mercenários, que o povo denomina sofistas e encara como seus rivais, não ensinam outras máximas senão as que o próprio povo professa nas assembléias, e é o que denominam sabedoria. Seria o caso do indivíduo que, depois de ter observado os movimentos instintivos e os apetites de um animal grande e robusto, por onde é preciso aproximar-se dele e por onde tocá-lo, quando e por b que ele se irrita ou se apazigua, quais gritos costuma lançar em cada ocasião, e que tom de voz o amansa ou o amedronta, após haver aprendido tudo isso através de uma longa experiência, chamasse tal coisa de sabedoria e, tendo-a sistematizado numa espécie de arte, se pusesse a ensiná-la, embora não soubesse verdadeiramente o que, destes hábitos e destes apetites, é belo ou feio, bom ou mau, justo ou injusto, confor- c mando-se no emprego destes termos aos instintos do grande animal, denominado bom o que rejubila e mau o que importuna, sem poder legitimar de outro modo tais qualificações, nomeando justo e belo o necessário, porque não viu e não é capaz de mostrar aos outros o quanto a natureza do necessário difere, na realidade, da do bom. Semelhante indivíduo, por Zeus!, não te pareceria um estranho educador?[30]

29. Platão, *Leis,* XII, 951b4-7:
εἰσὶ γὰρ ἐν τοῖς πολλοῖς ἄνθρωποι ἀεὶ θεῖοί τινες - οὐ πολλοί - παντὸς ἄξιοι συγγίγνεσθαι, φυόμενοι οὐδὲν μᾶλλον ἐν εὐνομουμέναις πόλεσιν ἢ καὶ μή.
Há em meio à multidão certos homens divinos, não muitos, que são absolutamente dignos de se conviver, nascidos tanto em cidades bem legisladas quanto em cidades mal legisladas.

30. O ponto principal dessa crítica de Platão ao modelo de educação dos sofistas é acusar esses profissionais, que cobravam dinheiro para ensinar os jovens a terem sucesso na carreira política (i.e., a "arte política" τέχνη πολιτική, cf. *Protágoras,* 317d-319b), de se voltarem apenas para as paixões e os apetites do público, sem atentar para o que é o verdadeiro bem. A "sabedoria" (σοφία) do sofista, a que se dá o título de "arte" (τέχνη), é justamente saber discernir o que agrada e o que não agrada o público, chamando o primeiro de bem e o segundo de mal, i.e., igualando prazer e bem, de um lado, e dor e mal, de outro. Platão acusa os sofistas, de um modo geral, de terem como escopo somente causar prazer e deleite ao público, através do que conseguem persuadi-lo, e não instrui-lo realmente a respeito do que seja o verdadeiro bem e o verdadeiro mal. No diálogo *Górgias,* Platão nega o estatuto de "arte" (τέχνη) à retórica, que era a principal disciplina ensinada pelos sofistas, chamando-a, em contrapartida, de "adulação" (κολακεία). O argumento platônico, que se aproxima do que é dito aqui na *República*, tem dois fundamentos: (i) que o

238 A REPÚBLICA DE PLATÃO

– Por certo! – disse ele.

– Pois bem!, que diferença existe entre este homem e o que faz
d a sabedoria consistir em conhecer os sentimentos e os gostos de uma
multidão composta de gente de toda espécie, quer se trate de pintura, de música, ou de política?[31] É claro que, se alguém se apresenta
perante esta turba para lhe submeter um poema, uma obra de arte ou
um projeto de utilidade pública, e se entrega sem reserva à autoridade
dela, há de ser para ele uma necessidade diomediana[32], como se diz,
conformar-se ao que ela aprovar. Ora, já ouviste alguma vez um dos
que a compõem provar que tais obras são verdadeiramente belas, a não
ser por motivos ridículos?

e – Jamais, e pouco me importa, respondeu.

– Uma vez bem entendido tudo isso, lembra-te do seguinte[33]: é
possível que o povo admita e conceba que é o belo em si, e não a mul-
494 a tidão das belas coisas, que existe, ou cada coisa em si, e não a multidão
das coisas particulares?

– Por nada neste mundo – respondeu.

– Em conseqüência, é impossível que o povo seja filósofo.

– Impossível.

– É necessário que os filósofos sejam por ele censurados.

– Sim.

– E também por aqueles indivíduos que adulam as multidões para
granjear-lhes a simpatia[34].

– De acordo com isso, que probabilidades de salvação vês tu para
a natureza filosófica, que lhe permita perseverar no estudo até atingir a
b perfeição? Concebe-a segundo o que dissemos mais acima: conviemos,

---

retor visa somente agradar o público, somente o prazer (ἡδονή), e não o maior bem
(τὸ βέλτιστον) (Platão, nesse diálogo, considera o bem e o prazer como coisas
opostas), e (ii) que ele não examina a natureza e a causa desse prazer, agindo de forma absolutamente irracional, na medida em que desconhece a natureza daquilo que
cuida (i.e., da alma) e não consegue dar razão a suas próprias ações (cf. 464b-466a;
500e-501a). A censura de Platão aos sofistas aparece em inúmeros diálogos.

31. Essa associação entre música, que compreende a poesia (ver supra n. 29,
p. 85), e política é comum no pensamento de Platão. No diálogo *Górgias* (cf. 502c12),
ele define a poesia (ἡ ποιητική) como "certa oratória popular" (δημηγορία τις).

32. Segundo o escólio dessa passagem da *República,* essa expressão se refere
ao modo como Odisseu foi tratado por Diomedes quando retornavam ao acampamento aqueu, depois de terem assaltado o Paládio. Odisseu tentou matar Diomedes,
mas acabou fracassando; Diomedes, então, amarrou-lhe as mãos e o conduziu ao
acampamento batendo nele com a lâmina da espada.

33. Cf. Livro v, 476c-d.

34. Menção implícita aos sofistas e políticos. Ver supra n. 30, p. 237.

LIVRO VI   239

com efeito, que a facilidade de aprender, a memória, a coragem e a grandeza de alma pertencem à natureza filosófica.

– Sim.

– Logo, desde a infância, este homem não será o primeiro em tudo, particularmente se, nele, as qualidades do corpo corresponderem às da alma.

– Como poderia ser de outro modo? – perguntou.

– Ora, quando for de idade mais avançada, seus parentes e concidadãos quererão utilizar-lhe os talentos para os seus interesses.

– Como não?

– Depositarão a seus pés súplicas e homenagens, cativando e   c lisonjeando antecipadamente o seu futuro poder.

– Comumente, com efeito, é assim que acontece.

– O que desejas, pois, que ele faça em tais conjunturas, sobretudo se nasceu numa grande cidade, se é rico, nobre, agradável, além de possuir um belo físico?[35] Não se encherá de esperanças extraordinárias, imaginando-se capaz de governar os helenos e os bárbaros?[36] e, depois disso, não irá fazer de si mesmo um juízo exagerado e inflar-se   d de orgulho vazio e insensato?

– Seguramente – respondeu.

– E se, estando assim disposto, alguém, aproximando-se suavemente, lhe fizesse ouvir a linguagem da verdade, lhe dissesse que a ele falta razão, e que necessita dela, mas que só pode adquiri-la submetendo-se-lhe, julgas que, em meio de tantas más influências, consentiria em dar-lhe ouvidos?

---

35. É possível que se trate de uma alusão a Alcebíades, que era notório por sua beleza física e por sua riqueza. Plutarco ressalta justamente essas duas características de Alcebíades neste trecho (*Vidas Paralelas*, "Alcebíades", 4, 1):

Ἤδη δὲ πολλῶν καὶ γενναίων ἀθροιζομένων καὶ περιεπόντων, οἱ μὲν ἄλλοι καταφανεῖς ἦσαν αὐτοῦ τὴν λαμπρότητα τῆς ὥρας ἐκπεπληγμένοι καὶ θεραπεύοντες, ὁ δὲ Σωκράτους ἔρως μέγα μαρτύριον ἦν τῆς πρὸς ἀρετὴν εὐφυΐας τοῦ παιδός, ἣν ἐμφαινομένην τῷ εἴδει καὶ διαλάμπουσαν ἐνορῶν, φοβούμενος δὲ τὸν πλοῦτον καὶ τὸ ἀξίωμα καὶ τὸν προκαταλαμβάνοντα κολακείαις καὶ χαίρισιν ἀστῶν καὶ ξένων καὶ συμμάχων ὄχλον, οἷος ἦν ἀμύνειν καὶ μὴ περιορᾶν ὥσπερ φυτὸν ἐν ἄνθει τὸν οἰκεῖον καρπὸν ἀποβάλλον καὶ διαφθεῖρον.

Dentre os inúmeros homens nobres que se aglutinavam em torno de Alcebíades e o cortejavam, a maioria estava claramente arrebatada pelo fulgor de sua juventude e por esse fulgor velavam, ao passo que o amor de Sócrates era um grande testemunho da disposição natural do rapaz para a virtude. Sócrates via essa disposição natural manifesta e fulgurante em sua forma física, mas temia a riqueza, o prestígio e que a turba de cidadãos, estrangeiros e aliados, o dominassem com lisonjas e agrados; ele o protegia e dele não descuidava, como se a planta abortasse e corrompesse na flor o fruto que dela nasce.

36. Cf. Platão, *Alcebíades I*, 105b.

240 A REPÚBLICA DE PLATÃO

– Nem de longe – respondeu.

– Se, no entanto, devido às suas boas disposições naturais e à afinidade destes discursos com a sua natureza, ele os escutasse, se deixasse dobrar e arrastar para a filosofia, como, pensamos nós, hão de agir os outros, convictos de que vão perder o seu apoio e amizade? Discursos, ações, não porão tudo em prática, quer junto dele para que não se deixe persuadir, quer junto de quem pretenda persuadi-lo para que não o consiga, seja estendendo-lhe secretamente armadilhas, seja citando-o publicamente perante os tribunais?[37]

495 a   – É de toda necessidade.

– Pois bem! Em semelhantes circunstâncias pode ainda ocorrer que este jovem se torne filósofo?

– Não.

– Vês portanto – prossegui – que não erramos ao declarar[38] que os elementos componentes da natureza filosófica, quando estragados por má educação, levam-na a declinar de alguma forma de sua vocação, e tal como o fazem os denominados bens: a riqueza e outras vantagens do gênero.

– Não, não erramos – respondeu.

– Tal é, meu admirável amigo, em toda a sua amplitude, a corrup-
b ção que perde as melhores naturezas, feitas para a melhor das profissões e, de outra parte, tão raras, como já observamos. São de homens assim que saem, tanto os que ocasionam os maiores males às cidades e aos particulares, como os que lhe causam o maior bem, quando, por sorte, trilham esse caminho; mas uma natureza medíocre nunca faz algo de grande em favor ou em detrimento de pessoa alguma, seja com relação à cidade, seja a particulares.

– Nada mais verdadeiro – disse.

– Portanto, como estes homens, nascidos para a filosofia, se
c afastaram dela e largaram-na só e infecunda, a fim de levar uma vida contrária à natureza deles e à verdade, outros, indignos introduzem-se junto desta órfã desamparada por seus próximos, desonram-na e atraem sobre ela as exprobrações que, dizes, os seus detratores lhe imputam: a saber, que dentre os que têm comércio com ela, alguns não prestam para nada e a maioria merece os maiores males[39].

---

37. Um dos pontos da acusação contra Sócrates no processo judicial era a sua amizade com Alcebíades e Crítias, que, segundo o acusador, haviam prejudicado a cidade politicamente (cf. Xenofonte, *Memoráveis*, 1, 2, 12-14). Mas, nesse caso, Sócrates era acusado apenas de cumplicidade.

38. Cf. Livro vi, 491b-e.

39. Cf. Livro vi, 489d e 487c-d.

LIVRO VI 241

– De fato – observou – é exatamente o que se diz.

– E não sem razão – reatei. – Pois, vendo a praça desocupada, mas
cheia de belos nomes e belos títulos, homens ordinários, à maneira de   d
evadidos da prisão que se refugiam nos templos, desertam alegremente
suas profissões em favor da filosofia, quando são muitos hábeis em
seus pequenos ofícios. Tanto mais que, em relação às outras artes, a
filosofia mesmo no estado a que está reduzida, conserva uma eminente
dignidade que a torna procurada por uma multidão de pessoas de natureza inferior, nas quais o exercício de um trabalho manual desgastou
e mutilou a alma e ao mesmo tempo que deformou o corpo. E não é   e
isso inevitável?

– Sem dúvida, respondeu.

– Ao vê-las, não dão a impressão exata de algum aprendiz de
ferreiro calvo e baixo que, tendo ganho dinheiro e se libertado recentemente de seus ferros, corre ao banho, aí se limpa, enverga um hábito
novo e, adornado como um noivo, vai desposar a filha de seu mestre
que a pobreza e o isolamento reduziram a tal extremo?

– É realmente isso – respondeu.   496 a

– Ora, que filhos nascerão provavelmente de semelhantes esposos?
Seres bastardos e desprezíveis?

– Necessariamente.

– Pois bem!, estas almas indignas da cultura, quando se apro-
ximarem da filosofia e mantiverem com ela indigno comércio, que
pensamentos e que opinião, segundo nós, há de produzir? Sofismas,
não é?, para designá-los pelo verdadeiro nome – nada de legítimo, nada
que encerre uma parte de autêntica sabedoria.

– Com toda certeza – conveio ele.

– Bem diminuto, ó Adimanto, é, pois, o número restante dos que
podem ter dignamente comércio com filosofia: talvez algum nobre ca-   b
ráter formado por boa educação e salvo pelo exílio, que, à falta de toda
influência corruptora, permanece fiel à sua natureza e à sua vocação;
ou alguma grande alma, nascida numa cidade humilde, que despreza
e desdenha os cargos públicos; talvez ainda alguma rara e feliz índole
que passa para a filosofia, desertando outra profissão que a justo título
considera inferior. O freio de nosso camarada Teages[40] também pode
reter alguns. Teages, com efeito, foi dotado de todas as qualidades
que o distanciam da filosofia, mas os cuidados que exige o seu corpo
doentio conservam-no fiel a ela para afastá-lo da vida política. Quanto   c
a nós, mal convém que falemos de nosso sinal divino, pois a ninguém

40. Cf. Platão, *Apologia de Sócrates*, 33e.

242 A REPÚBLICA DE PLATÃO

antes de mim aconteceu nada semelhante[41]. Ora, dentre este pequeno
número, aquele que se tornou filósofo e saboreou a doçura e a felicidade
que proporciona a posse da sabedoria, que viu bem a loucura da multidão e como não há por assim dizer ninguém que faça algo de sensato
no domínio dos negócios públicos, aquele que sabe não possuir aliado
d com o qual pudesse ir em socorro da justiça sem perder-se, mas que,
ao contrário, como um homem caído no meio de animais ferozes,
que nem se dispusesse a participar de seus crimes, nem se sentisse
capaz de, sozinho, resistir a estes seres selvagens, pela certeza de vir a
perecer muito antes de poder servir à pátria e aos amigos, sem proveito
algum nem a si mesmo nem aos outros: penetrado por tais reflexões,
mantém-se quieto e ocupa-se de seus próprios afazeres; semelhante ao
viajor que, durante uma tempestade enquanto o vento levanta turbilhões
de poeira e chuva, se abriga atrás de um pequeno muro, ele vê os outros
manchados de iniqüidades e é feliz se consegue viver sua vida neste
e mundo, isento de injustiça e atos ímpios, e abandoná-la, sorrindo e
tranqüilo, com uma bela esperança.

497 a   – Na verdade – observou – ele não se irá sem ter realizado grandes
coisas.

– Sim, mas não terá cumprido a sua mais alta destinação, por
não haver encontrado um governo conveniente[42]. Pois num governo

---

41. Platão, *Apologia de Sócrates*, 31c4-d5 (cf. também Xenofonte, *Memoráveis*, I, 1):

Ἴσως ἂν οὖν δόξειεν ἄτοπον εἶναι, ὅτι δὴ ἐγὼ ἰδίᾳ μὲν ταῦτα συμβολεύω
περιιὼν καὶ πολυπραγμονῶ, δημοσίᾳ δὲ οὐ τολμῶ ἀναβαίνων εἰς τὸ πλῆθος τὸ
ὑμέτερον συμβουλεύειν τῇ πόλει. τούτου δὲ αἴτιόν ἐστιν ὃ ὑμεῖς ἐμοῦ πολλάκις
ἀκηκόατε πολλαχοῦ λέγοντος, ὅτι μοι θεῖόν τι καὶ δαιμόνιον γίγνεται [φωνή], ὃ
δὴ καὶ ἐν τῇ γραφῇ ἐπικωμῳδῶν Μέλητος ἐγράψατο. ἐμοὶ δὲ τοῦτ' ἔστιν ἐκ
παιδὸς ἀρξάμενον, φωνή τις γιγνομένη, ἣ ὅταν γένηται ἀεὶ ἀποτρέπει με τοῦτο
ὃ ἂν μέλλω πράττειν, προτρέπει δὲ οὔποτε. τοῦτ' ἔστιν ὅ μοι ἐναντιοῦσθαι τὰ
πολιτικὰ πράττειν, καὶ παγκαλῶς γέ μοι δοκεῖ ἐναντιοῦσθαι.

Talvez possa parecer absurdo que eu, em particular, ande por aí a dar conselhos e me
ocupe com inúmeras coisas, ao passo que, em público, não ouse aconselhar a cidade
dirigindo-me à multidão de que vós fazeis parte. A causa disso é o que vós já ouvistes
muitas vezes de mim em várias ocasiões: a voz divina de um *daimon* que surge em mim,
de que Meleto também zomba em sua acusação. Essa voz se manifesta em mim desde
quando era criança; ela, quando surge, sempre me desvia do que estou prestes a fazer, e
jamais me impele para tal. É isso o que me impede de participar dos afazeres políticos, e
parece-me impedir de forma absolutamente correta.

42. Aristóteles, *Ética Nicomaquéia*, I, 1094b 7-10:

εἰ γὰρ καὶ ταὐτόν ἐστιν ἑνὶ καὶ πόλει, μεῖζόν γε καὶ τελειότερον τὸ τῆς πόλεως
φαίνεται καὶ λαβεῖν καὶ σῴζειν· ἀγαπητὸν μὲν γὰρ καὶ ἑνὶ μόνῳ, κάλλιον δὲ καὶ
θειότερον ἔθνει καὶ πόλεσιν.

Mesmo que o bem seja o mesmo para um só indivíduo e para a cidade, o bem da cidade
é aparentemente melhor e mais completo para adquirir e conservar. Embora seja também
satisfatório que um só indivíduo o adquira e o conserve, é mais belo e divino que nações
e cidades o adquiram e o conservem.

LIVRO VI 243

conveniente, o filósofo há de crescer ainda mais e assegurar a salvação comum ao mesmo tempo que a sua própria. Ora pois, sobre a causa e a injustiça das acusações suscitadas contra a filosofia, parece que já discorremos o suficiente, a menos que te reste alguma coisa a dizer.

– Não, nada tenho a acrescentar sobre este ponto. Mas entre os governos atuais, qual é, na tua opinião, o que convém à filosofia?

– Nenhum – respondi. – Queixo-me precisamente de não encontrar b nenhuma constituição política que convenha à índole filosófica: por isso vemo-la alterar-se e corromper-se. Como uma semente exótica, confiada ao solo fora de sua região de origem, perde comumente a força e passa, sob a influência deste solo, de seu tipo próprio ao tipo nativo, assim essa espécie de homens não conserva a sua própria força e transforma-se num caráter totalmente diferente. Mas se chegasse a encontrar um governo cuja excelência correspondesse à sua, ver-se-ia então que c ele é verdadeiramente divino[43] e que tudo nas outras naturezas e nas outras profissões é apenas humano. Depois disso, vais perguntar-me, evidentemente, qual é este governo.

– Estás enganado: pois não ia propor esta questão mas perguntar se se trata daquele cujo plano traçamos ou de outro.

– Trata-se daquele mesmo – respondi – com um ponto de diferença. Na verdade, já disséramos que seria preciso conservar na cidade o espírito da constituição, em que te inspiraste, tu, legislador, para d estabelecer as leis.

– Nós o dissemos.

– Mas não desenvolvemos suficientemente este ponto, por receio de objeções que vós nos suscitastes, indicando-nos que a sua demonstração seria longa e difícil; tanto mais quanto o que nos resta a explicar não é absolutamente fácil.

– Do que se trata?

– Da maneira como a cidade deve tratar a filosofia para não perecer. Pois, toda grande empresa sempre oferece algum perigo e, como se diz, as belas coisas são, na verdade, difíceis.

– Termina, porém, tua demonstração, esclarecendo esse ponto. e

– Se eu não conseguir – retomei – não será a má vontade, mas a impotência que mo impedirá. Faço-te juiz de meu zelo. Eis primeiro com que audácia e com que desprezo pelo perigo adianto que a cidade deve adotar para com esta profissão uma conduta oposta à sua conduta atual.

43. O adjetivo "divino" (θεῖον) não possui aqui conotação religiosa; significa antes "extraordinário".

244 A REPÚBLICA DE PLATÃO

– Como assim?

498 a – Hoje, os que se dedicam à filosofia são jovens mal saídos da infância; no intervalo que os separa do tempo em que hão de se entregar à economia[44] e ao comércio, abordam a parte mais difícil dela – refiro-me à dialética – depois abandonam tal gênero de estudos: e são esses que são tidos como filósofos consumados. Com o tempo, julgam fazer muito se assistem a colóquios filosóficos, quando solicitados, estimando que só se poderia tratar no caso de um passatempo. A velhice aproxima-se? Com exceção de um pequeno número, o ardor b deles se extingue bem mais do que o sol de Heráclito[45], posto que não se reacendem.

– E o que se deve fazer? – indagou.

– Exatamente o contrário: ministrar aos adolescentes e às crianças uma educação e uma cultura apropriada à sua juventude; tomar grande cuidado com o corpo, no período de seu crescimento e formação, a fim de prepará-lo para servir à filosofia[46]; a seguir, chegando à idade em que a alma ingressa na maturidade, reforçar os exercícios que se lhe adequam; e quando as forças declinam, e é passado o tempo dos traba- c lhos políticos e militares, pastar livremente como os animais sagrados sem ter de fazer outra coisa[47], a não ser serviços secundários, os que queiram levar neste mundo uma vida feliz e, após a morte, coroar no outro a vida que tenham vivido com um destino digno dela.

– Em verdade me pareces falar com ardor, Sócrates; creio entretanto que teus ouvintes empenharão mais ardor ainda em te resistir, por não estarem de nenhum modo convencidos, a começar por Trasímaco[48].

– Não nos vá indispor – bradei – a Trasímaco e a mim, que somos d amigos há pouco tempo, e jamais fomos inimigos. Não negligenciaremos nenhum esforço até que logremos convencê-lo, a ele e aos outros, ou ao menos fazer-lhes algum bem em vista desta vida vindoura, onde nascidos sob nova forma, participarão de colóquios parecidos.

---

44. "Economia" (οἰκονομία) significa em grego a "administração dos negócios da família, da casa", pois essa palavra se compõe de οἶκος ("casa", "o que concerne ao âmbito familiar") e νόμος ("lei", "regra", "padrão", "costume").

45. Heráclito, fr. 6 DK (in: Aristóteles, *Meteorológicas*, B, 2, 355a 13):
ὁ ἥλιος οὐ μόνον, καθάπερ ὁ ῾Η. φησι, νέος ἐφ᾽ ἡμέρι ἐστίν, ἀλλ᾽ ἀεὶ νέος συνεχῶς.
O sol não é apenas, como diz Heráclito, novo a cada dia, mas sempre novo continuamente.

46. Cf. Livro vii, 536d-537b.

47. O termo ἄφετος ("livre") se aplica aos animais sagrados ou destinados ao sacrifício.

48. Esta é a última menção a Trasímaco na *República*.

LIVRO VI 245

– Falas aí de um tempo muito próximo!

– E que nada é – contestei – em face da eternidade. Nada há de surpreendente, todavia, que a maior parte das pessoas não se deixem persuadir por estes discursos; pois nunca viram produzir-se o que afirmamos, mas antes apenas ouviram a este respeito frases de uma e simetria rebuscada, em vez de palavras espontaneamente reunidas, como as nossas. Mas um homem que se conforma e se assemelha perfeitamente à virtude tanto quanto possível, nas ações e nas palavras, eis o que nunca viram, nem um nem vários, não é?   499 a

– Que eles nunca viram.

– E quase não assistiram tampouco, bem-aventurado amigo, a belas e livres conversações, onde se busca a verdade com paixão e por todos os meios, com o escopo exclusivo de conhecê-la, e onde a gente saúda muito de longe as elegâncias, as sutilezas e tudo quanto tenda tão-somente a gerar a opinião e a disputa nos debates judiciários e nas palestras privadas.

– Certamente não – respondeu.

– Tais são as reflexões que nos preocupavam e nos tornavam receosos de falar; entretanto, forçados pela verdade, dissemos que não b se devia esperar ver cidade, governo, nem mesmo homens perfeitos, antes que uma feliz necessidade compelisse, de bom ou mau grado, este pequeno número de filósofos que são chamados, não perversos mas inúteis, a se encarregar do governo do Estado e a responder a seu apelo – ou que uma divina inspiração enchesse os filhos dos soberanos e dos reis[49], ou estes próprios príncipes de um sincero amor pela filosofia. c Que uma ou outra destas duas coisas, ou ambas, sejam impossíveis, declaro que não se tem nenhuma razão de pretendê-lo, de outra forma seria a justo título que os outros zombariam de nós, como de gente que formula vãos desejos, não é?

– Sim.

– Se, portanto, alguma necessidade constrangeu homens eminentes em filosofia a incumbirem-se do governo de um Estado, na infinita extensão do tempo passado, ou a isso os compele atualmente em alguma região bárbara que a distância subtrai a nossos olhares, ou d há de um dia constrangê-los a tanto, estamos prontos a sustentar que a constituição de que falamos existiu, existe ou existirá, quando a Musa filosófica tornar-se senhora de uma cidade. Não é impossível, com efeito, que ela venha a sê-lo e não nos propomos coisas impossíveis; mas que sejam difíceis, reconhecemos.

49. Ver supra n. 16, p. 28.

246   A REPÚBLICA DE PLATÃO

– Concordo contigo – declarou
– Mas a multidão não é deste alvitre, dirás tu.
– Talvez, respondeu.
– Ó bem-aventurado amigo – prossegui – não acuses em demasia a

e   multidão. Ela mudará de opinião se, em vez de procurar briga com ela,
lhe deres conselho e, refutando as acusações dirigidas contra o amor
à ciência, lhe designares os que denominas filósofos e lhes definires,

500 a como há pouco, a sua natureza de suas atividades, a fim de que não
pensem que te referes aos mesmos que eles imaginam. Quando ela
chegar a ver as coisas desta maneira, não achas que formará sobre o
caso outra opinião e responderá diferentemente? Ou crês que seja natural enfurecer-se contra quem não se enfurece e odiar quem não odeia,
quando se é por si mesmo brando e desprovido de ódio?[50] Quanto a
mim, prevenindo tua objeção, afirmo que um caráter tão intratável só
se encontra em algumas pessoas e não na multidão.

– Fica tranqüilo, respondeu, concordo com isso.

b   – Concordas também que os responsáveis pelas más disposições
da maioria contra a filosofia são estes intrusos que a invadem sem serem
chamados e que se injuriam reciprocamente, tratando-se com malevolência e reduzindo sempre as suas discussões a questões pessoais,
comportando-se da maneira que menos convém à filosofia?[51]

– Sem dúvida.

– A verdade, Adimanto, é que aquele cujo pensamento se aplica
verdadeiramente à contemplação das essências não tem o vagar de

50. Sobre a "brandura" (πραότης) dos Atenienses, cf. Aristóteles, *A Constituição de Atenas*, 22, 4; Isócrates, *Antídosis*, 20, 300.

51. Acredita-se que Platão esteja atacando Isócrates, pois também ele denomi-
nava "filosofia" seu modelo de educação. Isócrates tinha uma Escola de Retórica que
era contemporânea à Academia de Platão, e era, portanto, sua rival. Esta passagem
do discurso *Antídosis* (260) de Isócrates seria uma resposta aos ataques de Platão:

[...] πρὸς δὲ τούτοις ἵνα καί τοῦτο ποιήσω φανερόν, ὅτι περὶ τοὺς πολιτικοὺς
λόγους ἡμεῖς ὄντες, οὓς ἐκεῖνοι φασί εἶναι φιλαπεχθήμονας, πολὺ πραότεροι
τυγχάνομεν αὐτῶν ὄντες· οἱ μὲν γὰρ ἀεί τι περὶ ἡμῶν φλαῦρον λέγουσιν, ἐγὼ δ'
οὐδὲν ἂν εἴποιμι τοιοῦτον, ἀλλὰ ταῖς ἀληθείαις χρήσομαι περὶ αὐτῶν.

[...] além do mais, deixarei também isto claro: nós, que nos ocupamos com discursos
políticos, os quais eles chamam de malevolência, somos muito mais brandos do que eles,
pois sempre dizem disparates sobre nós; porém, eu não lhes direi coisas semelhantes, mas
me aterei à verdade sobre o assunto.

Tanto Platão, nessa passagem da *República*, quanto Isócrates, neste trecho
do *Antídosis* citado acima, acusam um ao outro de agir "com malevolência"
(φιλαπεχθημόνως), empregando a mesma palavra grega. Esse aspecto intertextual reforça a interpretação corrente de que Platão estaria, neste passo da *República*, atacando Isócrates por este se apropriar indevidamente do termo "filosofia"
(φιλοσοφία).

LIVRO VI 247

descer os olhos para as ocupações dos homens, de partir em guerra c
contra eles e de se encher de ódio e animosidade; com a vista retida
por objetos fixos e imutáveis, que não se infligem nem sofrem mútuos
prejuízos, mas se encontram todos sob a lei da ordem e da razão, ele
se esforça por imitá-los e, na medida do possível, por se lhes tornar
semelhante[52]. Pois julgas, por acaso, que haja meio de não imitar aquilo
de que nos aproximamos incessantemente com admiração?

– Isto não pode acontecer – respondeu.

– Logo, tendo o filósofo comércio com o que é divino e sujeito à
ordem, torna-se ele mesmo ordenado e divino, na medida em que isso d
é possível ao homem; mas nada há que possa escapar à difamação,
não é?

– Seguramente.

– Ora, se alguma necessidade o forçasse a tentar aplicar a ordem
que ele contempla lá em cima aos costumes públicos e privados dos
homens, para não ser o único a beneficiar-se, julgas que por isso seria
mau artífice da temperança, da justiça e de toda outra virtude cívica?

– De forma alguma – respondeu.

– Agora se o povo chega a compreender que dizemos a verdade
neste ponto, agastar-se-á ainda contra os filósofos e recusar-se-á a crer e
conosco que uma cidade não será feliz enquanto o seu plano não for
traçado por artistas que utilizem um modelo divino?

– Não se agastará de modo algum – disse – se todavia ele chegar a
compreender. Mas de que maneira consideras que os filósofos poderão 501 a
traçar este plano?

– Tomando como tela uma cidade e caracteres humanos, começarão por dar-lhes nitidez, o que não é absolutamente fácil. Mas bem
sabes que diferem dos outros legisladores, já pelo fato de que não hão
de querer ocupar-se de um Estado ou de um indivíduo para lhe traçar
leis, a não ser que o recebam limpo ou eles mesmos assim o tornem.

– E com razão – observou.

– Depois disso, vão esboçar a forma de governo, não é?

– Sem dúvida.

– Em seguida, suponho, rematando o esboço, hão de voltar fre- b
qüentemente o olhar, de um lado, para a essência da justiça, da beleza,
da temperança e das virtudes desse gênero e, de outro, para a cópia
humana que delas efetuam; e, pela combinação e mistura de instituições
apropriadas, esforçar-se-ão por atingir a semelhança da verdadeira

---

52. Cf. Platão, *Teeteto*, 173e-174c.

248 A REPÚBLICA DE PLATÃO

humanidade, inspirando-se naquele modelo que Homero[53], quando o depara entre os homens, denomina divino e semelhante aos deuses.

– Realmente – assentiu.

c – E eles vão apagar, penso, e pintar de novo, até que consigam caracteres humanos tão agradáveis à Divindade quanto possam ser tais caracteres.

– Sem dúvida, este será um quadro soberbo!

– Pois bem! – indaguei – teremos convencido os que representavas como prontos a precipitar-se sobre nós[54] de que tal pintor de constituições é o homem que lhes enaltecíamos há pouco, e que lhes excitava o mau humor porque lhe pretendíamos confiar o governo das cidades? Abrandaram-se eles ouvindo-nos?

– Muito – respondeu – se razoáveis.

d – O que poderiam ainda objetar-nos. Que os filósofos não são apaixonados do ser e da verdade?

– Seria absurdo.

– Que sua natureza, tal como a descrevemos, não se aparenta ao que há de melhor?

– Tampouco.

– O que então? Que esta natureza, encontrando ocupações convenientes, não será mais apta do que qualquer outra a tornar-se perfeitamente boa e sábia? Ou dirão que aqueles que apartamos são mais ainda?

e – Não, por certo.

– Irritar-se-ão ainda ao nos ouvir dizer que não haverá término para os males da cidade e dos cidadãos, enquanto os filósofos não detiverem o poder e o governo que imaginamos não for de fato realizado?

– Talvez menos – disse ele.

– Queres que deixemos de lado este "menos" e os declaremos 502 a inteiramente apaziguados e persuadidos, a fim de que a vergonha, à falta de outra razão, os obrigue a convir?

– Quero realmente – concedeu.

– Tenhamo-los, pois – prossegui – por persuadidos neste particular. Agora, quem poderá nos contestar que é possível haver filhos de reis ou de soberanos nascidos filósofos?

– Ninguém.

– E quem pode dizer que, nascidos com tais disposições, haja gran-

---

53. O adjetivo "semelhante aos deuses" (θεοείκελος) é utilizado por Homero para qualificar Aquiles (cf. *Ilíada*, I, v. 131; XIX, v. 155 – *Odisséia*, III, v. 416).

54. Cf. Livro V, 474a.

LIVRO VI

de necessidade de que se corrompam? Que lhes seja difícil preservar-se, nós mesmos concordamos; mas que, em toda a seqüência dos tempos, um único não se salve, há alguém que possa sustentar?   b

– Seguramente não – respondeu.

– Ora, basta que um único se salve e que encontre uma cidade dócil a suas concepções, para realizar todas essas coisas que hoje são julgadas impossíveis.

– Basta um só, com efeito.

– Pois, tendo este chefe estabelecido as leis e as instituições que descrevemos, não é provável que os cidadãos se prontifiquem a obedecer-lhe.

– Por nada no mundo.

– Mas será espantoso e impossível que o que nos aprovamos também seja aprovado por outros?

– Não o creio – disse ele.   c

– E sem dúvida já demonstramos suficientemente, penso, que o nosso projeto é o melhor, se for realizável.

– Suficientemente, com efeito.

– Eis, portanto, que somos levados a concluir, parece, no tocante a nosso plano de legislação, que, de uma parte, é excelente se puder ser realizado e, de outra, que a sua realização é difícil, mas não, entretanto, impossível.

– De fato, somos levados a isso.

– Pois bem!, uma vez que chegamos, não sem custo, a este resultado, cumpre tratar o que segue, isto é, de que maneira, por quais estudos e quais exercícios, formaremos os salvadores da constituição   d e em que idade deveremos aplicá-los a essas tarefas.

– Sim, é preciso tratar deste problema – aprovou ele.

– Minha habilidade de nada me serviu – confessei – quando pretendi anteriormente passar em silêncio sobre a dificuldade da posse das mulheres, da procriação dos filhos e do estabelecimento dos chefes, sabendo o quanto a regulamentação mais conforme à verdade é mal vista e difícil de aplicar; pois agora não me vejo menos obrigado a falar   e disso. É verdade que terminamos a questão referente às mulheres e aos filhos; mas, com relação aos chefes, cumpre retomar a questão desde o começo. Dissemos[55], se te recordas, que, postos à prova do prazer e   503 a da dor, deviam evidenciar o seu amor pela cidade e nunca renunciar à convicção patriótica em meio de trabalhos, perigos e outras vicissitudes; que era preciso desdenhar aquele que se mostrasse fraco, e ao que

55. Cf. Livro iii, 412c-414b.

250 A REPÚBLICA DE PLATÃO

saísse de todas estas provas tão puro como o ouro do fogo, cumpria estabelecê-lo como chefe e cumulá-lo de distinções e honras[56], durante a vida e após a morte. Eis o que eu disse em termos indiretos e encober-
b tos, temendo suscitar a discussão em que ora nos empenhamos.

– É exato – respondeu – eu me lembro muito bem.

– Eu hesitava, meu amigo, em dizer o que adianto presentemente. Mas o partido está tomado, e declaro que os melhores guardiães da cidade devem ser filósofos.

– Seja – disse.

– Observa quão provável é que sejam poucos. Pois os elementos que, segundo vós, devem compor-lhes a natureza raramente se acham reunidos no mesmo ser; o mais das vezes, esta natureza é como que dilacerada em duas.

c – O que queres dizer? – perguntou.

– Os que são dotados de facilidade de aprendizado, de memória, de inteligência, de sagacidade e de todas as qualidades daí decorrentes, não costumam, bem o sabes, aliar ao ardor e à elevação das idéias um pendor que os incline a viver na ordem, com calma e constância. Tais homens deixam-se levar onde a vivacidade os arrasta e não apresentam nada de estável.

– Falas acertadamente – disse.

– Mas, de outro lado, estes caracteres firmes e sólidos, aos quais
d nos confiamos de preferência e que, na guerra, permanecem impassíveis diante do perigo, comportam-se da mesma forma em face das ciências; como que entorpecidos, são lentos no emocionar-se, lentos no compreender e, sonolentos, bocejam de causar inveja, quando se exige deles o menor esforço mental[57].

– É isso mesmo – disse.

– Ora, já dissemos[58] que os guardiães deviam participar completamente destes dois caracteres, sem o quê não poderiam aspirar a uma educação superior, nem às honras, nem ao poder.

– E com razão – observou.

– Pois bem!, concebes que isso deve ser raro?

– Como não?

e – É preciso, portanto, submetê-los às provas que mencionamos há pouco, labores, perigos, prazeres e, além do mais – nós o omitimos então, mas declaremo-lo agora – exercitá-los em grande número de

56. Cf. Livro III, 414a; Livro V, 465d-e.
57. Cf. Platão, *Teeteto*, 144a-b.
58. Cf. Livro III, 410d-e; Livro VI, 486c-487a.

LIVRO VI 251

ciências, a fim de verificar se a natureza deles está em condições de suportar os mais altos estudos ou se perde a coragem, como os que se desencorajam em outras ocasiões.   504 a

– Convém, com efeito, observou, submetê-los a tal prova. Mas quais são estes "mais altos estudos" a que te referes?

– Tu te lembras talvez – respondi – que, após distinguir três partes na alma, servimo-nos da distinção para explicar a natureza da justiça, da temperança, da coragem e da sabedoria.

– Se não me lembrasse – observou – não mereceria ouvir o que ainda falta.

– Recordas também do que dissemos anteriormente?

– A respeito do quê?

– Dissemos que, para alcançar o mais perfeito conhecimento des-   b tas virtudes, existia outro caminho, mais longo[59], e a quem o tivesse percorrido elas seriam claramente reveladas; mas que era possível também relacionar a demonstração ao que fora dito precedentemente. Vós haveis pretendido que isso bastava e, destarte, a demonstração efetuada careceu, a meu ver, de exatidão. Se ela vos satisfaz, compete-vos dizê-lo.

– A mim, ao menos, observou, isso me parece na justa medida, e também é essa a opinião dos outros.

– Mas, meu amigo – repliquei – em tais assuntos toda medida que   c se afasta por pouco que seja da realidade não é uma justa medida; pois nada de imperfeito é justa medida de coisa alguma; no entanto, deparamo-nos às vezes com pessoas que imaginam ser isso suficiente e não haver necessidade alguma de conduzir mais longe as pesquisas.

– Sim – disse ele – é o sentimento que a preguiça inspira a muita gente.

– Mas se há alguém que deve proibir-se de experimentá-lo é exatamente o guardião da cidade e das leis.

– Aparentemente.

– É preciso, pois, companheiro, que ele trilhe o caminho mais longo e que não lide menos em instruir-se do que em exercitar o corpo; de   d outro modo, como já afirmamos, nunca atingirá o termo dessa ciência sublime que lhe convém particularmente.

– Como? perguntou, isso de que falamos não é o que há de mais sublime, e existe algo maior do que a justiça e as virtudes que enumeramos?

– Sim, existe algo maior; e acrescento que destas mesmas virtudes

59. Cf. Livro IV, 435d.

252 A REPÚBLICA DE PLATÃO

não basta contemplar, como agora, um simples esboço: não se poderia deixar de procurar o seu quadro mais acabado. Não seria, com efeito,

e ridículo pôr tudo em ação para alcançar, em assuntos de pouca monta, o mais alto grau de precisão e nitidez, e não julgar dignos da maior aplicação os assuntos mais elevados?

– Sim – disse ele. Mas acreditas que te permitiremos seguir além, sem te indagar qual é esta ciência que denominas a mais elevada e qual é o seu objeto?

– Não – redargüi – mas interroga-me. Em todo caso, já me ouviste falar mais de uma vez desta ciência; mas agora, ou te esqueceste

505 a disso, ou pretendes suscitar-me novos embaraços. E inclino-me para esta última opinião, porquanto me ouviste amiúde dizer que a idéia do bem é o mais alto dos conhecimentos, aquele do qual a justiça e as outras virtudes tiram a sua utilidade e as suas vantagens. Não ignoras tampouco, presentemente, que é isso o que vou dizer, acrescentando que não conhecemos suficientemente esta idéia[60]. Ora, se não a conhecemos, ainda que conhecêssemos tão bem quanto possível todo o restante, sabes que tais conhecimentos não seriam, sem ela, de qualquer proveito, não mais do que, do mesmo modo, a posse de um objeto que

b não seja a do bom. Crês, com efeito, que seja vantajoso possuir muitas coisas, se não forem boas, ou conhecer tudo, à exceção do bem, e não conhecer nada do belo ou do bom?

– Não, por Zeus, não creio – respondeu.

– E sabes igualmente que a maioria dos homens fazem o bem consistir no prazer[61], e os mais refinados, na inteligência.

– Como não?

– E também, meu amigo, que os que compartilham deste parecer não podem explicar de que inteligência se trata, mas são forçados a declarar, ao fim, que é da inteligência do bem.

– Sim – disse ele – e isso é muito engraçado.

c – E como não seria engraçado da parte deles que condenam nossa

---

60. Parece que essa incerteza de Platão quanto à verdadeira natureza do *bem* tornou-se proverbial, a ponto de aparecer como tema de uma comédia de Anfís, denominada *Anfícrates*. Nessa comédia, um servo fala o seguinte (in: Diógenes Laércio, *As Vidas e as Doutrinas dos Filósofos Ilustres*, III, 27):

τὸ δ' ἀγαθὸν ὅ τι ποτ' ἐστίν, οὗ σὺ τυγχάνειν
μέλλεις διὰ ταύτην, ἧττον οἶδα τοῦτ' ἐγώ,
ὦ δέσποτ', ἢ τὸ Πλάτωνος ἀγαθόν.

O que é o bem, que tu pretendes encontrar
por meio dela, isso eu desconheço mais,
ó senhor, do que o *bem* de Platão.

61. Cf. Platão, *Filebo*, 67b; ver supra n. 30, p. 237.

LIVRO VI

ignorância em face do bem e, em seguida, nos falam dele como se o conhecêssemos? Dizem eles que é a inteligência do bem, como se devêssemos compreendê-los desde que tenham pronunciado a palavra bem.

– Nada há de mais verdadeiro – observou.

– Mas o que dizer dos que definem o bem pelo prazer? Cometem erro menor do que os outros? E não são forçados a convir que há prazeres ruins?

– Sim, certamente.

– Acontece-lhes, pois, penso eu, convir que as mesmas coisas são boas e más, não é?

– Sem dúvida.   d

– Assim, é evidente que o assunto comporta graves e numerosas dificuldades.

– Como negá-lo?

– Mas como? Não é igualmente evidente que a maioria das pessoas optam pelo que parece justo e belo e, mesmo que não o seja, querem no entanto praticá-lo e possuí-lo, ou parecer que possuem[62]; ao passo que ninguém se contenta com o que parece bom, mas procura o que o é realmente, e cada um, neste domínio, despreza a aparência?

– Certo, disse.

– Ora, este bem que toda alma persegue e em vista do qual ela faz tudo, cuja existência suspeita sem poder, na sua perplexidade, apreen-   e der suficientemente o que ele é e acreditar nele com esta sólida fé que deposita em outras coisas, o que a priva das vantagens que poderia auferir destas últimas, este bem tão grande e tão precioso, diremos nós que ele deve permanecer coberto de trevas para os melhores da cidade,   506 a aqueles aos quais tudo confiaremos?

– Seguramente não – respondeu.

– Penso, portanto, que as coisas justas e belas hão de possuir um guardião de pouca valia em quem ignorar no que elas são boas; predigo mesmo que ninguém poderá conhecê-las bem sem que o saiba.

– Tua predição é fundamentada – observou.

– Pois bem! teremos um governo perfeitamente ordenado, se o seu chefe for um guardião que conheça estas coisas?   b

– Necessariamente – disse ele. – Mas, para ti, Sócrates, consiste o bem na ciência, no prazer ou em algum outro objeto?

---

62. Platão se refere à tese de Glauco apresentada no Livro II (cf. 362a-b). Em suma, Glauco defende que convém às pessoas parecer ser justo, e não ser verdadeiramente justo, pois, tendo a reputação de justo, se obtém um prestígio público e é possível praticar secretamente a injustiça.

254 A REPÚBLICA DE PLATÃO

– Ora, aí está! – bradei; – era claro de há muito não te contentarias com as opiniões dos outros neste particular!

– É que não me parece justo, Sócrates, que exponhamos as opiniões dos outros e não as tuas, quando te ocupaste tão longamente com
c tais questões[63].

– Como assim? – indaguei – a ti parece justo que um homem fale do que ignora como se o conhecesse?

– Não como se o conhecesse; mas pode propor a título de conjetura o que ele pensa.

– Mas como!, não notaste até que ponto são miseráveis as opiniões que não se baseiam na ciência? As melhores dentre elas são cegas, pois vês alguma diferença entre cegos que caminham direito por uma estrada e os que atingem pela opinião uma verdade[64] cuja inteligência não possuem?

– Nenhuma – confessou.

– Preferes, pois, olhar coisas feias, cegas e disformes, quando te
d é permitido, de outra parte, ouvir coisas claras e belas?

– Por Zeus! Sócrates – Observou então Glauco – não te detenhas como se já tivesses chegado ao termo; ficaremos satisfeitos se nos explicares a natureza do bem, como explicaste a da justiça, da temperança e das outras virtudes.

– E eu também, companheiro, ficaria plenamente satisfeito; mas receio não ser capaz e, caso tenha a coragem de tentá-lo, ser coberto de risos por minha inépcia. Mas, bem-aventurados amigos, não nos
e ocupemos por ora do que pode ser o bem em si, pois chegar a ele neste momento, tal como ele se me afigura, excede, a meu ver, o alcance de nosso esforço, presente. Todavia, consinto em discutir convosco sobre o que me parece ser o seu rebento e o que mais se lhe assemelha, se isto for de vosso agrado; senão, abandonemos o assunto.

– Fala pelo menos do filho – disse ele – em outra ocasião te desobrigarás, falando-nos do pai.

507 a – Gostaria realmente que estivesse em meu poder pagar-vos esta dívida e, no vosso, percebê-la, e que não devêssemos nos contentar com os juros. Recebei, entretanto, este filho, este rebento do bem em si. Mas tomai cuidado para que involuntariamente eu não vos engane, prestando-vos uma falsa conta do juro.

– Tomaremos o máximo cuidado; – replicou; – fala, somente.

---

63. Segundo Platão, Sócrates passou a vida inteira examinando o que é a justiça (cf. Livro iii, 367d-e).

64. Sobre o valor da "opinião verdadeira", ver infra n. 27, p. 386.

LIVRO VI

– Hei de fazê-lo, mas depois de me pôr de acordo convosco, lembrando-vos o que foi dito mais acima[65] e em muitas outras ocasiões.

– O quê? – indagou ele.

b

– Dissemos – contestei – que há múltiplas coisas belas, múltiplas coisas boas etc., e nós as distinguimos no discurso[66].

– Nós o dissemos, com efeito.

– E chamamos belo em si, bem em si e assim por diante, o ser real de cada uma das coisas que colocávamos de início como múltiplas, mas que alinhamos em seguida sob sua idéia própria, que é única e que denominamos "o que existe".

– É isso mesmo.

– E dizemos que umas são percebidas pela vista e não pelo pensamento, mas que as idéias são pensamentos e não são visões.

– Perfeitamente.

– Ora, através de que parte de nós próprios percebemos as coisas visíveis?

c

– Através da vista.

– Assim, apreendemos os sons pelo ouvido, e pelos outros sentidos todas as coisas sensíveis, não é?

– Sem dúvida.

– Mas já reparaste como o artífice[67] de nossos sentidos não poupou gastos para moldar a capacidade de ver e de ser visto?

– Não precisamente, respondeu.

– Pois bem!, considera o caso da seguinte maneira: é necessário ao ouvido e à voz algo de espécie diferente para que aquele possa ouvir e esta ser ouvida, de modo que se vier a faltar este terceiro elemento nem aquele nada ouvirá nem esta outra será ouvida?

d

– Nada, absolutamente – confirmou ele.

– E creio que muitas outras capacidades, para não dizer todas, tampouco necessitam de algo semelhante. Ou poderias citar-me uma?

---

65. Cf. Livro v, 475e-476b.

66. Platão se refere à multiplicidade dos objetos pertencentes ao mundo sensível aos quais, no discurso, se atribui os diversos predicados, como "bom", "belo", etc. Formam-se, assim, proposições particulares tais como "isto é belo", "isto é bom" etc. Essa predicação é possível na medida em que os objetos particulares do mundo sensível *participam* das idéias de "bem", de "belo" etc., que são unas, eternas e imutáveis; elas são, em última instância, "o que é" (ὅ ἔστιν). Sobre a noção de "participação", ver supra n. 12, p. 228.

67. O "artífice" (δημιουργός) desempenha um papel central no mito cosmogônico do *Timeu*. Neste passo da *República,* todavia, ele se identificará com o Sol (cf. 508a), na símile proposta adiante por Platão.

256 A REPÚBLICA DE PLATÃO

– Não – respondeu.

– Mas não sabes que a capacidade de ver e de ser visto necessitam desse terceiro elemento, sim?

– Como assim?

e – Admitindo que os olhos sejam dotados da capacidade de ver, que o possuidor desta capacidade se esforça por servir-se dela e que os objetos aos quais ele a aplica sejam coloridos, se não intervier um terceiro elemento, destinado precisamente a este fim, bem sabes que a vista nada perceberá e que as cores serão invisíveis.

– De que elemento falas, pois? – perguntou.

– Daquele que denominas luz – respondi.

– Está certo – observou.

508 a – Assim, o sentido da vista e a capacidade de ser visto se unem por um laço incomparavelmente mais precioso do que aquele que forma as outras uniões, se todavia a luz não for desprezível.

– Mas falta muito, indubitavelmente, para que ela seja desprezível!

– Qual é, pois, de todos os deuses do céu o que podes designar como o senhor disso, aquele cuja luz permite que os olhos vejam da melhor maneira possível e os objetos visíveis sejam vistos?

– Aquele mesmo que tu designarias, assim como todo mundo; pois é o sol, evidentemente, que me pedes nomear.

– Agora, a vista, por sua natureza, não está na seguinte relação com este deus?

– Qual relação?

– Nem a vista é o sol, nem o órgão onde ela se forma, o que b chamamos olho.

– Não, por certo.

– Mas parece-me ser o olho, de todos os órgãos dos sentidos, o que mais se assemelha ao sol.

– De longe.

– Pois bem!, a capacidade que lhe é inerente não lhe advém do sol, como emanação deste?

– Mas sim.

– Logo, o sol não é a vista, mas, sendo o seu princípio, é apercebido por ela.

– Sim – anuiu.

– Saiba, portanto, que é a ele que eu chamo filho do bem, que o bem engendrou semelhante a si mesmo. O que o bem é no domínio do c inteligível com referência ao pensamento e às coisas percebidas pelo pensamento, o sol o é no domínio do visível com referência à vista e às coisas vistas.

LIVRO VI   257

– Como? – inquiriu ele; – explica-mo.

– Como sabes – respondi – os olhos, quando os voltamos para objetos cujas cores não são iluminadas pela luz do dia, mas pelo clarão dos astros noturnos, perdem a acuidade e se tornam quase cegos, como se não fossem dotados de visão nítida.

– Sei muito bem disso.

– Mas, quando os voltamos para objetos iluminados pelo sol,   d enxergam distintamente e mostram ser dotados de visão nítida.

– Sem dúvida.

– Concebe, pois, que ocorre o mesmo em relação à alma; quando ela fixa os olhares sobre aquilo que a verdade e o ser iluminam, ela o compreende, o conhece, e denota que é dotada de inteligência; mas quando os dirige para o que é mesclado de obscuridade, para o que nasce e perece, sua visão se embota, ela não tem mais do que opiniões, passa incessantemente de uma a outra e parece desprovida de inteligência.

– Com efeito, parece desprovida de inteligência.

– Ora, aquilo que difunde a luz da verdade sobre os objetos do   e conhecimento e confere ao sujeito conhecedor a capacidade de conhecer, é a idéia do bem[68]; visto que ela é o princípio da ciência da verdade, podes concebê-la como objeto do conhecimento, porém, por mais belas que sejam estas duas coisas, a ciência e a verdade, não te enganarás de modo algum, pensando que a idéia do bem é distinta e as supera em beleza; como, no mundo visível, é certo pensar que a luz e   509 a a vista são semelhantes ao sol, mas errado acreditar que sejam o sol, do mesmo modo, no mundo inteligível, é justo pensar que a ciência e a verdade são, ambas, semelhantes ao bem, mas falso acreditar que uma ou outra seja o bem; a natureza do bem há de ser considerada muito mais preciosa.

---

68. Esse quadro sinóptico resume bem a argumentação de Platão, em J. Adam, *The Republic of Plato*, v. 2, Cambridge, 1980, p. 60:

Mundo Visível (τόπος ὁρατός)	*Mundo Inteligível* (τόπος νοητός)
(1) Sol	Idéia do bem
(2) Luz	Verdade
(3) Objetos da visão (cores)	Objetos do conhecimento (Idéias)
(4) Sujeito que vê	Sujeito que conhece
(5) Órgão da visão (olhos)	Órgão do conhecimento (νοῦς)
(6) Faculdade da visão (ὄψις)	Faculdade da razão (νοῦς)
(7) Exercício da visão (ὄψις, ὁρᾶν)	Exercício da razão (νοῦς, i.e., νόησις, γνῶσις, ἐπιστήμη)
(8) Habilidade para ver	Habilidade para conhecer

258 A REPÚBLICA DE PLATÃO

– Sua beleza, no teu dizer, está acima de toda expressão, se é que produz a ciência e a verdade e se é ainda mais belo do que elas. Seguramente não o fazes consistir no prazer.

– Silêncio! – repliquei – mas considera antes a sua imagem da seguinte maneira.

b – Como?

– Confessarás, suponho, que o sol outorga às coisas visíveis, não só o poder de serem vistas, mas ainda a geração, o crescimento e a nutrição, sem ele próprio ser geração.

– Como haveria de sê-lo?

– O mesmo dirás das coisas inteligíveis, que não devem apenas ao bem sua inteligibilidade, mas devem-lhe ainda o ser e a essência, conquanto o bem não seja de forma nenhuma a essência, mas esteja muito acima desta em dignidade e em capacidade.

c Então Glauco bradou de maneira engraçada: – Por Apolo!, eis uma maravilhosa superioridade!

– É tua culpa também! disse-lhe, por que me obrigar a exprimir o meu pensamento sobre o assunto?

– Não te detenhas aí – prosseguiu – mas conclui tua comparação com o sol, se te resta ainda algo a dizer.

– Mas certamente! Ainda me resta muito!

– Não omitas, pois, a menor coisa.

– Penso que omitirei muitas. Entretanto, tudo o que eu puder dizer neste momento, não omitirei de caso deliberado.

– Está certo, respondeu.

d – Concebe portanto, como dizemos, que sejam dois reis, um dos quais reina sobre o gênero e o domínio do inteligível e o outro, do visível[69]: não digo do céu, por medo de que vás pensar que jogo com palavras, como fazem os sofistas[70]. Mas consegues imaginar estes dois gêneros, o visível e o inteligível?

– Imagino, sim.

– Toma, pois, uma linha cortada em dois segmentos desiguais, um representando o gênero visível e outro o gênero inteligível, e seciona de novo cada segmento segundo a mesma proporção[71]; terás então, classificando as divisões obtidas conforme o seu grau relativo de clareza

---

69. I.e., a "Idéia do Bem" e o "Sol", respectivamente.

70. Platão faz um jogo entre as palavras οὐρανός *[uranos]* ("céu") e ὁρατός *[horatos]* ("visível").

71. A "Imagem da Linha" ilustra com maior clareza a teoria epistemológica de Platão (em J. Adam, *The Republic of Plato*, v. 2, Cambridge, 1980, p. 65). Ver Figura 1, infra p. 417.

LIVRO VI   259

ou de obscuridade, no mundo visível, um primeiro segmento, o das imagens – denomino imagens primeiro as sombras, depois os reflexos que avistamos nas águas, ou à superfície dos corpos opacos, polidos e brilhantes, e todas as representações similares; tu me compreendes?

– Compreendo, sem dúvida.

– Estabelece agora que o segundo segmento corresponde aos objetos representados por tais imagens, quero dizer, os animais que os circundam, as plantas e todas as obras de arte.

– Fica estabelecido – respondeu.

– Consentes também em dizer – perguntei – que, com respeito à verdade e a seu contrário, a divisão foi feita de tal modo que a imagem está para o objeto que ela reproduz como a opinião está para a ciência?[72]

– Consinto na verdade.

– Examina, agora, como é preciso dividir o mundo inteligível.

– Como?

– De tal maneira que para atingir uma de suas partes a alma seja obrigada a servir-se, como de outras tantas imagens, dos originais do mundo visível, procedendo, a partir de hipóteses, não rumo a um princípio, mas a uma conclusão; enquanto, para alcançar a outra, que leva a um princípio absoluto, ela deverá, partindo de uma hipótese, e sem o auxílio das imagens utilizadas no primeiro caso, desenvolver sua pesquisa por meio exclusivo das idéias tomadas em si próprias.

– Não compreendo inteiramente o que dizes.

– Pois bem! voltemos a isso; compreenderás sem dúvida mais facilmente depois de ouvir o que vou dizer. Sabes, imagino, que os que se aplicam à geometria, à aritmética ou às ciências deste gênero, supõem o par e o ímpar, as figuras, três espécies de ângulos e outras coisas da mesma família, para cada pesquisa diferente; que, tendo admitido estas coisas como se as conhecessem, não se dignam dar as razões delas a si próprios ou a outrem, julgando que são claras a todos; que enfim, partindo daí, deduzem o que se segue e acabam atingindo, de maneira conseqüente, o objeto que a sua indagação visava.

– Sei perfeitamente disso – respondeu.

– Sabes, portanto, que eles se servem de figuras visíveis e raciocinam sobre elas, pensando, não nestas figuras mesmas, porém nos originais que reproduzem; seus raciocínios versam sobre o quadrado em si e a diagonal em si, não sobre a diagonal que traçam, e assim no restante; das coisas que modelam ou desenham, e que têm suas

72. I.e., AC está para CB.

260 A REPÚBLICA DE PLATÃO

sombras e reflexos nas águas, servem-se como outras tantas imagens
511 a para procurar ver estas coisas em si, que não se vêem de outra forma
exceto pelo pensamento[73].

– É verdade.

– Eu dizia, em conseqüência, que os objetos deste gênero são do
domínio inteligível, mas que, para chegar a conhecê-los, a alma é forçada a recorrer a hipóteses: que não procede então rumo a um princípio,
porquanto não pode remontar além de suas hipóteses, mas emprega,
como outras tantas imagens, os originais do mundo visível, cujas cópias
se encontram na seção inferior, e que, relativamente a estas cópias, são
encarados e apreciados como claros e distintos.

b   – Compreendo que o que dizes se aplica à geometria e às artes da
mesma família[74].

– Compreende agora que entendo por segunda divisão do mundo
inteligível a que a própria razão atinge pelo poder da dialética, for-
mulando hipóteses que ela não considera princípios, mas realmente
hipóteses, isto é, pontos de partida e trampolins para elevar-se até o
princípio universal que já não pressupõe condição alguma; uma vez
apreendido este princípio, ela se apega a todas as conseqüências que
dele dependem e desce assim até a conclusão, sem recorrer a nenhum
c   dado sensível, mas tão-somente às idéias, pelas quais procede e às
quais chega.

– Compreendo-te um pouco, mas não suficiente, pois me parece
que tratas de um tema muito árduo; queres distinguir, sem dúvida,
como mais claro, o conhecimento do ser e do inteligível, que se adquire
pela ciência dialética, daquele que se adquire pelo que denominamos
artes[75], às quais as hipóteses servem de princípios; é verdade que os que
se aplicam às artes são obrigados a fazer uso do raciocínio e não dos
sentidos: no entanto, como nas suas investigações não remontam a um
d   princípio, mas partem de hipóteses, não crês que tenham a inteligência
dos objetos estudados, ainda que a tivessem partindo de um princípio;
ora, denominas pensamento, e não inteligência, o das pessoas versadas

73. Não fica claro, neste momento, se o termo διάνοια significa simplesmente
"pensamento" em contraposição à percepção sensível, ou se Platão já o emprega
num sentido mais específico (cf. 511d), i.e., a forma de raciocínio matemático ("conhecimento discursivo") que se contrapõe ao νοῦς ("inteligência").

74. Na linguagem pitagórica, as "artes da mesma família" (ἀδελφαὶ τέχναι)
são a astronomia e a harmonia (cf. Livro VII, 530d).

75. O termo τέχναι ("artes") era usualmente empregado para designar o conjunto das ciências matemáticas (cf. Platão, Protágoras, 318e; Teeteto, 145a-b).

LIVRO VI

na geometria e nas artes semelhantes, entendendo com isso ser este conhecimento intermediário entre a opinião e a inteligência.

– Tu me compreendeste suficientemente – disse eu. – Aplica agora a estas quatro divisões as quatro operações da alma: a inteligência à mais alta, o pensamento à segunda, à terceira a fé e à última a imaginação[76]; e as ordena, atribuindo-lhes mais ou menos evidência, conforme os seus objetos participem mais ou menos da verdade[77].

– Compreendo – disse ele; – estou de acordo contigo e adoto a ordem que propões.

---

76. O termo grego εἰκασία ("imaginação") deriva de um verbo que significa "fazer uma imagem" (εἰκάζω), e tem, portanto, um sentido mais amplo do que a palavra "imaginação" para nós hoje, que está ligada especificamente a uma faculdade psíquica. Todavia, traduzir εἰκασία por "imaginação" tem a virtude de guardar em português essa relação etimológica com "imagem" (εἰκών), que aqui é importante. É importante ressaltar também que o âmbito da εἰκασία é o da pintura, da poesia, da escultura, e das demais belas artes, como se esclarecerá no Livro x (cf. 595a-601b).

77. Ver Figura 1, infra p. 417.

LIVRO VII

– Agora – continuei – representa da seguinte forma o estado de 514 a
nossa natureza relativamente à instrução e à ignorância. Imagina homens em morada subterrânea, em forma de caverna, que tenha em toda
a largura uma entrada aberta para a luz; estes homens aí se encontram
desde a infância, com as pernas e o pescoço acorrentados, de sorte
que não podem mexer-se nem ver alhures exceto diante deles, pois a b
corrente os impede de virar a cabeça; a luz lhes vem de um fogo que
brilha a grande distância, no alto e por trás deles; entre o fogo e os
prisioneiros passa um caminho elevado; imagina que, ao longo deste
caminho, ergue-se um pequeno muro, semelhante aos tabiques que os
exibidores de fantoches erigem entre eles e o público e por cima dos
quais exibem as suas maravilhas.

– Vejo tudo isso – disse ele.

– Figura, agora, ao longo deste pequeno muro homens a transportar objetos de todo gênero, que ultrapassam a altura do muro, bem como
estatuetas de homens e figuras de animais, de pedra ou de madeira, bem 515 a
como objetos de toda espécie de matéria; naturalmente, entre estes
portadores, uns falam e outros se calam.

– Eis – exclamou – um estranho quadro e estranhos prisioneiros!

264 A REPÚBLICA DE PLATÃO

– Eles se nos assemelham[1] – repliquei – mas, primeiro, pensas que em tal situação jamais hajam visto algo de si próprios e de seus vizinhos, afora as sombras projetadas pelo fogo sobre a parede da caverna que está à sua frente?

– E como poderiam? – observou – se são forçados a permanecer
b a vida toda a cabeça imóvel.

– E com os objetos que desfilam, não acontece o mesmo?

– Incontestavelmente.

– Se, portanto, conseguissem conversar entre si não julgas que tomariam por objetos reais as sombras que avistassem?

– Necessariamente.

– E se a parede do fundo da prisão tivesse eco, cada vez que um dos portadores falasse, não achas que eles só poderiam atribuir a voz às sombras em desfile?

– Sim, por Zeus – disse ele.

c – Seguramente – prossegui – tais homens só atribuirão realidade às sombras dos objetos fabricados[2].

– É inteiramente necessário, respondeu.

– Considera agora o que lhes sobrevirá naturalmente se forem libertos das cadeiras e curados da ignorância. Que se separe um desses prisioneiros, que o forcem a levantar-se imediatamente, a volver o pescoço, a caminhar, a erguer os olhos à luz: ao efetuar todos esses movimentos sofrerá, e o ofuscamento o impedirá de distinguir os
d objetos cuja sombra enxergava há pouco. O que achas, pois, que ele responderá se alguém lhe vier dizer que tudo quanto vira até então eram apenas vãos fantasmas, mas que presentemente, mais perto da realidade e voltado para objetos mais reais, vê com maior exatidão? Se, enfim, mostrando-lhe cada uma das coisas passantes, o obrigar, à força de perguntas, a dizer o que é isso? Não crês que ficará embaraçado e que

---

1. Essa caracterização da condição dos homens na caverna se aproxima, de certa maneira, a uma passagem de Ésquilo (cf. *Prometeu Prisioneiro*, vv. 447-453).

2. Este é o ponto crucial da alegoria: os homens na caverna tomam por real, por verdadeiro, aquilo que é tão-somente sombra, aparência. Essa é a figuração do estado de ignorância do homem comum, do homem que não está voltado para a filosofia e que não recebeu uma educação adequada (Sócrates havia dito logo acima, em 515a, que esses homens assemelham-se a nós). Ele, como os homens na caverna, é incapaz de voltar-se para a verdadeira realidade das coisas, pois está fortemente preso ao mundo aparente, que ele, por sua vez, toma como real, como verdadeiro. O que subjaz a essa imagem é justamente aquela distinção fundamental do pensamento platônico: entre o ser (τὸ ὄν) e o parecer (τὸ φαινόμενον).

LIVRO VII 265

as sombras que via há pouco lhe parecerão mais verdadeiras do que os objetos que ora lhe são mostrados?

– Muito mais verdadeiras – reconheceu ele.

– E se o forçam a fitar a própria luz, não ficarão os seus olhos e feridos? Não tirará dela a vista, para retornar às coisas que pode olhar, e não crerá que estas são realmente mais distintas do que as outras que lhe são mostradas?

– Seguramente.

– E se – prossegui – o arrancam à força de sua caverna, o compelem a escalar a rude e escarpada encosta e não o soltam antes de arrastá-lo até a luz do sol, não sofrerá ele vivamente e não se queixará 516 a destas violências? E quando houver chegado à luz, poderá, com os olhos completamente deslumbrados pelo fulgor, distinguir uma só das coisas que agora chamamos verdadeiras?

– Não poderá – respondeu; – ao menos no começo.

– Necessitará, penso, de hábito para ver os objetos da região superior. Primeiro distinguirá mais facilmente as sombras, depois as imagens dos homens e dos outros objetos que se refletem nas águas, a seguir os próprios objetos. Após isso, poderá, enfrentando a claridade dos astros e da lua, contemplar mais facilmente durante a noite os corpos celestes e o céu mesmo, do que durante o dia o sol e sua luz.

– Sem dúvida.

– Por fim, imagino, há de ser o sol, não suas vãs imagens refletidas nas águas ou em qualquer outro local, mas o próprio sol em seu verdadeiro lugar, que ele poderá ver e contemplar tal como é[3].

– Necessariamente – disse.

– Depois disso, há de concluir, a respeito do sol, que é este que faz as estações e os anos, que governa tudo no mundo visível e que, de certa maneira, é causa de tudo quanto ele via, com os seus companheiros, na caverna.

– Evidentemente, respondeu ele, chegará a esta conclusão.

– Ora, lembrando-se de sua primeira morada, da sabedoria que

---

3. Note que é necessário ao homem que sai da caverna certo processo ascendente de habituação na nova realidade. Ao ter acesso ao verdadeiro mundo (o do Sol), o homem, acostumado somente a ver e discernir formas de sombras, não pode voltar-se imediatamente para a luz do Sol, pois feriria seus olhos e debilitaria sua visão. É preciso antes que ele siga certos passos sucessivos, partindo das sombras rumo à contemplação do Sol em si mesmo. A contemplação da causa primeira de todas as coisas (o Sol) não é, portanto, imediata, mas pressupõe um processo progressivo de habituação do homem que o distancie do mundo aparente e o acomode paulatinamente no mundo real.

266 A REPÚBLICA DE PLATÃO

nela se professava e dos que aí foram os seus companheiros de cativeiro, não crês que se rejubilará com a mudança e lastimará estes últimos?

– Sim, decerto.

d – E se eles então se concedessem entre si honras e louvores, se outorgassem recompensas àquele que captasse com olhar mais vivo a passagem das sombras, que se recordasse melhor das que costumavam vir em primeiro lugar ou em último, ou caminhar juntas, e que, por isso, fosse o mais hábil em adivinhar o aparecimento delas, pensas que o nosso homem sentiria ciúmes destas distinções e alimentaria inveja dos que, entre os prisioneiros, fossem honrados e poderosos? Ou então, como o herói de Homero[4], não preferirá mil vezes ser apenas um servente de charrua, a serviço de um pobre lavrador, e sofrer tudo no mundo, a voltar às suas antigas ilusões e viver como vivia?

e – Sou de tua opinião – assegurou; – ele preferirá sofrer tudo a viver desta maneira.

– Imagina ainda, lhe falei, que este homem torne a descer à caverna e vá sentar-se em seu antigo lugar: não terá ele os olhos cegados pelas trevas, ao vir subitamente do pleno sol?

– Seguramente sim – disse ele.

– E se, por julgar estas sombras, tiver de entrar de novo em competição, com os cativos que não abandonaram as correntes, no momento
517 a em que ainda está com a vista confusa e antes que seus olhos se tenham reacostumado (e o hábito à obscuridade exigirá ainda bastante tempo), não provocará riso à própria custa[5] e não dirão eles que, tendo ido para cima, voltou com a vista arruinada, de sorte que não vale mesmo a pena tentar subir até lá? E se alguém tentar soltá-los e conduzi-los ao alto, e conseguissem eles pegá-los e matá-lo, não o matarão?[6]

– Sem dúvida alguma – respondeu.

– Agora, meu caro Glauco – continuei – cumpre aplicar ponto por
b ponto esta imagem ao que dissemos mais acima, comparar o mundo que a vista nos revela à morada da prisão e a luz do fogo que a ilumina ao poder do sol. No que se refere à subida à região superior e à contemplação de seus objetos, se a considerares como a ascensão da alma à região inteligível, não te enganarás sobre o meu pensamento, posto

---

4. Cf. Homero, *Odisséia*, v. 489-490.

5. Sobre a figura risível do filósofo aos olhos dos homens comuns, cf. *Fedro*, 249d; *Teeteto*, 174c-175b; *Sofista*, 216d.

6. Platão talvez esteja aludindo implicitamente à morte de Sócrates, condenado pelo tribunal a beber cicuta. O diálogo *Fédon* nos conta o último dia e as últimas palavras de Sócrates antes da morte.

LIVRO VII 267

que também desejas conhecê-lo[7]. Só Deus sabe se ele é verdadeiro. Quanto a mim, tal é minha opinião: no mundo inteligível, a idéia do bem é percebida por último e a custo, mas não se pode percebê-la sem concluir que é a causa de tudo quanto há de direito e belo em todas as coisas; que ela engendrou, no mundo visível, de luz e do soberano da luz; que, no mundo inteligível, ela própria é soberana e fonte imediata da verdade e da inteligência; e que precisará ser contemplada por quem quiser agir com sabedoria, tanto na vida pública como na particular. c

– Partilho de tua opinião – replicou – na medida em que posso.

– Pois bem! Compartilha-a também neste ponto, e não te espantes com o fato de aqueles que são alçados a estas alturas não mais quererem ocupar-se dos negócios humanos, visto só aspirarem suas almas a permanecer continuamente em tais alturas. Isto é muito natural, se nossa alegoria for exata. d

– Com efeito, é muito natural – disse ele.

– Mas então? Pensas ser espantoso que um homem, que passa das contemplações divinas às misérias humanas, tenha falta de graça e pareça inteiramente ridículo, quando, ainda com a vista perturbada e insuficientemente acostumado às trevas circundantes, se vê forçado a entrar em disputa, diante dos tribunais ou alhures, acerca das sombras de justiça ou das imagens que projetam estas sombras, no empenho de combater as interpretações que delas fornecem os que nunca viram a justiça em si mesma?[8] e

7. Platão retoma a analogia entre o mundo visível e o mundo inteligível apresentada no Livro VI (508a-509d), onde ele compara o Sol, fonte da luz que permite que os objetos visíveis sejam percebidos pelo poder da visão, com a Idéia do Bem, fonte da verdade que permite que os objetos cognoscíveis sejam conhecidos pela razão. Por ser a Idéia do Bem a causa primeira de todas as coisas, ela será, portanto, a última etapa desse processo ascendente do conhecimento humano.

8. Platão critica implicitamente aqui a retórica praticada nos tribunais de justiça. Essa relação estreita entre retórica e justiça é muito bem apresentada por Platão no diálogo *Górgias*. Na primeira parte desse diálogo, onde Sócrates e Górgias discutem sobre o ofício e o poder (δύναμις) do retor, a definição de retórica atribuída à personagem Górgias é a seguinte (454e9-455a2):

ΣΩ. Ἡ ῥητορικὴ ἄρα, ὡς ἔοικεν, πειθοῦς δημιουργός ἐστιν πιστευτικῆς ἀλλ' οὐ διδασκαλικῆς περὶ τὸ δίκαιόν τε καὶ ἄδικον.

ΓΟΡ. Ναί.

SÓCRATES: Ora, então a retórica, como parece, é o artífice da persuasão que infunde a crença, mas não ensina nada a respeito do justo e do injusto.

GÓRGIAS: Sim.

Por definição, o âmbito de aplicação da retórica é a justiça, e seu escopo não é instruir o público nos tribunais acerca do que é verdadeiramente justo ou injusto, mas simplesmente fazê-lo crer numa imagem de justiça que corrobore uma das partes envolvidas no processo litigioso. Essa definição, todavia, é rejeitada por Sócrates

268 A REPÚBLICA DE PLATÃO

— Não há nada de espantoso nisso — respondeu.

518 a — Com efeito — prossegui — um homem sensato recordar-se-á que os olhos podem perturbar-se de duas maneiras e por duas causas opostas: pela passagem da luz à obscuridade e pela passagem da obscuridade à luz; e, tendo refletido que sucede o mesmo com a alma, quando avistar uma, perturbada e impedida de discernir certos objetos, não rirá tolamente, porém examinará antes se, proveniente de uma vida mais luminosa, ela está, por falta de hábito, ofuscada pelas trevas, ou se, passando da ignorância à luz, está cega pelo brilho demasiado vivo;

b no primeiro passo, julgá-la-á feliz, em razão do que ela experimenta e da vida que leva; no segundo, há de lastimá-la, e se quisesse rir às

nesse mesmo diálogo, quando discute com a personagem Polo. Sócrates oferece, em contrapartida, uma segunda definição de retórica: a retórica, na verdade, não é arte (τέχνη), e, sim, certa espécie de adulação (κολακεία) (cf. 463a-c):

τεττάρων δὴ τούτων οὐσῶν, καὶ ἀεὶ πρὸς τὸ βέλτιστον θεραπευουσῶν τῶν μὲν τὸ σῶμα, τῶν δὲ τὴν ψυχήν, ἡ κολακευτικὴ αἰσθομένη - οὐ γνοῦσα λέγω ἀλλὰ στοχασαμένη - τέτραχα ἑαυτὴν διανείμασα, ὑποδῦσα ὑπὸ ἕκαστον τῶν μορίων, προσποιεῖται εἶναι τοῦτο ὅπερ ὑπέδυ, καὶ τοῦ μὲν βέλτιστον οὐδὲν φροντίζει, τῷ δὲ ἀεὶ ἡδίστῳ θηρεύεται τὴν ἄνοιαν καὶ ἐξαπατᾷ, ὥστε δοκεῖ πλείστου ἀξία εἶναι.

SÓCRATES: Assim, na medida em que são quatro artes e que velam sempre pelo maior bem do corpo, por um lado, e da alma, por outro, a adulação, percebendo – não digo sabendo, mas conjeturando, – que se dividiam em quatro, se infiltra em cada uma dessas partes e finge ser propriamente aquilo em que se infiltra, não se preocupando com o maior bem, /d/ e, sim, perseguindo a ignorância com vistas ao prazer imediato e fazendo enganar, de modo a parecer ser digna de muito valor. (464c3-d3)

Neste quadro sinóptico abaixo, é possível vermos as quatro formas de arte e as quatro formas de adulação correspondentes:

	ARTE (τέχνη)	ADULAÇÃO (κολακεία)
ALMA	Justiça	Retórica
(ψυχή)	Legislação	Sofística
CORPO	Medicina	Culinária
(σῶμα)	Ginástica	Indumentária

A retórica, então, se apresenta como a parte da adulação que se infiltra na justiça e finge ser a própria justiça, não a sendo. Platão censura justamente o tipo de retórica grosseira que era praticada pelos retores nos tribunais; retórica essa que não tinha compromisso com a elucidação da verdade, mas tão-somente com o convencimento do público em defesa de causas muitas vezes injustas. Platão critica duramente a retórica pelo fato de ela servir como instrumento de justificação e legitimação da injustiça. Portanto, como podemos notar no diálogo Górgias, a retórica está intimamente associada à prática dos tribunais e à justiça, pois tanto na primeira (a de Górgias) quanto na segunda definição de retórica (a de Sócrates) a justiça aparece implicada. Quando Platão critica esses tribunais, é a retórica que ele tem em vista, como é o caso desta passagem da República.

LIVRO VII   269

custas dela, suas troças seriam menos ridículas do que se incidissem sobre a alma que volta da morada da luz[9].

– Isto que é falar – disse ele – com muita sabedoria.

– Devemos, pois, se tudo isto for verdade, concluir o seguinte: a educação não é de nenhum modo o que alguns proclamam que ela seja; pois pretendem introduzir o conhecimento que nela não existe, como   c alguém que desse a visão a olhos cegos[10].

– É o que pretendem, com efeito – respondeu.

– Ora – reatei – o presente discurso mostra que, em relação a essa capacidade inerente à alma de cada um e ao órgão com o qual se aprende, semelhante a olhos que só pudessem voltar-se com o corpo inteiro das trevas para a luz, este órgão também deve desviar-se com a alma toda daquilo que nasce, até que se torne capaz de suportar a

9. Essa imagem do esplendor do conhecimento em oposição à obscuridade da ignorância aparece também no diálogo *Sofista*, onde Platão busca distinguir o filósofo do sofista (253e8-254b2):

ΞΕ. Τὸν μὲν δὴ φιλόσοφον ἐν τοιούτῳ τινὶ τόπῳ καὶ νῦν καὶ ἔπειτα ἀνευρήσομεν ἐὰν ζητῶμεν, ἰδεῖν μὲν χαλεπὸν ἐναργῶς καὶ τοῦτον, ἕτερον μὴν τρόπον ἥ τε τοῦ σοφιστοῦ χαλεπότης ἥ τε τούτου.
ΘΕΑΙ. Πῶς;
ΞΕ. Ὁ μὲν ἀποδιδράσκων εἰς τὴν τοῦ μὴ ὄντος σκοτεινότητα, τριβῇ προσαπτόμενος αὐτῆς, διὰ τὸ σκοτεινὸν τοῦ τόπου κατανοῆσαι χαλεπός· ἦ γάρ;
ΘΕΑΙ. Ἔοικεν.
ΞΕ. Ὁ δὲ φιλόσοφος, τῇ τοῦ ὄντος ἀεὶ διὰ λογισμῶν προσκείμενος ἰδέᾳ, διὰ τὸ λαμπρὸν αὖ τῆς χώρας οὐδαμῶς εὐπετὴς ὀφθῆναι· τὰ γὰρ τῆς τῶν πολλῶν ψυχῆς ὄμματα καρτερεῖν πρὸς τὸ θεῖον ἀφορῶντα ἀδύνατα.
ΘΕΑΙ. Καὶ ταῦτα εἰκὸς οὐχ ἧττον ἐκείνων οὕτως ἔχειν.

ESTRANGEIRO: Se o procurarmos, em algum lugar como esse encontraremos, agora ou depois, o filósofo; também ele é difícil de ser visto claramente, mas a dificuldade referente ao sofista é diferente da do filósofo.
TEETETO: Como assim?
ESTRANGEIRO: O sofista se esconde na obscuridade do não-ser, se lhe adaptando pelo hábito, e é por causa dessa obscuridade do lugar que é difícil reconhecer o sofista, não é?
TEETETO: É o que parece.
ESTRANGEIRO: O filósofo, todavia, se alça sempre por meio de raciocínios à idéia do ser, é devido ao esplendor desse lugar, por sua vez, que nunca é fácil vê-lo; pois os olhos da alma da maioria das pessoas não conseguem contemplar continuamente o que é divino.
TEETETO: E isso não é menos razoável do que o que foi dito antes.

10. Platão alude aos sofistas que prometiam (ἐπαγγελόμενοι) educar os jovens, em troca de dinheiro, a fim de capacitá-los a ter sucesso na política ateniense. É o que vemos neste trecho do diálogo *Protágoras* (319a3-7):

Ἆρα, ἔφην ἐγώ, ἕπομαί σου τῷ λόγῳ; δοκεῖς γάρ μοι λέγειν τὴν πολιτικὴν τέχνην καὶ ὑπισχνεῖσθαι ποιεῖν ἄνδρας ἀγαθοὺς πολίτας.
Αὐτὸ μὲν οὖν τοῦτό ἐστιν, ἔφη, ὦ Σώκρατες, τὸ ἐπάγγελμα ὃ ἐπαγγέλλομαι.

SÓCRATES: Será que acompanhei o teu discurso? Pois me parece que te referes à arte política e que prometes tornar os homens bons cidadãos.
PROTÁGORAS: E é justamente isso, Sócrates, o que eu professo.

270 A REPÚBLICA DE PLATÃO

visão do ser e do que há de mais luminoso no ser; e é isso que nós
d chamamos o bem, não é?

– Sim.

– A educação é, portanto, a arte que se propõe este fim, a conversão
da alma, e que procura os meios mais fáceis e mais eficazes de operá-la;
ela não consiste em dar a vista à alma, pois que esta já o possui; mas
com ele está mal disposto e não olha para onde deveria, a educação se
esforça por levá-la à boa direção.

– Assim parece – disse ele.

– Agora, as outras virtudes, denominadas virtudes da alma, parecem realmente aproximar-se das do corpo, pois, na realidade, quando
e não as temos de início, podemos adquiri-las em seguida, através do
hábito e do exercício[11]; mas a virtude da ciência pertence muito provavelmente a algo mais divino[12], que nunca perde a sua força, e que,
519 a conforme a direção que se lhe dá, torna-se útil e vantajoso ou inútil e
nocivo. Não notaste ainda, no tocante às pessoas ditas perversas, porém
hábeis, quão penetrantes são os olhos de sua almazinha miserável, e
com que acuidade discernem os objetos para os quais se voltam? A
alma deles não conta, portanto, uma vista fraca; mas como é compelida a servir à malícia, quanto mais penetrante a sua visão, tanto mais
pratica o mal.

– Esta observação é inteiramente justa – aprovou ele.

– Entretanto – prossegui – se desde a infância operássemos a alma
assim constituída e amputássemos os elementos do mundo do devir,
b comparáveis a massas de chumbo, que aí se desenvolvem sob a forma

---

11. Cf. Aristóteles, *Ética Nicomaquéia*, ii, 1103a 14-19:

Διττῆς δὴ τῆς ἀρετῆς οὔσης, τῆς μὲν διανοητικῆς τῆς δὲ ἠθικῆς, ἡ μὲν διανοητικὴ
τὸ πλεῖον ἐκ διδασκαλίας ἔχει καὶ τὴν γένεσιν καὶ τὴν αὔξησιν, διόπερ
ἐμπειρίας δεῖται καὶ χρόνου, ἡ δ᾽ ἠθικὴ ἐξ ἔθους περιγίνεται, ὅθεν καὶ τοὔνομα
ἔσχηκε μικρὸν παρεκκλῖνον ἀπὸ τοῦ ἔθους. ἐξ οὗ καὶ δῆλον ὅτι οὐδεμία τῶν
ἠθικῶν ἀρετῶν φύσει ἡμῖν ἐγγίνεται.

Há, então, dois tipos de virtude, a intelectual e a moral. A virtude intelectual em sua
maior parte nasce e cresce devido ao ensino, e é por isso que necessita de experiência
e de tempo. A virtude moral *[ēthikē]*, por sua vez, provém do hábito *[ethos]*, e esse é
o motivo inclusive de ela ter seu nome *[ēthikē]* proveniente de uma pequena alteração
da palavra 'hábito'/*[ethos]*. Por isso que é também evidente que nenhuma das virtudes
morais surge em nós por natureza.

12. O termo φρόνησις é empregado por Platão em duas acepções distintas na
República. No livro iv (cf. 433d1), ele é usado para designar a "sabedoria prática"
do governante, i.e., a "prudência" de quem governa a cidade e deve tomar decisões em favor da cidade; nesta passagem do Livro vii, entretanto, a forma verbal
φρονῆσαι (correspondente a φρόνησις) se refere estritamente ao poder intelectivo
da alma, despojado de seu aspecto prático.

LIVRO VII   271

de festins, prazeres e apetites deste gênero, e que fazem voltar a vista da alma para baixo; se, libertas desse peso, ficassem volvidas para a verdade, essas mesmas índoles vê-la-iam com a maior nitidez, como vêem os objetos para os quais ora se volvem.

– É provável – reconheceu.

– Mas então não é igualmente provável, e necessário depois do que afirmamos, que nem as pessoas sem educação e sem conhecimento da verdade, nem as que deixamos passar a vida toda no estudo, são pró- c prias para o governo da cidade, umas porque não dispõem de qualquer ideal ao qual possam referir tudo quanto praticam na vida particular ou na vida pública e as outras porque não aceitarão o seu encargo, crendo-se já transportadas, em vida, às ilhas dos Bem-aventurados[13].

– É certo – disse ele.

– Incumbir-nos-á, pois, a nós, fundadores da cidade, obrigar as melhores naturezas a se voltar para esta ciência que reconhecemos há pouco[14] como a mais sublime, a contemplar o bem e a proceder a esta ascensão; mas, depois que hajam assim se elevado e suficientemente con- d templado o bem, evitemos lhes permitir o que hoje lhes é permitido.

– O quê?

– Permanecer lá no alto – respondi – recusar-se a descer de novo ao meio dos cativos, e partilhar com eles labores e honrarias, seja qual for a importância que se lhes deva atribuir.

– Pois quê! – exclamou – perpetraremos contra eles a injustiça de forçá-los a levar uma existência miserável, quando poderiam desfrutar de uma condição mais feliz?

– Esqueces mais uma vez, meu amigo, que a lei não se preocupa e em assegurar felicidade excepcional a uma classe de cidadãos, mas se esforça por realizar a ventura da cidade inteira, unindo os cidadãos pela persuasão ou coerção, e levando-os a partilhar em comum das vantagens que cada classe pode proporcionar à comunidade; e que, se 520 a ela forma tais homens na cidade, não é para lhes dar a liberdade de se voltarem para o lado que lhes aprouver, mas para fazê-los concorrer ao fortalecimento dos elos da cidade[15].

13. A Ilha dos Bem-Aventurados, na mitologia grega, situa-se nas águas do rio Oceano, que circunda a terra. Ela é descrita por Hesíodo (cf. *Os Trabalhos e os Dias*, vv. 170-173; cf. também Píndaro, *Olímpicas*, II, vv. 68-74) como um lugar cuja terra é extremamente fértil e onde habitam os mortos bem-aventurados. Platão também menciona essa ilha no mito final do diálogo *Górgias* (cf. 526c).

14. Cf. Livro VI, 505a-b.

15. Platão concebe, dentro desse projeto de construção de uma organização política ideal, uma função positiva tanto da persuasão (πειθώ) quanto da coerção

272 A REPÚBLICA DE PLATÃO

– É verdade – concordou – havia-me esquecido disso.

– De resto, Glauco, observa que não seremos culpados de injustiça para com os filósofos que se formarem entre nós, mas que teremos justas razões a lhes apresentar, ao forçá-los a se encarregar da direção e da guarda dos outros. Dir-lhe-emos, com efeito: "Nas outras cidades,

b é natural que os que se tornaram filósofos não participem dos trabalhos da vida pública, já que se formaram por si próprios, malgrado o governo destas cidades; ora, quem se forma sozinho e não deve sua alimentação a ninguém, é justo que não queira pagar-lhe o preço a quem quer que seja. Mas vós, nós vos formamos no interesse da cidade, assim como no vosso, para serdes o que são, os chefes e os reis nas colméias; nós vos ministramos educação melhor e mais perfeita do que a desses outros filósofos, e vós vos tornastes mais capazes de aliar o manejo dos

c negócios ao estudo da filosofia. É preciso, portanto, que desçais, cada um por seu turno, à morada comum e que vos acostumeis às trevas nela reinantes; quando estiverdes familiarizados com elas, enxergareis em seu meio mil vezes melhor do que os habitantes desta morada, conhecereis a natureza de cada imagem, e de que objeto ela é imagem, visto terdes, em verdade, contemplado o belo, o justo e o bem. Assim, o governo desta cidade, que é a vossa e a nossa, há de ser uma realidade e não um sonho vão, como o das cidades atuais, onde os chefes se batem

d por sombras e disputam a autoridade, que consideram um grande bem. Eis a respeito qual é a verdade: a cidade onde os que devem comandar são os menos apressados em buscar o poder, é a melhor governada e a menos sujeita à sedição, e aquela onde os chefes apresentam a disposição contrária encontra-se, por sua vez, numa situação contrária.

– Perfeitamente – disse ele.

– Pois bem! Crês que os nossos alunos resistirão a essas razões e recusarão, cada um por seu turno, a tomar parte nos labores da cidade, embora passando juntos a maior parte do tempo na região da pura luz?

(ἀνάγκη): ambas podem servir à lei garantindo a harmonia entre as partes da cidade e evitando que apenas uma delas se beneficie com as ações políticas do Estado. Nesse sentido, a persuasão (πειθώ), mesmo sendo ela o escopo por excelência da retórica tão criticada por Platão no corpo de seus diálogos, tem a sua função nessa nova forma de organização política que persegue absolutamente o bem supremo da cidade como um todo. Esse tipo de persuasão, i.e., conforme o bem, distingue-se totalmente daquela persuasão praticada nos tribunais de justiça de Atenas. Segundo Platão, lá prevaleciam os interesses particulares em detrimento dos interesses públicos e se via antes a justificação do que a punição de atos injustos. Esse é um dos aspectos da democracia ateniense muito criticado por Platão nos diálogos.

LIVRO VII   273

– É impossível – respondeu – pois nossas prescrições são justas   e
e se dirigem a homens justos. Mas é certo que cada um deles só irá ao
poder por necessidade, contrariamente ao que fazem hoje os chefes
em todas as cidades[16].

– Sim – continuei – é assim mesmo, meu amigo; se descobrires,
para os que devem comandar, uma condição preferível ao próprio po-   521 a
der, ser-te-á possível ter uma cidade bem governada; pois nesta cidade
só hão de comandar os que são verdadeiramente ricos, não de ouro,
mas dessa riqueza de que o homem precisa para ser feliz: uma vida
virtuosa e sábia. Em compensação, se os mendigos e as gentes ávidas
de bens particulares forem aos negócios públicos, convictos de que é
aí que se deve obtê-los, isto não te será possível; pois então se luta para
alcançar o poder, e a guerra intestina e doméstica destrói tanto aos que
se lhe entregam, como ao restante da cidade[17].

– Nada mais verdadeiro – reconheceu ele.

– Ora, conheces outra condição, além da do autêntico filósofo, que   b
inspire o desprezo pelos cargos públicos?

– Não, por Zeus.

– De outro lado, é mister que os enamorados do poder não lhe
façam a corte, senão haverá lutas entre pretendentes rivais.

– Sem dúvida.

– Por conseguinte, a quem imporás a guarda da cidade, senão aos
mais instruídos nos meios de bem governar um Estado e que possuem
outras honras e uma vida melhor que a vida política?

– A ninguém mais.

16. Este é um ponto importante da teoria política de Platão na *República:*
os filósofos (ou o filósofo, cf. Livro iv, 445d-e) que devem governar a cidade são
conduzidos ao poder por *necessidade* (ἐπ᾽ ἀναγκαῖον), e não por vontade própria
(cf. Livro i, 347b-c). Isto parece ser até mesmo um paradoxo: o fato do filósofo não
almejar a égide do poder político é o que o habilita a tê-la. Mas esse é o aspecto
fundamental que o distingue dos demais políticos: enquanto esses almejam o poder
com o intuito de satisfazer seus desejos e interesses particulares, descuidando do
bem da cidade como um todo, o filósofo, inversamente, é obrigado a assumir o poder
na medida em que ele é o único a ter o conhecimento suficiente para que esse bem
comum seja alcançado por meio da ação política.

17. Heródoto, iii, 82 (discurso de Dario):

Δήμου τε αὖ ἄρχοντος ἀδύνατα μὴ οὐ κακότητα ἐγγίνεσθαι· κακότητος τοίνυν
ἐγγινομένης ἐς τὰ κοινὰ ἔχθεα μὲν οὐκ ἐγγίνεται τοῖσι κακοῖσι, φιλίαι δὲ
ἰσχυραί· οἱ γὰρ κακοῦντες τὰ κοινὰ συγκύψαντες ποιεῦσι.

Quando o povo, por sua vez, detém o poder, é inevitável que a maldade surja. Quando
surge então a maldade nos negócios públicos, não são inimizades que surgem entre os
maus, e, sim, laços fortes de amizade; pois os que prejudicam os negócios públicos o
fazem em conjunto.

274 A REPÚBLICA DE PLATÃO

c — Queres, pois, que examinemos agora de que maneira se formarão homens deste jaez, e como se há de conduzi-los das trevas para a luz[18], tal como alguns, dizem, subiram do Hades à morada dos deuses?[19]

— Como não haveria de querê-lo? — perguntou.

— Isto não será, aparentemente, um simples lance de conca[20]; tratar-se-á de operar a conversão da alma de um dia tão tenebroso quanto a noite para o dia verdadeiro, isto é, de elevá-la até o ser; e é isso que denominaremos verdadeira filosofia.

— Perfeitamente.

— É preciso, pois, examinar qual, dentre as ciências, é própria para surtir tal efeito.

d — Sem dúvida.

— Qual, pois, Glauco, a ciência que é capaz de atrair a alma do devir transitório para o ser verdadeiro?[21] Mas, falando, ocorre-me o seguinte: não dissemos que nossos filósofos deviam ser na juventude atletas guerreiros?[22]

— Sim, dissemos.

— É preciso, portanto, que a ciência que procuramos, além desta primeira vantagem, ofereça outra mais.

— Qual?

— A de não ser inútil a homens de guerra.

— Certamente é preciso, se possível.

— Ora, foi através da ginástica e da música que os formamos e precedentemente[23].

18. Platão fala metaforicamente da passagem da ignorância para o conhecimento, aludindo à alegoria da caverna descrita no início do Livro vii.

19. Essa menção a homens que depois da morte ascenderam à morada dos deuses é bastante vaga. Pode ser Héracles, ou Pólux, ou Asclépio, por exemplo. Mas não é possível afirmar com certeza que Platão esteja se referindo a uma dessas figuras mitológicas.

20. Esse "lance de conca" (ὀστράκου περιστροφή) seria semelhante ao lance de "cara ou coroa", e fazia parte de um jogo. Os jogadores se dividiam em dois grupos, separados por uma linha. Um deles atirava a conca para cima, preta de um lado e branca de outro, e gritava νύξ ἡμέρα ou νύξ ἢ ἡμέρα ("dia ou noite"). Conforme o lado da conca a ficar para cima, um grupo saía correndo enquanto o outro perseguia-o.

21. Esta é uma distinção fundamental do pensamento platônico: entre o domínio do devir (τὸ γιγνόμενον) e o domínio do ser (τὸ ὄν), entre o âmbito sensível e o âmbito inteligível. A busca do conhecimento pelo filósofo implica, em última instância, um afastamento progressivo e ascendente do mundo sensível em direção ao mundo inteligível.

22. Cf. Livro iii, 403e; Livro iv, 422b.

23. Cf. Livro ii, 376e.

LIVRO VII 275

– Sim.

– Mas a ginástica tem por objeto o mundo transitório do devir, porquanto se ocupa do desenvolvimento e do declínio do corpo.

– Evidentemente.

– Não é, pois, a ciência que procuramos.

– Não. 522 a

– Seria a música, tal como a descrevemos mais acima?

– Mas – replicou – ela não era, se bem te lembras, senão a contraparte da ginástica, formando os guardiães pelo hábito e comunicando-lhes por meio da harmonia certa concordância, sem lhes proporcionar nenhuma ciência determinada, e certa eurritmia por meio do ritmo; e nos discursos seus caracteres eram semelhantes, quer se tratasse de discursos fabulosos ou de verídicos; mas não comportava nenhum estudo que conduzisse à meta que agora te propões. b

– Tu me relembras exatamente o que dissemos; na verdade, ela não comportava nenhum estudo. Mas então, excelente Glauco, qual será esse estudo? Pois as artes se nos apresentaram todas como mecânicas...

– Sem dúvida. Mas que outro estudo resta, se tirarmos a música, a ginástica e as artes?

– Pois bem! – respondi – afora estas nada encontramos, tomemos um desses estudos que se estendem a tudo.

– Qual?

– Por exemplo, esse estudo comum, que serve a todas as artes, a c todas as operações do espírito e a todas as ciências, e que é um dos primeiros aos quais todo homem deve aplicar-se.

– Qual? – indagou.

– Este estudo vulgar que ensina a distinguir um, dois e três; quero dizer, em suma, a ciência dos números e do cálculo; não é certo que nenhuma arte, nenhuma ciência pode dispensá-la?

– Certo! – respondeu.

– Nem, por conseguinte, a arte da guerra? – perguntei.

– Necessariamente, disse.

– Na verdade, Palamedes[24], cada vez que aparece nas tragédias, d

---

24. Palamedes foi um dos heróis gregos da guerra de Tróia, que teria morrido apedrejado devido à vingança de Odisseu. Conta-se que Palamedes desmascarou Odisseu quando este tentava burlar a expedição a Tróia, fingindo-se de louco. Estando em Tróia, Odisseu forjou uma carta de Príamo a Palamedes oferecendo-lhe ouro para trair os gregos. Odisseu, então, colocou ouro na tenda de Palamedes, incriminando-o, o que causou a fúria geral de todos os gregos. No *Elogio de Palamedes*, de Górgias, um dos poucos fragmentos que nos restaram desse autor, atribui-se a

276 A REPÚBLICA DE PLATÃO

deixa Agamêmnon ridículo no seu papel de general. Ou não reparaste como Palamedes afirma que, depois de ter inventado os números, dispôs o exército em ordem de batalha perante Ílion, e efetuou a enumeração dos barcos e de todo o resto, como se antes dele isso não fosse enumerado e Agamêmnon, aparentemente, não soubesse quantos pés tinha, pois não sabia contar. Que espécie de general seria esse, a teu ver?[25]

– Um general bem estranho – disse ele – se o fato fosse verdadeiro.

e   – Portanto – continuei – estabeleceremos como indispensável a todo guerreiro a ciência do cálculo e dos números.

– Ela lhe é inteiramente indispensável, caso queira entender alguma coisa do ordenamento de um exército, ou melhor, caso queira ser homem[26].

– Agora – indaguei – procedes à mesma observação que eu, no atinente a esta ciência?

– Qual?

523 a   – Que poderia ser realmente uma das ciências que buscamos e que conduzem naturalmente à pura inteligência; mas ninguém a usa como se deveria, conquanto seja perfeitamente apropriada para conduzir a alma para o ser.

– O que queres dizer? – perguntou.

– Vou explicar-te o meu pensamento; o que eu distinguirei como próprio ou não para levar à meta de que falamos, considera-o comigo e depois concede ou recusa o teu assentimento, a fim de que possamos ver mais claramente se a coisa é tal como eu a imagino.

– Mostra do que se trata.

– Mostrar-te-ei, se quiseres de fato considerar que, entre os objetos
b da sensação, uns não convidam o espírito ao exame, porque os sentidos

---

Palamedes a invenção da aritmética e de outras artes (cf. Fr 11a, 30, DK). Os três grandes poetas trágicos, Ésquilo, Sófocles e Eurípides, escreveram peças sobre Palamedes, das quais também nos restaram apenas fragmentos.

25. Platão, ao criticar a figura de Agamêmnon, o chefe da expedição dos gregos a Tróia, está criticando implicitamente a poesia como um todo, especialmente a tragédia, que era a grande expressão artística do séc. v a.C. Platão ressalta aqui a debilidade de Agamêmnon, que não conhecia a aritmética, e portanto não tinha o conhecimento básico (a aritmética e o cálculo) para ser um governante segundo o modelo formulado na *República*. Isso mostra que a imagem do homem político por excelência (Agamêmnon) presente na poesia não condiz com o modelo de homem político delineado na *República*, e esse seria, então, mais um motivo, além daqueles apresentados nos Livros II e III, de não aceitar da poesia o que não se conforma às exigências do pensamento platônico.

26. Cf. Platão, *Leis*, 819d.

LIVRO VII

bastam para julgá-los, enquanto outros o convidam insistentemente, porque a sensação, a respeito deles, não fornece nenhuma conclusão sadia.

– Falas, sem dúvida, dos objetos vistos na distância e dos desenhos em perspectiva.

– Não compreendeste de todo o que pretendo dizer.

– A que então te referes? – inquiriu.

– Por objetos que não provocam exame – repliquei – entendo os que não ensejam, ao mesmo tempo, duas sensações opostas; e considero os objetos que as ensejam como provocadores do exame, posto que, percebamo-los de perto ou de longe, os sentidos não indicam que sejam mais isto do que o contrário. Todavia, compreenderás mais claramente o que quero dizer, da seguinte maneira: eis três dedos, o polegar, o indicador e o médio.

– Muito bem – disse ele.

– Concebe que eu os suponha vistos de perto; agora, efetua comigo esta observação.

– Qual?

– Cada um deles nos parece igualmente um dedo; pouco importa neste sentido que o vejamos no meio ou na extremidade, branco ou preto, grosso ou delgado, e assim por diante. Em todos estes casos, a alma da maior parte dos homens não é obrigada a perguntar ao entendimento o que é um dedo, pois a vista nunca lhe testemunhou, ao mesmo tempo, que um dedo fosse outra coisa que não um dedo.

– Certamente não – disse ele.

– É portanto natural – continuei – que semelhante sensação não excite, nem desperte o entendimento.

– É natural.

– Mas como? No que concerne à grandeza e a pequeneza dos dedos, a vista será suficiente para discerni-la, sendo indiferente que um esteja no meio ou na extremidade? E o mesmo não acontece ao tato em relação à grossura e à finura, à macieza e à dureza? E não serão insuficientes os demais sentidos para se manifestarem com referência a essas diferenças? Não é assim que cada um deles procede, de modo que primeiro o sentido encarregado de perceber a dureza é também o que percebe a macieza e comunica à alma que o mesmo objeto lhe deu uma sensação de dureza e de macieza?

– Assim é – respondeu.

– Ora, não é inevitável que em tais casos a alma fique embaraçada e indague o que significa uma sensação que lhe apresenta a mesma coisa como dura e macia? O mesmo sucede com a sensação da leveza

278 A REPÚBLICA DE PLATÃO

e da pesadez, o que ela deve entender por leve e por pesado, se uma lhe assinala que o pesado é leve e a outra que o leve é pesado?

b — Com efeito – admitiu – estes são, para a alma, estranhos testemunhos e que exigem exame mais aprofundado.

— É portanto natural – retomei – que a alma, apelando então para o auxílio do raciocínio e da inteligência, tende dar-se conta se cada um destes testemunhos versa sobre uma coisa ou sobre duas.

— Sem dúvida.

— E se ela julga tratar-se de duas coisas, cada uma destas parecer-lhe-á uma e distinta da outra.

— Sim.

— Se, por conseguinte, cada uma lhe parecer uma, e ambas, duas, c concebê-las-á como separadas: pois, não fossem separadas, não as conceberia como sendo duas, porém uma.

— É exato.

— A vista percebeu, dizemos nós, a grandeza e a pequeneza não separadas, mas confundidas numa só, não é?

— Sim.

— E para esclarecer semelhante confusão, o entendimento é forçado a ver a grandeza e a pequeneza não mais confundidas, mas separadas, contrariamente ao que faria a vista.

— É verdade.

— Ora, não é daí que nos vem primeiro o pensamento de perguntar o que podem ser a grandeza e a pequeneza?

— De fato.

— E é desta maneira que definimos a diferença entre o inteligível e o visível.

d — Precisamente.

— Eis, portanto, o que eu queria explicar há pouco, quando dizia que certos objetos convidam a alma à reflexão e outros não a convidam de modo algum, distinguindo como próprios para este convite os que ensejam simultaneamente duas sensações contrárias e os que não as ensejam como impróprios para despertar a inteligência.

— Compreendo agora – concordou – e sou de teu parecer.

— E o número e a unidade, em que classe os incluis?

— Não sei – respondeu.

— Pois bem! Julga de acordo com o que acabamos de dizer. Se a unidade é percebida em si mesma, de maneira satisfatória, pela vista ou e por qualquer outro sentido, ela não atrairá nossa alma para a essência, não mais do que o dedo de que falamos há pouco; mas se a visão da unidade oferece sempre alguma contradição, de sorte que não pareça

LIVRO VII 279

mais unidade do que multiplicidade, será necessário então um juiz
para decidir; a alma fica forçosamente embaraçada e, despertando nela
o entendimento, é compelida a pesquisar e a indagar o que pode ser a
unidade em si; assim, a percepção da unidade é das que conduzem e 525 a
despertam a alma e a fazem voltar para a contemplação do ser.

– É certo – anuiu – que a visão da unidade possui este poder em
altíssimo grau, pois vemos a mesma coisa ao mesmo tempo una e
múltipla até o infinito.

– E se assim acontece à unidade – prossegui – acontecerá o mesmo
a todo número?

– Certamente.

– Ora o cálculo e a aritmética versam inteiramente sobre o
número[27].

– Sem dúvida.

– São, por conseguinte, ciências próprias para conduzir à verdade. b

– Sim, eminentemente próprias.

– São portanto, parece, das que procuramos, pois o seu estudo é
necessário ao guerreiro para alinhar um exército e ao filósofo para sair
da esfera do devir e alcançar a essência, sem o quê, ele jamais seria
bom calculador[28].

– É verdade.

– Mas o nosso guardião é, ao mesmo tempo, guerreiro e filósofo?

– Sem dúvida.

– Conviria, pois, Glauco, prescrever tal estudo mediante uma lei
e persuadir os que devem desempenhar as mais altas funções públicas
a se dedicar à ciência do cálculo, não superficialmente, mas até que c
cheguem, pela pura inteligência, a conhecer a natureza dos números;
e cultivar esta ciência, não para colocá-la a serviço das compras e ven-
das, como os negociantes e mercadores, mas para aplicá-la à guerra e
facilitar a conversão da alma, do mundo dos fenômenos para mundo
da verdade e do ser.

– Muito bem dito, observou.

– E percebo agora, após ter falado da ciência dos números, quão
bela e útil ela é, sob muitos aspectos, para o nosso desígnio, contanto d
que a estudem para conhecer e não para traficar.

– O que admiras tanto nela?

– Este poder, que acabo de mencionar, de imprimir à alma um vi-

27. Cf. Platão, *Górgias*, 451b, 453e.
28. A aritmética e o cálculo, portanto, têm uma aplicação tanto prática ("alinhar
um exército") quanto teórica ("sair da esfera do devir e alcançar a essência").

280 A REPÚBLICA DE PLATÃO

goroso impulso em direção à região superior e de obrigá-la a raciocinar sobre os números em si próprios, jamais tolerando que se introduzam em seus raciocínios números visíveis e palpáveis[29]. Sabes, com efeito, como agem as pessoas hábeis nesta ciência: se se tenta, no curso de

e uma discussão, dividir a unidade propriamente dita, riem-se e deixam de ouvir. Se tu a dividires, eles a multiplicarão por outro tanto, no temor de que ela não surja como una, porém como uma reunião de partes[30].

– É muito certo – disse ele.

526 a – O que achas, Glauco, que responderiam, se alguém lhes perguntasse: "Homens admiráveis, de que números falais? Onde se encontram estas unidades, tais como vós as supondes, todas iguais entre si, sem a mínima diferença e que não são formadas de partes?", o que responderiam?

– Responderiam, acho eu, que se referem a números que só podem ser apreendidos pelo pensamento e que não podem ser manejados de nenhuma outra forma.

– Como vês, meu amigo, tal ciência tem o ar de nos ser verda-

b deiramente indispensável, porquanto é evidente que obriga a alma a servir-se da pura inteligência para atingir a verdade em si.

– Sim, é notavelmente apropriada para produzir este efeito.

– Mas já não observaste que os calculadores natos são naturalmente prestos a compreender todas as ciências, por assim dizer, e que os espíritos pesados, quando exercitados e versados no cálculo, mesmo que daí não aufiram qualquer outra vantagem, ganham ao menos a de adquirir mais penetração?

– É incontestável – disse ele.

c – De resto, seria difícil, penso, encontrar muitas ciências que custem mais a aprender e a praticar do que esta.

– Sem dúvida.

– Por todas essas razões, não se deve negligenciá-la, porém formar nela as melhores naturezas.

– Sou de tua opinião.

– Eis portanto – prossegui – uma primeira ciência adotada; examinemos se esta segunda, que se lhe relaciona, nos convém de algum modo.

– Qual? – perguntou ele. – É à ciência da geometria que te referes?

29. Cf. Platão, *Filebo*, 56e.
30. Na matemática, à época de Platão, não havia a idéia de fração: se dividíssemos uma coisa ao meio, não teríamos duas metades de uma coisa, mas teríamos antes transformado uma coisa em duas.

LIVRO VII   281

– A ela mesma – redargüi.

– Na medida em que se refere às operações da guerra, é evidente   d
que nos convém; pois, para estabelecer um acampamento, tomar pra-
ças-fortes, concentrar ou desdobrar um exército e pô-lo a executar todas
as manobras que são de uso nas batalhas ou nas marchas, o mesmo
general mostrar-se-á muito superior, conforme seja ou não geômetra.

– Mas na verdade – repliquei – para isso não é necessário muita
geometria e cálculo. Cumpre, pois, examinar se o forte desta ciência
e suas partes mais avançadas tendem ao nosso objetivo, que é o de   e
mostrar mais facilmente a idéia do bem. Ora, tende a ele, dizemos nós,
tudo o que força a alma a voltar-se para o lugar onde reside o mais feliz
dos seres, que ela deve, de qualquer maneira, contemplar.

– Tens razão – disse.

– Por conseguinte, se a geometria nos obriga a contemplar a essência, ela nos convém; se ela se detém no devir, não nos convém[31].

– É nossa opinião.

– Ora, ninguém que saiba um pouco de geometria nos contestará   527 a
que a natureza desta ciência é diretamente oposta à linguagem que
empregam aqueles que a praticam.

– Como? – indagou.

– Trata-se seguramente de uma linguagem muito ridícula e pobre;

---

31. Segundo Xenofonte, Sócrates considerava útil a geometria apenas para
fins práticos, o que contrasta com essa função da geometria delineada pela personagem Sócrates na *República* de Platão. Vejamos esta passagem das *Memoráveis*
de Xenofonte (IV, 7, 2-3):

ἐδίδασκε δὲ καὶ μέχρι ὅτου δέοι ἔμπειρον εἶναι ἑκάστου πράγματος τὸν ὀρθῶς
πεπαιδευμένον. αὐτίκα γεωμετρίαν μέχρι μὲν τούτου ἔφη δεῖν μανθάνειν, ἕως
ἱκανός τις γένοιτο, εἴ ποτε δεήσειε, γῆν μέτρῳ ὀρθῶς ἢ παραλαβεῖν ἢ
παραδοῦναι ἢ διανεῖμαι ἢ ἔργον ἀποδείξασθαι· οὕτω δὲ τοῦτο ῥᾴδιον εἶναι
μαθεῖν ὥστε τὸν προσέχοντα τὸν νοῦν τῇ μετρήσει ἅμα τήν τε γῆν ὁπόση ἐστὶν
εἰδέναι καὶ ὡς μετρεῖται ἐπιστάμενον ἀπιέναι. τὸ δὲ μέχρι τῶν δυσσυνέτων
διαγραμμάτων γεωμετρίαν μανθάνειν ἀπεδοκίμαζεν. ὅ τι μὲν γὰρ ὠφελοίη
ταῦτα, οὐκ ἔφη ὁρᾶν· καίτοι οὐκ ἄπειρός γε αὐτῶν ἦν· ἔφη δὲ ταῦτα ἱκανὰ
εἶναι ἀνθρώπου βίον κατατρίβειν καὶ ἄλλων πολλῶν τε καὶ ὠφελίμων
μαθημάτων ἀποκωλύειν.

Sócrates ensinava também até que ponto devia ser experiente em cada disciplina o homem
que fora corretamente educado. Assim, dizia que se devia aprender geometria até o ponto
em que a pessoa se tornasse capaz o suficiente de, caso precisasse, medir a terra corretamente a fim de comprá-la, ou vendê-la, ou dividi-la, ou computar a produção. Assim,
dizia que era fácil aprendê-la, de modo que quem se dedicasse à mensuração saberia qual
o tamanho da terra e partiria ao mesmo tempo ciente de como medi-la. Porém, reprovava
o ensino da geometria que se estendesse até os problemas mais complexos, pois não via,
dizia ele, que utilidade essas coisas poderiam ter. Não que ele fosse inexperiente nessas
questões, mas dizia que elas seriam o suficiente para consumir a vida de um homem e
que o desviariam de inúmeras outras disciplinas igualmente úteis.

282 A REPÚBLICA DE PLATÃO

pois é como homens na prática, tendo em vista as aplicações, que falam de quadrar, de construir sobre uma linha, de juntar, e que pronunciam

b outras expressões similares, ao passo que esta ciência inteira não tem outro objeto a não ser o conhecimento.

– É perfeitamente certo.

– Não se deve, pois, concordar também com isso?

– Com o quê?

– Que ela tem por objeto o conhecimento do que é sempre, e não do que nasce e perece.

– É fácil concordar com isso – observou; – a geometria é, com efeito, o conhecimento do que existe sempre.

– Em conseqüência, meu nobre amigo, ela atrai a alma para a verdade e desenvolve nela este espírito filosófico que eleva para as coisas de cima os olhares que inclinamos erradamente para as coisas daqui debaixo.

– Sim, ela produz este efeito na medida do possível.

c – É preciso, portanto, na medida do possível, prescrever aos cidadãos de tua bela cidade[32] que não descurem da geometria; ela oferece, afora isso, vantagens secundárias, que não são de desprezar.

– Quais?

– As que mencionaste – respondi – e que concernem à guerra; além do mais, no que tange à melhor compreensão das outras ciências, sabemos que há uma diferença total entre quem é versado na geometria e quem não o é.

– Sim, por Zeus, total.

– Eis, portanto, a segunda ciência que prescrevemos aos jovens.

– Prescrevamo-la – aprovou ele.

d – E agora, será a astronomia a terceira ciência? O que te parece?

– É o que penso; pois saber como reconhecer facilmente o momento do mês e do ano em que se está é algo que interessa não só à arte do lavrador e à arte do piloto, mas ainda, e não menos, à arte do general.

– Tu me diverte – disse eu; – pois, pareces temer que o vulgo te reprove por prescreveres estudos pouco práticos[33]. Ora, importa

---

32. Platão chama essa cidade utópica construída por Sócrates e seus interlocutores de "cidade bela" (καλλίπολις), que era, por sua vez, o mesmo nome de algumas cidades gregas situadas na Ásia Menor, na Sicília e na Magna Grécia (cf. Heródoto, *Histórias,* vii, 154; Estrabão, *Geográficas,* vi, 6, 2).

33. Essa era a visão do senso-comum a respeito da astronomia: uma ciência sem qualquer utilidade prática. Uma anedota sobre Tales de Mileto (séc. vii a.C.), o primeiro filósofo grego da natureza (i.e., fisiólogo), mostra que a astronomia era vista pelo senso-comum como algo totalmente apartado do mundo terreno, do mundo

LIVRO VII 283

muito, ainda que seja de difícil demonstração, crer que os estudos de
que falamos purificam e reavivam em cada um de nós certo órgão da   e
alma estragado e cegado pelas outras ocupações, órgão cuja conservação é mil vezes mais preciosa que a dos olhos do corpo, porquanto é
só por ele que se percebe a verdade. Aos que partilham desta opinião,
tuas palavras hão de parecer extremamente justas; mas os que acerca
disso não têm nenhuma luz hão de achar, naturalmente, que elas nada
significam; pois afora a utilidade prática, não vêem nestas ciências
quaisquer vantagens dignas de nota. Pergunta, pois, a qual destes dois
grupos de ouvintes pretendes dirigir-te; ou, então, se não raciocinas,   528 a
nem para um nem para outros, mas principalmente para ti mesmo,
sem recusar entretanto a ninguém as vantagens que possa obter dos
teus raciocínios.

– Foi resolução que adotei – respondeu: – a de falar, questionar e
responder principalmente em meu proveito próprio.

– Então volta atrás – disse eu – pois há pouco não tomamos a
ciência que segue imediatamente a geometria.

– Como assim? – inquiriu.

– Após as superfícies tomamos os sólidos já em movimento, antes
de nos ocuparmos dos sólidos em si próprios; ora, a ordem exige que,   b
depois da segunda dimensão, passemos a tratar da terceira, que é a
dimensão do cubo e dos demais objetos que têm profundidade.

– É verdade – disse ele – mas quer me parecer, Sócrates, que esta
ciência ainda não foi descoberta.

– E devido – prossegui – a duas causas: primeira, nenhuma cidade
honra tais pesquisas e, sendo difíceis, trabalha-se pouco nelas; além
disso, os pesquisadores carecem de um diretor, sem o qual os seus
esforços hão de ser baldados. Ora, é difícil encontrar um; porém ainda
que o encontrassem, na atual cidade de coisas, os que se devotam a
tais pesquisas alimentam demasiada presunção para lhe obedecer. Mas   c
se uma cidade inteira cooperasse com esse diretor e honrasse essa
ciência, eles lhe obedeceriam e os problemas apresentados por este
último, estudados com continuidade e vigor, seriam elucidados, posto

---

cotidiano dos homens (Diógenes Laércio, *As Vidas e as Doutrinas dos Filósofos Ilustres*, I, 34):

λέγεται δ' ἀγόμενος ὑπὸ γραὸς ἐκ τῆς οἰκίας, ἵνα τὰ ἄστρα κατανοήσῃ, εἰς
βόθρον ἐμπεσεῖν καὶ αὐτῷ ἀνοιμώξαντι φάναι τὴν γραῦν· "σὺ γάρ, ὦ Θαλῆ, τὰ
ἐν ποσὶν οὐ δυνάμενος ἰδεῖν τὰ ἐπὶ τοῦ οὐρανοῦ οἴει γνώσεσθαι;"
Dizem que Tales, saindo de casa conduzido por uma velha para contemplar os astros,
caiu num buraco e que a velha, estando ele a queixar-se, perguntou-lhe o seguinte: "tu,
ó Tales, não sendo capaz de ver as coisas a seus pés, julgas que poderás conhecer as
coisas celestes?".

284 A REPÚBLICA DE PLATÃO

que, mesmo agora, desprezada pelo vulgo, truncada por pesquisadores incapazes de compreender todo o alcance de sua utilidade, ela efetua progressos a despeito de todos esses percalços pela exclusiva força do encanto que exerce; por isso não é surpreendente que esteja no ponto onde a vemos.

d — Certo — concedeu — ela exerce extraordinário encanto. Mas explica-me mais claramente o que afirmavas há pouco. Punhas em primeiro lugar a ciência das superfícies, a geometria?

— Sim.

— E a astronomia imediatamente após; a seguir voltaste atrás.

— É que, na minha pressa de expor rapidamente tudo isso, recuo em vez de avançar. Com efeito, após a geometria, vem a ciência que estuda a dimensão da profundidade; mas, como até agora ela só possibilitou pesquisas insignificantes, deixei-a de lado e passei à astronomia, isto

e é, ao movimento dos sólidos.

— É exato.

— Coloquemos, pois, a astronomia em quarto lugar, supondo que a ciência que ora pusemos à margem se constituirá quando a cidade dela se ocupar.

— É provável — disse ele. — Mas, visto que me reprovaste há pou-

529 a co por fazer um elogio inepto da astronomia[34], vou louvá-la agora de maneira conforme o ponto de vista sob o qual a encaras. É, parece-me, evidente a todos que ela obriga a alma a olhar para o alto e a passar das coisas terrenas para as coisas do céu.

— Talvez — repliquei — seja evidente a todos, salvo a mim; pois não julgo que seja assim.

— E como a julgas? — indagou.

— Da maneira como a tratam os que pretendem erigi-la em filosofia, ela faz, em minha opinião, olhar para baixo.

— O que queres dizer?

— Na verdade, não falta audácia à tua concepção do estudo das

b coisas do alto! Pareces crer que um homem que olhasse os ornamentos de um teto, com a cabeça inclinada para trás, e nele distinguisse algo, usaria, assim procedendo, de sua razão e não de seus olhos! Talvez, no fim de contas, sejas tu que ajuízes bem e eu estupidamente; mas não posso reconhecer outra ciência que faça olhar para cima, exceto a que tem por objeto o ser e o invisível; e se alguém tenta estudar uma coisa sensível, olhando para o alto, de boca aberta, ou para baixo, de boca fechada, afirmo que jamais saberá algo, pois a ciência não comporta

34. Cf. Livro VII, 527d.

LIVRO VII 285

nada de sensível, e que sua alma não olha para o alto, mas para baixo, c
ainda que estude deitado de costas sobre a terra ou flutuando de dorso
sobre o mar![35]

– Tens razão de me repreender; recebo apenas o que mereço. Mas
como pretendias que se devia reformar o estudo da astronomia, a fim
de torná-la útil a nosso desígnio?

– Eis como – contestei. – Devemos considerar as constelações
do céu como os mais belos e os mais perfeitos objetos de sua ordem,
mas, uma vez que pertencem ao mundo visível, são muito inferiores d
às verdadeiras constelações, os movimentos, segundo os quais a pura
rapidez e a pura lentidão, segundo o verdadeiro número, e em todas as
verdadeiras figuras, se movem em relação uma com a outra e movem
ao mesmo tempo o que está nelas; ora, estas coisas são percebidas pela

---

35. Essa caricatura do homem investigando os astros e os movimentos celestes
feita aqui por Platão talvez seja uma alusão à caricatura de Sócrates na comédia *As
Nuvens* (424 a.C.) de Aristófanes, apresentada em 424 a.C. Vejamos esse trecho
(vv. 169-74):

	DISCÍPULO
MA. πρώην δέ γε γνώμην μεγάλην ἀφῃρέθη ὑπ' ἀσκαλαβώτου.	Há pouco uma lagartixa abortou uma idéia magnânima de Sócrates...
	ESTREPSÍADES
	Como foi? Conta-me?
ΣΤ. τίνα τρόπον; κάτειπέ μοι.	DISCÍPULO
	Ele investigava as rotas e as evoluções
MA. ζητοῦντος αὐτοῦ τῆς σελήνης τὰς ὁδοὺς καὶ τὰς περιφοράς, εἶτ' ἄνω κεχηνότος ἀπὸ τῆς ὀροφῆς νύκτωρ γαλεώτης κατέχεσεν.	da lua; como estava *boquiaberto*, no alto, à noite a lagartixa cagou lá do teto...
	ESTREPSÍADES
	Que engraçado a lagartixa ter cagado em Só-
ΣΤ. ἥσθην γαλεώτῃ καταχέσαντι Σωκράτους.	crates!!

Essa alusão intertextual confirma-se pela ocorrência da mesma forma verbal
κεχηνώς ("de boca aberta", "boquiaberto") que aparece tanto no trecho acima de
As Nuvens quanto nesta passagem da *República*.

Nessa peça, Aristófanes representa Sócrates, de um lado, como um filósofo da
natureza, que, junto a seus discípulos, passa a vida a examinar as coisas subterrâneas
e celestes (cf. vv. 188-197); e de outro, como um sofista, que ensina os discípulos
a tornar o discurso fraco (i.e., injusto) forte (i.e., justo) (cf. vv. 94-99; vv. 112-118).
Essa caricatura de Aristófanes é totalmente diferente da construção da figura de
Sócrates feita por Platão nos diálogos. O Sócrates platônico, especialmente o dos primeiros diálogos, caracteriza-se sobretudo pela preocupação com as questões morais
e políticas, e todo seu esforço concentra-se em testar diversas opiniões a respeito dos
principais conceitos morais e buscar uma definição correta para eles: a excelência
ou virtude (ἀρετή), a justiça (δικαιοσύνη), a temperança (σωφροσύνη), a coragem
(ἀνδρεία), a sabedoria (σοφία), a piedade (ὁσιότης). De um lado, então, Aristófanes
constrói Sócrates em sua comédia como um filósofo da natureza e sofista, e de outro,
Platão o apresenta em seus diálogos como um filósofo da moral e da política.

286 A REPÚBLICA DE PLATÃO

inteligência e pelo pensamento discursivo, e não pela vista; ou talvez pensas o contrário?

– De modo algum.

– Cumpre, portanto – prossegui – utilizar os ornamentos do céu, como modelos no estudo das coisas invisíveis, tal como faríamos, se e nos deparássemos com desenhos traçados e executados com incomparável perícia por Dédalo[36], ou qualquer outro artista ou pintor: mirando-os, um geômetra consideraria que são obras-primas de perfeição, mas acharia ridículo estudá-las seriamente, com o propósito de aí aprender 530 a a verdade sobre as relações de quantidades iguais, duplas ou outras.

– Com efeito, seria ridículo – observou.

– E o autêntico astrônomo, não crês que experimentará o mesmo sentimento, ao considerar os movimentos dos astros? Pensará que o céu e o que este encerra foram dispostos por seu criador com toda a beleza que se possa colocar em tais obras; mas, quanto às relações do dia com a noite, do dia e da noite com os meses, dos meses com o ano, b e dos outros astros com o sol, com a lua e consigo próprios, não achará absurdo acreditar que tais relações sejam sempre as mesmas e nunca variem, quando são corpóreas e visíveis, bem como procurar por todos os meios apreender-lhes a sua verdadeira realidade?

– É como penso – respondeu – agora que consegui entender-te.

– Logo – reatei – estudaremos a astronomia, assim como a geometria, por meio de problemas, e abandonaremos os fenômenos do céu, se c quisermos apreender verdadeiramente esta ciência e tornar útil a parte inteligente de nossa alma, de inútil que era antes.

– Certamente – observou – prescreves com isso aos astrônomos uma tarefa muitas vezes mais difícil do que a que executam atualmente.

– E penso – acrescentei – que prescreveremos o mesmo método às outras ciências, se formos legisladores sérios. Mas poderias me lembrar ainda alguma ciência que convenha a nosso intento?

– Não, ao menos de início – disse.

– Entretanto, o movimento não apresenta uma única forma: há d muitas outras, parece-me. Um sábio poderia talvez enumerá-las a todas; mas há duas que nós conhecemos.

– Quais?

– Além da que acabamos de mencionar, outra que lhe corresponde.

---

36. Dédalo, na mitologia grega, foi um artífice ateniense, descendente de Hefesto, conhecido por fabricar estátuas que se moviam. Foi ele que construiu o Labirinto para Minos, rei de Creta.

LIVRO VII   287

– Qual?

– Parece que – redargüi – assim como os olhos foram formados para a astronomia, os ouvidos o foram para o movimento harmônico, e que estas ciências são irmãs, como afirmam os pitagóricos[37], e como nós, Glauco, admitimos, não é?

– Sim.

– Como o assunto é de importância, adotaremos a opinião deles e sobre este e outros também, se for oportuno; mas, em todos os casos, guardaremos nosso princípio.

– Qual?

– O de velar para que nossos alunos não empreendam estudo neste gênero que permaneça imperfeito e não leve ao termo onde devem levar todos os nossos conhecimentos, como há pouco dizíamos a respeito da astronomia. Não sabes que os músicos não tratam melhor a harmonia? 531 a Aplicando-se a medir os acordes e os tons percebidos pelo ouvido, fazem, como os astrônomos, um trabalho inútil.

– E pelos deuses! – exclamou – é de modo ridículo que falam de "freqüências" e ficam de orelha em pé como quem se dispõe a escutar a conversa do vizinho; uns pretendem que entre duas notas percebem uma intermediária, que se trata do intervalo mínimo, e que é mister tomá-lo como medida; os outros sustentam, ao contrário, que é semelhante aos sons precedentes; uns e outros, porém, fazem o ouvido b passar à frente do espírito.

– Falas – disse eu – desses bravos músicos que perseguem e torturam as cordas, torcendo-as sobre cravelhas. Poderia levar mais longe a descrição e falar dos golpes de arco que eles lhes desferem, das acusações que lhes imputam contra as negativas e a jactância das cordas; mas eu a abandono essa imagem e declaro que não é deles que pretendo falar, e sim dos que nos propúnhamos há pouco interrogar sobre a harmonia; pois eles fazem o mesmo que os astrônomos: procuram números nos acordes percebidos pelo ouvido, mas não se elevam até os c problemas, que consiste em indagar quais são os números harmônicos e quais não são, e de onde provém esta diferença entre eles.

– Falas – disse ele – de um tema sublime.

– Ele é útil, em todo caso, para descobrir o belo e o bem; mas é inútil, se for desenvolvido com outra finalidade.

– É o que parece – aprovou.

– Penso – continuei – que, se o estudo de todas as ciências que

37. Sobre os pitagóricos, ver infra n. 19, p. 383.

288   A REPÚBLICA DE PLATÃO

d   acabamos de percorrer[38] levar à descoberta das relações e do parentesco que elas têm entre si, e mostrar a natureza do laço que as une, tal estudo nos ajudará a atingir a meta que nos propusemos, e nosso esforço não será de modo algum perdido; senão, nos teremos esforçado em vão.

     – Auguro o mesmo; porém, te referes a um trabalho bem longo, Sócrates.

     – Queres dizer o trabalho do prelúdio, ou algum outro? Não sabemos que todos estes estudos constituem apenas o prelúdio da própria ária que se deve aprender? Pois, sem dúvida, os hábeis nestas ciências

e   não são, a teu ver, dialéticos[39].

     – Não, por Zeus! – declarou – com exceção de pequeníssimo número entre os que encontrei.

     – Mas – perguntei – acreditas que pessoas incapazes de manter uma conversa e dirigir a discussão possam um dia conhecer algo do que afirmamos ser preciso saber?

     – Não acredito, tampouco – replicou.

532 a   – Pois bem! Glauco – continuei – não é, afinal, esta ária mesma que a dialética executa? É puramente inteligível, mas não deixa de imitá-lo a capacidade da visão que, como dissemos, tenta primeiro olhar os seres vivos, depois os astros e, por fim, o próprio sol. Assim, quando um homem intenta, pela dialética, sem o auxílio de nenhum sentido, mas por meio da razão, atingir a essência de cada coisa, e não se detém até que tenha apreendido pela só inteligência a essência do

b   bem, ele alcança o termo do inteligível, assim como o outro, há pouco, alcançava o termo do mundo visível[40].

     – Seguramente.

     – Mas como? Não é isso o que chamas marcha dialética?

     – Sem dúvida.

     – Recorda-te – prossegui – do homem da caverna: a sua libertação das cadeias, sua conversão das sombras para as figuras artificiais e a claridade que as projeta, a sua ascensão do subterrâneo para o sol e, aí, a impotência em que se encontra de olhar os animais, as plantas e

c   a luz do sol, que o obriga a contemplar nas águas as imagens divinas dos mesmos e as sombras dos seres reais, porém não mais as sombras projetadas por uma luz que, comparada ao sol, não é por sua vez senão

---

38. I.e., a aritmética e o cálculo, a geometria, a astronomia e a harmonia.

39. Sobre a noção de dialética em Platão, ver supra n. 18, p. 186.

40. Como a *idéia do bem* é a causa primeira de todas as coisas (cf. Livro VI 508a-509d), ela é para o filósofo o fim último da progressão ascendente de aquisição de conhecimento. E o caminho para isso é a dialética, o método filosófico por excelência no pensamento de Platão.

LIVRO VII

uma outra sombra, eis precisamente os efeitos do estudo das ciências que acabamos de percorrer: eleva a parte mais nobre da alma até a contemplação do mais excelente de todos os seres[41], assim como vimos há pouco o mais penetrante dos órgãos do corpo alçar-se à contemplação do que existe de mais luminoso no mundo material e visível.   d

– Admito isso assim – concedeu – embora me pareça indubitavelmente difícil admiti-lo; mas, de outro lado, parece-me, também, difícil rejeitá-lo. Entretanto, como se trata de coisas sobre as quais deveremos conversar não só hoje, mas às quais teremos de voltar muitas vezes, suponhamos que seja como afirmas, passemos à própria ária e estudemo-la da mesma maneira como o prelúdio[42]. Dize-nos, pois, qual é o caráter da capacidade dialética, em quantas espécies ele se divide e   e quais são os caminhos que ele trilha; pois estes caminhos conduzem, aparentemente, a um ponto onde o viajante encontra o repouso para as fadigas da estrada e o termo de sua caminhada.

– Não mais serias, meu caro Glauco, capaz de me seguir, pois,   533 a quanto a mim, não me faltaria de modo algum boa vontade; apenas já não seria a imagem daquilo de que falamos que irias ver, porém a realidade mesma, ou ao menos tal como ela me aparece. Que seja verdadeiramente assim ou não, não é agora o momento de afirmar, mas que existe algo muito parecido com ela, pode-se assegurar, não é?

– Certamente!

– E também que só consegue descobrir a capacidade dialética quem for versado nas ciências que acabamos de percorrer, mas que, por qualquer outra via, é impossível[43].

---

41. I.e., o bem (τάγαθόν).

42. Este é um outro aspecto envolvido na concepção de dialética segundo Platão: o mesmo assunto, dada a sua magnitude e relevância para o homem, deve ser visto e revisto, criticado e aprimorado, testado junto a diversos interlocutores, até que se encontre uma tese imune a qualquer refutação. A noção de dialética (διαλεκτική) em Platão guarda sempre esse sentido amplo, contido no verbo do qual se forma, διαλέγεσθαι ("dialogar, conversar"). A filosofia se faz entre interlocutores, entre pessoas que buscam descobrir algum saber que possa valer universalmente; mas o meio pelo qual isso é possível, segundo Platão, é, em última instância, o diálogo. O sentido estrito de dialética, como Platão irá agora definir, constrói-se paulatinamente nos diálogos, mas guarda no fundo sempre essa acepção geral de "diálogo" entre dois interlocutores.

43. Sendo assim, as quatro ciências acima enumeradas (i.e., a aritmética/cálculo, a geometria, a astronomia e a harmonia) são propedêuticas à dialética: somente tendo adquirido conhecimento dessas ciências, o filósofo poderá então aprender o método dialético, que é, por sua vez, o único caminho possível para alçar-se ao conhecimento mais genuíno, i.e., o conhecimento da idéia do bem.

290 A REPÚBLICA DE PLATÃO

– Isso também merece ser afirmado.

b – Ao menos – continuei – há um ponto que ninguém nos contestará: é que não há outro método (além do que acabamos de perlustrar), que tente apreender cientificamente a essência de cada coisa. A maioria das artes ocupa-se apenas dos desejos dos homens e de seus gostos, e está inteiramente voltada para a produção e a fabricação, ou para a conservação dos objetos naturais e fabricados[44]. Quanto às que fazem exceção, e que, como dissemos, apreendem algo da essência – a geometria e as artes que se lhe seguem – vemos que conhecem o ser apenas c em sonho e que lhes será impossível ter uma visão real dele, enquanto considerarem intangíveis as hipóteses de que se servem, por não poderem apresentar as razões destas. Pois, quando tomamos como princípio uma coisa que não conhecemos e quando compomos as conclusões e as proposições intermediárias com elementos desconhecidos, haverá um meio para que semelhante acordo constitua jamais uma ciência?

– Não há nenhum – respondeu.

– O método dialético é, portanto, o único que, rejeitando as hipóteses, d se eleva até o próprio princípio a fim de estabelecer solidamente suas conclusões e que, verdadeiramente, retira pouco a pouco o olho da alma da lama grosseira onde jaz mergulhado e o eleva à região superior, tomando por auxiliares e ajudantes desta conversão as artes que enumeramos. Demos-lhes repetidas vezes o nome de ciências para nos conformar ao uso; mas deveriam trazer outro nome, que implicasse mais claridade do que o de opinião e mais obscuridade que o de ciência – servimo-nos algures, mais acima[45], do de pensamento. Mas não se e trata, segundo me parece, de disputar sobre os nomes, quando temos de examinar questões tão importantes como as que nos propusemos.

– Certamente não! – disse ele.

– Bastará pois – prossegui – denominar, como anteriormente, ciência a primeira divisão do conhecimento, pensamento discursivo a 534 a segunda, fé a terceira e conjetura a quarta; compreender as duas últimas sob o nome de opinião e as duas primeiras sob o de inteligência, tendo a opinião por objeto o devir, e a inteligência, a essência; e acrescentar que o que a essência é em relação ao devir, a inteligência o é em rela-

---

44. Platão parece distinguir três tipos de arte (τέχναι): (1) as artes concernentes às opiniões e aos apetites humanos (πρὸς δόξας ἀνθρώπων καὶ ἐπιθυμίας), como a retórica; (2) as artes concernentes à produção e à fabricação (πρὸς γενέσεις τε καὶ συνθέσεις), como a agricultura e os demais ofícios artesanais; e (3) as artes concernentes à preservação dos objetos naturais ou fabricados (πρὸς θεραπείαν τῶν φυομένων τε καὶ συντιθεμένων), como a medicina e a arte pastoril.

45. Cf. Livro VI, 511d-e.

LIVRO VII 291

ção à opinião, a ciência em relação à fé e o pensamento em relação à conjetura[46]. Quanto à correspondência dos objetos aos quais se aplicam estas relações e à divisão em dois de cada esfera, a da opinião e a do inteligível, deixemos isso, Glauco, a fim de não nos lançarmos a discussões muito mais longas do que aquelas de que acabamos de sair.

– De minha parte, estou de inteiro acordo com o que disseste, na b medida em que sou capaz de acompanhar-te.

– Chamas também dialético quem apresenta a razão da essência de cada coisa? E quem não consegue fazê-lo, não dirás que possui tanto menos inteligência de uma coisa quanto mais incapaz se apresenta a razão dela a si mesmo e a outrem?

– Como poderia recusar a dizê-lo?

– O mesmo acontece com relação ao bem. Se um homem não for capaz de definir a idéia do bem, separando-a de todas as outras, e não souber, como num combate, abrir passagem através de todas as c objeções, tomando a peito fundamentar as provas, não sobre a aparência, mas sobre a essência; se não puder avançar através de todos esses obstáculos, à força de uma lógica infalível, não dirás de um tal homem que ele não conhece o bem em si, nem qualquer outro bem, mas que, se apreende algum fantasma do bem, apreende-o pela opinião e não pela ciência, que passa a vida presente em cidade de sonho e sonolência, sem que jamais venha a acordar neste mundo; antes disso baixará ao d Hades e irá dormir um sono eterno.

– Por Zeus! Direi tudo isso, e com ênfase.

– Mas se um dia devesses criar efetivamente essas crianças, que estás criando e formando na imaginação, não lhes permitirias, suponho, se fossem destituídas de razão, como as linhas irracionais, governar a cidade e decidir os assuntos mais importantes?

– Não, com efeito – concordou.

– Tu lhes prescreverás, pois, aplicar-se particularmente a receber esta educação que deve capacitá-los a interrogar e responder da maneira mais sapiente possível.

– É o que lhes prescreverei – disse ele – de acordo contigo. e

– Assim – continuei – creio que a dialética é de algum modo o supremo coroamento de nossos estudos, que não há outro que tenhamos o direito de lhe sobrepor, e que, enfim, terminamos com as ciências que é preciso aprender. 535 a

– De inteiro acordo – respondeu ele.

---

46. Cf. Livro VI, 509d-511c, ver supra n. 71, p. 258.

292 A REPÚBLICA DE PLATÃO

– Agora te resta determinar a quem devemos transmitir esses conhecimentos e o modo de fazê-lo.

– Evidentemente.

– Ainda te lembras da primeira escolha que efetuamos dos chefes[47], e quais foram os que elegemos?

– Como não!

– Pois bem! Esteja certo de que se deve escolher homens da mesma natureza, isto é, que se deve preferir os mais firmes, os mais corajosos

b e, na medida do possível, os mais belos. Além do mais, cumpre buscar não só os indivíduos de caráter nobre e forte, como ainda de disposições apropriadas à educação que lhes pretendemos dar.

– Especifica quais sejam estas disposições.

– Precisam ter, meu bem-aventurado amigo, penetração para as ciências e facilidade para aprender; pois a alma desanima bem mais nos pesados estudos do que nos exercícios físicos: o trabalho lhe é mais sensível, porque é dela somente e o corpo não o compartilha, de maneira alguma.

– É verdade – confirmou.

c – Devemos também escolher o indivíduo que tem boa memória, constância inabalável e amor a todo tipo de labor. De outro modo, julgas que ele consentiria em impor-se, afora os trabalhos do corpo, tantos estudos e exercícios?

– Ele só consentirá – respondeu – se for muito bem dotado em todos os aspectos.

– A falta que se comete atualmente – retomei – e que é causa do desprezo que incide sobre a filosofia, prende-se, como já dissemos antes[48], ao fato de se entregarem a este estudo pessoas indignas dele; com efeito, não deveriam empreendê-lo talentos bastardos, mas tão-somente talentos autênticos.

– Como entendes isso? – indagou.

d – Em primeiro lugar, quem deseja dedicar-se-lhe não deve claudicar no amor pelo trabalho, isto é, ser laborioso na metade da tarefa e preguiçoso na outra, o que é o caso do homem que ama a ginástica, a caça, e devota-se com zelo a todas as fainas corporais, mas não sente o mínimo gosto pelo estudo, pela discussão, pela pesquisa, e detesta todo trabalho deste gênero. Claudica também aquele cujo amor pelo trabalho se dirige ao lado oposto.

– Nada mais verdadeiro – observou.

47. Cf. Livro iii, 412b-414b; Livro vi, 485a-487a, 502d-504a.
48. Cf. 495b-496a, ver supra n. 51, p. 246.

LIVRO VII 293

– E da mesma forma, no respeitante à verdade, não consideraremos estropiada a alma que, odiando a mentira voluntária e não podendo su- e portá-la sem repugnância em si própria, ou sem indignação nos outros, admite facilmente a mentira involuntária, e que, colhida em flagrante delito de ignorância, não se indigna contra si própria, mas se espoja nesta ignorância qual um porco na lama.

– De fato – concedeu ele. 536 a

– E relativamente à temperança – prossegui – à coragem, à grandeza d'alma e todas as partes da virtude, não se deve despender menos atenção em discernir o bastardo do bem-nascido. Quem é incapaz de distingui-los, quer se trate dos particulares ou de toda a cidade, emprega, sem o perceber, para os seus desígnios somente pessoas claudicantes e bastardas, quer como amigos, quer como governantes.

– Isso é mais do que comum, observou.

– Tomemos, portanto, cuidadosamente nossas precauções contra todos esses erros. Se aplicarmos aos estudos e aos exercícios desta im- b portância apenas homens bem conformados de corpo e alma, a própria justiça não há de ter exprobração alguma a nos fazer, e salvaremos a cidade e a constituição; mas, se aplicarmos aos referidos trabalhos indivíduos indignos, sobrevirá o contrário, e cobriremos a filosofia de ridículo ainda maior.

– Seria realmente vergonhoso – disse ele.

– Sem dúvida, mas quer me parecer que neste momento eu também me torno um tanto ridículo.

– No quê? – inquiriu ele.

– Esquecia que nos entregamos a um simples jogo e elevei um c pouco demais o tom. Mas, enquanto falava, lancei os olhos sobre a filosofia e, vendo-a tratada de maneira tão indigna, creio que me exaltei, quase tomado de cólera, e que falei contra os detratores com excessiva vivacidade.

– Não, por Zeus! – contestou – não é a opinião de teu ouvinte.

– Mas é a do orador – repliquei. – Seja como for, não esqueçamos que, em nossa primeira escolha, elegemos velhos, e que isso agora não será possível; pois não se deve crer em Sólon[49], quando ele afiança d que um velho pode aprender muitas coisas: é menos capaz de aprender do que de correr; os grandes e múltiplos trabalhos são assunto de jovens.

---

49. Sólon, fr. 18 (ed. Edmonds, *Loeb Classical Library,* 1982):
γηράσκω δ' ἀεὶ πολλὰ διδασκόμενος.
Envelheço; e muitas coisas aprendo sempre.

294 A REPÚBLICA DE PLATÃO

– Necessariamente.

– A aritmética, a geometria e todas as ciências que devem servir de preparo à dialética serão, pois, ensinadas a nossos alunos desde a infância, mas tal ensino será ministrado sob forma isenta de coação.

– Por que assim?

e – Porque o homem livre nada deve aprender como escravo; com efeito, ainda que os exercícios corporais sejam praticados por coação, nem por isso o corpo se sentirá pior, mas as lições que se introduzem à força na alma não permanecem nela, de forma alguma.

– É verdade.

– Assim, pois, excelente homem, não uses de violência na educa-
537 a ção dos filhos, mas procede de modo que se instruam brincando: pode-rás por este meio discernir melhor os pendores naturais de cada um.

– Tais palavras são razoáveis.

– Ainda te lembras – indaguei – do que dissemos mais acima[50]: que era preciso conduzir os filhos à guerra, montados em cavalos, como espectadores, e, quando fosse possível sem maior perigo, aproximá-los da batalha e fazê-los tomar gosto do sangue, como a cães novos?

– Lembro-me disso – respondeu.

– Em todos esses trabalhos – continuei – esses estudos e esses alarmes, aquele que se mostrar constantemente o mais ágil, hás de colocá-los num grupo aparte.

b – Com que idade? – perguntou.

– Quando concluírem o curso obrigatório de exercícios físicos; pois este tempo de exercícios, que durará de dois a três anos, não poderá ser empregado em outra coisa, já que a fadiga e o sono são inimigos do estudo; além disso, uma das provas, e não a menor, consistirá em observar como cada um se comporta nos exercícios ginásticos.

– Sem dúvida – disse ele.

– Após esse tempo – prossegui – os escolhidos entre os jovens que tenham chegado aos vinte anos, obterão distinções mais honrosas do
c que os outros e se lhes apresentarão reunidas em conjunto as ciências que, na infância, estudaram sem ordem, a fim de que abranjam num golpe de vista as relações destas ciências entre si e com a natureza do ser.

– Com efeito – disse ele – só um conhecimento assim se fixa solidamente naquele em que entra.

– Oferece também excelente meio de distinguir a natureza dialéti-ca da que não é: o dialético tem uma visão sinóptica, os outros não.

50. Cf. Livro v, 466e-467a.

LIVRO VII   295

– Sou de teu parecer – disse.

– É portanto algo que deverás examinar – reatei – e aos que, com as melhores disposições nesse sentido, forem sólidos nas ciências, sólidos na guerra e nos demais trabalhos prescritos pela lei, a esses, quando completarem trinta anos, deverás retirá-los do número de moços já escolhidos, para lhes conceder as maiores honras, e procurar, pondo-os à prova por meio da dialética, quais são os que, sem ajuda dos olhos ou de qualquer outro sentido, podem alçar-se pela exclusiva força da verdade até o próprio ser; e esta é uma tarefa que requer muita atenção, meu amigo.

– Por quê? – indagou.

– Não notaste – contestei – o mal que atinge a dialética de nossos dias e as proporções que ele toma[51]?

– Que mal? – disse ele.

– Os que a ela se dedicam – esclareci – estão cheios de desordem.

– É bem verdade.

– Mas crês que haja nisso algo de surpreendente e não os desculpas?

– Em que são desculpáveis?

– Encontram-se no caso – expliquei – de um filho suposto que, criado no seio da riqueza, em uma família numerosa e nobre, entre uma multidão de aduladores[52], se apercebesse, em se tornando homem, não ser filho dos que se dizem seus pais, sem poder reencontrar os seus verdadeiros pais. És capaz de adivinhar os sentimentos que experimen-

---

51. Platão alude aos erísticos, embora não os nomeie aqui dessa forma, ver supra n. 18, p. 186..

52. A figura do adulador (κόλαξ) é muito importante no pensamento de Platão. No diálogo *Górgias* (cf. 464b-466a; 500e-501c), ele enumera quatro espécies de adulação (κολακεία): a culinária e a indumentária, em relação ao corpo, e a retórica e a sofística, em relação à alma, ver supra n. 8, p. 267. A adulação busca agradar (χαριεῖσθαι) os homens, estimular seus apetites (ἐπιθυμίαι); ela persegue exclusivamente o prazer (ἡδονή), e por não ser capaz de explicar as razões de suas ações, caracteriza-se como um procedimento absolutamente irracional (ἄλογος). Em contrapartida, a arte (τέχνη) (i.e., a medicina e a ginástica, em relação ao corpo, e a justiça e a legislação, em relação à alma), dirige todas as suas ações em vista do maior bem (τὸ βέλτιστον), seja isso agradável ou não, e caracteriza-se como um procedimento racional na medida em que conhece as razões e as causas de cada uma de suas ações. Teofrasto (discípulo de Aristóteles, cerca de 371-287 a.C.), em sua obra *Caracteres*, define brevemente a figura do adulador da seguinte forma:

καὶ τὸ κεφάλαιον τὸν κόλακα ἔστι θεάσασθαι πάντα καὶ λέγοντα καὶ πράττοντα, ᾧ χαριεῖσθαι ὑπολαμβάνει.

E, em suma, o adulador observa tudo aquilo, seja em palavras, seja em atos, com o que ele supõe agradar.

296   A REPÚBLICA DE PLATÃO

taria em relação aos aduladores e aos pretensos pais, antes de tomar conhecimento da suposição e depois de inteirado dela? Ou queres ouvir, neste particular, a minha previsão?

b   – Quero realmente – afirmou.

– Prevejo, pois, que dedicará primeiro mais respeito ao pai, à mãe e aos parentes supostos do que aos aduladores, que os negligenciará menos, caso se vejam em necessidade, que estará menos propenso a lhes faltar em atos e palavras, que lhes desobedecerá menos, no principal, do que a seus aduladores, enquanto ignorar a verdade.

– É provável – disse.

– Mas quando souber a verdade, prevejo que o respeito e as ações diminuirão para com os pais e aumentarão para com os aduladores, que obedecerá a estes bem mais do que antes, que regulará a conduta

c   segundo os seus conselhos e viverá abertamente na companhia deles, ao passo que não se preocupará absolutamente com o pai e os parentes supostos, a menos que se tratasse de uma índole muito boa.

– Tudo se passará como dizes; mas como se aplica esta comparação aos que se entregam à dialética?

– Eis como: desde a infância temos máximas sobre a justiça e a beleza; fomos por elas formados como por nossos pais; obedecemos-lhes e respeitamo-las.

– Com efeito.

d   – Ora, opostas a estas máximas, existem práticas sedutoras que lisonjeiam nossa alma e a atraem, mas que não chegam a persuadir os homens um tanto ponderados, por honrarem as máximas paternas e se orientarem por elas.

– É verdade.

– Pois bem! Que venha alguém perguntar a um homem assim disposto: o que é o belo? E quando houver respondido o que aprendeu do legislador, que o refute repetidas vezes e de diversas maneiras, que

e   o obrigue a pensar que todas as coisas são tão belas quanto feias; que faça o mesmo no tocante ao justo, ao bom e a todos os princípios que ele mais honra; depois disso, dize-me, como há de se comportar ele em face desses princípios com referência ao respeito e à submissão?

– Necessariamente – respondeu – não mais os respeitará nem lhes obedecerá da mesma maneira.

– Mas – continuei – quando não mais acreditar, como antes, que estes princípios sejam dignos de respeito e aparentados à sua alma, sem ter, entretanto, descoberto os verdadeiros princípios, pode ocorrer que

539 a   chegue a outro gênero de vida, exceto o que o lisonjeia?

– Não, não pode – respondeu.

LIVRO VII

– Vê-lo-emos, penso, tornar-se rebelde às leis, de submisso que era.
– Necessariamente.
– Nestas condições, é mais do que natural o que acontece às pessoas que se aplicam assim à dialética e, como disse faz pouco, elas merecem que as perdoemos.
– E que as lastimemos – acrescentou.
– A fim de não expor a tal compaixão os teus homens de trinta anos, não cumpre adotar todas as precauções possíveis antes de dedicá-los à dialética?
– Sim, por certo – confirmou ele.
– Ora, não é precaução importante impedi-los de provar a dialética b enquanto são jovens? Decerto notaste, suponho, que os adolescentes, uma vez que tenham provado a dialética, abusam dela e convertem-na em jogo, utilizando-a para contradizer incessantemente, e que, imitando os que os refutam, refutam os outros, por seu turno, e se comprazem, como cães novos, em puxar e estraçalhar pelo raciocínio todos os que se lhes aproximam[53].
– Sim, isso lhes dá um prazer maravilhoso – disse. c
– Após refutar muitas vezes os outros, e terem sido eles próprios muitas vezes refutados, deixam rapidamente de acreditar em tudo que acreditavam antes; e, por aí, eles próprios e a filosofia inteira ficam desacreditados perante a opinião pública[54].
– Nada mais verdadeiro.
– Um homem que alcançou a maturidade, porém, não quererá cair em semelhante mania, imitará a quem deseja discutir e pesquisar a verdade, de preferência a quem se diverte e objeta por prazer; ele próprio d será mais comedido e tornará a profissão filosófica mais honrosa, em vez de rebaixá-la.
– É exato – disse.
– E não era o mesmo espírito de cautela que nos fazia dizer precedentemente que só deviam ser admitidos nos exercícios da dialética as naturezas moderadas e de caráter firme, e que não se podia permitir, como hoje, que se lhe aproximasse o primeiro recém-vindo, sem nenhuma disposição para ela?
– Sim – respondeu.
– Logo, o estudo da dialética, se a ele nos entregamos sem descanso e com ardor, com exclusão de qualquer outro trabalho, tal como

53. Platão alude aos erísticos, que deturpavam a dialética tal como Platão a concebia, ver supra n. 18, p. 186.
54. Cf. Platão, *Filebo*, 15d; *Fédon*, 90c.

298 A REPÚBLICA DE PLATÃO

procedemos com os exercícios físicos, não exigirá mais do que o duplo dos anos consagrados a estes últimos.

e — Queres dizer seis ou quatro anos? – perguntou.

— Pouco importa – contestei – põe cinco anos. Depois disso farás com que desçam de novo à caverna, forçando-os a cumprir os serviços militares e todas as funções próprias aos jovens, a fim de não ficarem atrasados em relação aos outros no que concerne à experiência. E deverás prová-los no exercício destas funções, para verificar se, atraídos 540 a de todos os lados pela tentação, permanecem firmes ou se deixam abalar.

— E para isso – perguntou – quanto tempo determinas?

— Quinze anos – respondi. – E quando houverem chegado à idade de cinqüenta anos, os que tiverem saído sãos e salvos destas provas e se tiverem distinguido em tudo e de toda maneira, na conduta e nas ciências, deverão ser levados ao termo e compelidos a elevar a parte brilhante de suas almas ao ser que dispensa luz a todas as coisas; e quando tiverem contemplado o bem em si, hão de utilizá-lo como b modelo para regular a cidade, os particulares e suas próprias pessoas, cada um por seu turno, durante o resto da vida; passarão a maior parte do tempo no estudo da filosofia, mas, quando lhes tocar a vez, aceitarão penar nas tarefas de administração e governo por amor à cidade, encarando-as, não como nobre ocupação, porém como dever indispensável; e, assim, após terem formado incessantemente homens que se lhes assemelhem, a fim de lhes legar a guarda da cidade, irão habitar as ilhas dos Bem-aventurados. A cidade devotar-lhes-á monumentos e c sacrifícios públicos, a título de *daímones*[55], se a Pítia[56] o permitir, do contrário, a título de almas bem-aventuradas e divinas.

— São realmente belos, Sócrates – exclamou – os governantes que acabas de modelar como um escultor!

— E as governantes também, Glauco – adicionei; – pois não creias que o que disse se aplica mais aos homens do que às mulheres, refiro-me às que possuírem aptidões naturais suficientes.

— Tens razão – confessou – se tudo deve ser igual e comum entre elas e os homens, como estabelecemos[57].

d — Pois bem! – continuei – vós me concedeis agora que os nossos projetos referentes à cidade e à constituição não representam meros anseios; que a sua realização é difícil, mas possível de uma certa maneira,

55. Sobre o sentido de *daímon*, ver supra n. 48, p. 95.
56. Pítia era a sacerdotisa de Apolo em Delfos.
57. Cf. Livro v, 451c ss.

LIVRO VII

e só dessa que foi dita, a saber, quando os verdadeiros filósofos, vários ou um só[58], tornados senhores de uma cidade, desprezarem as honras que hoje são procuradas, considerando-as indignas de um homem livre e desprovidas de todo valor, e fizerem, ao contrário, o maior caso do dever e das honras que constituem a sua recompensa e, encarando a justiça como a coisa mais importante e mais necessária, servindo-a e trabalhando em prol de seu desenvolvimento, organizarem a cidade de conformidade às suas leis?   e

– Como? – indagou.

– Todos os que – respondi – houverem, na cidade, ultrapassado a idade de dez anos, eles relegarão aos campos e, tendo subtraído os filhos   541 a à influência dos costumes atuais, que são a de seus pais, hão de educá-los segundo os seus próprios costumes e seus próprios princípios, que são aqueles que há pouco expusemos. Não será este o meio mais rápido e mais fácil de estabelecer uma cidade provida da constituição de que falamos, de fazê-la venturosa e de assegurar as maiores vantagens ao povo em cujo seio ela se tenha formado?

– Sim, certamente; e me parece, Sócrates, que mostraste de fato como há de se realizar, se é que um dia se realizará.   b

– Já não dissemos o suficiente sobre tal cidade e sobre o homem que se lhe assemelha? Pois, com efeito, evidencia-se claramente como deve ser esse homem, segundo os nossos princípios.

– Sim – aprovou – e, como afirmas, o assunto me parece esgotado.

58. I.e., a monarquia ou a aristocracia, cf. Livro IV, 445d-e.

LIVRO VIII

– Bem, estamos portanto de acordo, Glauco, que a cidade que 543 a
aspira a uma organização perfeita as mulheres, os filhos e toda a educação serão comuns, assim como a das ocupações em tempo de guerra
e em tempo de paz, só podendo ser reis os cidadãos que se mostrarem
melhores como filósofos e como guerreiros.

– Estamos de acordo – anuiu.

– Concordamos também[1] que, após sua instituição, os chefes hão b
de conduzir e instalar os soldados em casas tais como descrevemos,
onde ninguém terá nada de próprio e que tudo será comum a todos.
Além da questão do alojamento, regulamos, se ainda te lembras, a dos
bens que poderão possuir.

– Sim, lembro-me; pensamos que não deviam possuir nada do
que possuem os guerreiros de hoje, mas que, como atletas guerreiros
e guardiães, recebendo cada ano dos outros cidadãos, por salário de c
sua guarda, o necessário à subsistência, deviam cuidar de sua própria
segurança e da do resto da cidade.

– É exato – confirmei. – Ora bem! Visto que terminamos com esta
questão, lembre-nos a partir de que ponto nos desviamos para cá, a fim
de retomar o nosso caminho inicial.

---

1. Cf. Livro iii, 415d-417b.

302 A REPÚBLICA DE PLATÃO

d

544 a

b

c

d

– Não é difícil – replicou; – com efeito, após esgotar tudo quanto se refere à cidade, pronunciavas quase as mesmas palavras que agora, dizendo que estabelecias como boa a cidade que acabavas de descrever[2], e o homem que se lhes assemelhava, e isto, segundo parece, embora pudesses falar-nos de uma cidade e um homem ainda mais belos. Mas, acrescentavas, as demais formas de governo são defeituosas, se aquela for boa. Dentre essas outras formas, na medida em que me recordo, distinguias quatro espécies[3], e cujos defeitos importava ver, concomitantemente aos dos homens que se lhes assemelham, a fim de que, depois de tê-los examinado e reconhecido o melhor e o pior, estivéssemos em condição de julgar se o melhor é o mais feliz e o pior o mais infeliz, ou se acontece de outro modo. E quando eu te perguntava quais eram essas quatro formas de governo, Polemarco e Adimanto nos interromperam e te empenhaste na discussão que nos trouxe até aqui.

– Tu te lembras disso com muita exatidão – observei.

– Assim, pois, faze como os lutadores[4], e volta à primeira posição e, visto que coloco a mesma questão, tenta dizer o que ias então responder.

– Se eu puder – repliquei.

– Desejo saber quais são os quatro governos de que falas.

– Não é difícil satisfazer-te – respondi – pois as formas de governo a que me refiro são conhecidas. A primeira, e a mais louvada, é a de Creta e de Lacedemônia; a outra, que se louva apenas em segundo lugar, é chamada oligarquia: é um regime repleto de inúmeros vícios; oposta a esta última segue-se a democracia; enfim, a nobre tirania, que prevalece sobre todos as outras e que é a quarta e derradeira doença da cidade. Conheces um outro governo passível de figurar numa classe muito distinta? As dinastias hereditárias, os principados venais[5] e outras constituições semelhantes são, de alguma maneira, tão-somente formas

---

2. Cf. Livro v, 449a.

3. I.e., a timocracia (545c-550c), a oligarquia (550c-555a), a democracia (555b-562a) e a tirania (562a-596c).

4. Nos escólios à *República*, encontramos a explicação desta passagem: ἔθος γὰρ τούτοις, ὅταν πέσωσιν ὁμοῦ - πάλιν ἐγερθέντας ἐφ' ὁμοίῳ συμπλακῆναι σχήματι.

Quando caíam ao mesmo tempo, era costume os lutadores serem reerguidos e colocados juntos na mesma posição.

5. Como Cartago, por exemplo (cf. Aristóteles, *Política*, 1272b 23-1273b 25).

LIVRO VIII   303

intermediárias que encontraríamos tanto entre os bárbaros como entre os helenos.

– Com efeito, citam-se muitas, e todas elas bastante estranhas – disse ele.

– Sabes portanto – perguntei – que há tantas espécies de caracteres humanos quantas formas de governo? Ou crês que estas formas venham dos carvalhos e das rochas[6] e não dos costumes dos cidadãos, que ar-   e rastam consigo todo o resto para o lado a que se inclinam?

– Não – replicou; elas não podem vir de outra parte senão daí.

– Se há, pois, cinco espécies de cidades, os caracteres da alma, nos indivíduos, também hão de ser em número de cinco.

– Sem dúvida.

– Já descrevemos a respeito do indivíduo que corresponde à aristocracia, e dissemos com razão que é bom e justo.

– Sim, já o descrevemos.   545 a

– Não é preciso, depois disso, passar em revista os caracteres inferiores: primeiro, o que ama a vitória e a honra, formado segundo o modelo de governo da Lacedemônia, seguindo-se o oligárquico, o democrático e o tirânico? Uma vez reconhecido qual o mais injusto, opô-lo-emos ao mais justo, e poderemos então arrematar nosso exame, e verificar como a pura justiça e a pura injustiça atuam, respectivamen-   te, sobre a felicidade ou infelicidade do indivíduo, a fim de trilhar a vida da injustiça, se nos deixarmos convencer por Trasímaco, ou a da justiça,   b se cedermos às razões que já se manifestam em seu favor.

– Perfeitamente – assentiu – é assim que se deve fazer.

– E como principiamos[7] por examinar os costumes das cidades antes de examinar os dos particulares, por ser este método mais claro, não cumpre agora considerar primeiro o governo da honra (como não disponho de nome corrente para lhe conferir, denominá-lo-ei *timocra-*

---

6. Esse é um provérbio que advém de Homero (*Odisséia*, xix, vv. 162-163) e de outras fontes igualmente antigas:

ἀλλὰ καὶ ὣς μοι εἰπὲ τεὸν γένος, ὁππόθεν ἐσσί·
οὐ γὰρ ἀπὸ δρυός ἐσσι παλαιφάτου οὐδ' ἀπὸ πέτρης.

Mas dize-me também a tua estirpe, de onde vens;
pois do célebre carvalho não provéns, nem da rocha.

7. Platão adota o mesmo método de investigação usado anteriormente para analisar a formação da aristocracia (ou da monarquia, se se tratar de um só indivíduo, cf. Livro iv, 445d-e) sob o domínio dos filósofos: primeiro, ver a composição da cidade (macrocosmo), e em seguida, descobrir o tipo de indivíduo (microcosmo) que se lhe assemelha (cf. Livro ii, 368e-369a).

304 A REPÚBLICA DE PLATÃO

cia ou *timarquia*)[8], e passar, em seguida, ao exame do homem que se
c lhe assemelha e depois ao da oligarquia e do homem oligárquico; daí
dirigir os nossos olhares para a democracia e o homem democrático;
enfim, em quarto lugar, vir a considerar a cidade tirânica, bem como
a alma tirânica, e tentar julgar com conhecimento de causa a questão
que nos propusemos?

– Seria proceder com ordem a esse exame e a esse julgamento.

– Pois bem! – continuei – tentemos explicar de que maneira se
efetua a passagem da aristocracia à timocracia. Não é uma verdade
d elementar que toda mudança de constituição vem da classe que detém
o poder, quando a discórdia se eleva entre os seus membros, e que,
enquanto ela estiver de acordo consigo mesma, por menor que seja,
será impossível abalá-la?

– Sim, de fato é assim.

– Como então, Glauco, será abalada a nossa cidade? Por onde há
de se introduzir, entre os auxiliares e os chefes, a discórdia que levan-
tará cada um desses grupos contra o outro e contra si próprio? Queres
que, a exemplo de Homero, conjuremos as Musas a nos dizer *como*
e *surgiu a discórdia pela primeira vez*?[9] Admitiremos que, brincando e
divertindo-se conosco, como se fôssemos crianças, elas falem, como
se as suas palavras fossem sérias, exprimindo-se no estilo nobre da
tragédia.

– Como?

546 a – Mais ou menos assim: é difícil que uma cidade constituída
como a vossa venha a rebelar-se; mas, como tudo o que nasce está
sujeito à corrupção, este sistema de governo não durará eternamente,
mas se dissolverá, e eis como. Há, não só quanto às plantas arraigadas
na terra, como ainda aos animais que vivem à superfície delas, recorrência de fecundidade ou de esterilidade que afetam a alma e o corpo.
Estas recorrências produzem-se quando a revolução periódica fecha o
círculo em que se move cada espécie, pequeno para as que têm vida
curta e longas para as que têm vida longa. Ora, por hábeis que sejam

---

8. Tanto *timocracia* quanto *timarquia* se formam a partir da palavra grega
τιμή *[timé]*, que significa "honra, prestígio, estima". Do ponto de vista etimológico,
timocracia e/ou *timarquia* seria a forma de poder (κράτος, ἀρχή) que se baseia
na "honra" (τιμή).

9. Platão talvez esteja aludindo a esta passagem da *Ilíada* (xvi, vv.
112-113):

Ἔσπετε νῦν μοι Μοῦσαι Ὀλύμπια δώματ' ἔχουσαι,

ὅππως δὴ πρῶτον πῦρ ἔμπεσε νηυσὶν Ἀχαιῶν.

Dizei-me agora, Musas, que habitais o Olimpo,

como, pela primeira vez, o fogo fulminou as naus aquéias.

os chefes da cidade que haveis educado, nem por isso conseguirão, b
pelo cálculo unido à experiência, que as gerações sejam boas ou não
ocorram; estas coisas hão de lhes escapar e eles engendrarão filhos
quando não deveriam fazê-lo. Para as gerações divinas, há um período
abrangido por um número perfeito[10]; para as dos homens, ao contrário,
é o primeiro número[11] no qual os produtos das raízes pelos quadrados
– compreendendo três distâncias e quatro limites – dos elementos, que
fazem o semelhante e o dessemelhante, o crescente e o decrescente,
estabelecem entre todas as coisas relações racionais[12]. O fundo epí- c

10. Um número perfeito, do ponto de vista aritmético, é aquele que é igual à soma de seus fatores, tal como 6 (1+2+3), 28 (1+2+4+7+14), 496 etc. Esse número perfeito referido por Platão designa aqui, nessa visão cosmológica, o período de gestação do universo (i.e., da "geração divina" θεῖον γεννητόν). Mas não se sabe exatamente qual a duração desse período depois do que o universo pereceria. Então, quando Platão fala do "número perfeito", ele quer dizer apenas que "qualquer que seja o número da geração divina, ele é perfeito". No *Timeu* (cf. 39d), esse período perfeito (ὁ τέλεος ἐνιαυτός) é definido como a duração do tempo necessária para os corpos celestes retornarem à mesma posição inicial, mas Platão também não diz expressamente qual a duração exata.

11. I.e., o primeiro número depois da unidade.

12. As "três distâncias" (τρεῖς ἀποστάσεις) são o comprimento (μῆκος), a largura (πλάτος) e a profundidade (βάθος); e os "quatro limites" (τέτταρας ὅρους), os limites concomitantes, como se vê nesta figura abaixo (in: J. Adam, *The Republic of Plato*, v. 2, Cambridge, 1980, p. 205):

Nessa figura, as "três distâncias" são, portanto, AB (comprimento), BC (largura) e CD (profundidade); A, B, C e D são os "quatro limites". O "produto das raízes pelos quadrados" designa operações matemáticas desse tipo: $w \times w^2 = w^3$, $y \times y^2 = y^3$, i.e., designam "cubos". Segundo a leitura de Adam, apoiada nos testemunhos de Aristóteles, Plutarco, Aristides Quintiliano e Proclo, esses cubos (i.e., "os produtos das raízes pelos quadrados") são formados por certos elementos, e esses elementos são os números 3, 4 e 5, que formam os três lados do triângulo pitagórico denominado "triângulo que gera a vida" (ζῳογονικὸν τρίγωνον) (cf. Proclo, *Comentários sobre a* República *de Platão*, v. 2, 43, 10). A figura abaixo representa esse triângulo:

trito desses elementos, unido ao número cinco[13], e multiplicado três vezes[14], fornece duas harmonias: uma expressa por um quadrado cujo lado é múltiplo de cem[15], e outra por um retângulo construído, de uma parte, sobre cem quadrados das diagonais racionais de cinco, diminuídos cada uma de uma unidade[16], ou das diagonais irracionais, diminuídos de duas unidades[17], e, de outra, sobre cem cubos de

Se esses três números (3, 4 e 5) forem os números correspondentes às "três distâncias" (i.e., comprimento, largura e profundidade), como sugere Adam, então $3^3 + 4^3 + 5^3 = 216$. Esse seria, portanto, o "primeiro número" referente à geração dos homens (microcosmo) aludido por Platão. Todavia, é preciso notar que essa é apenas uma explicação possível, sugerida por Adam, para essa complexa passagem da *República*. O próprio Platão não afirma que se trata do número 216; Adam se apóia, sobretudo, em testemunhos antigos (citados acima) que tentaram elucidar e explicar o texto de Platão.

13. I.e., 3 x 4 x 5 = 60.

14. I.e., 60 x 60 x 60 x 60 = 12.960.000.

15. A primeira "harmonia" é representada por este quadrado (60 x 60 x 60 x 60 = 3600² = 12.960.000):

16. A "diagonal racional de 5" é o número mais próximo do diâmetro real de um quadrado cujo lado é 5:

Esse diâmetro real vale √50, pois $AC^2 = 5^2 + 5^2 = 50$, i.e., $AC = \sqrt{50}$. O número mais próximo da $\sqrt{50}$ é 7, pois $\sqrt{49} = 7$. E cem quadrados de 7 = 100 x 49 = 4900, "diminuídos cada uma de uma unidade" é 4900 − (1 x 100) = 4800. Portanto, esse é o valor de um dos lados do retângulo.

17. O "diâmetro irracional" de uma quadrado de lado 5 é $\sqrt{50}$. Forma-se então um quadrado de área 50, aproximadamente. Então, 50 x 100 = 5000, e "diminuídos de duas unidades", resulta 5000 − (2 x 100) = 4800. Portanto, esse é o valor de um dos lados do retângulo.

três[18]. É todo esse número geométrico que comanda os bons e os maus nascimentos, e, quando vossos guardiães, ignorantes de suas leis, unirem moços e moças extemporaneamente, os filhos nascidos de tais casamentos não serão favorecidos pela natureza, nem pela fortuna. Seus predecessores hão de pôr os melhores nos postos de comando; mas, como são indignos disso, tão logo cheguem aos cargos de seus pais, começarão por nos negligenciar, embora guardiães, por não apreciarem, como conviria, em primeiro lugar a música e depois a ginástica. Assim tereis uma nova geração menos cultivada. Daí sairão chefes pouco apropriados para velar pela cidade, e que não saberão discernir nem as raças de Hesíodo, nem vossas raças de ouro, de prata, bronze e de ferro[19]. Vindo, portanto, o ferro a misturar-se à prata e o bronze ao ouro, resultará destas misturas uma falta de igualdade, de regularidade e de harmonia, falta que, em toda parte onde surge, engendra sempre a guerra e o ódio. Tal é a origem que é preciso consignar à discórdia, onde quer que se declare.

— Reconheceremos – disse ele – que as Musas responderam bem.

— Necessariamente – observei – já que são Musas.

— Pois bem! – indagou – que dizem elas depois disso?

— Uma vez formada a divisão – prossegui – as duas raças de ferro e de bronze aspiram a enriquecer-se e a adquirir terras, casa, ouro e prata, enquanto as raças de ouro e prata, não sendo desprovidas, mas ricas por natureza, tendem à virtude e à manutenção da antiga constituição. Após muitas violências e lutas recíprocas, acordam por fim em se apropriarem das terras e das casas e em dá-las a particulares; e, os que antes guardavam os seus concidadãos como homens livres, amigos e provedores, agora os subjugam, tratando-os como periecos e servidores, enquanto eles próprios continuam a ocupar-se da guerra e da guarda dos outros.

— Sim – disse ele – parece-me que daí é que vem esta alteração.

18. I.e, 100 x 3³ = 2700. Esse é o outro lado do retângulo. Assim, temos a seguinte figura:

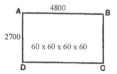

A área do retângulo é, portanto, 2700 x 4800 = 12.960.000 (em J. Adam, *The Republic of Plato*, v. 2, Cambridge, 1980, p. 206-207).

19. Cf. Livro III, 415a-c.

308 A REPÚBLICA DE PLATÃO

— Muito bem! — perguntei — essa forma de governo não ocupará o meio termo entre a aristocracia e a oligarquia?

— Sim, certamente.

— É assim que se fará a alteração. Mas que há de ser a forma do d novo governo? Não é evidente que imitará, de um lado, a constituição anterior e, de outro, a oligarquia, visto ser uma forma intermediária, mas que terá também algo que lhe será próprio?

— Sem dúvida — declarou.

— Pelo respeito aos arcontes[20], pela aversão dos guerreiros à agricultura, às artes manuais e às outras profissões lucrativas, pelo estabelecimento do repasto em comum e pela prática dos exercícios ginásticos e militares, por todos esses traços, ela não lembrará a constituição precedente?

— Sim.

e — Mas o temor de elevar os sábios às magistraturas, por não ser mais possível encontrar indivíduos francos e firmes como este, porém de natureza mesclada; o pendor pelos caracteres irascíveis e menos 548 a complicados, feitos mais para a guerra do que para a paz; a estima de que hão de gozar os ardis e os estratagemas guerreiros; o hábito de ter sempre armas na mão; não constituem alguns dos traços desse gênero que lhes são peculiares?

— Sim.

— Tais homens serão ávidos de riquezas, como os cidadãos das cidades oligárquicas[21]; hão de adorar ferozmente, às ocultas, o ouro e a prata, visto possuírem armazéns e tesouros particulares, onde guardarão riquezas ocultas, bem como habitações cercadas de muros, b verdadeiros ninhos privados, nos quais despenderão somas vultuosas com as mulheres[22] e com o que bem lhes parecer.

---

20. Sobre os "arcontes" (ἄρχοντες), ver supra n. 31, p. 198.

21. Costuma-se considerar que Platão tem em mente Esparta quando define e descreve esse modelo timocrático de organização política. A avareza dos espartanos era bastante conhecida entre os gregos. Há inúmeros testemunhos sobre esse aspecto da cultura espartana, como, por exemplo, esse trecho de um discurso de Isócrates (*Busiris*, 20):

εἰ μὲν γὰρ ἅπαντες μιμησαίμεθα τὴν Λακεδαιμονίων ἀργίαν καὶ πλεονεξίαν, εὐθὺς ἂν ἀπολοίμεθα καὶ διὰ τὴν ἔνδειαν τῶν καθ᾽ ἡμέραν καὶ διὰ τὸν πόλεμον τὸν πρὸς ἡμᾶς αὐτούς.

Se todos nós tivéssemos imitado a preguiça e a avareza dos Lacedemônios, teríamos nos arruinado imediatamente por dois motivos: devido às necessidades da vida cotidiana e à guerra de nós contra nós mesmos.

22. Aristóteles também ressalta esse aspecto luxurioso das mulheres espartanas aludido aqui por Platão (*Política*, II, 1269b 22):

ζῶσι γὰρ ἀκολάστως πρὸς ἅπασαν ἀκολασίαν καὶ τρυφερῶς.

As mulheres espartanas vivem intemperantemente toda forma de intemperança e luxuriosamente.

LIVRO VIII   309

– Isso é verdade – disse ele.

– Serão, portanto, avaros com o dinheiro, porque o veneram e não o possuem à luz do dia e, além disso, pródigos com o bem de outrem, para satisfazerem as paixões. Colherão os prazeres em segredo e, como crianças sob os olhares do pai, furtar-se-ão aos olhares da lei: conseqüência de uma educação baseada, não na persuasão, mas na coerção, por haverem descurado da verdadeira Musa, a da dialética e da filosofia,   c
por demonstrarem maior estima à ginástica do que à música[23].

– É realmente a descrição – concedeu – de um governo misturado de bem e de mal.

– É de fato misturado – prossegui; – mas tem uma característica marcante que se distingue das demais, decorrente do predomínio do elemento irascível: a ambição e o amor às honras.

– Sim, distingue-se muitíssimo, observou.

– Tais seriam, pois, a origem e o caráter deste governo. Fiz dele apenas um esboço, e não uma pintura pormenorizada, porque basta para o nosso intuito conhecer através deste esboço o homem mais justo e   d
o homem mais injusto, e porque, demais, constituiria tarefa interminavelmente longa descrever, sem nada omitir, todas as constituições e todos os caracteres.

– Tens razão – reconheceu.

– Agora, qual é o homem que corresponde a essa constituição, como se forma ele e qual o seu caráter?

– Imagino – disse Adimanto – que deve parecer-me com Glauco aqui presente, ao menos na ambição.

– Talvez por aí – repliquei – mas quero crer que pelos seguintes   e
traços a sua natureza difere da de Glauco.

– Quais?

– Ele deve ser mais presunçoso e mais alheio às Musas, embora as ame, comprazendo-se em ouvir, mas não sendo de modo algum orador. Com os escravos, tal homem mostrar-se-á duro, em vez de desprezá-   549 a

---

23. Se o modelo educacional do governo timocrático preza mais pela ginástica (corpo) do que pela música (alma), então os "bens" do corpo são mais valorizados do que os "bens" da alma. Sendo assim, o homem nascido sob uma organização política timocrática tenderá a perseguir em suas ações aquilo que concerne propriamente ao corpo, i.e., os apetites (ἐπιθυμίαι), os prazeres (ἡδοναί) e os bens materiais afins. Isso implica, então, segundo a psicologia moral do Livro IV (cf. 436b-441c), que a parte racional (τὸ λογιστικόν) não é adequadamente aprimorada e acaba sendo governada pela parte irascível (τὸ θυμοειδές) e apetitiva (τὸ ἐπιθυμητικόν) da alma. É por meio desse tipo de educação que surge então a intemperança tanto no indivíduo quanto na cidade.

310 A REPÚBLICA DE PLATÃO

los, como procede quem recebeu boa educação; será brando com os homens livres e muito submisso aos arcontes; cioso de chegar ao comando e às honras, pretenderá recebê-los, não por sua eloqüência, nem por outra qualidade do mesmo gênero, mas por suas lides guerreiras e talentos militares, e será apaixonado pela ginástica e pela caça.

– É realmente o caráter que corresponde a esta forma de governo.

– Um homem – acrescentei – poderá de fato, na mocidade, des-

b prezar as riquezas, porém quanto mais idoso ficar, mais há de amá-las, porque a sua natureza o leva à avareza e porque o seu caráter, privado do seu melhor guardião, não é íntegro.

– Qual é esse guardião? – perguntou Adimanto.

– A razão – respondi – aliada à música; só ela, uma vez estabeleci-da na alma, aí remanesce a vida toda como mantenedora da virtude[24].

– Muito bem dito – observou

– Tal é o jovem ambicioso, imagem perfeita da cidade timocrática.

c – Certamente.

– Ele se forma – continuei – mais ou menos da seguinte maneira. Por vezes trata-se de um filho ainda novo de um homem de bem, re-sidente numa cidade mal governada, que foge das honras, dos cargos, dos processos e de todos os estorvos do gênero, e que consente na mediocridade a fim de não ter aborrecimentos.

– E como se forma ele? – perguntou.

– Primeiro – redargüi – ouve a mãe queixar-se que o marido não pertence ao número dos arcontes, o que a diminui perante as outras mu-

d lheres; que ela o vê com pouquíssima pressa de enriquecer, não sabendo lutar nem manejar a invectiva, seja em particular ante os tribunais, seja em público na Assembléia, indiferente a tudo em semelhante matéria; que ela percebe estar ele sempre ocupado consigo mesmo e não lhe dedicar verdadeiramente estima nem desprezo. Ela se indigna com tudo isso, dizendo ao filho que o pai não é homem, que lhe falta pulso e cem

e outras coisas que as mulheres costumam recitar nesses casos.

– Certo – disse Adimanto – é um não mais acabar, e bem dentro do caráter delas.

– E tu sabes – reatei – que mesmo os servidores destas famílias, que parecem ser bem intencionados, usam, às vezes, em segredo, a mesma linguagem com as crianças; e se vêem que o pai não persegue um devedor ou uma pessoa de quem sofreu algum mal, exortam o filho a punir semelhante gente, quando ele for grande, e a mostrar-se mais

550 a viril do que o pai. Ao sair de casa, ele ouve outros discursos parecidos,

24. Cf. Livro vi, 497c-d.

LIVRO VIII 311

e verifica que os que se ocupam apenas de seus próprios negócios na cidade são tratados como imbecis e tidos em pouca estima, enquanto os que se ocupam dos negócios alheios são honrados e louvados. Então o jovem que escuta e vê tudo isso, e que, por outro lado, ouve os discursos do pai, vendo de perto suas ocupações e comparando-as às de outrem, sente-se puxado dos dois lados: pelo pai que irriga e faz crescer o ele-   b mento razoável de sua alma e pelos outros que lhe fortalecem os desejos e as paixões[25]; como a sua índole não é viciosa, pois apenas teve más companhias, toma o meio termo entre os dois partidos que o puxam, entrega o governo da alma ao princípio intermediário de ambição e cólera, e torna-se um homem arrogante e ávido de honrarias.

– Descreveste muito bem, quer me parecer, a formação deste tipo de caráter.

– Temos portanto – disse eu – a segunda constituição e o segundo   c tipo de homem.

– Sim, respondeu.

– Depois disso falaremos, como Ésquilo *de um outro homem colocado numa outra cidade*[26], ou antes, conforme a ordem que adotamos, começaremos pela cidade?

– Certamente – aprovou ele.

– É a oligarquia, creio eu, que vem depois do governo precedente.

– Que espécie de constituição entendes tu por oligarquia? – perguntou.

– O governo – respondi – que se baseia no censo[27] dos bens do   d

---

25. Ver supra n. 23, p. 309.

26. Cf. Ésquilo, *Os Sete contra Tebas*, vv. 451 e 570. Platão, nessa citação, mistura partes desses dois versos.

27. Platão define como "oligarquia" (etimologicamente, "poder de poucos") o que Xenofonte define como "plutocracia" (etimologicamente, "poder baseado na riqueza"). Vejamos como Xenofonte distingue as principais formas de governo (*Memoráveis*, IV, 6, 12):

Βασιλείαν δὲ καὶ τυραννίδα ἀρχὰς μὲν ἀμφοτέρας ἡγεῖτο εἶναι, διαφέρειν δὲ ἀλλήλων ἐνόμιζε. τὴν μὲν γὰρ ἑκόντων τε τῶν ἀνθρώπων καὶ κατὰ νόμους τῶν πόλεων ἀρχὴν βασιλείαν ἡγεῖτο, τὴν δὲ ἀκόντων τε καὶ μὴ κατὰ νόμους, ἀλλ' ὅπως ὁ ἄρχων βούλοιτο, τυραννίδα. καὶ ὅπου μὲν ἐκ τῶν τὰ νόμιμα ἐπιτελούντων αἱ ἀρχαὶ καθίστανται, ταύτην μὲν τὴν πολιτείαν ἀριστικρατίαν ἐνόμιζεν εἶναι, ὅπου δ' ἐκ τιμημάτων, πλουτοκρατίαν, ὅπου δ' ἐκ πάντων, δημοκρατίαν.

Sócrates considerava tanto a realeza quanto a tirania duas formas de poder, mas admitia diferenças entre elas: considerava a realeza o poder aceito voluntariamente pelos homens e conforme as leis da cidade, enquanto a tirania o poder contra a vontade dos homens e sem leis, mas conforme os desejos do governante. E onde os governantes são escolhidos entre os que cumprem as leis, essa constituição política é a aristocracia; onde eles são escolhidos conforme o censo dos bens, é a plutocracia; e onde eles são escolhidos entre todos os homens, é a democracia.

312 A REPÚBLICA DE PLATÃO

cidadão, em que os ricos comandam e o pobre não participa do poder de modo algum.

– Compreendo, observou.

– Não esclarecemos em primeiro lugar como se passa da timocracia à oligarquia?

– Sim.

– Na verdade, até um cego veria como se faz semelhante passagem.

– Como?

– Este tesouro – disse eu – que cada um enche de ouro, perde a timocracia[28]; primeiro os cidadãos inventam motivos de gasto e, a fim de provê-lo, contornam a lei e lhe desobedecem, eles e suas mulheres.

– É bem verossímil.

e – Em seguida, suponho, como um vê o outro e se apressa a imitá-lo, o povo acaba por se lhes assemelhar.

– Deve ser assim.

– A partir desse ponto – continuei – empenham-se cada vez mais em acumular riquezas, quanto mais apreço sentem pela riqueza, menos o sentem pela virtude. De fato, entre a riqueza e a virtude não há esta diferença de que, colocadas ambas sobre os pratos de uma balança, tomam sempre uma direção contrária?

– Sim, certamente – disse.

551 a – Logo, quando a riqueza e os ricos são honrados numa cidade, a virtude e os homens virtuosos são tidos nela em menor estima.

– É evidente.

– Ora, a gente estima o que é honrado e negligencia o que é desdenhado.

– Sim.

– Assim, de apaixonados que eram pela vitória e pelas honras, os cidadãos terminam tornando-se avaros e cúpidos; elogiam o rico, admiram-no e conduzem-no ao poder, menoscabando o pobre.

– É verdade.

– Então, estabelecem uma lei que é o traço distintivo da oligarquia: b baseada no censo da propriedade particular: tanto mais alto quanto mais forte a oligarquia, tanto mais baixo quanto mais fraca ela for, e proíbem

---

28. Diodoro Sículo, *Biblioteca Histórica*, 7, 12, 5:

[...] ὁ αὐτὸς Λυκοῦργος ἤνεγκε χρησμὸν ἐκ Δελφῶν περὶ τῆς φιλαργυρίας τὸν ἐν παροιμίας μέρει μνημονευόμενον· 'ά φιλαχρηματία Σπάρταν ὀλεῖ, ἀλλὸ δὲ οὐδέν (...)'.

O mesmo Licurgo trouxe um oráculo de Delfos a respeito do apego ao dinheiro, que é lembrado numa parte deste provérbio: "nenhuma outra coisa senão o apego ao dinheiro arruinará Esparta (...)".

LIVRO VIII   313

o acesso aos cargos públicos daqueles cuja fortuna não atinge o censo fixado. Fazem passar esta lei pela força das armas, ou sem chegar a tanto, impõem pela intimidação este gênero de governo. Não é assim que acontecem as coisas?

– Exatamente.

– Eis, portanto, de modo aproximado, como se efetua tal estabelecimento.

– Sim – disse ele – mas qual é o caráter desta constituição e quais   c
são os defeitos que lhe censuramos?

– O primeiro – repliquei – é o seu princípio mesmo. Considera, com efeito, o que sucederia se escolhêssemos os pilotos desta maneira, segundo o censo, e se afastássemos o pobre, conquanto fosse conhecedor da arte de navegar...

– A navegação sofreria com isso – disse ele.

– E não seria idêntico o caso de um comando qualquer?

– Assim creio.

– Com exceção do comando de uma cidade, ou inclusive este?

– Principalmente este – respondeu – tanto mais que é mais difícil e importante.

– A oligarquia terá, portanto, em primeiro lugar, este defeito   d
capital.

– Aparentemente.

– Mas então! O defeito que se segue será menor?

– Qual?

– É necessário que uma cidade assim não seja uma, porém dupla, a dos pobres e a dos ricos, que habitam o mesmo solo e conspiram incessantemente uns contra os outros.

– Não, por Zeus! Tal defeito não é menor do que o primeiro.

– Como tampouco é vantagem para os oligarcas o estar quase na impossibilidade de travar a guerra, por serem obrigados a armar a multidão e temê-la mais do que o inimigo[29], ou então, dispensando-a,   e
mostrar-se verdadeiramente *oligárquicos*[30] no próprio combate; além disso, não quererão de forma alguma contribuir para as despesas da guerra, ciosos como são de suas riquezas.

– Não, não é vantagem.

– E o que condenamos há pouco, a multiplicidade das ocupações,

29. Cf. Tucídides, *História da Guerra do Peloponeso*, III, 27.
30. Platão brinca aqui com a etimologia da palavra ὀλιγαρχία "oligarquia" (i.e., "poder de poucos").

552 a   agricultura, comércio, guerra, a que se entregam as mesmas pessoas em tal cidade, constitui um bem, a teu ver?

— Por nada neste mundo[31].

— Vê agora se, de todos os males, este não é o maior e que primeiro se observa na oligarquia?

— Qual?

— A liberdade que se concede a cada um de vender todos os seus bens ou de comprar os de outrem e, quando já se vendeu tudo, a de residir na cidade sem preencher qualquer função, nem de comerciante, nem de artesão, nem de cavaleiro, nem de hoplita, sem outro título, exceto o de pobre e indigente.

b   — Esta constituição é, efetivamente, a primeira a ser atingida por este mal.

— Não se pode prevenir tal desordem nos governos oligárquicos; do contrário, uns não estariam aí ricos em excesso e outros, em completa miséria.

— É verdade.

— Considera ainda o seguinte. Quando era rico e gastava o seu haver, este homem era mais útil à cidade, nas funções de que acabamos de falar? Ou então, embora governando apenas na aparência, na realidade não era nem chefe, nem servidor da Cidade, mas simplesmente dissipador dos seus próprios haveres?

c   — Sim — concordou — embora passasse por um dos chefes, não era mais do que um dissipador.

— Pretendes, pois, que digamos de um tal homem que, assim como o zangão nasce numa cela para ser o flagelo da colméia, ele nasce, zangão também, numa família para ser o flagelo da cidade?

— Certamente, Sócrates — respondeu ele.

— Mas não é verdade, Adimanto, que Deus fez nascer sem ferrões todos os zangões alados, ao passo que, dentre os zangões bípedes, se uns não possuem ferrão, outros possuem um ferrão terrível? À primeira

d   classe pertencem os que morrem indigentes na velhice, à segunda, todos os que são denominados malfeitores.

— Nada mais verdadeiro — disse.

— É, pois, evidente — prossegui — que toda cidade, onde vires gente

---

31. Pois o fato de uma mesma pessoa desempenhar várias funções ao mesmo tempo trai aquele princípio capital que rege a constituição da *República* platônica: cada um deve desempenhar uma única função, a que lhe é própria (princípio de unidade). A viabilidade desse projeto político de Platão tem como pressuposto a observação inequívoca desse princípio, como ele mesmo muitas vezes ressalta no decorrer da *República*.

LIVRO VIII 315

pobre, oculta também gatunos, punguistas, sacrílegos e criminosos da mais variada espécie.

– É evidente – reconheceu ele.

– Ora, nas cidades oligárquicas não vês gente pobre?

– Quase todos os cidadãos o são, salvo os chefes.

– Por conseguinte, não devemos crer que haja também nessas e cidades muitos malfeitores providos de ferrões, que as autoridades tentam conter pela força?

– Sem dúvida – disse – é o que devemos crer.

– E então diremos que é a ignorância, a má educação e a forma de governo que aí os engendram?

– Diremos, sim.

– Tal é, portanto, o caráter da cidade oligárquica, tais são os seus vícios, e talvez tenha outros mais.

– Talvez – respondeu ele.

– Mas consideremos concluído o quadro dessa forma de governo 553 a que se chama oligarquia, onde o censo faz os arcontes, e examinemos o homem que lhe corresponde, como ele se forma e o que é, uma vez formado.

– Concordo – disse.

– Não é exatamente da seguinte maneira que ele passa do espírito timocrático ao espírito oligárquico?

– Como?

– O filho do homem timocrático imita primeiro o pai e caminha em suas pegadas; mas, em seguida, quando o vê destroçar-se de sú- bito contra a cidade, como se desse num escolho e, após desperdiçar b a fortuna e desperdiçar a si próprio, à testa de um exército ou no exercício de uma alta função, e levado a um tribunal por denúncia dos sicofantas[32], é condenado à morte, ao exílio ou à perda da honra e de todos os seus bens...

– É coisa que realmente acontece – observou.

– Ora, meu amigo, tendo o filho visto estas desgraças e comparti- lhado delas, despojado de seu patrimônio e tomado de medo, não tarda a derrubar, penso eu, do trono de sua alma, de cabeça para baixo, a c ambição e o elemento corajoso; depois, humilhado pela pobreza, volta- se para o negócio e, pouco a pouco, à força de trabalho e sórdidas pou- panças, junta dinheiro. Não crês que então porá sobre o trono interior

32. Sobre os "sicofantas", ver supra n. 31, p. 41.

316 A REPÚBLICA DE PLATÃO

o mesmo espírito de cobiça e lucro que o converterá em grande Rei[33] de si próprio, cingindo-o com a tiara, o colar e a cimitarra?[34]

– Creio – observou.

d   – Quanto aos elementos racional e corajoso, ele os depõe no chão, imagino, de ambos os lados desse Rei e, tendo-os reduzido à escravidão, não permite que o primeiro disponha de outros motivos de reflexão e de busca, exceto os meios de aumentar a fortuna, e que o segundo admire e honre apenas a riqueza e os ricos, e não se empenhe em mais nada que não seja a aquisição de grandes bens e de tudo que possa contribuir para obtê-los.

– Não há – disse ele – outro caminho pelo qual um jovem possa passar mais rápida e mais seguramente da ambição à avareza.

e   – Desde logo – indaguei – não será este homem um oligarca?

– Indubitavelmente, no momento em que sobreveio a mudança ele era semelhante à constituição de onde saiu a oligarquia.

– Examinemos, pois, se ele se lhe assemelha.

554 a   – Examinemos.

– Em primeiro lugar, não se lhe assemelha pela grande importância que atribui às riquezas?

– Como não?

– Ele se lhe parece ainda pelo seu espírito de poupança e indústria; satisfaz apenas os desejos indispensáveis, coíbe-se de qualquer outro gasto e domina os outros desejos, por considerá-los frívolos.

– É a estrita verdade.

– Ele é sórdido – prossegui – faz dinheiro de tudo e só pensa em entesourar; é enfim um desses homens que a multidão elogia. Mas b assim sendo, não é semelhante ao governo oligárquico?

– Penso que sim – respondeu. – Em todo caso, tal como este governo, ele honra sobretudo as riquezas.

– Sem dúvida – continuei – este homem não pensou sequer em instruir-se.

– Não há a menor probabilidade; de outro modo, não tomaria um cego[35] para conduzir o coro de seus desejos e nem o honraria acima de tudo.

– Muito bem – disse eu – mas considera o seguinte: não diremos

---

33. Platão alude provavelmente ao rei dos Persas, que era conhecido como "grande Rei".

34. Sobre as insígnias do Grande Rei, Ciro, cf. Xenofonte, *Ciropedia*, II, 4, 6.

35. É possível que Platão esteja aludindo ao deus Pluto (lit. "Riqueza"), que é representado como cego (cf. Aristófanes, *Pluto*, v. 90).

LIVRO VIII 317

que a falta de educação engendrou nele desejos da natureza do zangão, uns mendicantes, outros malfazejos, desejos que são contidos à força c pela solicitude para com outros interesses?[36]

– Sim, certamente – disse.

– Ora, sabes aonde deves dirigir os olhos a fim de perceber a maleficência destes desejos?

– Aonde? – perguntou.

– Fita-o quando está encarregado de uma tutela de órfãos ou de qualquer outra incumbência do mesmo gênero, em que lhe é dado inúmeras oportunidades fazer o mal.

– Tens razão.

– E isso só evidencia que, nos outros compromissos, onde é apreciado por uma aparência de justiça, ele contém os maus desejos graças a uma espécie de prudente violência, não por persuadi-los de que mais d vale não lhes ceder, nem por amansá-los mediante a razão, mas por necessidade e medo, por temer a perda de suas posses.

– Exatamente – disse ele.

– Mas, por Zeus!, meu amigo, em se tratando de despender o bem de outrem, só encontrarás na maioria dessas pessoas desejos que se aparentam à natureza do zangão.

– E em grande quantidade, respondeu.

– Tal homem não estará, pois, isento da sedição no interior de si próprio; não será um, porém duplo. Não obstante, no mais das vezes, os seus melhores desejos hão de dominar os piores. e

– É exato.

– Por isso apresentará, penso eu, um exterior mais digno do que muitos outros; mas a verdadeira virtude da alma unida e harmoniosa fugirá para longe dele.

– Também creio.

– E por certo, este homem parcimonioso é um fraco competidor nos concursos da cidade em que se disputa, entre particulares, uma 555 a vitória ou qualquer outro prêmio honroso; não quer despender dinheiro

---

36. A temperança (σωφροσύνη), virtude relativa à relação entre razão (τὸ λογιστικόν) e apetites (ἐπιθυμίαι), pertence a toda a cidade, i.e., está presente nas três partes que compõem a cidade (chefes, auxiliares e negociantes), como Platão havia dito no Livro IV (cf. 431e-432a). E a temperança nasce na cidade através de uma educação (παιδεία) adequada; é ela a responsável por fortalecer o elemento racional da alma habituando-o a controlar os apetites do corpo de maneira conveniente. No caso do homem oligárquico, a falta desse tipo de educação, que Platão definira nos Livros II e III, é a causa de lhe sobrevir habitualmente toda sorte de apetites maus.

318   A REPÚBLICA DE PLATÃO

pela glória que se adquire nesta espécie de combates; teme despertar dentro de si os desejos pródigos e chamá-los em socorro para vencer: como verdadeiro oligarca, luta apenas com mínima parte de suas forças e, na maior parte do tempo, quase sempre perde, mas conserva as riquezas.

– É verdade.

– Duvidaremos ainda que este homem parcimonioso, amante de riquezas, se alinha ao lado da cidade oligárquica, devido a sua seme-
b lhança com ela?

– De nenhum modo – retorquiu.

– Agora, parece, é a democracia, que se deve estudar, de que maneira se forma e qual é a sua natureza, para conhecer o caráter do homem que lhe corresponde e fazê-lo comparecer a julgamento.

– Sim, seguiremos assim nossa marcha ordinária.

– Pois bem!, não é deste modo que se passa da oligarquia à democracia: a saber, por efeito do insaciável desejo de adquirir bens e que consiste em tornar-se tão rico quanto possível?

– Como assim?

c   – Os chefes, neste regime, devendo a autoridade tão somente aos grandes bens que possuem, se recusarão, imagino, a instituir uma lei para reprimir a libertinagem dos moços e impedi-los de dissipar e perder o patrimônio, pois tencionam comprá-lo ou apoderar-se dele, pela usura, para se tornarem ainda mais ricos e mais considerados[37].

– Sem dúvida.

– Ora, não é evidente que, numa cidade, os cidadãos não podem estimar a riqueza e adquirir ao mesmo tempo a temperança necessária,
d mas são obrigados a negligenciar uma ou outra?

– É bastante evidente – assentiu.

– Assim, nas oligarquias, os chefes, por sua negligência e pelas facilidades que concedem à libertinagem, reduzem, às vezes, à indigência homens bem-nascidos.

– Certamente.

– Eis estabelecidos, parece-me, nas cidades, indivíduos dotados de ferrões e bem armados, uns por causa das dívidas, outros pela perda dos direitos de cidadania e terceiros por ambas ao mesmo tempo: cheios de ódio por aqueles que adquiriram os seus bens, tramam contra eles e
e contra o resto dos cidadãos, e anseiam vivamente por uma revolução.

– É exato.

---

37. Assim como na timocracia (cf. 550d), o apego indiscriminado à riqueza e ao dinheiro é a causa principal da derrocada da oligarquia.

LIVRO VIII   319

– Entretanto, os usurários andam de cabeça baixa, parecendo não enxergar suas vítimas; ferem com seus aguilhões, isto é, com seu dinheiro, a qualquer dos outros cidadãos que lhes der oportunidade e, multiplicando os juros de seu capital, fazem pulular na cidade a raça do zangão e do mendigo.

556 a

– Como, na verdade, seria de outro modo?

– E uma vez aceso o sinistro, não querem extingui-lo, nem da maneira como dissemos, impedindo os particulares de dispor dos bens a seu bel-prazer, nem desta outra maneira: estabelecendo uma lei que suprima tais abusos.

– Que lei?

– Uma lei que viria após a lei contra os dissipadores e que obrigaria os cidadãos a se importarem com a virtude: pois, se o legislador ordenasse que as transações voluntárias se efetuassem em geral por conta e risco do prestamista, as pessoas enriqueceriam com menos impudência na cidade e em seu seio nasceriam menos desses males que mencionamos há pouco.

b

– Muito menos – confirmou.

– Ao passo que agora os governantes, por sua conduta, reduzem os governados a essa triste situação. Quanto a eles próprios e a seus filhos, não é um fato que os jovens, com a vida de luxúria a que se entregam, sem vigor nos exercícios físicos e intelectuais, se tornam moles e incapazes de resistir, quer ao prazer, quer à dor?

c

– Incontestavelmente.

– Enquanto os pais, preocupados unicamente em enriquecer-se e negligenciando todo o resto, afligir-se-ão com a virtude mais do que os pobres?

– Não mais.

– Ora, em tais disposições, quando os governantes e os governados se acham juntos, em viagem ou em qualquer outra oportunidade, numa procissão religiosa, no exército, em mar ou em terra, e quando se observam mutuamente nas ocasiões perigosas, não são os pobres que são desprezados pelos ricos; muitas vezes, ao contrário, quando um pobre, esquálido e queimado pelo sol, está postado, nos combates, ao lado de algum rico nutrido à sombra e sobrecarregado de gordura, e o vê, todo esfalfado e incomodado, não crês que ele há de pensar consigo mesmo que essa gente deve as riquezas apenas à covardia dos pobres? E quando eles se encontram a sós, não comentam uns cons os outros: "Estes homens estão à nossa mercê, pois não prestam para nada"?

d

e

– Estou convencido – disse ele – de que pensam e falam desta maneira.

320 A REPÚBLICA DE PLATÃO

– Ora, assim como para cair doente basta a um corpo débil um pequeno choque[38] vindo de fora e, às vezes, mesmo, a desordem se manifesta nele sem causa externa, similarmente não é verdade que uma cidade, em situação análoga, é presa do mal e de dissensões intestinas devido a um pretexto fútil, quando um ou outro dos partidos pede auxílio a uma cidade oligárquica ou democrática? E às vezes mesmo não explode a discórdia sem intervenção estrangeira?

557 a
– Sim, e até mesmo com bastante violência.

– Pois bem!, a meu ver, a democracia aparece quando os pobres, tendo conquistado a vitória sobre os ricos, chacinam uns, banem outros e partilham igualmente, com os que sobram, o governo e os cargos públicos; e freqüentemente estes cargos são sorteados[39].

– É realmente assim que se estabelece a democracia, seja por via das armas, seja pelo temor que obriga os ricos a se retirar.

b
– Agora – continuei – vejamos de que maneira essa gente se administra e o que pode ser uma tal constituição. Pois que é evidente que o indivíduo que se lhe assemelha nos revelará as feições do homem democrático.

– É evidente – observou.

– Em primeiro lugar, não é verdade que eles são livres, que a

---

38. Sófocles, *Édipo Rei*, v. 961:
σμικρὰ παλαιὰ σώματ' εὐνάζει ῥοπή.
Leve inclinação faz deitar um velho corpo.

39. Aristóteles, *Retórica*, ι, 8, 1365b 28 – 1366a 2:
εἰσὶν δὲ πολιτεῖαι τέτταρες, δημοκρατία, ὀλιγαρχία, ἀριστοκρατία, μοναρχία, ὥστε τὸ μὲν κύριον καὶ τὸ κρῖνον τούτων τι ἂν εἴη μόριον ἢ ὅλον τούτων. ἔστιν δὲ δημοκρατία μὲν πολιτεία ἐν ᾗ κλήρῳ διανέμονται τὰς ἀρχάς, ὀλιγαρχία δὲ ἐν ᾗ οἱ ἀπὸ τιμημάτων, ἀριστοκρατία δὲ ἐν ᾗ κατὰ τὴν παιδείαν· παιδείαν δὲ λέγω τὴν ὑπὸ τοῦ νόμου κειμένην. οἱ γὰρ ἐμμεμενηκότες ἐν τοῖς νομίμοις ἐν τῇ ἀριστοκρατίᾳ ἄρχουσιν. ἀνάγκη δὲ τούτους φαίνεσθαι ἀρίστους. ὅθεν καὶ τοὔνομα εἴληφεν τοῦτο. μοναρχία δ' ἐστὶν κατὰ τοὔνομα ἐν ᾗ εἷς ἁπάντων κύριός ἐστιν· τούτων δὲ ἡ μὲν κατὰ τάξιν τινὰ βασιλεία, ἡ δ' ἀόριστος τυραννίς.
São quatro formas de constituição política: a democracia, a oligarquia, a aristocracia e a monarquia. Desse modo, a autoridade e o poder de julgar seriam ou uma parte delas ou o todo delas. A democracia é a forma de constituição política em que se distribui os cargos políticos por sorteio; a oligarquia, pelo censo das riquezas; a aristocracia, segundo a educação. Refiro-me à educação estabelecida pela lei, pois aqueles que se fixam nas leis são os que exercem o poder na aristocracia. É forçoso que esses homens se revelem os melhores [aristoi]; e é disso inclusive que advém o nome "aristocracia". A monarquia é, conforme o nome diz, a forma de constituição política em que a autoridade sobre todos reside numa só pessoa: a que se sujeita a certa prescrição, é realeza; a que é ilimitada, é tirania.

LIVRO VIII 321

cidade transborda de liberdade[40] e de franqueza de palavra, havendo c
nela licença para fazer o que se quer[41]?

– Ao menos é o que dizem – respondeu.

– Ora, é claro que toda parte onde reina tal licença cada qual
organiza a vida do modo que lhe apraz.

– É claro.

– Encontramos, pois, imagino, neste governo mais do que em
qualquer outro, homens de toda espécie.

– Como não?

– Assim – continuei – é possível que essa seja a mais bela forma
de governo. Qual uma vestimenta variegada que oferece toda variedade
de cores, este governo, ao oferecer toda variedade de caracteres, poderá
afigurar-se de rematada beleza. E talvez – acrescentei – muitas pessoas,
semelhantes às crianças e às mulheres que admiram as variegações,
decidirão que é o mais belo.

– Seguramente.

– E é aí, bem-aventurado amigo, que é cômodo procurar uma d
constituição.

– Por quê?

– Porque, graças à licença reinante, ela contém todas as constituições; e, segundo parece, quem deseja fundar uma cidade, o que
fazíamos há pouco, é forçado a dirigir-se a uma cidade democrática,
como a um bazar de constituições, a fim de escolher a que prefere, e,
conforme este modelo, realizar em seguida o seu projeto.

– É provável – disse ele – que não lhe faltem modelos. e

– Nesta cidade – prossegui – ninguém é obrigado a comandar
quando se é capaz disso, nem a obedecer quando não se quer, nem
tampouco a fazer a guerra quando os outros a fazem, nem a manter a
paz quando os demais a mantêm, se não se deseja a paz; de outra parte, se a lei vos proíbe de serdes arconte ou juiz, podeis, não obstante,

---

40. Aristóteles, *Política*, 1317a 40– b 2:
ὑπόθεσις μὲν οὖν τῆς δημοκρατικῆς πολιτείας ἐλευθερία [τοῦτο γὰρ λέγειν
εἰώθασιν, ὡς ἐν μόνῃ τῇ πολιτείᾳ ταύτῃ μετέχοντας ἐλευθερίας· τούτου γὰρ
στοχάζεσθαί φασι πᾶσαν δημοκρατίαν].
O fundamento então da constituição política democrática é a liberdade. É isto o que
costumam dizer: que somente nessa constituição política se compartilha da liberdade,
pois afirmam que toda democracia visa a liberdade.

41. Platão, *Górgias*, 461e1-4:
ΣΩ. Δεινὰ μεντἂν πάθοις, ὦ βέλτιστε, εἰ Ἀθήναζε ἀφικόμενος, οὖ τῆς Ἑλλάδος
πλείστη ἐστὶν ἐξουσία τοῦ λέγειν, ἔπειτα σὺ ἐνταῦθα τούτου μόνος ἀτυχήσαις.
Sócrates: Com certeza sofrerias terrivelmente, excelentíssimo homem, se chegasses a
Atenas, onde há a maior licença para falar na Hélade, e em seguida somente tu fosses
impedido de fazê-lo aqui.

322 A REPÚBLICA DE PLATÃO

558 a exercer estas funções, se vos der na veneta. Não é essa uma condição divina e deliciosa à primeira vista?

– Sim, talvez à primeira vista – replicou.

– Pois quê!, A serenidade de certos condenados não é elegante? Não viste já, num governo deste gênero, homens condenados à morte ou ao exílio permanecerem, apesar de tudo, na pátria e circular em público? O condenado, qual herói invisível, passeia por aí como se ninguém se preocupasse com ele nem o enxergasse.

– Já vi muitos – declarou ele.

b – E o espírito indulgente e de modo nenhum impertinente deste governo, mas ao contrário cheio de desprezo pelas máximas que enunciamos com tanto respeito, ao lançar as bases de nossa cidade, quando dizíamos[42] que, a menos que seja dotada de uma natureza excelente, pessoa alguma poderia tornar-se homem de bem, se, desde a infância, não brincou entre as coisas belas e não cultivou tudo o que é belo – com que soberba tal espírito, calcando aos pés todos esses princípios, descura de inquietar-se com os trabalhos em que se forma o homem político, mas o honra se ele apenas afirma a sua benevolência para com o povo!

c – Certamente – disse ele – é uma forma de governo excelente.

– Tais são – continuei – as vantagens da democracia, além de outras similares. É, como vês, uma bela forma de governo, anárquica e variegada, que confere uma espécie de igualdade tanto ao que é desigual como ao que é igual[43].

---

42. Cf. Livro IV, 424e-425b; Livro VI, 492e.

43. Este é um princípio que norteia a crítica platônica à democracia: os homens são naturalmente desiguais. Nesse sentido, a igualdade reivindicada pela democracia, i.e., uma igualdade aritmética e absoluta, seria uma igualdade espúria, pois implicaria o seguinte (*Leis,* Livro VI, 757a3-4):

τοῖς γὰρ ἀνίσοις τὰ ἴσα ἄνισα γίγνοιτ᾽ ἄν, εἰ μὴ τυγχάνοι τοῦ μέτρου.

Aos desiguais, a igualdade se tornará desigualdade, se não existir a medida.

Para Platão, aquele que merece mais deve ter mais, enquanto aquele que merece menos, deve ter menos: essa é a medida que não há na democracia. Essa concepção platônica de igualdade política, i.e., uma igualdade geométrica, aparece mais claramente expressa neste trecho das *Leis* (Livro VI, 757b5-c7):

τὴν δὲ ἀληθεστάτην καὶ ἀρίστην ἰσότητα οὐκέτι ῥάδιον παντὶ ἰδεῖν. Διὸς γὰρ δὴ κρίσις ἐστί, καὶ τοῖς ἀνθρώποις ἀεὶ σμικρὰ μὲν ἐπαρκεῖ, πᾶν δὲ ὅσον ἂν ἐπαρκέσῃ πόλεσιν ἢ καὶ ἰδιώταις, πάντ᾽ ἀγαθὰ ἀπεργάζεται· τῷ μὲν γὰρ μείζονι πλείω, τῷ δὲ ἐλάττονι σμικρότερα νέμει, μέτρια διδοῦσα πρὸς τὴν αὐτῶν φύσιν ἑκατέρῳ, καὶ δὴ καὶ τιμὰς μείζοσι μὲν πρὸς ἀρετὴν ἀεὶ μείζους, τοῖς δὲ τοὐναντίον ἔχουσιν ἀρετῆς τε καὶ παιδείας τὸ πρέπον ἑκατέροις ἀπονέμει κατὰ λόγον. ἔστιν γὰρ δήπου καὶ τὸ πολιτικὸν ἡμῖν ἀεὶ τοῦτ᾽ αὐτὸ τὸ δίκαιον.

A melhor e a mais verdadeira igualdade é a todos muito difícil de se ver. Pois ela é o julgamento de Zeus, e somente pequena parte dela socorre os homens; mas tudo o que dela

LIVRO VIII 323

– Nada disseste que não seja conhecido de todo mundo.

– Considera agora o homem que se lhe assemelha. Ou não se deve examinar, como fizemos com o governo, de que maneira ele se forma?

– Sim – disse ele.

– Não é assim? Ele será, penso, filho de um homem parcimonioso d e oligárquico, criado pelo pai nos sentimentos deste.

– Como não?

– Pela força, portanto, como o pai, domina os desejos que só o incitam ao gasto e a nada poupar, desejos que se denominam supérfluos.

– Evidentemente – disse ele.

– Mas queres – perguntei – que, para afastar toda obscuridade de nossa discussão, definamos primeiro os desejos necessários e os desejos supérfluos?

– Quero, de fato – retorquiu.

– Ora, não é correto denominar necessários os que não podemos rejeitar e todos os que nos são úteis satisfazer? Pois estas duas espécies e de desejos são necessidades naturais, não é?

– Sem dúvida.

– É portanto com justiça que denominaremos tais desejos neces- 559 a sários.

– Com justiça.

– Mas aqueles que podemos desfazer-nos, em nos aplicando a isso desde cedo, cuja presença, além do mais, não produz bem algum e aqueles que fazem mal, se chamarmos todos esses desejos de supérfluos, não lhes atribuiremos a qualificação conveniente?

– Sim – respondeu.

– Tomaremos um exemplo de uns e de outros, a fim de apreendê-los sob uma forma geral?

– Sim, é o que se deve fazer.

– O desejo de comer, na medida em que o exigem a saúde e a boa constituição física, este simples desejo de alimento e de tempero, não b é necessário?

– Penso que sim.

– O desejo da alimentação é necessário por dois motivos: porque é útil e porque é indispensável à vida.

---

as cidades e os indivíduos aproveitam se concretiza em bens. Aos melhores, ela distribui mais, aos piores, menos, tomando como medida a natureza de cada um deles; além disso, distribui sempre maiores honras aos mais virtuosos, e menores aos que, inversamente, são inferiores quanto à virtude e à educação, distribuindo o que é conveniente a cada um conforme a medida. De fato, a política é sempre para nós isto mesmo: a justiça.

324   A REPÚBLICA DE PLATÃO

– Sim.

– E o de tempero também, na medida em que contribui para a boa constituição física.

– Perfeitamente.

– Mas o desejo que vai além e se dirige a pratos mais rebuscados, desejo que, reprimido desde a infância, pela educação, pode desaparecer na maioria dos homens, desejo nocivo ao corpo e não menos nocivo
c   à alma no atinente à sabedoria e à temperança, não o chamaremos, com razão, de supérfluo?

– Com muita razão, por certo!

– Diremos, portanto, que estes são desejos pródigos e aqueles desejos proveitosos, porque nos tornam capazes de agir.

– Sem dúvida.

– E não diremos outro tanto dos desejos amorosos e dos demais?

– Realmente.

– Ora, aquele que apelidávamos há pouco zangão é o homem repleto de paixões e apetites, governado pelos desejos supérfluos, e
d   aquele que os desejos necessários governam é o homem parcimonioso e oligárquico.

– Certamente.

– Retornemos agora – sugeri – à explicação da transformação que, de um oligarca, faz um democrata. Parece-me que, na maioria das vezes, ela se produz da seguinte maneira.

– Como?

– Quando um jovem educado, como dissemos há pouco, na ignorância e na parcimônia, saboreou o mel dos zangões e se viu na companhia destes insetos ardentes e terríveis que lhe podem proporcionar prazeres de toda sorte, matizados e variados ao infinito, é então,
e   creio eu, que seu governo interior começa a passar da oligarquia à democracia.

– Com toda necessidade – reconheceu.

– E, tal como a cidade mudou de forma quando um dos partidos foi socorrido de fora por aliados de um partido semelhante, do mesmo modo, não muda o jovem de costumes, quando alguns de seus desejos recebem de fora o socorro de desejos da mesma família e da mesma natureza?

– Perfeitamente.

– E se, como suponho, seus sentimentos oligárquicos recebem de
560 a   alguma aliança um auxílio contrário, sob a forma das advertências e reprimendas do pai ou dos próximos, então hão de nascer nele a sedição, ficando esse indivíduo em luta consigo mesmo.

LIVRO VIII   325

–Como poderia ser de outra maneira?

– E pode às vezes ter acontecido, imagino, que a facção demo-crática tenha cedido à oligárquica; então, tendo surgido uma espécie de pudor na alma do jovem, alguns desejos foram destruídos, outros afugentados e a ordem viu-se restaurada.

– Isso acontece, de fato, algumas vezes – disse ele.

– Mas, em seguida, desejos aparentados aos expulsos, secreta-mente nutridos, se multiplicaram e se fortificaram, porque o pai não   b soube educar o filho.

– Sim, isso acontece comumente.

– Eles o arrastaram então às mesmas companhias e deste comércio clandestino nasceu uma multidão de outros desejos.

– Com efeito.

– Ao fim, imagino, ocuparam a acrópole da alma do jovem, pois sentiram-na vazia de ciências, de nobres hábitos e de verdadeiros prin-cípios, que são, por certo, os melhores guardiães e protetores da razão nos mortais amados pelos deuses.

– Os melhores, e de longe – aprovou ele.   c

– Máximas, opiniões falsas e presunçosas tomaram de assalto a fortaleza e ficaram no lugar das outras.

– É absolutamente exato.

– Desde então o jovem, de volta àqueles Lotófagos[44], instala-se abertamente no meio deles; e se, da parte de seus parentes, vem algum auxílio ao elemento econômico de sua alma, estas máximas presun-çosas fecham nele as portas da fortaleza real e não deixam entrar este socorro, nem sequer a comissão dos conselhos que lhe endereçam seus conhecidos mais idosos. E são estas máximas que ganham o combate;   d denominando o pudor de imbecilidade, repelem-no e exilam-no de modo desonroso; apelidando a temperança de covardia, ultrajam-na e expulsam-na; e persuadindo-o de que a moderação e o comedimento nas despesas são rusticidade e baixeza, os põem para fora secundados em tudo isso por uma multidão de inúteis desejos[45].

---

44. Platão se refere ao episódio mitológico dos Lotófagos (Λωτοφάγους, eti-mologicamente "comedores de lótus") (cf. Homero, *Odisséia*, IX, vv. 82-104). Na viagem de retorno a Ítaca, Odisseu e seus companheiros visitaram a terra dos Lotófa-gos. Três companheiros foram enviados por Odisseu a fim de conhecer os habitantes daquela terra e acabaram comendo o fruto do lótus, cujo efeito era o esquecimento de sua terra natal e o desejo de lá permanecer junto aos lotófagos. Foram então levados à força para as naus e assim puderam retomar o curso da viagem.

45. Cf. Tucídides, *História da Guerra do Peloponeso*, III, 82 – Isócrates, Areopagítico, 20; Panatenaico, 131.

326 A REPÚBLICA DE PLATÃO

– É muito certo.

– Depois de esvaziar e purificar dessas virtudes a alma do jovem
e que elas dominam, como para iniciá-lo em grandes mistérios[46], introduzem aí, acompanhadas de um coro numeroso, a insolência, a anarquia,
a licença a impudência, com grinaldas e ricos ornamentos, entoam
cânticos em seu louvor e as enfeitam com belos nomes, chamando a
insolência de nobre educação, a anarquia de liberdade, a dissipação
561 a de magnificência, a impudência de coragem. Não é assim – perguntei
– que um moço habituado a satisfazer apenas os desejos necessários
chega a emancipar os desejos supérfluos e perniciosos e a dar-lhes
livre curso?

– Sim – disse – a coisa é inteiramente clara.

– E em seguida como vive ele? Suponho que não gasta menos
dinheiro, esforços e tempo nos prazeres supérfluos do que nos necessários. E se tiver bastante sorte para não levar longe demais a loucura
dionisíaca, quando mais avançado em idade, passado o grosso do
b tumulto, acolhe parte dos sentimentos banidos e não se entrega totalmente aos invasores; estabelece uma espécie de igualdade entre os
prazeres, entregando o comando de sua alma ao primeiro que se apresentar, como se a sorte lho enviasse, até que esteja farto dele, depois
se abandona a um outro, e, sem desprezar nenhum, trata todos eles em
pé de igualdade[47].

– É exato.

– Mas não acolhe nem deixa entrar na cidadela o justo discurso
daquele que lhe vem dizer que certos prazeres procedem de desejos
c belos e honestos, e outros, de desejos perversos, que é preciso procurar
e honrar os primeiros, reprimir e domar os segundos; a tudo isso, res-

46. Platão se refere aos Mistérios Eleusinos, i.e., as iniciações sagradas e
secretas que no séc. v a.C. se expandiram na Ática, região onde se situa Atenas. No
primeiro dia de festival desses mistérios, havia os rituais de purificação, seguidos de
uma procissão à luz de tochas que carregava o deus Iaco (i.e., Dioniso) de Atenas a
Elêusis, lugar de origem dos mistérios. Ver supra n. 16, p. 70.

47. A crítica platônica ao homem democrático (δημοκρατικὸς ἀνήρ) segue o
mesmo preceito da crítica à constituição política democrática (δημοκρατικὴ πολιτεία):
a democracia não possui uma medida ou um critério de igualdade, considerando todos os cidadãos livres absolutamente iguais do ponto de vista do direito político (ver
supra n. 43, p. 322); o homem democrático, por sua vez, também não faz nenhuma
distinção entre os tipos de prazeres, perseguindo a todos sem qualquer restrição, já
que não há nenhuma medida ou critério racional para distinguir os prazeres bons
dos maus; são todos eles iguais por natureza. Toda a argumentação de Platão na
República segue essa analogia entre cidade e indivíduo, tantas vezes ressaltada e
justificada por Platão no decorrer da obra.

LIVRO VIII 327

ponde por sinais de incredulidade e sustenta que todos os prazeres são da mesma natureza e que devemos apreciá-los igualmente.

– Na disposição de espírito em que se acha – disse ele – não pode agir de outro modo.

– Ele vive, portanto, continuei – o dia-a-dia e abandona-se ao desejo que se apresenta. Hoje, embriaga-se ao som da flauta, amanhã, beberá água pura e jejuará; ora se exercita no ginásio, ora fica ocioso   d e não se preocupa com nada, ora parece imerso na filosofia. Muitas vezes, ocupa-se de política e, saltando para a tribuna, diz e faz o que lhe passa pelo espírito; acontece-lhe invejar os homens de guerra? Ei-lo convertido em guerreiro; os homens de negócios? Ei-lo lançado aos negócios. Sua vida não conhece ordem nem necessidade, mas ele a denomina agradável, livre, feliz e lhe permanece fiel até o fim.

– Descreveste perfeitamente – considerou ele – a vida de um   e amigo da igualdade.

– Creio – prossegui – que reúne toda sorte de traços e características e que é realmente o belo homem, variegado, que corresponde à cidade democrática. Por isso, muitas pessoas de ambos os sexos invejam o seu gênero de existência, em que deparamos a maioria dos modelos de governos e costumes.

– É isso mesmo – observou.

– Pois bem!, coloquemos este homem em face da democracia, pois   562 a é a justo título que o chamamos democrático.

– Coloquemo-lo – consentiu ele.

– Resta-nos agora estudar a mais bela forma de governo e o mais belo caráter, quero dizer a tirania e o tirano.

– Perfeitamente.

– Ora então!, meu caro amigo, vejamos os traços sob os quais se apresenta a tirania, pois, quanto à sua origem, é quase evidente que ela vem da democracia.

– É evidente.

– Agora, a passagem da democracia à tirania se efetua da mesma   b maneira que a da oligarquia à democracia.

– Como?

– O bem a que se aspirava – respondi – e que deu nascimento à oligarquia, era a riqueza, não era?

– Era sim.

– Ora, a paixão insaciável pela riqueza e a indiferença que ela inspira por tudo o mais é que destruíram este governo.

– É verdade – disse ele.

328 A REPÚBLICA DE PLATÃO

– Mas não é o desejo insaciável do que a democracia considera como seu bem supremo que destruiu esta última?

– A que bem te referes?

– À liberdade – repliquei. – Pois, numa cidade democrática ouvirás

c dizer que este é o mais belo de todos os bens; daí por que um homem nascido livre não poderia habitar alhures exceto nesta cidade.

– Sim, é a linguagem que se ouve amiúde.

– Ora, e era o que eu ia dizer há pouco, não será o desejo insaciável deste bem e a indiferença por tudo o mais, que muda este governo e o compele a recorrer à tirania?

– Como? – perguntou ele.

– Quando uma cidade democrática, alterada pela liberdade, en-

d contra em seus chefes maus escanções, ela se embriaga com este vinho puro[48], ultrapassando toda decência; então, se os que a governam não se mostram totalmente dóceis e não lhe servem larga medida de liberdade, ela os castiga, acusando-os de criminosos e oligarcas.

– É indubitavelmente o que faz – disse ele.

– E os que obedecem aos arcontes, ela os escarnece e os trata de homens servis e sem caráter; em troca, elogia e honra, tanto em particular como em público, os governantes que têm o ar de governados e os governados que assumem o ar de governantes. Não é inevitável que

e numa cidade assim o espírito de liberdade se estenda a tudo?

– Como não?

– Que ele penetre, meu caro, no recesso das famílias e que, ao fim, a anarquia ganhe até os animais?

– O que entendemos por isso? – inquiriu.

– Que o pai se acostume a tratar o filho como igual e a temer os filhos, que o filho se iguale ao pai e não dedique respeito nem temor aos pais, porque deseja ser livre, que o meteco se torne igual ao cidadão, o

563 a cidadão ao meteco e ao estrangeiro, analogamente[49].

---

48. Os gregos costumavam misturar o vinho com água devido a sua grande concentração. Segundo um fragmento do poeta lírico Alceu (séc. VII-VI a.C.), é uma medida de água para duas de vinho (cf. Fr. 346, ed. David Campbell, *Loeb Classical Library*, 1994). Nessa metáfora empregada por Platão, por conseguinte, "embriagar-se com este vinho puro" significa "embriagar-se excessivamente".

49. Xenofonte, *Constituição de Atenas*, I, 10-11:

τῶν δούλων δ' αὖ καὶ τῶν μετοίκων πλείστη ἐστὶν Ἀθήνησιν ἀκολασία καὶ οὔτε πατάξαι ἔξεστιν αὐτόθι οὔτε ὑπεκστήσεταί σοι ὁ δοῦλος. οὗ δ' ἕνεκέν ἐστι τοῦτο ἐπιχώριον, ἐγὼ φράσω· εἰ νόμος ἦν τὸν δοῦλον ὑπὸ τοῦ ἐλευθέρου τύπτεσθαι ἢ τὸν μέτοικον ἢ τὸν ἀπελεύθερον, πολλάκις ἂν οἰηθεὶς εἶναι τὸν Ἀθηναῖον δοῦλον ἐπάταξεν ἄν· ἐσθῆτά τε γὰρ οὐδὲν βελτίων ὁ δῆμος αὐτόθι ἢ οἱ δοῦλοι καὶ οἱ μέτοικοι, καὶ τὰ εἴδη οὐδὲν βελτίους εἰσίν. εἰ δέ τις καὶ τοῦτο θαυμάζει ὅτι ἐῶσι

LIVRO VIII

– Sim, é assim mesmo – disse ele.

– Eis o que se verifica – continuei – e, como esses, outros pequenos abusos. O mestre receia os discípulos e passa a adulá-los, os discípulos fazem pouco caso dos mestres e dos pedagogos. Em geral, os jovens copiam os mais velhos e lutam com eles nas palavras e nas ações; os velhos, de sua parte, rebaixam-se às maneiras dos jovens e mostram-se cheios de jovialidade e pretensão, imitando a juventude, de medo de passar por fastidiosos e despóticos. b

– É realmente assim – disse.

– Mas, meu amigo, o termo extremo da abundância de liberdade, que pode atingir o povo em uma cidade com essa forma de governo, é atingido quando as pessoas de ambos os sexos, compradas como escravos, não são menos livres do que os seus compradores. E quase esquecíamos de dizer até onde chegam a igualdade e liberdade nas relações mútuas entre homens e mulheres.

– Mas por que não diríamos – observou – segundo a expressão de c Ésquilo, *o que há pouco nos vinha à boca?*[50]

– Muito bem – respondi – e é também o que eu faço. Até que ponto os animais domesticados pelo homem são aqui mais livres do que alhures é coisa incrível para quem não tenha visto. Na verdade, segundo o provérbio[51], as cadelas realmente se parecem com as suas donas; os cavalos e os asnos, acostumados a andar com um ar livre e altivo, vão de encontro a todos aqueles que cruzam o seu caminho, caso não lhes cedam o passo. E assim quanto ao resto: tudo transborda d de liberdade.

– Estás-me contando o meu próprio sonho – disse ele – pois quase nunca vou ao campo sem que isso me aconteça.

– Ora, vês o resultado de todos esses abusos acumulados? Concebes, efetivamente, que tornam a alma dos cidadãos de tal modo

---

τοὺς δούλους τρυφᾶν αὐτόθι καὶ μεγαλοπρεπῶς διαιτᾶσθαι ἐνίους, καὶ τοῦτο γνώμῃ φανεῖεν ἂν ποιοῦντες.

Entre os escravos e os metecos em Atenas há uma imensa intemperança; lá tu não podes açoitá-los, nem renunciar a um escravo. Explicarei a razão desse costume local: se fosse lícito que um homem livre batesse num escravo, num meteco ou num homem liberto, muitas vezes ele açoitaria um ateniense, presumindo que fosse um escravo; pois lá o povo não se veste melhor do que os escravos ou os metecos, nem possuem um aspecto melhor. Se alguém se espanta com o fato de permitirem que os escravos vivam lá em luxúria e que alguns deles levem uma vida opulenta, é evidente que eles fazem também isso por um motivo.

50. Ésquilo, fr. 337 Dindorf, 334 Nauck.

51. Segundo o escoliasta, o provérbio é este:
οἵαπερ ἡ δέσποινα, τοία χά κύων.
Tal dona, tal cadela.

330 A REPÚBLICA DE PLATÃO

assustadiça que, à menor aparência de coação, estes se indignam e se revoltam? E chegam por fim, bem sabes, a não mais se preocupar com
e leis escritas ou não escritas, a fim de não ter absolutamente nenhum senhor.

– Bem o sei – respondeu.

– Pois então!, meu amigo – continuei – este governo tão belo e tão juvenil é que dá nascimento à tirania, pelo menos no meu pensar.

– Juvenil, na verdade! – disse ele; mas o que ocorre em seguida?

– O mesmo mal – respondi – que, desenvolvendo-se na oligarquia, causou-lhe a ruína, desenvolve-se aqui, com maior amplitude e força, devido à licença geral, e reduz a democracia à escravidão; pois é certo que todo excesso provoca geralmente uma reação violenta, que se
564 a verifica nas estações, nas plantas, em nossos corpos, e nos governos ainda mais do que alhures.

– É natural – disse ele

– Assim, o excesso de liberdade deve levar a um excesso de servidão, quer no indivíduo, quer na cidade.

– Parece – anuiu.

– Provavelmente, a tirania não provém de nenhum outro governo exceto da democracia, pois a extrema liberdade é seguida, penso, de extrema e cruel servidão.

– É lógico – disse.

– Mas não é, creio, o que perguntavas. Querias saber qual é o mal,
b comum à oligarquia e à democracia, que reduz esta à escravidão.

– É verdade – disse ele.

– Pois bem! Eu me referia a essa raça de homens ociosos e pródigos, uns mais corajosos que vão à frente, outros mais covardes que vêm atrás, e que comparamos aos zangões: os primeiros providos de ferrão; os últimos, sem ele.

– E com justiça – disse ele.

– Ora, estas duas espécies de homens, quando aparecem num corpo político, transtornam-no completamente, como a fleuma e a bile
c no corpo humano[52]. Cumpre, portanto, que o bom médico e legislador da cidade adote, de antemão, as suas precauções, assim como o prudente apicultor, primeiro para impedir que nasçam, ou, caso não

---

52. A fleuma e a bile eram consideradas pelas doutrinas médicas à época de Platão como dois elementos corpóreos opostos (frio e quente, respectivamente) que, quando em desequilíbrio, causavam doenças. Cf. Aristóteles, *Problemas*, 862b 27-8:

(...) τῶν κατὰ τὸν ἄνθρωπον ἡ χολὴ μέν ἐστι θερμόν, τὸ δὲ φλέγμα ψυχρόν (...).
No homem, a bile é quente, e a fleuma, fria.

LIVRO VIII

consiga impedi-lo, para eliminá-lo o mais depressa possível com os próprios alvéolos.

– Sim, por Zeus! – exclamou – é exatamente o que se deve fazer.

– Agora – disse – acompanhemos este processo para divisar mais claramente o que procuramos.

– Qual?

– Dividamos pelo pensamento uma cidade democrática em três classes, que, aliás, ela abrange na realidade. A primeira é a raça que, em virtude da licenciosidade, se desenvolve em seu seio não menos do que na oligarquia.   d

– É verdade.

– Só que na democracia ela é muito mais virulenta.

– Por que motivo?

– Na oligarquia, destituída de crédito e mantida longe do poder, ela não é exercitada e permanece fraca; numa democracia, ao contrário, é ela que governa quase exclusivamente; os mais exaltados do bando discorrem e agem; os outros, sentados junto à tribuna, zumbem e fecham a boca ao contraditor[53]; de sorte que, em tal governo, todos os negócios   e são regrados por eles, à exceção de um pequeno número.

– É exato – disse ele.

– Há também outra classe que se distingue sempre da multidão.

– Qual?

– Como todo mundo trabalha para enriquecer, os que são naturalmente mais ordenados tornam-se, em geral, os mais ricos.

– Aparentemente.

– É aí, imagino, que abunda o mel para os zangões e que é mais fácil extraí-lo.

– Como, com efeito, seria possível tirá-lo de quem nada possui?

– Por isso é que se dá a esses ricos o nome de *erva de zangões*?[54]

– Sim, um nome desse gênero – confirmou ele.

– A terceira classe é o povo: todos os que trabalham com as   565 a próprias mãos, que são alheios aos negócios e quase nada possuem.

---

53. Platão ataca aqui (i) os políticos que agiam na Assembléia e no Conselho ("discorrem e agem") e (ii) os oradores dos tribunais ("sentados juntos às tribunas"), ver supra n. 31, p. 198. Ao criticar a democracia, Platão está censurando essas duas classes de políticos, vistas por ele como tipicamente democráticas.

54. Talvez Platão esteja aludindo a esse provérbio:
κηφῆνες μόχθους ἄλλων κατέδονται.
Os zangões se alimentam dos trabalhos dos outros.

332 A REPÚBLICA DE PLATÃO

Numa democracia, esta classe é a mais numerosa e a mais poderosa quando reunida.

– Com efeito – declarou – mas ela quase não se reúne, a menos que lhe toque alguma parte do mel.

– Tanto mais que sempre lhe toca alguma parte, na medida em que os chefes podem apoderar-se da fortuna dos ricos e distribui-la ao povo, embora guardando para si o quinhão mais avultado.

b   – Certo, é assim – disse ele – que ela recebe alguma coisa.

– Entretanto, os ricos que se vêem despojados são, penso, obrigados a se defender: tomam a palavra perante o povo e utilizam de todos os meios a seu alcance.

– Como não?

– Os outros, por seu lado, os acusam, embora não desejem qualquer revolução, de conspirar contra o povo e de serem oligarcas.

– Seguramente.

– Ora pois, ao fim, quando percebem que o povo, não por má vontade, mas por ignorância, e por estar embaído pelos caluniadores, c tenta prejudicá-los, então, queiram ou não, convertem-se em autênticos oligarcas[55]; e isto não ocorre por gosto deles: semelhante mal é ainda o zangão que engendra, picando-os.

– Por certo!

– Desde então se sucedem perseguições, pleitos e lutas entre uns e outros.

– Sem dúvida.

– Agora, não tem o povo o hábito invariável de pôr à sua testa um homem cujo poder ele nutre e torna maior?

– É de seu hábito – concordou.

d   – É portanto evidente que, onde quer que o tirano medre, é na raiz deste protetor e não alhures que ele se entrona.

– É absolutamente evidente.

– Mas onde começa a transformação do protetor em tirano? Não é, evidentemente, quando se põe a fazer o que é relatado na fábula do templo de Zeus Liceu, na Arcácia?[56]

– O que diz a fábula? – indagou.

– Que aquele que provou entranhas humanas, cortadas em postas

55. Cf. Isócrates, *Antídosis,* 318.

56. Zeus Liceu ("Liceu" provém de *[lycon]* λύκων, "lobo" em grego) era Zeus sob a forma de lobo, cultuado especialmente nas montanhas da Arcádia, região central do Peloponeso (cf. Pausânias, *Descrição da Grécia,* VIII, 2, 6).

LIVRO VIII   333

junto com as de outras vítimas, é inevitavelmente transmudado em e
lobo. Não ouviste contá-la?

– Sim.

– Do mesmo modo, quando o chefe do povo, seguro da obediência
absoluta da multidão, não sabe abster-se do sangue dos homens de sua
própria tribo, mas, acusando-os injustamente, conforme o processo
favorito dos de sua igualha, e arrastando-os perante os tribunais, se
mancha de crimes mandando tirar-lhes a vida, quando, com língua e
boca ímpias, prova o sangue de sua raça, exila e mata acenando com a
supressão das dívidas e uma nova partilha das terras, então, não deverá 566 a
um tal homem necessariamente, e como que por uma lei do destino,
perecer pela mão de seus inimigos, ou tornar-se tirano, e de homem
transformar-se em lobo?

– É de todo necessário – respondeu.

– Eis portanto – prossegui – o homem que fomenta a sedição
contra os ricos.

– Sim.

– Ora, se ele for exilado e voltar, apesar de seus inimigos, não
voltará tirano consumado?

– Evidentemente.

– Mas se os ricos não conseguem exilá-lo, nem condená-lo à mor- b
te, indispondo-o com o povo, tramam para assassiná-lo secretamente,
por morte violenta[57].

– Sim – disse ele – isso quase nunca deixa de acontecer.

– Em semelhante conjuntura é que todos os ambiciosos, que aí
acorreram, inventam a famosa petição do tirano, a qual consiste em
pedir ao povo guardas pessoais que lhe conservem o defensor[58].

– Sim, verdadeiramente.   c

– E o povo os concede, pois, se receia por seu defensor, tem plena
segurança quanto a si mesmo.

– Sem dúvida.

– Mas quando um homem rico, e por isto mesmo suspeito de ser

---

57. Cf. Tucídides, *História da Guerra do Peloponeso,* VIII, 65, 2.
58. Aristóteles, *Retórica,* I, 1357b 30-33:
οἷον ὅτι ἐπεβούλευε τυραννίδι Διονύσιος αἰτῶν τὴν φυλακήν· καὶ γὰρ
Πεισίστρατος πρότερον ἐπιβουλεύων ᾔτει φυλακὴν καὶ λαβὼν ἐτυράννησε, καὶ
Θεαγένης ἐν Μεγάροις· καὶ ἄλλοι ὅσους ἴσασι.
(...) O exemplo é Dioniso [de Siracusa], que armou a tirania ao solicitar uma guarda;
de fato, Pisístrato foi o primeiro a armar a tirania solicitando uma guarda e, tendo-a
conseguido, tornar-se tirano, assim como Teágenes em Mégara, além de inúmeros outros
casos conhecidos.

334 A REPÚBLICA DE PLATÃO

inimigo do povo, vê tal fato, então, ó meu amigo, toma o partido que o oráculo aconselhava a Creso, e

ao longo do Hermo de leito pedregoso
ele foge, não se incomodando de que o tratem de covarde[59].

— E tanto mais quanto não teria de temer esta censura duas vezes!

— E se for preso durante a fuga, imagino que é condenado à morte.

— Inevitavelmente.

d — Quanto ao protetor do povo, é evidente que não jaz por terra.

Com seu grande corpo cobrindo ingente espaço[60]

ao contrário, depois de ter abatido numerosos rivais, ergue-se sobre o carro da cidade e, de protetor, transforma-se em consumado tirano.

— Não era de esperar? – disse ele.

— Examinemos agora – continuei – a ventura deste homem e da cidade em que se formou semelhante mortal.

— Perfeitamente – assentiu – examinemos.

— Nos primeiros dias, ele sorri e dispensa boa acolhida a todos os
e que encontra, declara que não é tirano, promete muito em particular e em público, adia dívidas, partilha terras entre o povo e seus favoritos, e finge ser brando e afável para com todos, não é?

— É realmente assim – respondeu.

— Mas depois de se livrar dos inimigos externos, fazendo tratos com uns, arruinando outros, e de ficar tranqüilo por este lado, começa sempre provocando guerras, para que o povo sinta necessidade de um chefe.

— É natural.

567 a — E também para que os cidadãos, empobrecidos pelos impostos, sejam obrigados a pensar nas necessidades cotidianas e conspirem menos contra ele.

— Evidentemente.

— E se alguns têm o espírito demasiado livre para lhe permitir comandar, ele encontra na guerra, julgo, pretexto para se livrar deles, entregando-os aos golpes do inimigo. Por todas essas razões, é inevitável que um tirano fomente sempre a guerra.

59. Cf. Heródoto, *Histórias*, I, 55.
60. Cf. Homero, *Ilíada*, XVI, v. 776.

LIVRO VIII

– Inevitável.

– Mas assim procedendo, torna-se cada vez mais odioso aos cidadãos.

b

– Como não se tornaria?

– E não sucede que, entre os que contribuíram para a sua elevação e gozam de influência, muitos falem livremente em sua presença, ou entre si, e critiquem o que se está passando, pelo menos os mais corajosos?

– É provável.

– Faz-se mister, pois, que o tirano se desfaça deles, caso queira continuar a governar, e que acabe não deixando, entre os amigos como entre os inimigos, nenhum homem de algum valor.

– É claro.

– Com olhar penetrante, deve discernir os que têm coragem, grandeza d'alma, prudência, riquezas; e tal é sua sina que se vê, de bom ou mal grado, na contingência de fazer a guerra a todos eles, e estenderlhes armadilhas, até que tenha purgado deles a cidade!

c

– Bela maneira de purgá-lo! – disse ele.

– Sim – disse ele – é a oposta da que os médicos empregam a fim de purgar o corpo; estes, com efeito, eliminam o que há nele de mau e deixam o que há de bom: o tirano faz o contrário.

– É compelido a tudo, se tenciona conservar o poder.

– Ei-lo, pois, ligado por uma necessidade bem-aventurada, que o obriga a viver com gente desprezível ou a renunciar à vida!

d

– Tal é realmente a sua situação.

– Ora, não é verdade que, quanto mais odioso se tornar aos cidadãos, por sua conduta, mais necessidade terá de uma guarda numerosa e fiel?

– Como não.

– Mas quais serão esses guardiães fiéis? De onde os mandará vir?

– Por si mesmos – respondeu – muitos virão voando, se ele lhes der salário.

– Pelo cão! Parece-me que designas, com isso zangões estrangeiros, e de toda espécie[61].

e

---

61. Xenofonte, *Hieron*, v, 3:

ἔτι δὲ φιλόπολιν μὲν ἀνάγκη καὶ τὸν τύραννον εἶναι· ἄνευ γὰρ τῆς πόλεως οὔτ' ἂν σῴζεσθαι δύναιτο οὔτ' ἂν εὐδαιμονεῖν· ἡ δὲ τυραννὶς ἀναγκάζει καὶ ταῖς ἑαυτῶν πατρίσιν ἐγκαλεῖν. οὔτε γὰρ ἀλκίμους οὔτ' εὐόπλους χαίρουσι τοὺς πολίτας παρασκευάζοντες, ἀλλὰ τοὺς ξένους δεινοτέρους τῶν πολιτῶν ποιοῦντες ἥδονται μᾶλλον καὶ τούτοις χρῶνται δορυφόροις.

336 A REPÚBLICA DE PLATÃO

– Acertaste – respondeu.

– Mas de sua própria cidade o que obterá ele? Será que não há de querer...

– O quê?

– Arrebatar os escravos aos cidadãos e, depois de alforriá-los, fazê-los ingressar em sua guarda pessoal.

– Certamente. E tanto mais que serão estes os seus guardiães mais leais.

– Na verdade, segundo o que dizes, bem-aventurada é a condição do tirano, se ele toma tais homens por amigos e confidentes, depois de matar os primeiros amigos!

568 a

– E não poderia ser de outra forma; – disse – é a esses que terá de recorrer.

– Logo, esses companheiros o admiram e os novos cidadãos vivem em sua companhia. Mas os cidadãos honestos o detestam e o evitam, não é?

– Como não fugir?

– Não é, pois, sem razão que a tragédia passa, em geral, por uma arte de sabedoria e Eurípides por extraordinário mestre nesta arte.

– Por que assim?

– Porque enuncia esta máxima de profunda significação, a saber,

b   que os tiranos se tornam hábeis pelos comércio dos hábeis[62];

e, evidentemente, entendia por sábios os que vivem na companhia do tirano.

– Também louva – acrescentou – a tirania como divina e lhe concede muitos outros elogios do mesmo teor, ele e os outros poetas[63].

– Assim, enquanto pessoas sábias, os poetas trágicos nos perdoarão, a nós e àqueles cujo governo se aproxima do nosso, por não admiti-los em nossa cidade, visto elogiarem a tirania.

– Creio – disse ele – que hão de nos perdoar, ao menos os mais

c esclarecidos dentre eles.

Além disso, até mesmo o tirano deve amar a cidade, pois sem ela não seria possível que ele se conservasse e garantisse a felicidade. Mas a tirania o força a inculpar até mesmo a sua própria terra natal, pois não lhe agrada que os cidadãos se tornem homens vigorosos e bem armados; ele se compraz, antes, em tornar os estrangeiros mais terríveis do que os cidadãos, e se serve deles como sua guarda.

62. Esse verso é atribuído hoje a Sófocles, e não a Eurípides, como afirma Platão.

63. Cf. Eurípides, *As Troianas*, v. 1169; *As Fenícias*, vv. 524-525.

LIVRO VIII

— Eles podem, penso, percorrer as outras cidades, reunir aí as multidões e, tomando a soldo vozes belas, possantes e insinuantes, arrastar os governos à democracia e à tirania[64].

— Seguramente.

— Tanto mais que para isso são pagos e cumulados de honras, em primeiro lugar, como é natural, pelos tiranos[65], em segundo, pelas democracias; porém, à medida que escalam o íngreme aclive das d constituições, o renome deles enfraquece, como se a falta de fôlego o impedisse de avançar.

— É exato.

— Mas — continuei — afastam-nos do tema. Voltemos ao exército do tirano, esta bela, numerosa, diversa e sempre renovada tropa, e vejamos como é mantido.

— É evidente — disse ele — que, se a cidade possui tesouros sagrados, o tirano deles se servirá, e, enquanto o produto da venda destes tesouros bastar, não imporá ao povo contribuições excessivamente pesadas.

— E quando lhe faltarem estes recursos? e

— Então, é evidente que há de viver da herança paterna, ele, os seus comensais, favoritos e amantes.

— Compreendo — disse eu; — o povo que engendrou o tirano deverá nutri-lo, a ele e a seu séqüito.

— Será realmente obrigado, disse.

— Mas o que dizes tu? Se o povo se irrita e pretende que não é justo que um filho na flor da idade viva à custa do pai, que, ao contrário, o pai deve ser sustentado pelo filho; que ele não o pôs no mundo nem o estabeleceu como tirano, para tornar-se por sua vez, quando o filho tiver 569 a crescido, escravo de seus escravos, e para ter de alimentá-lo com esses escravos c toda aquela corja que o cerca, mas para ficar livre, sob o seu governo, dos ricos e de todos os que na cidade eram conhecidos como nobres; que agora lhe ordena que saia da cidade com seus amigos, como um pai expulsa de casa o filho, com seus indesejáveis convivas...

— Então, por Zeus! — me disse — ele saberá o que fez quando engendrou, acalentou e criou semelhante rebento, e que os que pretende b expulsar são mais fortes do que ele.

---

64. Cf. Platão, *Leis,* VII, 817c.

65. Temos alguns testemunhos históricos dessa relação entre tiranos e poetas trágicos apontada aqui por Platão, como estes: Ésquilo compôs a tragédia *As Mulheres de Etna* (da qual nos restou apenas fragmentos) para Hieron de Siracusa, e Eurípides passou o final de sua vida sob a proteção de Arquelau da Macedônia, onde escreveu, por exemplo, *As Bacantes.*

338   A REPÚBLICA DE PLATÃO

– O que dizes? Bradei – ousaria o tirano agredir o próprio pai, e, caso não cedesse, espancá-lo?

– Sim – replicou – depois de tê-lo desarmado.

– Pelo que dizes, o tirano é um parricida e um triste arrimo para os velhos; e eis-nos chegados, segundo parece, ao que todo mundo denomina a tirania: o povo, conforme o ditado, fugindo da fumaça da submissão imposta a homens livres, caiu no fogo do despotismo dos escravos e, em troca de uma liberdade excessiva e inoportuna, envergou o manto da mais dura e mais amarga das servidões.

– Com efeito – disse ele – é o que acontece.

– Pois bem! – perguntei – assistir-nos-ia pouca razão ao afirmar que explicamos de maneira conveniente a passagem da democracia à tirania e o que é esta, uma vez formada?

– A explicação convém perfeitamente – respondeu ele.

LIVRO IX

– Resta-nos, pois, examinar o homem tirânico, como ele nasce 571 a
do homem democrático, o que ele é, uma vez formado, e como é sua
vida, infeliz ou feliz[1].

– Sim – disse ele – resta examinar este homem.

– Ora sabes – perguntei – o que para mim ainda deixa a desejar.

– O quê?

– No que concerne aos desejos, à sua natureza e suas espécies,
parece-me que demos definições insuficientes; e, enquanto este ponto
for defeituoso, faltará clareza à indagação que processamos.   b

– Mas não está em tempo ainda de voltar a isso?

– Sim, certamente. Examina o que pretendo ver neles. Ei-lo: dentre
os prazeres e os desejos não necessários, alguns se me afiguram ilegí-
timos; são provavelmente inatos em cada um de nós, mas reprimidos
pelas leis e pelos desejos melhores, com a ajuda da razão, podem,
em alguns, ser totalmente extirpados ou só remanescer em pequeno
número e enfraquecidos, enquanto, em outros, subsistem mais fortes   c
e mais numerosos.

---

1. Sócrates irá agora refutar a tese de Trasímaco apresentada no Livro I, de que
a tirania, sendo a forma mais completa de injustiça, é a fonte da maior felicidade
para o homem (cf. Livro I, 344a-b).

340   A REPÚBLICA DE PLATÃO

– Mas de que desejos falas?

– Daqueles – respondi – que despertam durante o sono, quando repousa esta parte da alma que é racional, dócil, e feita para comandar a outra, e quando a parte bestial e selvagem, empanzinada de comida ou de vinho, estremece, e depois de sacudir o sono, parte em busca de satisfações para os seus apetites. Sabes que em semelhante caso ela se atreve a tudo, como que libertada e desobrigada de todo pudor e de toda

d   prudência. Ela não teme intentar, na imaginação, unir-se à sua mãe[2], ou a quem quer que seja, homem, deus ou animal, de macular-se com não importa qual assassínio e de não abster-se de qualquer espécie de alimento[3]; numa palavra, não há loucura nem impudência de que não seja capaz.

– É muito certo o que dizes – observou.

– Mas quando um homem, são de corpo e sóbrio, entrega-se ao sono, depois de despertar o elemento racional de sua alma e de nutri-lo de belos pensamentos e nobres especulações, para alcançar a

e   consciência de si mesmo; quando evitou esfaimar, bem como fartar o elemento apetitivo, a fim de que se mantenha sereno e não traga ne-

572 a   nhum transtorno, por suas alegrias ou por suas tristezas, ao princípio melhor, porém o deixe, só consigo mesmo e desembaraçado, examinar e procurar perceber o que ignora do passado, do presente e do futuro; quando este homem amansou semelhantemente o elemento irascí-vel e quando não adormece com o coração agitado de cólera contra alguém; quando, portanto, acalmou estes dois elementos da alma e estimulou o terceiro, no qual reside a sabedoria[4], e quando, enfim, ele repousa, então bem sabes, ele toma contato com a verdade melhor

---

2. Cf. Sófocles, *Édipo Rei*, vv. 981-2:
πολλοὶ γὰρ ἤδη κἀν ὀνείρασιν βροτῶν
μητρὶ ζυνηυνάσθησαν· [...]
Muitos mortais já levaram a mãe
ao leito, em sonhos [...].

3. Aristóteles, *Ética Nicomaquéia*, VII, 1148b 19-24:
λέγω δὲ τὰς θηριώδεις, οἷον τὴν ἄνθρωπον ἥν λέγουσιν τὰς κυούσας ἀνασχίζουσαν τὰ παιδία κατεσθίειν, ἢ οἵοις χαίρειν φασὶν ἐνίους τῶν ἀπηγριωμένων περὶ τὸν Πόντον, τοὺς μὲν ὡμοῖς τοὺς δὲ ἀνθρώπων κρέασιν, τοὺς δὲ τὰ παιδία δανείζειν ἀλλήλοις εἰς εὐωχίαν, ἢ τὸ περὶ Φάλαριν λεγόμενον.
Refiro-me aos casos bestiais, tal como a mulher que, segundo dizem, rasga o ventre de mulheres grávidas e devora seus filhos, ou certos povos selvagens em torno do Mar Negro que, dizem, se deleitam, uns com carne crua, outros com carne humana, enquanto outros trocam entre si os filhos para se banquetearem; ou o que é dito sobre Fálaris.

4. I.e., os elementos concupiscente (τὸ ἐπιθυμητικόν) e irascível (τὸ θυμοειδές), de um lado, e o elemento racional (τὸ λογιστικόν), de outro. Sobre os três elementos da alma, cf. Livro IV, 436b-441c.

LIVRO IX   341

do que nunca, e as visões de seus sonhos não são de modo algum b
desregradas.

– Estou inteiramente convencido disso – falou ele.

– Mas nos estendemos demais sobre este ponto; o que queríamos
constatar é que há em cada um de nós, mesmo nos que parecem totalmente regrados, uma espécie de desejos terríveis, selvagens, irrefreáveis, e que é posto em evidência pelos sonhos. Veja se o que eu disse
te parece verdadeiro e se concordas comigo.

– Concordo sim.

– Lembra-te agora do homem democrático, tal como o representa-
mos: é formado desde a infância por um pai parcimonioso, que honra c
apenas os desejos interessados e despreza os desejos supérfluos, que
só tem por objeto o divertimento e o luxo. Não é?

– Sim.

– Mas, tendo freqüentado homens mais refinados, e cheios dos
desejos que descrevemos há pouco, ele se entrega a toda espécie de
excessos e adota a conduta desses homens, por aversão à parcimônia
do pai; entretanto, como é de índole melhor que seus corruptores,
solicitado em dois sentidos opostos, acaba tomando o meio termo d
entre os dois gêneros de existência e, fruindo de ambos o que ele julga
moderado, leva uma vida isenta de sordidez e desregramento; assim,
de oligárquico, tornou-se democrático.

– Era bem assim – disse ele – e ainda é essa a opinião que temos
de um tal homem.

– Suponhamos agora que, tendo ficado velho por seu turno tenha
um filho moço, criado em hábitos semelhantes.

– Suponho.

– Supõe, além disso, que lhe aconteça o mesmo que a seu pai, que
seja arrastado a um desregramento completo, que os seus corruptores
denominam liberdade completa, e que seu pai e seus parentes favore- e
çam os desejos moderados, enquanto os da facção contrária reforcem
os do lado oposto; quando estes hábeis mágicos e criadores de tiranos
desesperam de reter o jovem por todos os meios, tramam insuflar-lhe
um amor que preside os desejos ociosos e pródigos: uma espécie de 573 a
zangão alado e de grande porte. Ou então crês que o amor seja outra
coisa entre tais homens?

– Não – disse ele – não é outra coisa.

– Quando, pois, os demais desejos zumbem em redor do amor,
numa profusão de incensos, de perfumes, de coroas, de vinhos, e
de todos os prazeres dissolutos que se encontram em semelhantes

342   A REPÚBLICA DE PLATÃO

b companhias[5], nutrem o zangão, fazendo-o crescer até o último termo, e implantando nele o aguilhão do desejo, então este chefe da alma, escoltado pela demência, é preso de furiosos transportes e, se acaso se depara com opiniões ou desejos tidos como sábios e que conservam ainda algum pudor, ele os mata ou os expulsa para longe, até purgar a alma de toda temperança e enchê-la de uma loucura estranha.

— Descreves de maneira perfeita a origem do homem tirânico.

— Do mesmo modo — prossegui — não é por esta razão que de há muito o amor é chamado tirano?[6]

— Parece — respondeu.

— E o homem ébrio, meu amigo, não tem também um tempera-
c mento tirânico?

— De fato.

— E o homem furioso e enlouquecido, não quer comandar não só os homens, mas ainda os deuses, imaginando-se capaz disso?

— Sim, por certo, respondeu.

— Assim, pois, meu bem-aventurado amigo, nada falta a um ho-

---

5. Compare esses elementos festivos ressaltados aqui por Platão com a descrição dos banquetes e/ou festins feita pelo poeta-filósofo Xenófanes (cerca de 570-478 a.C.) (trecho do fr. 1 DK):

νῦν γὰρ δὴ ζάπεδον καθαρὸν καὶ χεῖρες ἁπάντων
καὶ κύλακες· πλεκτοὺς δ᾽ ἀμφιτιθεῖ στεφάνους,
ἄλλος δ᾽ εὐῶδες μύρον ἐν φιάληι παρατείνει·
κρατὴρ δ᾽ ἕστηκεν μεστὸς εὐφροσύνης,
ἄλλος δ᾽ οἶνος ἕτοιμος, ὃς οὔποτέ φησι προδώσειν,
μείλιχος ἐν κεράμοισ᾽ ἄνθεος ὀζόμενος·
ἐν δὲ μέσοισ᾽ ἁγνὴν ὀδμὴν λιβανωτὸς ἵησι·
ψυχρὸν δ᾽ ἔστιν ὕδωρ καὶ γλυκὺ καὶ καθαρόν·
πάρκεινται δ᾽ ἄρτοι ξανθοὶ γεραρή τε τράπεζα
τυροῦ καὶ μέλιτος πίονος ἀχθομένη·
βωμὸς δ᾽ ἄνθεσιν ἂν το μέσον πάντηι πεπύκασται,
μολπὴ δ᾽ ἀμφὶς ἔχει δώματα καὶ θαλίη.

Agora toda a terra está pura, as mãos de todos
e os cálices; um, as coroas trançadas veste,
outro, a perfumada essência no vaso espalha;
a cratera está cheia de júbilo,
e o outro vinho, pronto — o qual jamais, dizem, pode faltar —
doce como mel, nos jarros, cheirando a flor;
no meio, o incenso esparge sacro odor;
fria está a água, doce e pura;
e estão dispostos os pães amarelos e a suntuosa mesa
com queijo e mel fartos carregada;
o altar, no centro, com flores está todo coberto,
o canto toma a casa e a festa.

6. Cf. Livro ɪ, 329c-d.

LIVRO IX 343

mem para ser tirânico, quando a natureza, suas práticas, ou os dois em conjunto, o tornaram bêbedo, apaixonado e louco.

– Não, verdadeiramente nada.

– Eis, parece, como se forma o homem tirânico: mas como vive ele?

– Eu te responderei como se faz ao gracejar: tu mesmo é que vais d dizer-me[7].

– Então vou dizer-te. Imagino que daí por diante não haverá senão festas, festins, heteras e prazeres de toda sorte em casa daquele que permitiu ao tirano Eros instalar-se-lhe na alma e governar-lhe todos os movimentos.

– Necessariamente, observou.

– A partir daí, a cada dia e a cada noite, ao lado desta paixão, não despontarão numerosos e terríveis desejos, cujas exigências serão múltiplas?

– Sim, numerosos.

– Logo, as rendas, se as houver, serão depressa consumidas.

– Como não?

– E depois disso virão as dívidas e a dissipação do patrimônio. e

– Certo.

– E quando nada mais restar, não é inevitável que a multidão ardente dos desejos, que se aninham na alma deste homem, se ponha a gritar, e que ele próprio aguilhoado por esses desejos, mas sobretudo pelo amor, que os outros escoltam como a um chefe, seja tomado de furiosos transportes, e procure alguma presa que possa pilhar por fraude ou por violência?

574 a

– Certamente – disse ele.

– Assim, constituirá para ele uma necessidade pilhar por todos os lados ou suportar grandes sofrimentos e grandes penas[8].

– Sim, uma necessidade.

– E como as novas paixões sobrevindas em sua alma prevaleceram sobre as antigas e as despojaram de seus direitos, do mesmo modo não pretenderá, ele que é mais jovem, prevalecer sobre o pai e a mãe e despojá-los, quando houver dissipado o seu quinhão, e atribuir-se os bens paternos?

---

7. Segundo o escoliasta, trata-se de um provérbio:

ἡνίκα τις ἐρωτηθείς τι ὑπὸ γινώσκοντος τὸ ἐρωτηθέν, αὐτὸς ἀγνοῶν, οὕτως ἀποκρίνεται· "σὺ καὶ ἐμοὶ ἐρεῖς."

Quando alguém, conhecendo o que foi perguntado, pergunta a uma pessoa que desconhece a resposta, ela deve responder desta maneira: "tu mesmo é que vais dizer-me".

8. Cf. Livro VIII, 568d-e.

344   A REPÚBLICA DE PLATÃO

– Sem objeção.

b   – E se os pais não lhes cederem de modo algum, não tentará primeiro roubá-los e enganá-los?

– Certamente.

– Mas se não for bem sucedido, arrebatar-lhes-á os bens pela força.

– Assim o creio – disse ele.

– Agora, meu admirável amigo, se o velho pai e a velha mãe resistem e sustentam a luta, guardar-se-á e abster-se-á de cometer alguma ação tirânica?

– Não estou absolutamente tranqüilo – respondeu – quanto aos pais deste homem.

– Mas por Zeus! Adimanto, por uma hetera conhecida recentemente, e que é para ele apenas um capricho, esquecer-se-á desta amiga

c   antiga e necessária que é sua mãe, ou, por uma paixão de ontem, de um belo adolescente, e que também é para ele apenas um capricho, em relação ao pai cuja mocidade passou, mas que é o mais necessário e o mais antigo de seus amigos? Esquecer-se-á deles, dize, a ponto de espancá-los e escravizá-los a estas criaturas, se vier a introduzi-las em casa?

– Sim, por Zeus! – respondeu.

– Aparentemente constitui grande felicidade – exclamei – ter dado à luz um filho de caráter tirânico!

– Sim, muito grande!

d   – Mas como! Quando houver esgotado os bens de seu pai e mãe, e as paixões se tiverem reunido em numeroso enxame em sua alma, não tentará arrombar casas ou roubar o manto de algum viajante retardado na noite e, depois, pilhar os templos?[9] E em todas estas conjunturas, as velhas opiniões, tidas como justas, que ele sustentava desde a infância, a respeito das coisas belas ou vergonhosas, hão de ceder o passo às opiniões recém-alforriadas que servem de escolta ao amor, e com ele

---

9. O homem tirânico é marcado justamente por esse desenfreio irrestrito da parte apetitiva (τὸ ἐπιθυμητικόν) de sua alma, já que a parte racional (τὸ λογιστικόν) não é suficientemente forte para controlar esses impulsos. É próprio da natureza dessa parte apetitiva nunca estar satisfeita e querer sempre mais, o que a conduz inevitavelmente ao excesso (cf. *Gógias,* 493b-c). Por conseguinte, a busca desenfreada pela satisfação dos apetites implica uma série de atos injustos e ímpios, desde o ultraje aos pais, até o arrombamento de templos, i.e., atos ilícitos tanto aos olhos dos homens quanto aos dos deuses. Platão constrói a figura do tirano nesse Livro IX de forma bastante retórica, pois, ao caracterizá-la, ele lhe atribui os exemplos mais extremos de atos injustos, com intuito de causar espanto e repúdio aos ouvintes (no caso dos interlocutores de Sócrates) e/ou leitores.

LIVRO IX

hão de triunfar; antes, essas tinham livre curso somente em sonho, du- e
rante o sono, pois ele se achava então submetido às leis e a seu pai, e a
democracia reinava-lhe na alma; mas agora, tiranizado pelo amor, será
incessantemente, em estado de vigília, o homem que ele se tornava às
vezes no sonho; não se absterá de nenhum crime, de nenhum alimento
proibido, de nenhuma perversidade. Eros, que vive nele tiranicamente 575 a
em anarquia e em desregramento completos, porque é o único senhor,
levará o infeliz cuja alma ocupa, assim como o tirano à cidade, a tudo
ousar para nutri-lo, a ele e aos desejos tumultuosos que o envolvem:
os que vieram de fora através das más companhias e os que, nascidos
no interior, com disposições semelhantes às suas, romperam os laços
e se libertaram. Não é esta a vida que leva um tal homem?

– Sim – reconheceu.

– Ora – retomei – se, numa cidade, homens deste gênero constituem pequeno número e se o resto do povo é sensato, eles partem b
para servir de guarda pessoal de algum tirano, ou se alistarem como
mercenários, onde quer que haja guerra[10]; mas se a paz e a tranqüilidade
reinam em toda parte, permanecem na cidade e aí cometem grande
número de pequenos delitos.

– A que delitos te referes?

– Por exemplo, roubam, arrombam as muralhas, surrupiam as
bolsas, assaltam os passantes, fazem captura e tráfico de escravos e,
às vezes, quando possuem o dom da palavra, tornam-se sicofantas[11],
falsas testemunhas e se deixam subornar.

– Eis portanto o que chamas de pequenos delitos, enquanto tais c
homens constituem pequeno número!

– Sim – respondi – pois as pequenas coisas são pequenas apenas
em comparação com as grandes, e todas essas faltas, pelo que concerne
à sua influência sobre a miséria e a desventura da cidade, não chegam
sequer perto, como se diz, da tirania. Com efeito, quando tais homens
e os seus sequazes são numerosos numa cidade, e quando se dão conta
do seu número, são eles que, auxiliados pela estupidez popular, engendram o tirano, na pessoa daquele que traz na alma o tirano maior d
e mais acabado[12].

– É natural – anuiu – pois será o mais tirânico.

10. Cf. Livro VIII, 567d-e.
11. Sobre os sicofantas, ver supra n. 31, p. 41.
12. Conforme a analogia, enquanto o homem tirânico é governado por Eros
("Amor"), que tiraniza sua alma, a cidade é subjugada aos caprichos do maior e
mais acabado tirano.

346 A REPÚBLICA DE PLATÃO

– E então pode acontecer que a cidade se submeta voluntariamente; mas se resistir, assim como maltratava antes o pai e a mãe, castigará a pátria, caso disponha do poder; introduzirá aí novos companheiros e, escravizando aquela que outrora lhe foi cara, a sua *mátria*[13], como dizem os cretenses, ou a sua pátria, como nós dizemos, irá mantê-la na escravidão. E é nisso que resultará a paixão do tirano.

e   – Perfeitamente – disse ele.

– Agora, em sua vida particular, e antes de alcançar o poder, não se conduzem esses homens da mesma maneira? No começo, sejam quais forem as pessoas com quem convivam, só encontram aduladores prestes a lhes obedecer em tudo, ou, se necessitam de alguém, praticam 576 a baixezas e ousam desempenhar todos os papéis para demonstrar-lhe seu apego, prontos a não mais conhecê-lo uma vez logrados os seus fins.

– É realmente verdade – concordou.

– Durante a vida, não são, pois, amigos de ninguém[14], sempre déspotas ou escravos; quanto à liberdade e à amizade verdadeiras, à índole tirânica jamais as aprecia.

– Seguramente.

– Não é, portanto, a justo título que os denominaríamos homens pérfidos?

– Como não?

b   – E injustos ao último grau, se for exato o que conviemos mais acima, no tocante à natureza da justiça.

– Mas por certo – reafirmou – que é exato.

– Resumamos, então, quanto ao perfeito celerado: é aquele que,

---

13. "Mátria" (μήτρις) é a forma como os cretenses se referem à sua terra natal, segundo Platão. Essa palavra μήτρις *[metris]* provém de μήτηρ *[meter]*, que significa "mãe" em grego. Portanto, a noção de "pátria" para os cretenses se aproxima da de "mãe".

14. Cf. Xenofonte, *Hieron*, 3, 8-9:

εἰ τοίνυν ἐθέλεις κατανοεῖν, εὑρήσεις μὲν τοὺς ἰδιώτας ὑπὸ τούτων μάλιστα φιλουμένος, τοὺς δὲ τυράννους πολλοὺς μὲν παῖδας ἑαυτῶν ἀπεκτονότας, πολλοὺς δ' ὑπὸ παίδων αὐτοὺς ἀπολωλότας, πολλοὺς δὲ ἀδελφοὺς ἐν τυραννίσιν ἀλληλοφόνους γεγενημένους, πολλοὺς δὲ καὶ ὑπὸ γυναικῶν τῶν ἑαυτῶν τυραννοὺς διεφθαρμένους καὶ ὑπὸ ἑταίρων γε τῶν μάλιστα δοκούντων φίλων εἶναι.

Pois bem, se quiseres observar isso, descobrirás que os homens comuns são muito amados por essas pessoas [i.e., parentes, filhos, esposas, amigos], ao passo que, dentre os inúmeros tiranos, muitos assassinaram os próprios filhos, muitos outros pelos filhos foram mortos; outros ainda, tendo os irmãos como partícipes da tirania, acabaram se matando uns aos outros; e muitos outros foram arruinados pelas suas próprias mulheres ou pelos seus companheiros, os quais pareciam ser amigos acima de tudo.

LIVRO IX   347

em estado de vigília, é igual ao homem em estado de sonho, que descrevemos[15].

– Perfeitamente.

– Ora, torna-se assim aquele que, dotado da natureza mais tirânica, chegou a governar só, e tanto mais quanto mais tempo viveu no exercício da tirania.

– É inevitável – observou Glauco, tomando por seu turno da palavra[16].

– Mas – continuei – quem se revelou como o mais perverso, mostrar-se-á também o mais infeliz? E quem houver exercido a mais   c
longa e a mais absoluta tirania, não terá sido infeliz ao extremo e por mais tempo, na verdade?[17] Embora a multidão possua acerca disso múltiplas opiniões.

– Nem poderia ser de outro modo – respondeu.

– Ora, não é certo que o homem tirânico é feito à semelhança da

---

15. Cf. Livro III, 571c-d.

16. Aristóteles critica expressamente, na *Política* (cf. v, 12, 1316 a1-b27), o fato de Platão, neste passo da *República,* não ter apontado as causas da dissolução da tirania. Segundo Aristóteles, se Platão concebe como um ciclo a sucessão de uma constituição política para outra, então a tirania, sendo a pior constituição, seria sucedida pela melhor, e assim se fecharia o ciclo. Sendo assim, à tirania sucederia aquela forma de constituição política perfeita delineada por Platão na *República,* i.e., ou uma aristocracia (no caso de alguns deterem o poder) ou uma monarquia (no caso de um só) sob a égide do filósofo (cf. Livro IV, 445d-e). Vejamos esta passagem da *Política* de Aristóteles (v, 1316a 25-34):

ἔτι δὲ τυραννίδος οὐ λέγει οὔτ' εἰ ἔσται μεταβολὴ οὔτ', εἰ ἔσται, διὰ τίν' αἰτίαν καὶ εἰς ποίαν πολιτείαν, τούτου δ' αἴτιον ὅτι οὐ ῥᾳδίως ἂν εἶχε λέγειν· ἀόριστον γάρ, ἐπεὶ κατ' ἐκεῖνον δεῖ εἰς τὴν πρώτην καὶ τὴν ἀρίστην· οὕτω γὰρ ἂν ἐγίγνετο συνεχὲς καὶ κύκλος. ἀλλὰ μεταβάλλει καὶ εἰς τυραννίδα τυραννίς, ὥσπερ ἡ Σικυῶνος ἐκ τῆς Μύρωνος εἰς τὴν Κλεισθένους, καὶ εἰς ὀλιγαρχίαν, ὥσπερ ἡ ἐν Χαλκίδι ἡ 'Αντιλέοντος, καὶ εἰς δημοκρατίαν, ὥσπερ ἡ τῶν Γέλωνος ἐν Συρακούσαις, καὶ εἰς ἀριστοκρατίαν, ὥσπερ ἡ Χαρίλλου ἐν Λακεδαιμόνι, καὶ <ἡ> ἐν Καρχηδόνι.

Além disso, [Sócrates na *República*], no caso da tirania, não diz nem se ela se transformará nem, caso isso aconteça, por que causa e em que constituição política se transformará. A razão disso é que teria sido difícil para ele dizer, pois isso é indeterminado; de acordo com ele, ela deveria se transformar na primeira e na melhor constituição política, pois dessa forma haveria continuidade e circularidade. Mas a tirania também se transforma em tirania, como em Sicíon, onde à tirania de Míron sucedeu a de Clístenes; em oligarquia, como aconteceu em Cálquis com a tirania de Antileon; em democracia, como aconteceu em Siracusa com a família de Gélon; em aristocracia, como sucedeu a Carilo na Lacedemônia e à tirania em Cartago.

17. Sócrates argumenta contra a tese de Trasímaco apresentada no Livro I, de que a tirania, sendo a forma mais completa de injustiça, é a fonte da maior felicidade para o homem (cf. Livro I, 344a-b).

348 A REPÚBLICA DE PLATÃO

cidade tirânica, tal como o homem democrático à da cidade democrática, e assim com os demais regimes políticos.

– Sem dúvida.

– E o que uma cidade é para outra cidade, com referência à virtude e à ventura, um homem não o é para outro homem?

d – Por que não?

– Qual é, portanto, quanto à virtude, a relação da cidade tirânica com a cidade régia, tal como a descrevemos de início?

– São exatamente contrárias – replicou; – uma é a melhor e a outra, a pior.

– Não te perguntarei qual das duas é a melhor ou a pior, isso é evidente. Mas relativamente à ventura e à desventura, julgas do mesmo modo ou de outro? E aqui não nos deixemos ofuscar pela visão do tirano, que não passa de uma unidade, e de alguns favoritos que o

e rodeiam: devemos penetrar na cidade, para considerá-la no conjunto, insinuar-nos em toda parte e tudo ver, antes de formar uma opinião.

– O que pedes é justo – declarou – e é evidente a todo mundo que não há cidade mais infeliz do que a cidade tirânica, nem mais feliz do que a cidade régia.

– Errarei eu em pedir as mesmas precauções no exame dos indiví-

577 a duos, e em conceder o direito de julgá-lo somente a quem pode penetrar pelo pensamento no âmago do caráter de um homem e examiná-lo por dentro, sem fazer como as crianças, que só vêem as aparências, para não se deixar ofuscar pela pompa que o tirano ostenta às multidões, mas sabe examiná-lo a fundo? Se, portanto, eu pretendesse que devêssemos todos ouvir aqueles que, em primeiro lugar, fossem capazes de julgar e que, além disso, tivessem vivido sob o mesmo teto que o tirano[18], testemunhas dos atos de sua vida doméstica e das relações que mantém com seus familiares – pois é sobretudo entre eles que se pode

b vê-lo despojado de seu aparato teatral, bem como de sua conduta nos momentos de perigo público, se eu instasse a quem presenciou tudo isso a pronunciar sobre a ventura ou desventura do tirano relativamente aos demais homens...

– Ainda aqui – disse ele – não pedirias nada mais do que algo muito justo.

– Queres, pois – continuei – que nos suponhamos pertencer ao rol dos que são capazes de julgar, como se já tivéssemos convivido com

---

18. Talvez seja uma referência auto-biográfica de Platão, que viveu alguns meses no palácio de Dioniso I, tirano de Siracusa, provavelmente em 388 a.C. (cf. Platão, *Carta VII,* 324a-327d).

LIVRO IX 349

tiranos, a fim de dispormos de alguém que possa responder às nossas perguntas?

– Certamente.

– Ora bem! – disse eu – acompanha-me então neste exame. Lem- c
bra-te da semelhança entre a cidade e o indivíduo e, considerando-os ponto por ponto, cada um a seu turno, dize-me o que acontece a um e a outro.

– A respeito do quê? – perguntou.

– Para começar pela cidade, dirás daquela que é governada por um tirano que é livre ou escrava?

– Tão escrava quanto é possível sê-lo – retorquiu.

– No entanto, nela vês senhores e também homens livres.

– Vejo sim, mas em pequeno número – respondeu – a totalidade, por assim dizer, ou a parte mais respeitável, se acha reduzida a mais indigna e miserável servidão.

– Se, portanto, o indivíduo se assemelha à cidade, não é inevitável d
que reencontremos nele o mesmo estado de coisas, que sua alma esteja repleta de servidão e baixeza, que as partes mais nobres desta alma se achem reduzidas à escravidão, e que uma minoria, formada pela parte mais perversa e mais furiosa, seja senhora dela?

– É inevitável – respondeu.

– Mas então? Dirás de uma alma neste estado que é escrava ou que é livre?

– Direi, por certo, que é escrava.

– Ora, a cidade escrava e dominada por um tirano não faz de modo algum tudo o que quer.

– Não, seguramente.

– Por conseguinte, a alma tiranizada tampouco fará o que quer, e
refiro-me à alma como um todo: sendo incessante e violentamente arrastada por furioso desejo, só conhecerá perturbações e remorsos[19].

– Como não?

---

19. A alma tiranizada não faz o que quer (ποιήσει ἃ ἂν βουληθῇ) porque ela não age conforme a razão, e sim conforme as inclinações de seus apetites. Na psicologia moral de Platão, só há verdadeiramente o *querer*, i.e., o "querer racional" (βούλησις), quando a razão governa as inclinações do corpo, quando a razão determina a vontade, e não o contrário, como sucede à alma tiranizada. No diálogo *Górgias*, Platão também se refere à figura do tirano e sustenta a tese de que ele, apesar da visão da maioria dos homens, não faz *o que quer* (ἃ βούλεται), e, sim, *o que lhe parece* (ἃ δοκεῖ αὐτῷ) (cf. 466d-467c). Essa oposição que aparece no *Górgias* está subentendida nesta passagem da *República* quando Platão trata da alma tiranizada.

350 A REPÚBLICA DE PLATÃO

– Mas a cidade governada por um tirano é necessariamente rica ou pobre?

– Pobre.

578 a – É pois necessário também que a alma tirânica seja sempre pobre e insaciada[20].

– Exatamente – respondeu.

– Mas como? Não é também necessário que semelhante cidade e semelhante homem vivam sempre com medo?

– De fato.

– Crês poder encontrar alguma outra cidade mais cheia de lamentações, gemidos, queixas e dores?

– De nenhum modo.

– E em todo outro indivíduo, crês poder encontrar alguém com maior número dessas misérias do que o tirano enlouquecido pelas paixões e pelo amor?

– Como poderia? – perguntou.

b – Ora, lançando os olhos sobre todos esses males e sobre outros parecidos é que julgaste ser esta cidade a mais infeliz de todas.

– E não tinha razão? – perguntou.

– Efetivamente – respondi; – mas no que concerne ao indivíduo tirânico, o que dizes ao ver nele os mesmos males?

– Que é de longe o mais infeliz de todos os homens – respondeu.

– Sobre este ponto, não tens razão.

– Por quê?

– A meu ver, ele ainda não é tão infeliz quanto pode ser.

– Quem será, então?

– Este outro te parecerá talvez ainda mais infeliz.

– Qual?

c – Este que, nascido tirânico, não passa a vida na condição de cidadão, mas é assaz desditoso para que um funesto azar o converta em tirano de uma cidade.

– Conjeturo, de acordo com as nossas considerações precedentes[21] – disse – que falas a verdade.

– Sim, só que em semelhante matéria cumpre não se contentar com conjeturas, mas antes examinar, à luz da razão, os dois indivíduos que nos ocupam; pois nossa indagação versa sobre o tema mais importante que há: a felicidade e a infelicidade da vida.

– É exato – disse ele.

20. Ver supra n. 9, p. 334.
21. Cf. Livro VIII, 565d-569b.

LIVRO IX   351

– Examina por conseqüência se tenho razão. Em minha opinião é preciso formar uma idéia da situação do tirano à luz de um exemplo.   d

– Que exemplo?

– O da situação de um destes ricos cidadãos que, em certas cidades, possuem muitos escravos; apresentam esse ponto de semelhança com os tiranos que é o de comandarem muita gente; a diferença reside apenas no número.

– É verdade.

– Sabes, pois, que os cidadãos dessa espécie vivem em segurança e não temem os seus servidores.

– O que haveriam de temer da parte deles?

– Nada. Mas percebes a razão de viverem sem nenhum receio?

– Sim, é que a cidade toda presta assistência a cada um desses particulares.

– Bem dito. Mas como! Se algum deus raptando da cidade um des-   e ses homens que têm cinqüenta escravos ou mais, o transportasse, com a mulher, os filhos e todos os seus bens, incluindo os seus servidores, para um deserto, onde não pudesse esperar auxílio de nenhum homem livre, não crês que viveria em extrema e contínua apreensão de perecer pela mão de seus escravos, ele, os filhos e a mulher?

– Sim – respondeu – a sua apreensão seria extrema.

– Não se veria obrigado a cortejar alguns deles, a conquistá-los por   579 a meio de promessas, a alforriá-los sem necessidade, enfim, a reduzir-se a adulador de seus escravos?

– Ver-se-ia realmente forçado a passar por isso – disse ele – se não quisesse perecer.

– O que sucederia, pois, se o deus estabelecesse ao redor de sua morada vizinhos em grande número, decididos a não tolerar que um homem pretenda comandar como senhor um outro e a punir, com o pior suplício, a quem quer que surpreendessem em semelhante caso?

– Creio que a sua triste situação se agravaria ainda mais, se ele   b estivesse assim cercado e vigiado por indivíduos que seriam todos inimigos seus.

– Ora, não é em prisão análoga que está encadeado o tirano, com a índole que descrevemos, cheia de temores e desejos de toda espécie? Embora sua alma aprecie, é o único na cidade que não pode viajar a parte alguma, nem ir ver o que excita a curiosidade dos homens livres. Vive, na maior parte do tempo encerrado em casa, feito

352 A REPÚBLICA DE PLATÃO

c mulher, invejando os cidadãos que viajam para fora e vão ver algo de belo[22].

– Sim, é isso mesmo – observou.

– Assim, pois, colhe em excesso tais males o homem que governa mal a sua alma, aquele que há pouco julgavas o mais infeliz de todos, o tirânico, quando não passa a vida na condição de cidadão, mas se vê compelido por algum golpe da sorte a exercer uma tirania, e quando, impotente como é para dominar-se a si mesmo, intenta comandar os outros: é qual um enfermo sem domínio sobre o corpo que, em vez de levar uma existência retirada, fosse forçado a passar a vida lutando nas competições atléticas.

d

– Tua comparação – disse ele – é de uma exatidão impressionante, Sócrates.

– E essa situação, meu caro Glauco, não constitui o cúmulo da desgraça? E quem exerce uma tirania não leva uma vida ainda mais miserável do que aquele que consideravas o mais infeliz dos homens?

– Sim, certamente – disse ele.

– Assim, na verdade, e pense o que pensar certa gente, o verdadeiro tirano é um verdadeiro escravo, condenado à baixeza e servidão extremas e é adulador dos homens mais perversos; não podendo, de alguma forma, satisfazer a todos os seus desejos, porém desprovido no mais alto grau de uma porção de coisas, e verdadeiramente pobre para quem saiba ver o fundo de sua alma; passa a vida em contínuo terror, presa de convulsões e dores, se é certo que a sua condição se assemelha à da cidade que ele governa. Mas ela se lhe assemelha, não é?

e

– E muito – declarou.

580 a

– Mas, além desses males, não se deve atribuir ainda a este homem

---

22. Xenofonte, *Hieron*, I, 11-12:

πρῶτον μὲν γὰρ ἐν τοῖς διὰ τῆς ὄψεως θεάμασι λογιζόμενος εὑρίσκω μειονεκτοῦντας τοὺς τυράννους. ἄλλα μέν γε ἐν ἄλλῃ χώρᾳ ἐστὶν ἀξιοθέατα· ἐπὶ δὲ τούτων ἕκαστα οἱ μὲν ἰδιῶται ἔρχονται καὶ εἰς πόλεις ἃς ἂν βούλωνται καὶ εἰς τὰς κοινὰς πανηγύρεις, ἔνθα ἃ ἀξιοθεατότατα δοκεῖ ἀνθρώποις συναγείρεται. οἱ δὲ τύραννοι οἱ μάλα ἀμφὶ θεωρίας ἔχουσιν. οὔτε γὰρ ἰέναι αὐτοῖς ἀσφαλὲς ὅπου μὴ κρείττονες τῶν παρόντων μέλλουσιν ἔσεσθαι, οὔτε τὰ οἴκοι κέκτηνται ἐχυρά, ὥστε ἄλλοις παρακατατθεμένους ἀποδημεῖν.

Em primeiro lugar, pensando nos espetáculos que a visão nos oferece, descubro que os tiranos se encontram inferiorizados. Em diferentes lugares, há diferentes coisas que são dignas de serem contempladas. E, procurando cada uma delas, os homens comuns dirigem-se às cidades que quiserem e aos festivais populares, onde se encontram reunidas as coisas que, segundo o parecer dos homens, são as mais dignas de serem contempladas. Os tiranos, entretanto, não são muito dados a espetáculos, pois é arriscado que eles se dirijam aonde não possam ser mais fortes do que as pessoas ali presentes, nem seus bens adquiridos estão seguros em casa a ponto de poder deixá-los sob a tutela de outros enquanto viajam.

LIVRO IX   353

os outros de que falamos anteriormente[23], a saber, que constitui para ele uma necessidade ser, e pelo exercício do poder tornar-se muito mais do que antes, invejoso, pérfido, injusto, sem amigos, ímpio, hospedeiro e nutridor de todos os vícios: e por tudo isso é o mais infeliz dos homens e torna semelhantes a ele os que lhe cercam – Nenhum homem de bom senso – disse ele – poderia contradizer-te.

– Ora bem – continuei – chegou pois o momento; como o árbitro da prova final[24] que pronuncia a sua sentença, declara, tu também, qual   b é, a teu aviso, o primeiro com referência à ventura, qual o segundo, e coloca-os por ordem todos os cinco, o homem régio[25], o timocrático, o oligárquico, o democrático e o tirânico.

– O julgamento é fácil – respondeu. É pela ordem de entrada em cena, como os coros, que eu os classifico, de acordo com a relação que eles têm com a virtude e o vício, com a felicidade e o seu oposto.

– Agora, tomemos um arauto a salário – disse – ou proclamarei eu próprio que o filho de Áriston julgou que o melhor[26] e o mais justo é também o mais feliz, e que é esse o homem mais régio e que reina   c em si mesmo, ao passo que o mais perverso e o mais injusto é também o mais infeliz, vindo a ser este o mais tirânico e que exerce sobre si e sobre a cidade a mais absoluta tirania?

– Proclama tu mesmo – disse ele.

– Acrescentarei o seguinte: que não importa de forma alguma que passem ou não como tais aos olhos dos homens e dos deuses?[27]

– Acrescenta-o – disse.

– Seja. Eis uma primeira demonstração; considera agora se esta   d segunda te parece ter algum valor.

– Qual?

– Se, tal como a cidade está dividida em três corpos, a alma de cada indivíduo divide-se em três elementos, nossa tese admite, parece-me, outra demonstração.

---

23. Cf. Livro VIII, 565d-569b.

24. É uma possível alusão à função específica de algum juiz nos festivais dramáticos acontecidos anualmente em Atenas. Ver supra n. 51, p. 215.

25. O homem político ideal construído por Platão na *República*, i.e., o filósofo-político, é chamado aqui de βασιλικός "homem régio". Todavia, é preciso ressaltar que esse modelo ideal de constituição política pode ser tanto uma monarquia, no caso de um só filósofo governar a cidade, quanto uma aristocracia, no caso de um grupo de filósofos governá-la (cf. Livro IV, 445d-e).

26. Há aqui um jogo com as palavras "Áriston" (᾽Αρίστων *[Ariston]*) e "melhor" (ἄριστος *[aristos]*), que se formam a partir da mesma raiz grega.

27. I.e., considerados em si mesmos (καθ᾽ αὐτό), independentemente da reputação (δόξα) entre homens e deuses.

354   A REPÚBLICA DE PLATÃO

– Qual é?

– Ei-la. Uma vez que há três elementos, parece-me haver também três espécies de prazeres próprios a cada um deles e, similarmente, três ordens e desejos e comandos[28].

– Como entendes isso? – indagou.

– O primeiro elemento, dizemos nós, é aquele pelo qual o homem conhece, o segundo aquele pelo qual se torna colérico; quanto ao terceiro, como possui numerosas formas diferentes, não pudemos

e   encontrar-lhe uma denominação única e apropriada, e o designamos pelo que há nele de mais importante e predominante; chamamo-lo de apetitivo, por causa da violência dos desejos relativos ao comer, ao beber, ao amor e aos outros prazeres parecidos; chamamo-lo igualmente de amigo do dinheiro, porque é principalmente por meio do dinheiro

581 a que se satisfazem estas espécies de desejos[29].

– E tivemos razão – disse.

– Ora, se acrescentarmos que o seu prazer e o seu amor se acham no ganho, não estaríamos em condição de nos apoiar, na discussão, sobre uma única noção geral, de sorte que, cada vez que falássemos deste elemento da alma, veríamos claramente o que ele é? Destarte,

---

28. Platão está atribuindo a cada uma das três partes da alma um tipo específico de prazer (ἡδονή), de desejo (ἐπιθυμία) e de comando (ἀρχή). Mas isso não seria controverso dentro da psicologia moral de Platão descrita no Livro IV da *República* (cf. 436b-441c)? É possível falarmos de um "prazer racional", de "um desejo racional", sendo que o prazer e o desejo são atributos do corpo? Platão oscila, nos primeiros diálogos, entre a condenação absoluta de todos os prazeres, e a distinção entre os bons e maus prazeres (cf. *Górgias*, 501b). Neste passo do Livro IX, no entanto, Platão parece refinar sua psicologia moral, distinguindo espécies de prazer e de desejo, cada qual pertencente a uma das partes da alma. Nesse sentido, o desejo (ἐπιθυμία) não se restringiria simplesmente à parte apetitiva (τὸ ἐπιθυμητικόν) da alma, conforme a descrição do Livro IV, mas haveria também uma outra forma de desejo relativa à parte racional (τὸ λογιστικόν), i.e, "um desejo racional". O mesmo acontece com relação ao prazer: haveria uma espécie de "prazer racional" (e, por conseguinte, um desejo e um prazer relativos à parte irascível (τὸ θυμοειδές) da alma). Mas isso não significa que Platão está aceitando a tese hedonista, de que nós devemos buscar indistintamente e perseguir exclusivamente em nossas ações o prazer. Platão distingue aqui três tipos de prazeres e de desejos, que estão, por sua vez, submetidos a uma relação hierárquica de valor: há prazeres e desejos que devem ser buscados, e outros não; aqueles que se referem à razão devem ser preferidos. Essa nova distinção apresentada aqui das três espécies de prazer e de desejo adapta-se, na verdade, à teoria da tripartição da alma e a depura.

29. Sobre as três partes da alma, cf. Livro IV, 436b-441c.

LIVRO IX

denominando-o amigo do ganho e do lucro, dar-lhe-íamos o nome que lhe convém[30], não é?

– É o que se me afigura – disse ele.

– Mas então? Não dizemos que o elemento irascível sempre aspira à dominação, à vitória e à fama?

– De fato.

– Se o chamássemos, portanto, amigo da vitória e da honra, seria a denominação apropriada?

– Inteiramente apropriada.

– Quanto ao elemento pelo qual nós conhecemos, não é evidente aos olhos de todos que tende incessante e cabalmente a conhecer a verdade tal qual ela é, sendo dos três o que é o menos interessado[31] por riquezas e glória?

– Certo.

– Denominando-o amigo do saber e da sabedoria, dar-lhe-emos o nome que lhe convém.

– Sem dúvida alguma.

– E não é verdade – indaguei – que nalgumas pessoas compete a essa parte o comando da alma, e em outras um dos dois restantes, conforme o acaso faz predominar?

– Sim – respondeu.

– Por isso, dizíamos, há três classes principais de homens, o filósofo, o ambicioso e o interesseiro.

– Certamente.

– E três espécies de prazeres análogos a cada um destes caracteres.

– Com efeito.

– Agora, bem sabes que se perguntasses alternadamente a cada um desses três homens qual a vida mais agradável, cada um deles gabaria sobretudo a sua. O homem interesseiro afirmará que, em comparação

---

30. Platão qualifica o elemento racional da alma (τὸ λογιστικόν) de φιλομαθὲς καὶ φιλόσοφον *[philomathes kai philosophon]* "amigo do saber e da sabedoria"; ele emprega aqui o termo "filósofo" em seu sentido etimológico.

31. Os nomes das três principais classes de homens, i.e., τὸ φιλόσοφον "o filósofo", τὸ φιλόνικον "o ambicioso" e τὸ φιλοκερδές "o interesseiro" são compostos a partir da raiz grega φιλο- *[philo-]*, que significa genericamente "amante de". Do ponto de vista etimológico, seriam então "o amante da sabedoria", "o amante da conquista" e "o amante do lucro", respectivamente; a raiz φιλο- *[philo-]* define, por conseguinte, o tipo de motivação peculiar a cada uma dessas três classes de homens. Essa distinção espelha a tripartição da alma: o "filósofo" corresponde à parte racional (τὸ λογιστικόν), o "ambicioso" à parte irascível (τὸ θυμοειδές), e o "interesseiro" à parte apetitiva (τὸ ἐπιθυμητικόν).

356 A REPÚBLICA DE PLATÃO

ao ganho, o prazer das honras e da ciência nada é, a menos que se faça dinheiro com elas.

– É verdade – disse ele.

– E o ambicioso? Não considera ele o prazer de acumular como algo vulgar, e o de conhecer, quando não granjeia honrarias, como simples fumaça e frivolidade?

– É assim mesmo – confirmou.

e – Quanto ao filósofo, que importância dá, segundo nós, a outros prazeres em comparação com aquele que consiste em conhecer a verdade tal qual ela é, e ao prazer semelhante do qual sempre desfruta quando aprende?[32] Não pensará que se acham muito longe do verdadeiro prazer, e se os denomina realmente necessários, não é no verdadeiro sentido da palavra, pois os dispensaria inteiramente se a necessidade não o forçasse.

– Agora – retomei – visto que discutimos sobre as diferentes espécies de prazeres e a própria vida de cada um desses três homens, não para saber qual é a mais bela, ou a mais vergonhosa, a pior ou a
582 a melhor, porém a mais agradável e a mais isenta de sofrimento, como reconhecer qual dentre eles fala de modo mais verdadeiro?

– Não sou capaz de responder – disse ele.

– Pois bem! examina a coisa da seguinte maneira. Quais são as qualidades requeridas para bem julgar? Não é a experiência, a sabedoria e o raciocínio? Existem critérios melhores do que estes?

– Como seria possível? – perguntou.

– Examina um pouco mais: qual dos três homens tem mais experiência de todos os prazeres que acabamos de mencionar? Crês que o homem interesseiro, se ele se aplicasse a conhecer o que é a verdade
b em si, teria mais experiência do prazer do conhecimento que o filósofo tem do prazer do ganho?

– Longe disso – respondeu; – pois, no fim de contas, para o filósofo, é uma necessidade provar desde a infância dos outros dois prazeres[33], ao passo que para o homem interesseiro, caso se aplique a

---

32. A espécie de prazer própria do filósofo consiste então no prazer que acompanha a ação de aprender, que está intimamente associada à apreensão intelectual da verdade. Esse prazer intelectual se distingue por natureza dos prazeres relativos ao corpo, i.e., dos prazeres relativos à parte apetitiva (τὸ ἐπιθυμητικόν) e à parte irascível (τὸ θυμοειδές) da alma. Ver supra n. 28, p. 354.

33. Este é um passo importante do argumento platônico: o filósofo (φιλόσοφος), *por necessidade* (ἀναγκή), experimentou desde a infância as outras duas espécies de prazer, i.e., a do homem ambicioso (φιλόνικος), de um lado, e a do homem interesseiro (φιλοκερδής), de outro. Sendo assim, o filósofo é o único tipo

LIVRO IX   357

conhecer a natureza dos seres, não é uma necessidade que prove toda
doçura deste prazer e adquira a experiência deste; ainda mais; mesmo
que tomasse a coisa a peito, não lhe seria nada fácil.

– Assim, – continuei – o filósofo prevalece de longe sobre o
homem interesseiro pela experiência que tem destas duas espécies de
prazeres.

– Sim, de longe.   c

– E o que dizer do ambicioso? Terá o filósofo menos experiência
do prazer ligado às honras do que o ambicioso do prazer que acompanha a sabedoria?

– A honra – respondeu ele – cabe a cada um deles, se atinge o fim
que se propõe, pois o rico, o bravo e o sábio, são honrados pela multidão, de sorte que todos eles conhecem, por experiência, a natureza
do prazer ligado às honras. Mas, o prazer que a contemplação do ser
proporciona, ninguém mais, exceto o filósofo, é capaz de saborear.

– Por conseguinte – prossegui – pelo que diz respeito à experiên-   d
cia, é ele quem melhor julga entre os três.

– De longe.

– E é também o único em quem a experiência é acompanhada de
sabedoria.

– Seguramente.

– Mas o instrumento necessário para julgar não pertence ao homem interesseiro, nem ao ambicioso, mas sim ao filósofo.

– Que instrumento?

– Afirmamos que era preciso servir-se do raciocínio para julgar,
não é?

– Sim.

– Ora, o raciocínio é o principal instrumento do filósofo.

– Sem dúvida.

– Mas, se a riqueza e o ganho fossem a melhor regra para julgar
as coisas, os elogios e as censuras do homem interesseiro seriam ne-   e
cessariamente as mais conformes à verdade.

– Necessariamente.

– E se fossem as honras, a vitória e a coragem, seria mister repor-
tar-se às decisões do homem ambicioso e amigo da vitória?

– Evidentemente.

---

de homem que concentra em si os três critérios essenciais para poder julgar qual a
melhor e a pior espécie de prazer para o homem: experiência (ἐμπειρία), sabedoria
(φρόνησις) e raciocínio (λόγος).

358 A REPÚBLICA DE PLATÃO

– Mas visto que se julga pela a experiência, pela sabedoria e pelo raciocínio...

– É necessário – disse ele – que os louvores do filósofo e do amigo da razão sejam os mais verdadeiros.

583 a – Assim, dos três prazeres em apreço, o mais agradável é o deste elemento da alma pelo qual conhecemos, e tem a vida mais doce o homem no qual este elemento comanda[34].

– Como haveria de ser de outro modo? – observou – o louvor do sábio é decisivo; e ele louva a sua própria vida.

– Que vida e que prazer o nosso juiz há de por em segundo lugar?

– É evidente que será o prazer do guerreiro e do ambicioso, pois se aproxima mais do seu que o do homem interesseiro.

– O último lugar caberá, pois, ao prazer do homem interesseiro, parece.

– Sem dúvida – replicou.

b – Portanto, em duas demonstrações sucessivas, o justo alcançou a vitória sobre o injusto. Quanto à terceira, disputada à maneira olímpica, em honra de Zeus salvador e olímpico[35], considera que, afora o do sábio, o prazer dos outros não é bem real nem puro; não passa de uma espécie de esboço sombreado[36] do prazer, como creio ter ouvido um sábio dizer; e, na verdade, este poderia ser de fato, para o homem injusto, a mais grave e a mais decisiva das derrotas.

– Certamente; mas que queres dizer com isso?

c – Eis como vou demonstrar, se me ajudares com tuas respostas.

– Interroga, pois.

34. Cf. Platão, *Filebo*, 66c.

35. (i) "À maneira olímpica" (Ὀλυμπικῶς) alude provavelmente aqui a uma das regras da luta livre grega, que era uma das modalidades de mais prestígio nos Jogos Olímpicos: a terceira queda determina a derrota do adversário. No argumento platônico, essa metáfora quer dizer então que a terceira demonstração, que vem logo a seguir, será a última e decisiva demonstração de que o prazer que acompanha o conhecimento da verdade é a forma superior de prazer, da qual somente o filósofo pode desfrutar. (ii) A referência a "Zeus Salvador" alude a um costume relativo aos banquetes: as libações feitas nessas ocasiões eram dedicadas primeiramente a Zeus Olímpico e aos deuses olímpicos, em segundo lugar, aos heróis, e, em terceiro, a Zeus Salvador. Então, no argumento platônico, "Zeus Salvador" representaria o terceiro e último passo do argumento. (iii) A referência a "Zeus Olímpico" deve-se ao fato de ser ele a divindade suprema da mitologia grega; nesse caso, essa terceira demonstração seria, conforme a metáfora, a mais importante e decisiva demonstração do argumento platônico.

36. Cf. Platão, *Fédon*, 69b.

LIVRO IX   359

– Dize-me – indaguei – não afirmamos que a dor é o contrário do prazer?

– Realmente.

– E não há um estado em que não se sente alegria nem pena?

– Sim.

– Um estado intermediário igualmente afastado destes dois sentimentos, que consiste em certo repouso em que a alma está em relação a um e a outro. Não é assim que entendes isso?

– Sim – disse ele.

– Ora, te lembras dos discursos que proferem os doentes quando sofrem?

– Quais discursos?

– Que nada há tão agradável como estar bem de saúde, mas que não haviam notado, antes de ficar doentes, que isso era o mais agra-   d
dável.

– Lembro-me – respondeu.

– E não ouves dizer aos que sentem alguma dor violenta que nada é mais doce do que a cessação da dor.

– Ouço dizer.

– E em muitas outras circunstâncias semelhantes, já observaste, penso, que os homens que sofrem gabam como o mais agradável a cessação da dor e a sensação de repouso que se lhe segue e não o prazer.

– É que então, talvez, – disse – o repouso se torna doce e amável.

– E quando um homem cessa de experimentar um prazer, o repou-   e
so que se segue ao prazer lhe é penoso.

– Talvez – disse ele.

– Assim esse estado, do qual dizíamos há pouco ser ele intermediário entre os dois outros, o repouso, será, alternadamente, prazer ou dor?

– Parece.

– Mas é possível que o que não é nem um nem outro se torne um e outro?

– Não me parece.

– E o prazer e a dor, quando se produzem na alma, são uma espécie de movimento, não são?

– Sim.

– Ora, acabamos de reconhecer que o estado no qual não se sente   584 a
prazer nem dor é um estado de repouso, que se situa entre estes dois sentimentos?

– Reconhecemos, sim.

– Como, portanto, se pode acreditar razoavelmente que a ausência de dor seja um prazer e a ausência de prazer uma dor?

360 A REPÚBLICA DE PLATÃO

– Não se pode fazê-lo de maneira nenhuma.

– Logo, tal estado de repouso não é, mas parece ser, quer um prazer por oposição à dor, quer uma dor por oposição ao prazer; e nada há de sadio nestas visões quanto à realidade do prazer: é uma espécie de ilusão[37].

– Sim – disse ele – o raciocínio o demonstra.

b   – Considera agora os prazeres que não provêm das dores, a fim de não ser induzido a crer, no caso presente, que, por natureza, o prazer é apenas a cessação da dor, e a dor a cessação do prazer.

– De que caso – perguntou – e de que prazeres pretendes falar?

– Há muitos – respondi; – mas queria considerar sobretudo os prazeres do olfato. Com efeito, sem ser precedidos por nenhuma dor, eles se produzem subitamente, com uma intensidade extraordinária, e, quando cessam, não deixam atrás de si nenhuma dor[38].

– É bem verdade – disse ele.

c   – Não nos deixemos, pois, persuadir de que o prazer puro seja a cessação da dor, ou a dor verdadeira a cessação do prazer.

– Não.

– E, no entanto, os prazeres assim denominados, que passam à alma pelo corpo, e que são talvez os mais numerosos e os mais vivos, pertencem a esta classe: são cessações de dores.

– Com efeito.

– Não acontece o mesmo com os prazeres e as dores antecipados que a espera ocasiona?[39]

37. O engano quanto à verdadeira forma de prazer deve-se ao fato de supor-se normalmente como prazer a ausência de dor, que é, na verdade, o estado intermediário (ou de repouso) entre prazer e dor, e não propriamente o prazer; e, inversamente, de supor-se como dor a ausência de prazer, tomando o estado intermediário entre prazer e dor pela própria dor. Esse estado intermediário, então, *parece ser* (φαίνεται), mas *não é* (οὐκ ἔστιν), ora a própria dor, ora o próprio prazer. Platão considera esse engano como "ilusão", como "encantamento" (γοητεία). Esse termo γοητεία ("encantamento", "ilusão") é o mesmo que aparece no Livro x (cf. 602d) para caracterizar o tipo de engano proveniente da contemplação de uma pintura sombreada. Assim como esse estado intermediário entre prazer e dor ora parece ser prazer, ora parece ser dor, essa pintura ora parece ser uma coisa, ora parece ser outra; e essa "ilusão" (γοητεία) tem o poder de perturbar internamente a alma, na medida em que se tem impressões opostas de uma única e mesma coisa.

38. Os prazeres do olfato são, então, os prazeres puros do corpo, na medida em que não surgem da cessação da dor e não causam dor quando deixam de existir. Platão chama o testemunho do olfato para mostrar que o prazer verdadeiro não pode ser cessação de dor e a dor, inversamente, cessação de prazer (cf. Platão, *Filebo*, 51b; *Timeu*, 65a).

39. Cf. Platão, *Filebo*, 32b-c.

LIVRO IX   361

– Acontece o mesmo.

– E não sabes – lhe disse – o que são tais prazeres e a que eles   d
mais se assemelham?

– A quê? – perguntou.

– Pensas haver na natureza um alto, um baixo e um meio?

– Por certo!

– Em tua opinião, um homem transportado de baixo para o meio,
poderia impedir-se de pensar que foi transportado para cima? E quando
se achasse no meio e olhasse o lugar que abandonou, julgar-se-ia em
outra parte, que não no alto, se não tivesse visto o verdadeiro alto?

– Por Zeus! – exclamou – não poderia, a meu ver, fazer outra
suposição.

– Mas se fosse em seguida transportado em sentido inverso, não   e
julgaria voltar para baixo, no que não se enganaria?

– Sem dúvida.

– E imaginaria tudo isso porque não conhece por experiência o
alto, o meio e o baixo verdadeiros.

– Evidentemente.

– Tu te espantarás, pois, que os homens sem qualquer experiência
da verdade concebam de muitos objetos uma opinião falsa e que, no
referente ao prazer, à dor e a seu intermediário, estejam dispostos, de
tal modo que, quando passam à dor, têm razão de crer que sofrem, pois   585 a
sofrem realmente, ao passo que, ao passar da dor ao estado intermediário e crer firmemente que atingiram a plenitude do prazer, enganam-se,
pois, como pessoas que opusessem o cinza ao preto, por não conhecer o
branco, opõem a ausência de dor à dor, por não conhecer o prazer?[40]

– Por Zeus! – disse – isso não me espantará, mas sim se fosse de
outro modo.

– Agora – prossegui – concebe a coisa da seguinte maneira.

---

40. Segundo a analogia platônica, então, o engano com relação ao verdadeiro
prazer deve-se ao fato de os homens terem a experiência somente da dor (baixo)
e do estado intermediário (meio); o prazer propriamente dito (alto), jamais expe-
rimentaram. Portanto, os homens, ao experimentarem o estado intermediário (i.e.,
a cessação de dor), acreditam erroneamente ter experimentado o prazer (alto), por
desconhecerem justamente a verdadeira forma de prazer (alto). O critério para esses
homens é simplesmente a oposição entre dor e cessação de dor (baixo e meio), não
reconhecendo, todavia, que são três níveis: a dor (baixo), o estado intermediário
(meio) e o prazer (alto). Quanto à dor, não há dúvida: quando sofrem, estão sofrendo.
O engano surge quando tomam o estado intermediário, i.e., a cessação de dor, pelo
prazer; e isso acontece porque desconhecem de fato o verdadeiro prazer.

362   A REPÚBLICA DE PLATÃO

b   A fome, a sede e as outras precisões similares, não são espécies de vazios no estado do corpo?[41]

– Sem dúvida.

– E a ignorância e a insensatez não são um vazio no estado da alma?

– Sim.

– Mas não podemos preencher estes vazios tomando alimento ou adquirindo inteligência?

– Como não?

– Ora, a plenitude mais real provém do que possui mais ou do que possui menos realidade?

– Evidentemente do que possui mais realidade.

– Logo, em teu parecer, destes dois gêneros de coisas, qual participa mais da pura existência: o que compreende, por exemplo, o pão, a bebida, a carne e a comida em geral, ou o da opinião verdadeira, da

c ciência, da inteligência e, numa palavra, de todas as virtudes? Julga-o da seguinte maneira: o que se relaciona ao imutável, ao imortal e à verdade, que é de semelhante natureza e se origina dessa mesma natureza, te parece ter mais realidade do que aquele que se relaciona ao mutável e ao mortal, que é por si mesmo de semelhante natureza e se origina dessa mesma natureza?[42]

– O que se relaciona ao imutável – respondeu ele – tem muito mais realidade.

– Mas a essência do que é sempre mutável participará mais da essência que da ciência?

– De modo algum.

– E que da verdade?

– Tampouco.

– Ora, se participa menos da verdade, não participará menos da essência?

– Necessariamente.

d   – Logo, em geral, as coisas que servem ao sustento do corpo participam menos da verdade e da essência do que as que servem ao sustento da alma.

– Muito menos.

---

41. Platão passa agora a tratar o prazer (ἡδονή) e a dor (λύπη) como "plenitude" (πλήρωσις) e "vazio" (κένωσις), respectivamente.

42. Esta é uma distinção fundamental do pensamento platônico: de um lado, a alma e aquilo que lhe concerne (ciência, inteligência, as virtudes etc.), cujos atributos são imutabilidade, imortalidade, unidade; e de outro lado, o corpo e aquilo que lhe concerne (bebida, comida etc.), cujos atributos são mutabilidade, mortalidade e multiplicidade.

LIVRO IX   363

– E o próprio corpo, comparado à alma, não estará neste caso?

– Sim.

– Assim, o que se enche de coisas mais reais, e que é em si mesmo mais real, é preenchido mais realmente do que o que se enche de coisas menos reais e é ele próprio menos real.

– Como não?

– Por conseguinte, se é agradável encher-se de coisas conformes à própria natureza, o que se preenche mais realmente, e de coisas mais reais, gozará mais realmente e mais verdadeiramente do verdadeiro   e prazer, e o que recebe coisas menos reais será preenchido de maneira menos verdadeira e menos sólida, e fruirá de um prazer mais enganoso e menos verdadeiro.

– A conseqüência é inteiramente necessária – disse ele.

– Assim, os que não têm experiência alguma da sabedoria e da   586 a virtude, que se encontram sempre nos festins e nos prazeres semelhantes, são levados, parece, à região baixa, depois novamente à média, e erram destarte durante a vida inteira; nunca sobem mais alto; jamais viram a verdadeira altura[43], jamais foram conduzidos até si, jamais foram realmente preenchidos pelo ser e desfrutaram do prazer sólido e puro. Vivendo como o gado, com os olhos sempre voltados para baixo, a cabeça pendida para a terra e para a mesa, pastam na engorda e acasalam-se; e, visando obter a maior porção desses gozos, escoi-   b ceiam, batem-se a cornadas e golpes de ferraduras, e se matam uns aos outros no furor de seu insaciável apetite, porque não encheram de coisas reais a parte deles mesmo que realmente existe e que pode reter o que recebe[44].

– É como perfeito oráculo, Sócrates – disse Glauco – que pintas a vida da maioria dos homens!

– Não é então necessário que vivam no seio de prazeres mesclados de sofrimentos, sombras e simulacros do verdadeiro prazer, que tomam cor apenas pelo contraste entre si, mas que então parecem tão   c vivos que engendram amores furiosos que os insensatos concebem uns pelos outros e pelos quais eles lutam, como se lutou em Tróia pela sombra de Helena, no dizer de Estesícoro, apenas por desconhecerem a verdade[45].

---

43. Ver supra n. 40, p. 361.

44. Sobre a insaciabilidade da parte apetitiva da alma, ver supra n. 9, p. 334. Platão caracteriza aqui o comportamento da alma intemperante, comportamento este comum a maior parte dos homens.

45. Estesícoro foi um poeta lírico grego (cerca de 640-555 a.C.) nascido na Sicília. Segundo conta a tradição, ficou cego por ter escrito um poema vituperando

364 A REPÚBLICA DE PLATÃO

– É muito necessário – disse ele – que assim seja.

– Mas como? Não é inevitável que a mesma coisa se produza a propósito do elemento irascível, quando só cuida da satisfação dessa parte da alma, e a inveja animada pela ambição, a violência, pelo desejo
d de vencer, a cólera pelo humor feroz, impelem os homens a fartar-se de honras, de vitórias e de cólera sem discernimento nem razão?

– Sim – disse ele – a mesma coisa deve inevitavelmente produzir-se.

– Mas então – prossegui – não ousaremos adiantar que os desejos relativos ao interesse e à ambição, quando seguem a ciência e a razão, e buscam com elas os prazeres que a sabedoria lhes indica, alcançam os prazeres mais verdadeiros que lhes seja possível saborear, porque a
e verdade os guia, e os prazeres que lhes são próprios, se for certo que o melhor para cada coisa é também aquilo que lhe é mais próprio?[46]

– Mas é de fato – disse ele – o que lhe é mais próprio.

– Portanto, quando a alma inteira segue o elemento filosófico, e quando nela não se eleva nenhuma sedição, cada uma de suas partes se mantém nos limites de suas funções, pratica a justiça, e, ademais, colhe os prazeres que lhe são próprios, os melhores e os mais verdadeiros
587 a que ela pode desfrutar[47].

– Certamente.

– Mas quando predomina um dos outros dois elementos, resulta primeiro que este elemento não acha o prazer que lhe é próprio e, depois, que obriga os dois restantes a perseguir um prazer estranho e falso.

– Assim é.

– Mas não é principalmente o que mais se afasta da filosofia e da razão que produzirá tais efeitos?

– Seguramente.

– Ora, o que mais se afasta da razão, não é precisamente o que mais se afasta da lei e da ordem?

– Evidentemente.

Helena, e recobrou a visão depois de compor uma "Palinódia" em que retratava essa censura (cf. *Fedro*, 243a-b). Nessa retratação, ele contava que Páris partiu para Tróia não com Helena, mas com um simulacro de Helena. Essa versão da história de Páris e Helena aparece também na tragédia *Helena* de Eurípides e em Heródoto (*Histórias*, II, 112-20).

46. Cf. Platão, *Lísis*, 222c.

47. Platão retoma aqui a definição de justiça, do ponto de vista da alma, apresentada no Livro IV (cf. 441c-444a).

LIVRO IX

– Mas não nos pareceu que os desejos amorosos e tirânicos são os mais distantes deles?

– Sim.

– E os que menos se afastam são os desejos monárquicos e moderados?

– Sim.

– Por conseguinte, o mais distante do prazer verdadeiro e próprio ao homem será, penso, o tirano, e o menos distante, o rei.

– Necessariamente.

– Assim a vida menos agradável será a do tirano e a mais agradável, a do rei?

– É incontestável.

– Mas sabes o quanto a vida do tirano é menos agradável do que a do rei?

– Saberei, se me disseres – respondeu.

– Há, segundo parece, três prazeres[48], um legítimo e dois bastardos; ora, o tirano, fugindo da razão e da lei, franqueia o limite dos prazeres bastardos, e vive no meio de uma escolta de prazeres servis[49]; dizer em que medida é inferior ao outro não é muito fácil, salvo, talvez, da seguinte maneira.

– Como? – perguntou.

– A partir do homem oligárquico, o tirano está distanciado no terceiro grau, pois entre eles se encontra o homem democrático.

48. Os três prazeres correspondem respectivamente ao do rei (e/ou do aristocrata), do timocrata e do oligarca, sendo que apenas o primeiro é legítimo e os outros dois bastardos. Como o tirano ultrapassa o limite desses prazeres bastardos, então os prazeres que ele experimenta são na verdade simulacros (εἴδωλα), afastados três graus dos prazeres do homem oligarca. Somente o homem régio pode desfrutar os prazeres verdadeiros relativos a cada uma das partes da alma: quando a parte racional (τὸ λογιστικόν) comanda a parte irascível (τὸ θυμοειδές) e a parte apetitiva (τὸ ἐπιθυμητικόν), quando cada uma delas desempenha a função que lhe é própria sem ultrapassar seus limites e sem causar discórdia interna, então, dessa concórdia, dessa perfeita unidade, nasce a justiça no homem; e é somente nessa condição que cada uma das três partes da alma pode experimentar verdadeiramente os prazeres que lhes são próprios (cf. Livro IV, 441c-444a). Inversamente, quando as outras duas partes da alma subjugam a razão, a falta de orientação racional implica, por conseguinte, a impossibilidade de se encontrar verdadeiramente os prazeres relativos a cada uma delas; nesse caso, acabam perseguindo prazeres alheios e falsos. Nesse passo do Livro IX, Platão aplica à teoria dos prazeres a distinção entre os tipos de homem, que se assemelham, por sua vez, à forma de constituição política de que fazem parte. Em suma, ele adéqua sua teoria política à teoria dos prazeres.

49. Sobre os "prazeres servis" (δορυφόροι ἡδοναί) do tirano, cf. Livro IX, 573d-576b).

366   A REPÚBLICA DE PLATÃO

– Sim.

– Ora, não coabita ele com uma sombra de prazer, que será a terceira a partir da do oligarca, se o que declaramos anteriormente for verdadeiro?

– De fato.

– Mas o oligarca é igualmente o terceiro a partir do rei, se contar-
d mos como um só o homem régio e o homem aristocrático.

– O terceiro, com efeito.

– Por conseguinte, o tirano está afastado três vezes três graus do verdadeiro prazer[50].

– Aparentemente.

– Logo, a sombra de prazer do tirano, a considerá-la segundo o seu comprimento, pode ser expressa por um número plano[51].

– Sim, certamente.

– E, elevando-se este número ao quadrado, e depois ao cubo, vê-se claramente a distância que o separa do rei[52].

– Sim, isso é claro para um calculador.

– E se, reciprocamente, quisermos exprimir a distância que separa
e o rei do tirano, quanto à realidade do prazer, verificar-se-á, feita a mul-
tiplicação, que o rei é setecentos e vinte e nove vezes mais feliz do que o tirano, e que este é mais infeliz na mesma proporção.

– Que extraordinário cálculo nos fazeis aí – me disse – da dife-
588 a rença entre estes dois homens, o justo e o injusto, no que diz respeito ao prazer e à dor!

– Entretanto a cifra é exata e aplica-se à vida deles, se levarmos em conta os dias, as noites, os meses e os anos[53].

– Mas nós os levamos em conta.

– Mas se o homem bom e justo prevalece de tal modo em prazer sobre o homem mau e injusto, não prevalecerá infinitamente mais em decência, beleza e virtude?

– Infinitamente mais, por Zeus! – anuiu ele.

b   – Muito bem, – lhe disse – visto que chegamos a este ponto da discussão, retomemos o que foi dito no começo[54] e que nos conduziu

---

50. Ver Figura 2, infra p. 417.

51. O número 9 é um número plano porque $9 = 3 \times 3$, assim como $729 = 27 \times 27$.

52. $9 \times 9 = 81$; $9 \times 9 \times 9 = 729$ ($= 27 \times 27$).

53. O número 729 dividido por dois (i.e., 729 como a soma dos dias e das noites) é igual a 364,5, que corresponde à contagem dos dias do ano feita pelos pitagóricos. Da mesma forma, 729 meses corresponderia ao "Grande Ano" dos pitagóricos.

54. Cf. Livro II, 361a.

LIVRO IX   367

até aqui. Dizia-se, parece-me, que a injustiça era vantajosa ao perfeito celerado, desde que passasse por justo. Não foi assim que se falou?

– Foi exatamente assim.

– Iniciemos, pois, a discussão com o homem que se expressou desta maneira, já que estamos de acordo sobre os efeitos da conduta injusta e da conduta justa.

– Como? – perguntou.

– Formemos pelo pensamento uma imagem da alma para que o autor da assertiva conheça o seu alcance.

– Qual imagem?   c

– Uma imagem à semelhança dessas criaturas antigas de que fala a fábula, a Quimera, Cila, Cérbero e uma porção de outras, que, dizem, reuniam formas múltiplas num só corpo[55].

– É o que dizem, com efeito – observou.

– Molda, pois, uma espécie de besta multiforme e policéfala, a qual tenha, dispostas em círculo, cabeças de animais dóceis e de animais ferozes, e concede-lhe a capacidade de mudar tudo isso por si mesma e tirar tudo isso de si mesma.

– Tal obra – observou – exige um hábil modelador; mas como   d o pensamento é mais fácil de plasmar que a cera ou qualquer outra matéria parecida, ei-la feita.

– Plasma agora duas outras figuras, uma de leão e outra de homem; mas seja a primeira, de longe, a maior das três, e tenha a segunda, em grandeza, o segundo lugar.

– Isto é mais fácil – disse ele; – já está pronto.

– Junta estas três formas em uma só, de tal modo que, umas com as outras, não formem senão um todo.

– Já estão juntas – disse.

– Enfim, recobre-as exteriormente com a forma de um só ser, a forma humana, de maneira que, aos olhos de quem não possa ver o interior, e perceba apenas o envoltório, o conjunto se afigure um único   e ser, um homem[56].

---

55. A Quimera tem cabeça de leão, corpo de cabra e cauda de serpente (cf. Hesíodo, *Teogonia*, vv. 319-24); Cila é um monstro marinho que tem corpo de mulher e, em sua parte inferior, um anel com seis cabeças de cães ferozes (cf. Homero, *Odisséia*, vv. 85, 119, 223); Cérbero é o cão de guarda de Hades com três cabeças e rabo de serpente (cf. Homero, *Ilíada*, VIII, vv. 366; Hesíodo, *Teogonia*, v. 769). Outros seres polimórficos como esses na mitologia grega são os Centauros, as Górgonas, Pégasos, dentre outros.

56. Nessa alegoria da alma, esses três elementos que a compõem correspondem a cada uma das partes da alma, conforme a definição do Livro IV (cf. 436b-441c):

368 A REPÚBLICA DE PLATÃO

– Já está recoberto – me falou.

– Repliquemos agora a quem acha que é vantajoso a este homem ser injusto, e que de nada lhe serve praticar a justiça, que isto significa pretender que lhe é vantajoso, de um lado, nutrir com desvelo, a besta

589 a multiforme, o leão e seu séqüito, e fortalecê-los, e, de outro, esfaimar e enfraquecer o homem, de modo que os dois outros possam arrastá-lo aonde quiserem; e, em vez de acostumá-los a viver juntos em boa harmonia, deixar que se batam, se mordam e se devorem uns aos outros.

– É exatamente o que sustenta – me disse – o autor do elogio da injustiça.

– E, contrário disso: afirmar que é útil ser justo não é sustentar a necessidade de fazer e dizer o que dará ao homem interior a maior

b autoridade possível sobre o homem inteiro, e, lhe permitirá vigiar o monstro de múltiplas cabeças à maneira do lavrador, que alimenta e domestica as espécies pacíficas e impede as selvagens de crescer; e para educá-lo assim toma o leão[57] como seu aliado e partilha seus cuidados entre todos, fazendo com que todos se tornem amigos uns dos outros e também dele.

– Eis efetivamente o que sustenta o partidário da justiça.

– Destarte, seja como for, quem procede ao elogio da justiça tem

c razão, e quem procede ao elogio da injustiça está em erro. Com efeito, seja em consideração ao prazer, à boa fama ou à utilidade, quem louva a justiça diz a verdade, e quem a reprova nada diz de sadio, e não sabe sequer o que reprova.

– Não sabe absolutamente – disse ele – ao que me parece.

– Tentemos, pois, desenganá-lo suavemente, já que o seu erro é involuntário[58], e perguntemos-lhe: bem-aventurado amigo, não podemos dizer que a distinção entre costumes belos e vergonhosos tem a

---

a "besta multiforme e policéfala" figura aqui a parte apetitiva (τὸ ἐπιθυμητικόν), o "leão", a parte irascível (τὸ θυμοειδές), e o "homem", a parte racional (τὸ λογιστικόν).

57. Como Platão mostrou no Livro iv (cf. 440a-441a), a parte irascível (τὸ θυμοειδές) é aliada natural da parte racional (τὸ λογιστικόν), quando esta última é quem comanda as ações humanas.

58. Platão, *Protágoras*, 345d9-e4:

ἐγὼ γὰρ σχεδόν τι οἶμαι τοῦτο, ὅτι οὐδεὶς τῶν σοφῶν ἡγεῖται οὐδένα ἀνθρώπων ἑκόντα ἐξαμαρτάνειν οὐδὲ αἰσχρά τε καὶ κακὰ ἑκόντα ἐργάζεσθαι, ἀλλ' εὖ ἴσασιν ὅτι πάντες οἱ τὰ αἰσχρὰ καὶ τὰ κακὰ ποιοῦντες ἄκοντες ποιοῦσιν.

SÓCRATES: Eu julgo de fato que qualquer homem sábio considera que nenhum homem erra voluntariamente nem realiza coisas vergonhosas e más voluntariamente, mas reconhece corretamente que todos aqueles que fazem coisas vergonhosas e más o fazem involuntariamente.

LIVRO IX 369

sua origem no seguinte: os belos, de uma parte, são os que submetem ao homem, ou melhor, quiçá, os que submetem ao elemento divino[59] o elemento bestial de nossa natureza, e os vergonhosos, de outra, são os que assujeitam o elemento pacífico ao elemento selvagem. Concordará ele com isso? Do contrário, o que há de responder?

d

– Concordará – disse ele – se quiser acreditar em mim.

– Ora – prossegui – segundo esta explicação, será proveitoso a alguém aceitar ouro injustamente, se para consegui-lo tiver de escravizar a melhor parte de si mesmo à mais vil? Se recebesse ouro para entregar o filho ou a filha como escravos, dando-os a senhores perversos e selvagens, não auferiria daí vantagem nenhuma, ainda que recebesse para tanto somas enormes; mas, se submete o elemento mais divino dele próprio ao mais ímpio e mais impuro sem sentir a menor piedade, não será um desgraçado, e não obterá o seu ouro a um preço muito mais funesto para ele do que o colar que Erifila[60] ganhou em troca da vida de seu esposo?

e

590 a

– Sim, muito mais – assentiu Glauco; – pois respondo por teu interlocutor.

– Ora, não pensas que, se durante o tempo todo censuramos a intemperança, é porque ela afrouxa a rédea desta criatura terrível, enorme e multiforme, mais do que deveria?

– É evidente – disse ele.

– E se condenamos a arrogância e o humor irritável, não é porque desenvolvem e fortalecem, além da medida, o elemento em forma de leão e de serpente?

b

---

59. Platão, *Timeu*, 90a2-b1:

τὸ δὲ δὴ περὶ τοῦ κυριωτάτου παρ' ἡμῖν ψυχῆς εἴδους διανοεῖσθαι δεῖ τῇδε, ὡς ἄρα αὐτὸ δαίμονα θεὸς ἑκάστῳ δέδωκεν, τοῦτο ὃ δή φαμεν οἰκεῖν μὲν ἡμῶν ἐπ' ἄκρῳ τῷ σώματι, πρὸς δὲ τὴν ἐν οὐρανῷ συγγένειαν ἀπὸ γῆς ἡμᾶς αἴρειν ὡς ὄντας φυτὸν οὐκ ἔγγειον ἀλλὰ οὐράνιον, ὀρθότατα λέγοντες· ἐκεῖθεν γάρ, ὅθεν ἡ πρώτη τῆς ψυχῆς γένεσις ἔφυ, τὸ θεῖον τὴν κεφαλὴν καὶ ῥίζαν ἡμῶν ἀνακρεμαννὺν ὀρθοῖ πᾶν τὸ σῶμα.

A respeito da mais importante parte de nossa alma, se deve considerar o seguinte: que, a cada um de nós, deus concedeu-a como um *daimon*, como um elemento divino, que, como dizemos, habita sobre o ponto mais alto de nosso corpo; por ser congênere ao céu, ela nos eleva da terra como se fôssemos plantas, mas não plantas terrenas, e sim celestes – e dizemos isso muito corretamente. Deste lugar, de onde a primeira geração da alma naturalmente se deu, a divindade suspende nossa cabeça, nossa raiz, e assim mantém ereto todo o nosso corpo.

60. Erifila (cf. Homero, *Odisséia*, vv. 326-7), na mitologia grega, era a esposa de Anfiarau, um dos Argonautas. Erifila foi subornada por Polinices com um colar, pertencente à sua antepassada Harmonia, a fim de que ela persuadisse o marido a participar da expedição dos Sete contra Tebas. Anfiarau partiu com Adrasto e acabou morrendo nessa empreitada.

370   A REPÚBLICA DE PLATÃO

– Sem dúvida.

– E o luxo e a moleza, o que leva a reprová-los, não é a relaxação, o afrouxamento deste elemento, que engendra a covardia?

– Sim, por certo.

– E se condenamos ainda a adulação e a subserviência, não é porque submetem este elemento irascível à besta turbulenta, e porque ela o avilta com seu insaciável amor às riquezas e, desde a infância, o transmuda de leão em macaco?

c   – É realmente isso – respondeu.

– E o estado do artesão e do trabalhador, de onde provém, a teu ver, que implique algo de degradante?[61] Não é porque, no artesão, o elemento mais nobre se apresenta tão fraco por natureza que ele não pode comandar os animais do seu interior, mas tem de lisonjeá-los, e só pode aprender a saciá-los?

– Parece – disse ele.

– Ora, não é para que tal homem seja governado por uma autoridade similar à que governa o homem superior que dizemos dever ele

d   ser escravo do homem superior, em quem o elemento divino comanda; não que pensássemos que tal servidão deva volver em seu prejuízo, como acreditava Trasímaco a propósito dos governados[62], mas porque nada há mais vantajoso para cada um do que ser governado pelo que é divino e sábio, quer habite dentro de nós mesmos, o que seria melhor, quer ao menos nos governe de fora, a fim de que, submetidos ao mesmo regime, nos tornemos todos, tanto quanto possível, semelhantes e amigos uns dos outros.

– Muito bem, disse ele.

e   – E a lei não mostra precisamente esta mesma intenção com fazer-se aliada de todos os membros da cidade? E não é aí que está a nossa meta no governo dos filhos? Mantemo-los em nossa dependência até que tenhamos estabelecido uma constituição em suas almas, como a da cidade, até o momento em que, após ter cultivado o que há de

591 a   melhor neles pelo que há de melhor em nós, colocamos neles, para nos substituir, um guardião e um chefe semelhante a nós, e só então os deixamos livres.

– É evidente – disse ele.

– Em que, pois, Glauco, e sob que aspecto, diremos que é vantajoso a alguém cometer uma ação injusta, licenciosa ou vergonhosa, se

61. Cf. Livro VI, 495d-e.
62. Cf. Livro I, 341a, 343c.

LIVRO IX 371

nos tornamos mais ricos ou mais poderosos à custa de nos tornarmos mais perversos do que éramos?

– Sob nenhum aspecto – respondeu.

– Enfim, como pretender que seja vantajoso ao injusto não ser descoberto nem escapar à punição? O mau que não é descoberto não b fica pior ainda, ao passo que, naquele que é descoberto e punido, o elemento bestial se acalma e se abranda, o elemento pacífico se vê libertado, e a alma inteira, colocada em excelentes condições, eleva-se, ao adquirir a temperança e a justiça acompanhadas da sabedoria, a um estado cujo valor é superior ao do corpo que, aliás, também adquire força e beleza acompanhadas de saúde, na proporção em que a alma é superior ao corpo?[63]

– Certamente – disse ele.

– Logo, o homem sensato não viverá com todas as forças tendidas c para esta meta, honrando em primeiro lugar as ciências capazes de elevar-lhe a alma a semelhante estado e menosprezando as demais?

– É evidente – respondeu.

– Em seguida – continuei – no que se refere ao bom estado e à nutrição do corpo, não se fiará no prazer bestial e insensato nem viverá voltado para este lado; tampouco prestará atenção à saúde, nem ao que possa torná-lo forte, sadio e belo, se com isso não puder tornar-se d temperante; mas vê-lo-emos sempre ajustar a harmonia do corpo para manter a sinfonia da alma[64].

– É o que fará – disse ele – se quiser ser verdadeiramente músico.

– Mas não observará a mesma ordem e a mesma sinfonia na aquisição de riquezas? Não ficará ofuscado pela opinião da turba sobre a felicidade, e não aumentará a massa de seus bens ao infinito, para ter males infinitos?

– Não creio – disse ele.

– Mas, dirigindo os olhares ao governo que há nele, tomará cui- e dado de aí nada abalar, por excesso ou falta de riqueza, e, seguindo esta regra, aumentará ou despenderá suas riquezas conforme a sua capacidade.

– Perfeitamente – concordou.

– E no que concerne às honras, terá em mira o mesmo objetivo: 592 a aceitará, apreciará de bom grado as que julgar apropriadas a torná-lo melhor, mas as que poderiam destruir nele a ordem estabelecida, há de evitar, tanto na vida particular como na vida pública.

---

63. Sobre a função positiva da punição, cf. Livro ii, 380b; *Górgias,* 472e.
64. Cf. Livro iii, 410a.

372 A REPÚBLICA DE PLATÃO

— Mas então – replicou – não consentirá em ocupar-se dos negócios públicos, se é que se preocupa com isso.

— Não, pelo Cão! – respondi; – ocupar-se-á deles na sua própria cidade, e ativamente, mas não, decerto, em sua pátria, a menos que alguma sorte divina lho permita.

— Compreendo – disse-me; – falas da cidade cujo plano delineamos, e que existe apenas nos nossos discursos, pois não creio que ela b exista em algum lugar da terra.

— Mas – respondi – talvez haja um modelo no céu para quem o queira contemplar e organizar, segundo ele, seu governo particular. De resto, não importa de modo algum que esta cidade exista ou deva existir um dia; pois só de acordo com esta é que ele se comportará, com mais nenhuma outra.

— É natural – disse ele.

LIVRO X

– E por certo – reiniciei – embora tenha muitas outras razões   595 a
para crer que a nossa cidade foi fundada da melhor maneira possível,
é pensando principalmente em nosso regulamento sobre a poesia que
o afirmo.

– Que regulamento? – perguntou.

– O de não admitir, em caso algum, o quanto nela for imitação[1]. A
absoluta necessidade de recusar a admiti-la é, suponho, o que aparece
com mais evidência, agora que estabelecemos nítida distinção entre os   b
diversos elementos da alma[2].

1. O termo μιμητική "imitativo" é empregado na *República* com dois sentidos
distintos (Livro III e Livro X). Por enquanto, é preciso termos em mente o sentido
específico de "imitação" (μίμησις) definido por Platão no Livro III: ele designa a
forma literária em que o poeta ou o ator narra a história em primeira pessoa, como
se fosse a própria personagem representada; opõe-se à forma narrativa de discurso
em terceira pessoa, denominada ἁπλῆ διήγησις "simples narrativa" (cf. Livro III,
392d). Neste início do Livro X, Platão parece retomar o conceito de "imitação"
(μίμησις) do Livro III, mas ficará evidente mais adiante na argumentação que se trata
de outro sentido dos termos "imitação" (μίμησις) e "imitativo" (μιμητική).

2. Platão anuncia aqui a nova perspectiva de análise que será empreendida
no exame da natureza da poesia no Livro X: o aspecto psicológico que envolve a
relação entre poeta e público (cf. 602c-608b), que será discutido depois da definição
do estatuto ontológico da poesia (cf. 595a-602b).

374   A REPÚBLICA DE PLATÃO

– Como entendes isso?

– Cá entre nós, pois não ireis denunciar-me aos poetas trágicos e aos outros imitadores, todas as obras do gênero arruínam, segundo parece, o entendimento dos ouvintes[3], quando não possuem o antídoto, isto é, o conhecimento do que elas são realmente.

– Que razão – disse ele – te leva a falar deste modo?

– Cumpre explicar-se – repliquei – embora certa ternura e certo respeito que, desde a infância, dedico a Homero, me impeçam de

c   falar; pois ele parece realmente ter sido o primeiro mestre e o guia de todos esses belos poetas trágicos. Mas não se deve testemunhar a um homem maior consideração do que à verdade e, como acabo de dizer, é um dever falar[4].

– Certamente – disse ele.

– Ouve portanto, ou melhor, responde-me.

– Interroga-me.

– Poderias dizer-me o que é, em geral, a imitação? Pois eu mesmo não concebo muito bem a finalidade a que ela se propõe.

– Então como iria eu concebê-lo?

– Nada haveria de espantoso nisso. Muitas vezes os que têm vista

596 a fraca percebem os objetos antes dos que a têm penetrante.

– Isto acontece. Mas, em tua presença, nunca ousarei declarar, ainda que me parecesse evidente. Vê, pois, tu próprio.

– Pois bem! queres que partamos deste ponto, aqui, em nossa indagação, conforme o nosso método costumeiro? Temos, com efeito, o hábito de colocar uma certa idéia, e uma só, que abarca cada grupo de objetos múltiplos aos quais atribuímos o mesmo nome. Não estás compreendendo?

– Compreendo, sim.

– Tomemos, pois, aquele que te aprouver desses grupos de objetos

b múltiplos. Por exemplo, há uma multidão de camas e mesas.

---

3. Platão já antecipa seu juízo a respeito das conseqüências psicológicas da experiência estética: a poesia se apresenta como adversária da razão, corrompendo-a. Do ponto de vista moral, a ausência de discernimento entre bem e mal e a concepção antropomórfica dos deuses em Homero e Hesíodo, conforme a análise dos Livros II e III, incitam o homem a agir de forma injusta e a praticar o mal. Do ponto de vista psicológico, ele age motivado pelas paixões, pelas inclinações do corpo, obscurecendo o que a razão prescreve como o melhor a se fazer.

4. Essa hesitação de Sócrates de criticar Homero devido à "afeição" (φιλία) e ao "respeito" (αἰδώς) prepara, entretanto, toda a magnitude e a violência que sua crítica irá assumir na argumentação posterior.

LIVRO X 375

– Como não?

– Mas, para estes dois móveis, há apenas duas idéias, uma de cama e outra de mesa.

– Sim.

– Não costumamos também dizer que o fabricante dos dois móveis dirige seus olhares para a idéia, um a fim de fazer os leitos e, outro, as mesas de que nos servimos, e assim quanto aos demais objetos? Pois, a idéia mesma, nenhum operário a modela, não é?

– Não, sem dúvida.

– Mas veja agora que nome atribuirás a este artífice?

– Qual?

c

– O que faz tudo o que fazem os diversos artífices, cada um em seu gênero.

– Falas de um homem hábil e admirável!

– Espera, e logo mais o dirás com maior razão. Este artesão a que me refiro não é unicamente capaz de fazer toda espécie de móveis, como produz ainda tudo o que brota da terra, plasma todos os seres vivos, inclusive a si próprio, fabricando, além disso, a terra, o céu, os deuses, e tudo o que há no céu, tudo o que há debaixo da terra, no Hades.

– Eis um sofista[5] realmente admirável!

d

– Não acreditas em mim? Mas responde-me: pensas que não existe de modo algum semelhante obreiro? Ou que só se pode criar tudo isso de uma certa maneira, e que, de outra, não se pode? Mas não reparaste que tu próprio poderias criar tudo isso, de uma certa maneira.

---

5. O termo σοφιστής ("sofista") é empregado aqui no sentido original: "sofista" era qualidade de quem se distinguia pela habilidade e/ou conhecimento (sinônimo de σοφός, "sábio"), como, por exemplo, os poetas e os adivinhos. Mas a partir do séc. v a.C., passou a designar especificamente os mestres de retórica (como Górgias; cf. *Górgias*, 449a) ou de arte política (como Protágoras, cf. *Protágoras*, 317d-319b), a maioria deles estrangeira. Os sofistas surgiram em Atenas no auge da democracia, quando se encontravam em pleno desenvolvimento os tribunais e a jurisprudência ateniense, a Assembléia e o Conselho. Os jovens ricos buscavam, com essa educação suplementar oferecida pelos sofistas, adquirir as condições básicas para obterem sucesso na carreira política de Atenas, já que, no contexto da democracia, as decisões políticas se davam por meio do debate, da argumentação pública, do convencimento da maioria dos cidadãos. O termo "sofista" (σοφιστής), nessa segunda acepção, tem uma carga pejorativa, pois muitos atenienses, especialmente os mais velhos, não encaravam com bons olhos esses estrangeiros que eram admirados sobretudo pelos mais jovens. Como cobravam dinheiro pelos ensinamentos que ofereciam, eram vistos muitas vezes como mercenários; aliás Platão é um dos que compartilha desse juízo. Sobre os sofistas, ver supra n. 28, p. 38; n. 29, p. 39; n. 38, p. 46; n. 18, p. 186, n. 30, p. 237; n. 10, p. 269 e n. 35, p. 285.

376 A REPÚBLICA DE PLATÃO

– E qual é esta maneira? – replicou.

– Não é complicada – respondi; – é posta em prática amiúde e rapidamente; muito rapidamente mesmo, se quiseres apanhar um
e espelho e levá-lo contigo por toda a parte; num átimo farás o sol e os astros do céu, em menos tempo ainda a terra, e menos ainda a ti mesmo, e os outros seres vivos, e os móveis, e as plantas, e tudo quanto mencionamos há pouco.

– Sim, – disse ele – mas serão meras aparências e não realidades.

– Bem – disse eu – chegas ao ponto pretendido pelo discurso: pois, dentre os artesãos deste gênero, imagino que se deva incluir o pintor[6], não é?

– Como não?

– Mas tu me dirás, penso, que o que ele faz não tem a menor realidade; no entanto, de certo modo, o pintor também faz uma cama. Ou não?

– Sim – redargüiu – ao menos uma cama aparente.

597 a   – E o marceneiro? Não declaraste há pouco que ele não fazia a idéia, ou, segundo nós, aquilo que é a cama, mas uma determinada cama?

– De fato declarei.

– Portanto, se ele não faz o que é, não faz o objeto real, porém um objeto que se assemelha a este, sem ter a sua realidade; e, se alguém dissesse que a obra do marceneiro ou de qualquer outro artesão é perfeitamente real, haveria possibilidade de que dissesse algo falso, não é?

– Seria ao menos – respondeu – a impressão dos que se ocupam de semelhantes questões.

– Por conseguinte, não nos surpreendamos que esta obra seja algo obscura, comparada à verdade.

b   – Não, de fato.

– Queres agora que, apoiando-nos nesses exemplos, procuremos o que pode ser o imitador?

– Se quiseres – disse ele.

– Assim, há três espécies de camas: uma que existe na natureza das coisas e da qual podemos afirmar, penso, que Deus é o autor, de contrário quem seria?...

---

6. Platão insere na discussão a figura do "pintor" (ζωγράφος) como um artifício estratégico de sua argumentação, pois seu alvo principal já havia sido claramente determinado no início do Livro x: os poetas e especialmente Homero. A relação hierárquica entre a idéia da coisa, a coisa manufaturada e a representação artística dessa coisa, adquire, com a introdução do pintor, uma maior clareza argumentativa.

LIVRO X   377

– Ninguém mais, a meu ver.

– A segunda é a do marceneiro.

– Sim – disse.

– E a terceira, a do pintor, não é?

– Seja.

– Assim, pintor, marceneiro, Deus, são os três mestres das três espécies de camas.

– Sim, três.

– E Deus, quer não tenha desejado agir de outra maneira, quer   c alguma necessidade o haja obrigado a fazer apenas uma cama na natureza, fez só aquela que é realmente a cama; mas duas camas deste gênero, ou várias, Deus jamais produziu e tampouco produzirá.

– Por que não – indagou.

– Porque se fizesse apenas duas, manifestar-se-ia nelas uma terceira, cuja idéia as duas reproduziriam, e seria ela a cama real, e não as duas outras.

– Tens razão – disse ele.

– Deus, sabendo disso, suponho, e querendo ser realmente o   d criador[7] de uma cama real, e não o fabricante particular de uma cama particular, criou esta cama única por natureza.

– É o que parece.

– Queres, portanto, que o designemos pelo nome de criador natural deste objeto, ou algum outro nome parecido?

– Será justo – disse ele – pois ele criou originalmente a natureza deste objeto e de todas as outras coisas.

– E o marceneiro? Chamá-lo-emos o artífice da cama, não é?

– Sim.

– E o pintor, denominá-lo-emos artífice e criador deste objeto?

– De nenhum modo.

– O que é ele, pois, dize-me, com respeito à cama?

– Parece-me que o nome que melhor lhe conviria é o de imitador   e daquilo que os outros dois são os artífices.

– Seja. Chamas portanto de imitador o autor de uma produção afastada de três graus da natureza[8].

---

7. A palavra grega ποιητής *[poietes]* ("criador") é a mesma utilizada para designar o "poeta" propriamente dito. No entanto, Platão a emprega aqui no seu sentido genérico, i.e., "aquele que faz, que cria".

8. Platão distingue o "artífice" (δημιουργός) do "imitador" (μιμητής), mostrando como se relacionam hierarquicamente a idéia (objeto do pensamento), a coisa particular (objeto do artífice) e sua representação estética (objeto do pintor e, por analogia, do poeta). Já nesse ponto da argumentação, embora trate especificamente

378   A REPÚBLICA DE PLATÃO

– Perfeitamente – confirmou.

– Logo, o fazedor de tragédias, se é um imitador, estará por natureza afastado de três graus do rei e da verdade, assim como todos os outros imitadores?

– É provável – respondeu.

– Estamos portanto de acordo sobre o imitador. Mas, a propósito

598 a   do pintor, responde ainda ao seguinte: tenta ele, na tua opinião, imitar cada uma das coisas mesmas que existem na natureza ou as obras dos artesãos?

– As obras dos artesãos – respondeu ele.

– Tais como são, ou tais como parecem; procede ainda a esta distinção.

– O que pretendes dizer? – perguntou.

– Isto: uma cama, conforme a olhes de lado, de frente, ou de qualquer outra maneira, é diferente de si mesma, ou sem diferir, parece diferente? E acontece o mesmo com outras coisas?

– Sim – disse ele – o objeto parece diferente, mas não difere em nada[9].

b   – Agora, considera este ponto; qual desses dois objetivos se propõe a pintura relativamente a cada objeto: o de representar o que é tal como é, ou o que parece tal como parece? É ela imitação da aparência ou da realidade?

– Da aparência – disse ele.

---

da pintura (mas, por analogia, ele está tratando também da poesia), o que Platão entende por "imitação" (μίμησις) se distingue em muito da primeira acepção da palavra no Livro III (cf. 392c-396c). Empregada, no primeiro momento, para distinguir, do ponto de vista da *forma* de discurso, a obra dramática da descritiva (ou, em suma, o discurso em 1ª pessoa do discurso em 3ª), Platão, no Livro X, passa a definir a natureza da obra poética como *essencialmente mimética,* mesmo tendo anunciado, no início do texto, que o objeto de sua investigação seria ὅση μιμητική "o quanto nela é mimético" (cf. 595a5). Nesse ponto do diálogo, a poesia em si é entendida como "imitação" (μίμησις), e não mais uma parte da poesia (aquela em que o discurso é em 1ª pessoa).

9. Platão está se referindo às diferentes perspectivas de uma mesma coisa, que aparentemente parece ser múltipla, mas essencialmente é uma. O que se encontra subentendido, portanto, é aquela dualidade entre ser e aparência, entre mundo sensível e inteligível, entre múltiplo e uno, que está na base do pensamento platônico. O argumento de Platão é de que o pintor é capaz de representar apenas uma dessas perspectivas da cama, apenas um recorte arbitrário, fazendo com que quem contempla sua obra tenha a ilusão de que se trata realmente de uma cama. Nesse sentido, se comparada à cama confeccionada pelo artesão, a cama do pintor estaria numa condição inferior por participar em menor grau da idéia da cama; ela é apenas um simulacro (εἴδωλον).

LIVRO X 379

– A imitação está, portanto, longe do verdadeiro, e se ela modela todos os objetos, é, segundo parece, porque toca apenas uma pequena parte de cada um, a qual não é, aliás, senão um simulacro. O pintor, diremos nós, por exemplo, nos representará um sapateiro, um carpinteiro ou outro, artesão qualquer sem ter nenhum conhecimento do ofício   c deles; entretanto, se for bom pintor, tendo representado um carpinteiro e mostrando-o de longe, enganará as crianças e os homens privados de razão, porque terá dado à sua pintura a aparência de um autêntico carpinteiro[10].

– Certamente.

– Mas eis aqui, meu amigo, o que, a meu ver, cumpre pensar de tudo isso. Quando alguém nos vem anunciar que encontrou um homem instruído em todos os ofícios, que conhece todos os detalhes de cada arte, e com mais exatidão do que qualquer especialista, é preciso   d responder-lhe que é um ingênuo, e que, aparentemente, encontrou um charlatão e um imitador, que o iludiu a ponto de lhe parecer onisciente, por não ser ele próprio capaz de distinguir a ciência, a ignorância e a imitação.

– Nada mais verdadeiro – reconheceu.

– Devemos portanto considerar agora a tragédia e Homero, que é o seu principal guia, porquanto ouvimos certas pessoas declarar que os poetas trágicos são versados em todas as artes, em todas as coisas   e humanas relativas à virtude e ao vício, e até mesmo nas coisas divinas; na verdade, é necessário, afirmam, que o bom poeta, se quiser criar uma bela obra, conheça os temas de que trata, pois de outra forma não seria capaz de criar. É preciso pois examinar se tais pessoas, tendo-se deparado com imitadores deste gênero, não foram enganadas pela visão das suas obras, não se dando conta de que elas se acham afastadas em   599 a três graus do real[11], e de que, sem conhecer a verdade, é fácil realizá-

---

10. Cf. Platão, *Sofista,* 234d.

11. Este é o ponto crucial da argumentação platônica iniciada em 596a. A relação entre conhecimento (cujo objeto é o ser) e poesia não se reduz à mera oposição, mas se estabelece hierarquicamente. A questão que se coloca é de graus de participação do ser: a "idéia" (εἶδος ou ἰδέα) da coisa, a coisa em particular e a coisa particular representada pela pintura e/ou pela poesia são os três graus de ser. No caso da poesia, a coisa particular representada seria as ações dos homens e dos deuses; na caso da pintura, os objetos percebidos pelos sentidos. Pelo fato de a realidade estar na *idéia* (εἶδος ou ἰδέα) de cada coisa, pela qual ela mesma se define, o objeto concreto no mundo sensível já é em si uma aparência (τὸ φαινόμενον), na medida em que está sujeito à decomposição, à transformação e à suscetibilidade do tempo. Sendo assim, as obras dos poetas, que têm como matéria não a *idéia*, mas o modo como as coisas se apresentam aos sentidos, estariam no terceiro nível,

380   A REPÚBLICA DE PLATÃO

las com êxito, pois os poetas criam fantasmas e não coisas reais, ou se a asserção que fazem tem algum sentido, e se os bons poetas sabem verdadeiramente aquilo de que, no julgamento da multidão, falam tão bem.

– Perfeitamente – disse ele – é o que cumpre examinar.

– Ora, crês que, se um homem fosse capaz de fazer indiferentemente o objeto a imitar e a imagem, optaria por consagrar a sua atividade ao fabrico das imagens, e poria esta ocupação no primeiro plano
b   de sua vida, como se para ele nada houvesse de melhor?

– Não, por certo.

– Mas se fosse realmente versado no conhecimento das coisas que imita, suponho que se aplicaria muito mais a criar do que a imitar, que procuraria deixar atrás de si grande número de belas obras, como outros tantos monumentos, e que desejaria muito mais ser louvado do que louvar os outros.

– Assim o creio – respondeu – pois não há, nesses dois papéis, igual honra e proveito.

– Logo, para uma porção de coisas, não exijamos contas a Homero,
c   nem a qualquer outro poeta; não lhes perguntemos se um dentre eles foi médico, e não apenas imitador da linguagem dos médicos, quais as curas atribuídas a um poeta qualquer, antigo ou moderno, como as de Asclépio, ou quais discípulos sabedores em medicina deixou ele, como Asclépio[12] deixou os seus descendentes. Do mesmo modo, a propósito de outras artes, não os interroguemos; deixemo-los de lado. Mas sobre os temas mais importantes e mais belos que Homero empreende tratar, sobre as guerras, o comando dos exércitos, a administração da cidade, a
d   educação do homem, é talvez justo interrogá-lo e dizer-lhe: "Caro Homero, se é verdade que no concernente à virtude não estás afastado em

seriam uma "aparência da aparência", por isso "apartadas três graus do ser". Sendo assim, do ponto de vista ontológico, os objetos confeccionados pelos artesãos têm maior valor do que as obras dos poetas, pois essas últimas participam menos do ser (τὸ ὄν), têm menos realidade.

12. Asclépio, na mitologia grega, era filho de Apolo e ao mesmo tempo herói e deus da medicina. Sua gênese, contudo, se apresenta diversa nas narrativas e relatos. Os filhos mencionados por Platão são Podalírios e Macáon, que também aparecem em Homero (cf. Ilíada, II, v. 732; XI, v. 833). Posteriormente, outros filhos foram atribuídos a Asclépio. O culto a Asclépio acontecia sobretudo na Tessália, de onde era originário, e especificamente na cidade de Epidauro, onde existiam festivais em sua homenagem (Platão refere-se a esses festivais no Íon, cf. 530a). Em Epidauro, havia uma grande escola de medicina com práticas de cunho mágico, mas que propiciaram o advento posterior de uma medicina de caráter mais científico. O ilustre médico grego Hipócrates era conhecido como descendente de Asclépio.

LIVRO X 381

terceiro grau da verdade e não passas de um mero criador de imagens, o que definimos como imitador; se estás no segundo grau e se alguma vez foste capaz de conhecer quais práticas tornam os homens melhores ou piores, tanto na vida privada quanto na vida pública, dize-nos qual, entre as cidades, graças a ti se governou melhor, como foi o caso da Lacedemônia, graças a Licurgo[13], e de inúmeras cidades grandes e e pequenas, graças a muitos outros? Que cidade reconhece que foste para ela um bom legislador e um benfeitor? A Itália e a Sicília tiveram Carondas[14] e nós, Sólon[15], mas tu que cidade te pode citar?" Poderia ele nomear ao menos uma?

13. Sobre Licurgo (séc. IX a.C.?), Plutarco inicia assim sua doxografia:
Περὶ Λυκούργου τοῦ νομοθέτου καθόλου μέν οὐδὲν ἔστιν εἰπεῖν ἀναμφισβήτητον [...].
Sobre o legislador Licurgo, em geral, nada podemos afirmar que não seja contestável [...].
Segundo Heródoto (cf. *Histórias*, I, 65-6), antes de Licurgo, Esparta possuía o pior governo de toda Hélade, e as principais instituições criadas por ele, quando se tornou legislador, estavam relacionadas principalmente a questões de guerra, como, por exemplo: 1) as *enomotias*, grupos de 32 soldados unidos por juramento; 2) as *triecadas*, grupos de 30 famílias; 3) as *sissitias*, repastos coletivos que obrigavam a participação de todos os cidadãos; 4) os *éforos*, cinco pessoas que tinham em mãos o controle dos poderes executivo, judiciário e coercitivo da cidade; e 5) o *Conselho dos Anciãos*, vinte e oito pessoas com mais de sessenta anos que, ao lado dos dois reis, formavam o Senado. Plutarco considera que a instituição do Senado impedia, por um lado, que os reis exercessem o poder tiranicamente, e, por outro, que o povo exigisse a formação da democracia. Em relação aos costumes, Licurgo regulamentou os funerais, liberando o sepultamento dos corpos dentro dos domínios da cidade e a construção de tumbas nas imediações dos templos sacros. Morreu, segundo Plutarco, voluntariamente de fome, após ter entendido que suas leis já estavam de fato consolidadas.
14. Carondas (séc. VI a.C.) foi o legislador da Catânia (cf. Aristóteles, *Política*, 1252b15).
15. Sólon (cerca de 640-558 a.C.), natural de Atenas, participou da batalha entre Mégara e Atenas pela posse da ilha de Salamina. Reformador político, além de poeta renomado, Sólon teve sua ascensão no contexto em que, segundo Plutarco (cf., *Vidas Paralelas*, "Sólon", 15), Atenas se encontrava dividida entre "os da Montanha", partidários da democracia, "os da Planície", partidários da oligarquia, e "os da Praia", que propunham um governo misto. A reforma de Sólon, sob a função de *arconte* (ver supra n. 31, p. 198), começou abdicando o código legal de Draco, com exceção às leis concernentes aos assassinatos. Em seguida, (i) ampliou a importância do tribunal, dando a todos os cidadãos o direito de impetrar ações judiciais que beneficiassem os desfavorecidos; (ii) instituiu o *Conselho do Areópago*, composto dos arcontes eleitos anualmente; e (iii) instituiu um segundo Conselho, com cem homens de cada um dos quatro clãs de sua época. Essas reformas institucionais foram imprescindíveis para o fortalecimento do sistema judiciário ateniense no século V a.C., após a restituição da democracia por Clístenes.

382 A REPÚBLICA DE PLATÃO

– Não creio – respondeu Glauco – os próprios Homéridas[16] nada dizem quanto a isso.

600 a — Mas menciona-se, na época de Homero, alguma guerra que tenha sido bem conduzida por ele, ou por seus conselhos?

– Nenhuma.

– Atribui-lhe alguém, como a um homem hábil na prática, muitas invenções engenhosas concernentes às artes ou às outras formas de atividade, assim como se faz em relação a Tales de Mileto[17] e a Anácarsis, o Cita[18]?

– Mas, se Homero não prestou serviços públicos, relata-se ao menos que, em vida, presidiu a educação de alguns particulares que se compraziam com a sua companhia, e que, por esse motivo, trans-

b mitiram à posteridade um plano de vida homérica, como se conta de

16. Essa denominação "Homéridas" aparece pela primeira vez na literatura grega em Píndaro (cf. *Neméias*, 2, 1) para designar os aedos e/ou rapsodos dos poemas épicos. Já no diálogo *Íon* (cf. 530d), Platão os define como aqueles que oferecem prêmios para condecorar os melhores rapsodos; no diálogo *Fedro* (cf. 252b) e em Isócrates (cf. *Elogio de Helena*, 65), como os herdeiros da tradição homérica.

17. Tales de Mileto (final do séc. VII a.C.), considerado pela tradição ocidental o primeiro "fisiólogo" grego (i.e, investigador da natureza), representa um dos expoentes da escola filosófica da Jônia, junto com Anaximandro e Anaxímenes, também de Mileto. Tales, ao buscar determinar a substância primária simples, representou o primeiro passo decisivo para a interpretação puramente racional da natureza. Aristóteles compreendeu assim a importância desse tipo de especulação acerca da natureza (*Metafísica*, I, 983b 17-21):

δεῖ γάρ εἶναί τινα φύσιν ἢ μίαν ἢ πλείους μιᾶς ἐξ ὧν γίγνεται τἆλλα σῳζομένης ἐκείνης. τὸ μέντοι πλῆθος καὶ τὸ εἶδος τῆς τοιαύτης ἀρχῆς οὐ τὸ αὐτὸ πάντες λέγουσιν, ἀλλὰ Θαλῆς μὲν ὁ τῆς τοιαύτης ἀρχηγὸς φιλοσοφίας ὕδωρ εἶναί φησιν.

Pois deve haver alguma natureza, seja ela uma ou mais do que uma, a partir da qual todas as outras são originadas, enquanto ela mesma se preserva. Contudo, a quantidade e a forma desse tipo de princípio nem todos afirmam ser o mesmo. Mas Tales, o fundador desse tipo de filosofia, afirma ser a água.

Por não haver nenhum registro escrito do próprio Tales, o que se sabe de suas teorias cosmológicas são os comentários doxográficos de outros autores gregos, como Aristóteles, Simplício e Diógenes Laércio.

18. Anácarsis da Cítia (séc. VI a.C.) aparece pela primeira vez na literatura grega em Heródoto (cf. *Histórias*, IV, 76-7). Segundo Heródoto, os Citas eram um povo absolutamente avesso a valores estrangeiros, não admitindo que hábitos estranhos a sua cultura fossem praticados em terra pátria. E foi justamente essa a causa da morte de Anácarsis. Heródoto conta que, após ter conhecido vários outros países da Hélade, Anácarsis parou em Cízico. Tendo contemplado a festa que realizavam em homenagem à "Mãe dos Deuses", Anácarsis prometeu fazer à deusa os mesmos sacrifícios que os cizicenos faziam, desde que regressasse ileso para seu país de origem. Assim o fez, e foi pego em flagrante pelo próprio rei que havia sido informado por um de seus compatriotas. Foi morto pelo rei à flechada. Anárcasis era considerado um dos Sete Sábios.

LIVRO X 383

Pitágoras[19], que foi extraordinariamente amado pela mesma razão, e
cujos sectários chamam ainda hoje de pitagórico o modo de existência
pelo qual parecem distinguir-se dos outros homens?   c

– Não, ainda aí – disse ele – ninguém relata algo semelhante; pois
Creófilo[20], o companheiro de Homero, Sócrates, incorreu talvez em
maior ridículo pela educação do que pelo seu nome, se for verdade o
que se conta de Homero. Diz-se, com efeito, que ele foi estranhamente
descurado em vida por esta personagem.

– É o que se diz, de fato. Mas pensas, Glauco, que se Homero
estivesse realmente em condição de instruir os homens e de torná-los
melhores, possuindo o poder de conhecer e não o de imitar, pensas tu
que não teria feito numerosos discípulos que o teriam honrado e preza-
do? O quê! Protágoras de Abdera[21], Pródico de Ceos[22] e uma multidão
de outros conseguem persuadir os contemporâneos, em conversações

19. Pitágoras de Samos (final do séc. VI a.C.) e Xenófanes de Cólofon (cerca de
570-478 a.C.) foram os responsáveis pela ocidentalização da filosofia no sul da Itália.
Essa passagem do Oriente (i.e, Ásia Menor) para o Ocidente não foi apenas uma
mudança geográfica, mas principalmente uma transformação do caráter essencial
que esse tipo de pensamento acerca da natureza do mundo veio assumir. Se, por um
lado, os Jônios, especialmente os Milésios, buscaram fundamentar uma explicação
física puramente racional da constituição da natureza e da matéria, Pitágoras, por
outro lado, tinha uma motivação religiosa e mística em suas especulações e teorias.
Platão foi muito influenciado pelas doutrinas pitagóricas, principalmente depois de
ter viajado pela primeira vez à Sicília (por volta de 389/388 a.C.), onde conheceu
o pitagórico Arquitas de Tarento (destinatário das Cartas IX e XII, embora sejam
consideradas espúrias). Apesar da obscuridade em torno do que concerniam os
ensinamentos pitagóricos, são três suas concepções mais gerais: (i) a idéia de uma
alma imortal e o movimento cíclico de reencarnações (metempsicose); (ii) uma
noção obscura da relação entre "coisas e números" (daí a importância da matemática para os pitagóricos); e (iii) a noção de harmonia. São concepções recorrentes,
especialmente a da imortalidade da alma, nos diálogos platônicos *Fédon*, *República*,
Fedro, *Mênon* e *Banquete*.

20. Não se sabe ao certo se Creófilo de Samos foi apenas companheiro ou
discípulo de Homero, como considera Platão, ou se foi de fato seu filho legítimo. O
poema épico "A Captura de Ecália" (Οἰχαλίας ἅλωσις) é atribuído por Calímaco a
Creófilo, enquanto outros consideram que ele o recebeu de Homero como retribuição
de sua hospitalidade. O jogo irônico aludido aqui por Platão refere-se à etimologia de
seu nome, composto de κρέας "carne" e φῦλη "raça" (talvez signifique "raça que se
alimenta de carne"). Esse é um tipo de procedimento característico da comédia ática,
especialmente de Aristófanes, que Platão utiliza nesse passo do diálogo.

21. Sobre Protágoras, ver supra n. 4, p. 235 e n. 5, p. 375.

22. Pródico de Céos era também sofista, e no diálogo *Protágoras* (cf. 314c)
ele aparece, junto com Hípias de Élide, acompanhando Protágoras em sua estadia
em Atenas. Platão também o cita na *Apologia de Sócrates* (cf. 19e) como um dos
grandes representantes da escola sofística.

384 A REPÚBLICA DE PLATÃO

d privadas, que não poderão administrar-lhes a casa nem a cidade, se não lhes for dado presidir a educação deles, e, se fazem amar tão vivamente por essa sabedoria que seus discípulos os carregariam quase em triunfo sobre os ombros[23], e os contemporâneos de Homero, se este poeta fosse capaz de ajudar os homens a ser virtuosos, tê-lo-iam deixado, a ele ou a Hesíodo, errar de cidade em cidade recitando os seus versos, sem se lhes apegar mais do que ao ouro, sem forçá-los a permanecer

e junto deles, em seus países, ou, se não lograssem convencê-los sem segui-los por onde quer que fossem, até que houvessem recebido deles suficiente educação?

– O que dizes aí, Sócrates, me parece inteiramente correto.

– Assim, pois, estabeleceremos como princípio que todos os poetas[24], a começar por Homero, são simples imitadores das aparências da virtude e dos outros temas que tratam, mas que, quanto à verdade, nunca chegam a atingi-la: semelhantes, nisso, ao pintor de que falamos há pouco[25], o qual desenhara uma aparência de sapateiro, sem nada

601 a entender da arte de fazer sapatos, para pessoas que, não entendendo mais do que ele, julgam as coisas segundo a cor e o desenho?

– Perfeitamente.

– Diremos do mesmo modo, penso, que o poeta, com suas palavras e frases, aplica a cada arte as cores convenientes, sem entender nada além da imitação. De modo que, os que, como ele, só consideram as coisas conforme as palavras, estimam que ele fala de modo muito pertinente, quer o ouçam falar com metro, ritmo e harmonia, sobre a arte de fazer sapatos, quer sobre a tática militar ou qualquer outro tema,

b tão grande é o fascínio que estes ornatos exercem! Pois, despojadas de seu colorido artístico, e citadas pelo sentido que encerram, bem sabes, suponho, que figura fazem as obras dos poetas[26]; sem dúvida já as observaste.

– Sim – disse ele.

– Não é verdade – perguntei – que se parecem aos rostos jovens, porém sem beleza, quando vistos depois que a flor da mocidade já passou?

– É absolutamente exato.

– Ora bem! considera agora o seguinte: o criador de imagens,

---

23. Imagem construída por Platão para ilustrar o modo como os sofistas eram adorados e venerados por causa de sua perícia nos discursos.

24. Cf. Livro x, 597e.

25. Cf. Livro x, 598b-c.

26. Cf. Platão, *Apologia de Sócrates,* 22b-c; Isócrates, *Evágoras,* 11.

LIVRO X   385

o imitador, dizemos, nada entende da realidade, conhece apenas a
aparência, não é?   c
– Sim.
– Pois bem! não deixemos a questão tratada pela metade, exami-
nemo-la como convém.
– Fala – replicou.
– O pintor, dizemos nós, pintará rédeas e um freio.
– Sim.
– Mas o seleiro e o ferreiro é que hão de fabricá-los.
– Certamente.
– Ora, é o pintor que sabe como devem ser feitas as rédeas e o
freio? Ou são aqueles mesmos que os fabricam, o ferreiro e o seleiro?
Não é antes aquele que aprendeu a utilizá-los, só o cavaleiro?
– É verdade.
– Não diremos que sucede o mesmo com respeito a todas as
coisas?
– Como assim?
– Há três artes que correspondem a cada objeto: as do uso, da   d
fabricação e da imitação.
– Sim.
– Mas a que tendem as propriedades, a beleza, a perfeição de um
móvel, de um animal, de uma ação, senão ao uso em vista do qual cada
coisa é feita, quer pelo homem, quer pela natureza?
– A nada mais.
– Por conseguinte, é totalmente indispensável que o usuário de
uma coisa seja o mais experimentado, e que informe o fabricante sobre
as qualidades e os defeitos da obra, no atinente ao uso que dela faz.
Por exemplo, o flautista informará o fabricante sobre as flautas que
lhe poderão servir para tocar; dir-lhe-á como ele deve fazê-las e este   e
lhe obedecerá.
– Sem dúvida.
– Logo, aquele que sabe pronunciar-se-á sobre as boas e más
flautas, e o outro irá fabricá-las à fé do primeiro.
– Sim.
– Assim, com referência ao mesmo instrumento, o fabricante disporá, sobre a perfeição ou imperfeição, de uma fé que será justa, por
estar relacionada com aquele que sabe, e por ser obrigado a ouvir os   602 a
seus conselhos, mas é o usuário que possuirá a ciência.
– Perfeitamente.
– Mas e o imitador? Obterá pelo uso a ciência das coisas que
representa, se elas são belas e corretas ou não, ou fará a respeito uma

386 A REPÚBLICA DE PLATÃO

opinião reta porque será obrigado a entrar em relação com aquele que sabe, e receber suas instruções, quanto à maneira de representá-las?

– Nem uma coisa, nem outra.

– O imitador não possui portanto ciência nem opinião reta[27] quanto à beleza ou aos defeitos das coisas que imita.

– Não, ao que parece.

– Será pois encantador aquele que imita na poesia, por sua inteligência dos assuntos tratados!

– Nem tanto!

b – Contudo, não deixará de imitar à larga, sem saber pelo que uma coisa é boa ou má; mas, provavelmente, imitará o que se afigura belo à multidão e aos ignorantes.

– O que mais poderia fazer?

27. Platão retoma uma distinção fundamental de sua teoria do conhecimento apresentada no Livro VI (cf. 509d-511c): entre "conhecimento" (ἐπιστήμη) e "opinião reta" (δόξα ὀρθή). O primeiro ponto a se notar é que o conhecimento (ἐπιστήμη) pertence ao âmbito inteligível, ao passo que a opinião (δόξα), mesmo quando correta, pertence ao âmbito sensível. Portanto, todos os atributos relativos às coisas sensíveis (mutabilidade, multiplicidade, transitoriedade etc.) aplicam-se à opinião, assim como os relativos às coisas inteligíveis se aplicam ao conhecimento (eternidade, unidade, fixidez etc.). Essa distinção se esclarece melhor na passagem abaixo do diálogo *Mênon* (97e6-98b5), apesar de Platão inserir a noção de "reminiscência" (ἀνάμνησις) que, por sua vez, não aparece neste passo da *República*:

ΣΩ. καὶ γὰρ αἱ δόξαι αἱ ἀληθεῖς, ὅσον μὲν ἂν χρόνον παραμένωσιν, καλὸν τὸ χρῆμα καὶ πάντ' ἀγαθὰ ἐργάζονται· πολὺν δὲ χρόνον οὐκ ἐθέλουσι παραμένειν, ἀλλὰ δραπετεύουσιν ἐκ τῆς ψυχῆς τοῦ ἀνθρώπου, ὥστε οὐ πολλοῦ ἄξιαί εἰσιν, ἕως ἄν τις αὐτὰς δήσῃ αἰτίας λογισμῷ. τοῦτο δ' ἐστίν, ὦ Μένων ἑταῖρε, ἀνάμνησις, ὡς ἐν τοῖς πρόσθεν ἡμῖν ὡμολόγηται. ἐπαιδὰν δὲ δεθῶσιν, πρῶτον μὲν ἐπιστῆμαι γίγνονται, ἔπειτα μόνιμοι· καὶ διὰ ταῦτα δὴ τιμιώτερον ἐπιστήμη ὀρθῆς δόξης ἐστίν, καὶ διαφέρει δεσμῷ ἐπιστήμη ὀρθῆς δόξης.

ΜΕΝ. Νὴ τὸν Δία, ὦ Σώκρατες, ἔοικεν τοιούτῳ τινί.

ΣΩ. Καὶ μὴν καὶ ἐγὼ ὡς οὐκ εἰδὼς λέγω, ἀλλὰ εἰκάζων· ὅτι δέ ἐστίν τι ἀλλοῖον ὀρθὴ δόξα καὶ ἐπιστήμη, οὐ πάνυ μοι δοκῶ τοῦτο εἰκάζειν, ἀλλ' εἴπερ τι ἄλλο φαίην ἂν εἰδέναι - ὀλίγα δ' ἂν φαίην - ἓν δ' οὖν καὶ τοῦτο ἐκείνων θείην ἂν ὧν οἶδα.

Sócrates: De fato, enquanto perdurarem, as opiniões verdadeiras são uma bela coisa e tudo o que produzem é belo; porém, não querem perdurar por muito tempo, mas acabam se evadindo da alma do homem, de modo que não possuem muito valor, até que alguém as concatene por um raciocínio de causa. E isso, meu caro Mênon, é a reminiscência, como havíamos consentido anteriormente. Quando são concatenadas, elas se tornam, em primeiro lugar, conhecimentos, e, em segundo lugar, estáveis; e é por isso então que o conhecimento tem mais valor que a reta opinião, e o conhecimento se difere da reta opinião pelo concatenamento.

Mênon: Sim, por Zeus, Sócrates, é algo parecido com isso.

Sócrates: Com efeito, eu falo isso não como quem conhece, mas como quem conjetura; todavia, que o conhecimento é algo diferente da reta opinião, não pareço absolutamente conjeturar. Se eu parecesse saber alguma outra coisa – aliás são poucas coisas que pareço saber, – isso se contaria dentre aquelas que eu conheço.

LIVRO X

387

– Eis portanto, parece, dois pontos sobre os quais estamos realmente de acordo: em primeiro lugar, o imitador não tem nenhum conhecimento válido do que ele imita, sendo a imitação apenas uma espécie de jogo de criança, despido de seriedade; em segundo, os que se aplicam à poesia trágica, componham eles em versos jâmbicos[28] ou em versos épicos, são imitadores ao supremo grau.

– Certamente.

– Mas, por Zeus! – exclamei – esta imitação não se encontra c afastada ao terceiro grau da verdade?[29]

– Sim.

– De outra parte, sobre qual elemento do homem exerce ela o poder de que dispõe?

– Do que queres falar?

– Do seguinte: a mesma grandeza, encarada de perto ou de longe não parece igual.

– Não, por certo.

– E os mesmos objetos parecem quebrados ou retos conforme os olhemos dentro ou fora da água, ou côncavos e convexos, devido à ilusão visual produzida pelas cores; e é evidente que tudo isso lança a perturbação em nossa alma. Ora, dirigindo-se a essa disposição de d nossa natureza, a pintura sombreada[30] não deixa sem emprego nenhum processo de magia, como também é o caso da arte do charlatão e de muitas outras invenções do gênero.

– É verdade.

– Ora, não descobriu na medida, no cálculo e na pesagem[31], excelentes preventivos contra tais ilusões, de tal modo que o que prevalece em nós não é a aparência de grandeza ou de pequeneza, de quantidade ou de peso, mas antes o julgamento de quem contou, mediu e pesou?

– Como não?

---

28. O *trímetro jâmbico* ou *senário de seis jambos* é o metro da parte dialogada da tragédia (i.e., os "episódios"), utilizada primeiramente pelo poeta lírico Arquíloco (séc. vii a.c.). O nome advém de uma lenda sobre Deméter, que, chorando por Perséfone, só veio a sorrir após os gracejos da virgem Iambe na casa de Celeus em Elêusis.

29. Cf. Livro x, 597e, 599a, 599e.

30. A "arte do desenho sombreado" (σκιαγραφία) foi desenvolvida por Apolodoro no final do século v a.C. Suas pinturas só se tornavam compreensíveis vistas de longe através de uma ilusão de ótica, utilizando pequenas áreas de contraste entre cores.

31. Cf. Platão, *Eutífron,* 7b-c; *Protágoras,* 356b; *Filebo,* 55e.

388 A REPÚBLICA DE PLATÃO

e — E tais operações são da alçada do elemento racional de nossa alma.

— Deste elemento, com efeito.

— Mas não lhe acontece muitas vezes, quando mediu e assinalou que determinados objetos são, relativamente a outros, maiores, menores, ou iguais, receber simultaneamente a impressão contrária a propósito desses mesmos objetos?

— Sim.

— Ora, não declaramos ser impossível que o mesmo elemento tenha, sobre as mesmas coisas, e simultaneamente, duas opiniões contrárias?

— Declaramos, e com razão.

603 a — Por conseqüência, o elemento da alma que julga contrariamente à medida, não pode ser o mesmo que julga de acordo com ela.

— Não, na verdade.

— Mas sem dúvida o elemento que se fia na medida e no cálculo é o melhor elemento da alma.

— Sem dúvida.

— Logo, aquele que lhe é oposto será um elemento inferior de nós mesmos[32].

— Necessariamente.

— É a este reconhecimento que eu pretendia conduzir-vos quando dizia que a pintura e, em geral, toda espécie de imitação, realiza sua obra longe da verdade, que ela se relaciona com um elemento de nós b próprios distante da sabedoria, e não se propõe, nesta ligação e nesta amizade, nada de são nem de verdadeiro.

— É exato — confirmou ele.

— Assim, coisa inferior acasalada a um elemento inferior, a imitação não engendrará senão frutos inferiores[33].

— Parece.

— Mas trata-se somente — indaguei — da imitação que se dirige

32. Platão retoma a sua concepção de alma tripartida apresentada no Livro IV, mas com um enfoque diferente. Nesta passagem do Livro X, ele está considerando, de um lado, a parte racional da alma (τὸ λογιστικόν) e, de outro, suas partes inferiores tomadas em conjunto, i.e., a parte irascível (τὸ θυμοειδές) e a parte apetitiva (τὸ ἐπιθυμητικόν). É a distinção entre racionalidade e irracionalidade que é fundamental nesse momento da discussão; a diferença entre as partes inferiores, bem como a diferença da relação de cada uma para com a parte racional, não são relevantes aqui para o argumento platônico a respeito da psicologia moral envolvida na experiência estética.

33. Cf. Livro VI, 496a.

LIVRO X 389

à vista, ou também da que se dirige ao ouvido, e que denominamos poesia?

– Provavelmente, desta também.

– Todavia, não nos atenhamos unicamente a esta semelhança da poesia com a pintura; penetremos também até ao elemento do espírito com o qual a imitação poética se relaciona, e vejamos se é vil ou c valoroso[34].

– É preciso, com efeito.

– Formulemos o problema da seguinte maneira. A imitação, dizemos, representa os homens atuando voluntariamente ou por coação, pensando, conforme o caso, que agiram bem ou mal e, em todas estas conjunturas, entregando-se à dor ou à alegria[35]. Haverá algo mais no que ela faz?

– Nada mais.

– Ora, em todas essas situações, está o homem de acordo consigo próprio? Ou então, tal como estava em desacordo com respeito ao modo d de ver, tendo simultaneamente duas opiniões contrárias do mesmo objeto, está similarmente, no tocante às suas ações, em contradição e em luta consigo mesmo?[36] Mas vem-me ao espírito que não precisamos ficar de acordo sobre este ponto. Com efeito, em nossas considerações[37] anteriores, conviemos suficientemente sobre tudo isso, e reconhecemos que nossa alma está cheia de contradições desse gênero, que nela se manifestam ao mesmo tempo.

– E com razão – disse ele.

34. Platão não se mostra satisfeito com o que foi concluído até então, tendo em vista que a apresentação do argumento ontológico sobre o estatuto da poesia foi feita tendo como paradigma a pintura, e não a poesia. Ele volta ao foco central da discussão, anunciado no início do Livro x (cf. 596a), e passa a analisar especificamente os efeitos psicológicos envolvidos na relação entre poesia e público.

35. Esta é o objeto da imitação poética: as ações (πράξεις) dos homens. Isso, por si só, já mostra como a poesia está intrinsecamente envolvida com as questões morais tratadas por Platão no decorrer da *República*.

36. A comparação entre visão e comportamento moral esclarece melhor a analogia entre pintura e poesia no Livro x. A multiplicidade, a inconstância, a contradição próprias das afecções sensíveis (cf. 602c-d) encontram um paralelo nessa ausência de coerência interna no agir, na ausência de esclarecimento a respeito do valor moral das ações e de uma orientação racional que evite perturbações e dissensões internas na alma. Nos Livros ii e iii, Platão já havia mostrado que na poesia de Homero, Hesíodo e Ésquilo (os poetas mais citados por ele) não há discernimento entre bem e mal, que deuses e heróis podem comportar-se ora de uma maneira, ora de outra, sem se orientarem por princípios e valores morais definidos pela razão.

37. Referência aos conflitos internos da alma tratados por Platão no Livro iv (cf. 435e-441c), em que é apresentada a concepção de alma tripartida.

390   A REPÚBLICA DE PLATÃO

       – Sim, com razão – lhe disse, mas parece necessário examinar
e   agora o que então omitimos.

       – O quê? – perguntou.

       – Dizíamos então[38] que um homem de caráter moderado, a quem ocorra alguma desventura, como a perda de um filho ou de algum outro objeto muito querido, suportará a perda mais facilmente que um outro.

       – Certamente.

       – Agora examinemos o seguinte: ficará insensível, ou então, sendo impossível tal indiferença, mostrar-se-á moderado, de alguma forma, na sua dor?

       – A segunda alternativa – replicou – é a verdadeira.

604 a   – Mas dize-me ainda: quando, crês tu, que ele há de lutar contra a dor e de lhe resistir? Quando é observado por seus semelhantes ou quando se encontra sozinho, à parte, em face de si próprio?

       – Dominar-se-á bem mais – respondeu – quando observado.

       – Mas quando se achar só, ousará, imagino, proferir muitas palavras de que sentiria vergonha se fossem ouvidas, como também fará muitas coisas que não suportaria que o vissem fazer.

       – É isso mesmo – disse ele.

       – Ora, o que lhe ordena a resistir, não é a razão e a lei, e o que o
b   induz a afligir-se, não é o próprio sofrimento?

       – É verdade.

       – Mas, quando dois impulsos contrários se produzem simultaneamente no homem, a propósito dos mesmos objetos, dizemos que há nele necessariamente dois elementos.

       – Como não?

       – E um desses elementos está disposto a obedecer à lei em tudo o que ela prescreve.

       – Como?

       – A lei reza que nada há de mais belo do que guardar a calma, dentro do possível, na desgraça, e não se afligir de modo algum, porque não vemos claramente o bem ou o mal que ela comporta, porque não ganhamos nada, por conseqüência, em indignar-nos, porque nenhuma das coisas humanas merece ser tomada com grande seriedade, e por-
c   que o que deveria, nestas conjunturas, vir assistir-nos o mais depressa possível, é obstado de fazê-lo pela tristeza.

       – De que falas tu? – perguntou.

       – Da reflexão sobre o que nos aconteceu – respondi. – Como num

---

38. Cf. Livro III, 387d-e.

LIVRO X   391

lance de dados[39], devemos, conforme a sorte que nos toca, restabele-
cer nossos negócios pelos meios que a razão nos prescreve como os
melhores, e, no caso de nos machucarmos alguma parte, não proceder
como as crianças que levam a mão à parte magoada, perdem o tempo
a gritar, mas, ao contrário, acostumar incessantemente a nossa alma a
ir tão logo quanto possível cuidar do que está ferido, levantar o que   d
caiu e silenciar as queixas pela aplicação do remédio.

– Eis, por certo, – disse – o melhor que temos a fazer nos acidentes
que nos sobrevêm.

– Ora, é, dizemos nós, o melhor elemento de nós próprios que
deseja seguir a razão.

– Evidentemente.

– E aquele que nos leva à recordação da desdita e aos lamentos,
dos quais não consegue fartar-se, não diremos que é um elemento
desprovido de razão, indolente, e amigo da frouxidão?

– É o que diremos, seguramente.

– Ora, o caráter irritável presta-se a numerosas e variadas imita-   e
ções, ao passo que o caráter prudente e tranqüilo, sempre igual a si mesmo, não é fácil de imitar, nem, quando imitado, fácil de compreender,
sobretudo por uma multidão em dia de festa, e para os homens de toda
espécie que se encontram reunidos no teatro; pois a imitação que se lhes
ofereceria assim seria a de sentimentos que lhes são alheios.

– Certamente.   605 a

– Nesse caso, é evidente que o poeta imitador não é levado por natureza a semelhante caráter da alma, e que seu talento não se empenha
em lhe agradar, se deseja ser estimado pela multidão[40]; ao contrário, é
levado ao caráter irritável e diverso, porque é fácil de imitar[41].

– É evidente.

– Podemos, pois, com justiça censurá-lo e considerá-lo como o par
do pintor; assemelha-se a ele, por produzir apenas obras sem valor do

39. Platão faz alusão a um tipo de jogo de dados (κυβεία), em que o jogador
deve dispor as peças, da maneira mais habilidosa possível, de acordo com o que lhe
saiu pela sorte dos dados. Platão faz uma comparação entre a casualidade dos lances
de dados e as adversidades da vida que podem eventualmente suceder ao homem.
Nesse sentido, a deliberação (τὸ βουλεύεσθαι), enquanto manifestação efetiva da
razão (λόγος), tem como função, nas circunstâncias em que o sofrimento sobrevém,
de encontrar a maneira mais adequada de agir e evitar que a alma seja levada pelas
afecções e aja irracionalmente.

40. Cf. Livro IV, 493d.

41. Platão associa implicitamente, por um lado, o "caráter irritável e diverso" às
partes inferiores da alma (i.e., a parte irascível e a apetitiva), e, por outro, o "caráter
prudente e tranqüilo" à parte racional.

392 A REPÚBLICA DE PLATÃO

ponto de vista da verdade, e assemelha-se a ele ainda, por se relacionar
b com o elemento inferior da alma, e não com o melhor. Assim, eis-nos
bem fundamentados para não recebê-lo em uma cidade que deve ser
regida por leis sábias, já que desperta, nutre e fortalece o mau elemento
da alma, e arruína, destarte, o elemento racional, como acontece numa
cidade que é entregue aos perversos, ao se lhes permitir que fiquem
fortes e ao fazer que pereçam os homens mais estimáveis[42]; do mesmo
modo, do poeta imitador, diremos que introduz um mau governo na
c alma de cada indivíduo, lisonjeando o que há nela de irracional, que
é incapaz de distinguir o maior do menor, que, ao contrário, encara os
mesmos objetos, ora como grandes ora como pequenos, que produz
apenas fantasmas, e se encontra a uma distância infinita da verdade[43].

– Certamente.

– E no entanto não acusamos ainda a poesia do mais grave de
seus malefícios. Que ela seja, com efeito, capaz de corromper até as
pessoas honestas, afora um pequeno número, eis o que sem dúvida é
realmente temível.

– Seguramente, se ela surte tal efeito.

– Ouve e considera o seguinte: quando os melhores dentre nós
d ouvem Homero ou qualquer outro poeta trágico imitar um herói na dor,
o qual em meio de seus lamentos, se estende em longa tirada, ou canta,
ou se golpeia no peito, sentimos, como sabes, prazer, abandonamo-nos
para acompanhá-los com nossa simpatia e, com seriedade, louvamos
como bom poeta aquele que, no mais alto grau possível, provocou em
nós tais disposições.

– Sei disso; como poderia ignorá-lo.

– Mas, quando um infortúnio pessoal nos atinge, já reparaste sem
dúvida que temos como ponto de honra manter a atitude contrária, isto
é, a de permanecer calmos e corajosos, porque é assim que um homem
e deve agir e porque a conduta que há pouco elogiamos só convém às
mulheres.

– Já reparei – disse ele.

– Ora, é belo elogiar – prossegui – quando se vê um homem ao
qual não gostaríamos de nos parecer – enrubesceríamos mesmo, por

---

42. Platão recorre à mesma analogia entre cidade e indivíduo que está presente
a todo momento na *República*.

43. Segundo Platão, a poesia causa como que um entorpecimento do raciocínio
ao afrouxar as armas que a razão fornece (medir, calcular e pesar), trazendo à alma
uma perturbação interna. Do ponto de vista moral, isso tem implicações práticas, pois
desvia o homem de uma conduta orientada pela razão e o impele, em contrapartida,
a agir conforme as inclinações sensíveis e passionais.

LIVRO X   393

isso – e, em vez de sentirmos repulsa, experimentarmos prazer neste espetáculo e elogiá-lo?

– Não, por Zeus! – me disse – não me parece razoável.

– Sem dúvida, – continuei – sobretudo quando examinas a coisa   606 a
deste ponto de vista.

– Como?

– Se consideras que o elemento da alma que em nossos próprios infortúnios, contemos à força, que tem sede de lágrimas e gostaria de saciar-se à vontade com lamúrias, pois que está em sua natureza desejá-las, é precisamente aquele que os poetas se dedicam a satisfazer e a rejubilar; e que, de outro lado, o melhor elemento em nós mesmos, não sendo suficientemente formado pela razão e pelo hábito, relaxa o seu papel de guardião para com este elemento atreito às lamentações, a pretexto de ser mero espectador das desgraças de outrem, de não haver   b
para ele vergonha, se um outro, que se diz homem de bem, derrama lágrimas fora de propósito, em louvá-lo e compadecê-lo, de julgar este seu prazer um lucro do qual não suportaria privar-se menosprezando a obra toda. Pois a poucas pessoas é dado, imagino, fazer a reflexão de que o que experimentamos a propósito das desventuras alheias, experimentamos a propósito das nossas próprias desventuras[44]; tanto mais que, após nutrir a nossa sensibilidade com esses infortúnios, não é fácil contê-la nos nossos[45].

– Nada mais verdadeiro – disse.   c

– Ora, o mesmo argumento não se aplica com respeito ao riso? Muitas coisas engraçadas que te envergonharias de fazer, causam-te vivo prazer quando representadas na comédia ou contadas na intimidade, em palestras burlescas, e se não detestas essas coisas como indecorosas, não te comportarás do mesmo modo nas emoções patéticas? Pois, esse desejo de fazer rir que sofreavas pela razão, no temor de granjear uma reputação de bufonaria, tu a expandes então, e quando

44. Cf. Livro III, 395c-d.

45. Platão parece se referir implicitamente à tragédia. Contra ela, Platão apresenta então dois argumentos: (i) os efeitos causados pela contemplação do sofrimento alheio afetam o estado emocional do espectador, enfraquecendo o controle da razão sobre as partes inferiores da alma; (ii) a experiência de uma determinada emoção no drama trágico torna o indivíduo mais suscetível a experimentar essa mesma emoção em situações particulares. Em suma, do ponto de vista da psicologia moral platônica, o teatro induz o espectador a agir, em situações particulares, conforme as personagens figuradas no palco, i.e., a agir motivado pelas paixões, a agir, por conseguinte, contra as prescrições da razão.

394 A REPÚBLICA DE PLATÃO

lhe infundiste vigor, escapa-te às vezes que, entre teus familiares, te abandones a ponto de te tornares autor cômico[46].

– É verdade – disse ele.

d   – E com respeito ao amor, à cólera e a todas as outras paixões da alma, que, dizemos nós, acompanham cada uma de nossas ações, a imitação poética não produz sobre nós efeitos similares? Ela as nutre e as irriga, quando cumpriria ressecá-las; fá-las reinar sobre nós, quando deveríamos reinar sobre elas, para nos tornar melhores e mais felizes, em vez de nos tornarmos mais viciosos e mais miseráveis.

– Só posso concordar contigo – me disse.

e   – Assim pois, Glauco, quando te deparares com os admiradores de Homero, afirmando que este poeta foi o educador da Hélade e que, para administrar os negócios humanos ou ensinar o seu manejo, é justo tomá-lo em mão, estudá-lo e viver regulando por ele toda a existência,

607 a deves por certo saudá-los e acolhê-los amigavelmente, como homens que são tão virtuosos quanto possível, e conceder-lhes que Homero é o maior dos poetas e o primeiro dos poetas trágicos, mas saber outrossim que, em matéria de poesia, não se deve admitir na cidade senão os hinos em honra dos deuses e os elogios aos homens insignes[47]. Se, ao

---

46. O que foi dito sobre a tragédia aplica-se igualmente à comédia. Isso se conforma ao que é dito no *Banquete* (223d2-6):

τὸ μέντοι κεφάλαιον, ἔφη, προσαναγκάζειν τὸν Σωκράτη ὁμολογεῖν αὐτοὺς τοῦ αὐτοῦ ἀνδρὸς εἶναι κωμῳδίαν καὶ τραγῳδίαν ἐπίστασθαι ποιεῖν, καὶ τὸν τέχνῃ τραγῳδοποιὸν ὄντα καὶ κωμῳδοποιὸν εἶναι.

Entretanto, ele disse que o principal era o seguinte: Sócrates forçava-os a concordar em que era próprio de um mesmo homem saber compor tragédia e comédia, e que quem era poeta trágico pela arte era também poeta cômico.

47. Platão conclui então a discussão sobre a poesia no Livro x: nenhuma forma de poesia será admitida na cidade ideal, a não ser os hinos e os encômios. Este juízo severo de Platão é bastante diferente de sua posição inicial no Livro iii, onde havia ainda a possibilidade de se admitir as diversas formas de poesia, inclusive a épica e a tragédia, desde que respeitassem os valores morais supremos e representassem personagens e ações que servissem como modelo apropriado de conduta moral aos homens. Essa mudança de posição em relação à função da poesia na cidade ideal pode estar intimamente associada à própria mudança de significado do termo central da poética platônica: o termo μίμησις ("imitação"). No Livro iii, "imitação" significava simplesmente o discurso em que o poeta se apresenta como a própria personagem, i.e., o discurso em 1ª pessoa; no Livro x, "imitação" passa a definir a poesia em si, i.e., toda forma de poesia é essencialmente "imitação" porque está três graus afastada do ser. Esse argumento ontológico apresentado no Livro x transforma o significado do termo "imitação" (μίμησις) no interior da *República*, o que dificulta aos estudiosos de Platão conciliar a discussão nos Livros ii e iii com a argumentação do Livro x. O que podemos observar claramente é que Platão, no Livro x, apresenta dois novos argumentos contra a poesia, um ontológico (cf. 595a-602b) e outro

LIVRO X 395

contrário, admitires a Musa voluptuosa, o prazer e a dor serão os reis de tua cidade, em lugar da lei e deste princípio que, por comum acordo, sempre foi considerado o melhor, a razão.

– É muito certo – disse.

– Seja dito isto, portanto, para nos justificar, já que voltamos a b tratar da poesia, por a termos banido de nossa cidade, visto ser ela o que é: a razão no-lo prescrevia. E digamos-lhe ainda, a fim de que ela não nos acuse de dureza e rusticidade, pois é antiga a dissidência entre a filosofia e a poesia[48]. Testemunham-no as seguintes passagens: *"a cadela mordedora que late contra o seu dono", "aquele que passa por grande homem na tagarelice vã dos loucos", "o bando de cabeças demasiado sábias", "as pessoas que se atormentam sutilmente porque* c *estão na miséria"* e mil outras que marcam a velha oposição de ambas[49]. Declaremos, todavia, que, se a poesia imitativa, voltada para o prazer, pode provar-nos com boas razões que ela tem o seu lugar numa cidade bem ordenada, recebê-las-emos com grande júbilo, pois temos consciência da sedução que ela exerce sobre todos nós, mas seria ímpio trair o que temos na conta de verdade. Aliás, meu amigo, ela não te seduz também, sobretudo quando a vês através de Homero? d

– Muito.

– É portanto justo que possa retornar com esta condição: depois de haver-se justificado, seja em ode, seja em versos de qualquer outro metro.

psicológico (cf. 602c-608b). Esses dois argumentos não apareceram nos Livros ii e iii porque essa primeira reflexão sobre a poesia na *República* antecede a exposição da teoria da alma (Livro iv) e da metafísica platônica (Livros vi-vii), o arcabouço teórico necessário para essa nova abordagem do Livro x. Talvez isso tenha exigido de Platão uma revisão sobre a função pedagógica da poesia na cidade ideal, e diante desses novos argumentos, uma posição mais severa contra ela.

48. Platão pode estar aludindo às críticas à poesia e aos poetas feitas por filósofos que o precederam, como Xenófanes, Heráclito e Empédocles, ver supra n. 31, p. 86. Nesse sentido, Platão estaria se inserindo nesse movimento histórico de crítica ao valor da poesia e, de certo modo, estaria representando sua consumação, na medida em que ele destitui o valor de verdade do enunciado poético e bane definitivamente os poetas da cidade ideal. Inversamente, as críticas dos poetas à filosofia são mais difíceis de serem reconhecidas, mas podemos citar, por exemplo, a imagem jocosa de Sócrates construída por Aristófanes na comédia *As Nuvens*. Há também um fragmento de Píndaro (fr. 209, Berk) em que ele critica os primeiros filósofos gregos, os "fisiólogos" (i.e., "os investigadores da natureza"): ἀτελῆ σοφίας καρπὸν δρέπειν "colher o fruto verde/imperfeito da sabedoria" (Píndaro estaria se referindo a esses "fisiólogos" φυσιολογοῦντες).

49. Não se sabe ao certo a que Platão está se referindo e quais as fontes dessas citações; talvez sejam ataques aos filósofos por parte dos poetas.

396 A REPÚBLICA DE PLATÃO

– Sem dúvida.

– Permitiremos mesmo a seus defensores que não são poetas, mas que amam a poesia, falar por ela em prosa, para demonstrar-nos que não é somente agradável, mas ainda útil às cidades e à vida humana; e

e haveremos de ouvi-los com benevolência, pois para nós será proveitoso que ela se revele tão útil quanto agradável.

– Como poderia deixar de ser útil? – perguntou.

– Mas se, meu caro amigo, ela não nos surgir sob esta luz, faremos como os que se amaram, mas que, tendo reconhecido que o seu amor já não era proveitoso, dele se desprendem, a contragosto é certo, mas dele se desprendem: nós também, graças ao amor por tal poesia que engendrou em nós a educação dada por nossas belas cidades, estare-

608 a mos todos dispostos a ver manifestar-se sua excelência e sua altíssima verdade; mas, enquanto ela não puder justificar-se, ouvi-la-emos, repetindo para nós, qual um encantamento que nos previna contra ela, as razões que acabamos de enunciar, pelo receio de recair naquele amor de infância e que ainda é o da maioria dos homens. Em todo o caso, sentimos muito bem, que não se deve procurar essa espécie de poesia, na ilusão de que atinge a verdade e recompense nosso esforço,

b mas que se deve, ouvindo-a, manter-se em guarda, caso se tema pelo governo da própria alma e enfim observar como lei tudo o que dissemos acerca da poesia.

– Estou perfeitamente de acordo contigo – acrescentou.

– Pois é um grande combate, amigo Glauco, sim, maior do que pensa, aquele em que se trata de vir a ser bom ou mau; por isso, nem a glória, nem a riqueza, nem as dignidades, nem mesmo a poesia merecem que nos deixemos levar a negligenciar a justiça e as outras virtudes.

– Concordo com isso pelo que foi dito, – disse ele – e creio que todo mundo concordaria igualmente.

c – Entretanto – repliquei – não falamos ainda das maiores recompensas e dos prêmios reservados à virtude.

– Devem ser extraordinariamente grandes, – observou – se ultrapassam os que já enumeramos![50]

– Mas qual é a grande coisa que pode ocorrer num curto espaço de tempo? Com efeito, todo esse lapso de tempo que separa a infância da velhice é bem curto em comparação com a eternidade.

– Não é mesmo nada – acrescentou ele.

50. Cf. Livro IX, 567b-588a.

LIVRO X   397

– Mas como! Achas que um ser imortal deva inquietar-se com um período tão curto quanto este e não com a eternidade[51].   d

– Não, por certo – disse ele – mas a que tende este discurso?

– Não observaste – respondi – que a nossa alma é imortal e que ela nunca perece?

– A estas palavras, fitou-me com um ar surpreso e depois me disse:

– Por Zeus! Não; mas, tu, de teu lado, poderias prová-lo[52]?

– Sim – lhe disse – se não me engano; creio mesmo que poderias fazê-lo do mesmo modo, pois não é nada difícil.

– Para mim é; – redargüiu – mas teria prazer em ouvir-te demonstrar essa coisa tão fácil.

– Então ouve – disse eu.

– Basta que fales – me falou.

– Reconheces – indaguei – que existe um bem e um mal?

– Sim.

– Mas tu os concebes como eu?   e

– Como?

51. Cf. Platão, *Fédon,* 107c.

52. Essa reação de Glauco mostra como a imortalidade da alma era uma doutrina de que muitos desconfiavam e na qual poucos acreditavam. Neste trecho do diálogo *Fédon* (69e6-70b1), a personagem Cebes mostra como havia grande controvérsia entre as diversas crenças a respeito da natureza da alma:

Ὦ Σώκρατες, τὰ μὲν ἄλλα ἔμοιγε δοκεῖ καλῶς λέγεσθαι, τὰ δὲ περὶ τῆς ψυχῆς πολλὴν ἀπιστίαν παρέχει τοῖς ἀνθρώποις μή, ἐπειδὰν ἀπαλλαγῇ τοῦ σώματος, οὐδαμοῦ ἔτι ᾖ, ἀλλ᾽ ἐκείνῃ τῇ ἡμέρᾳ διαφθείρηταί τε καὶ ἀπολλύηται ᾗ ἂν ἄνθρωπος ἀποθνήκῃ, εὐθὺς ἀπαλλαττομένη τοῦ σώματος, καὶ ἐκβαίνουσα ὥσπερ πνεῦμα ἢ καπνὸς διασκεδασθεῖσα οἴχηται διαπτομένη καὶ οὐδὲν ἔτι οὐδαμοῦ ᾖ. ἐπεί, εἴπερ εἴη που αὐτὴ καθ᾽ αὑτὴν συνηθροισμένη καὶ ἀπηλλαγμένη τούτων τῶν κακῶν ὧν σὺ νυνδὴ διῆλθες, πολλὴ ἂν εἴη ἐλπὶς καὶ καλή, ὦ Σώκρατες, ὡς ἀληθῆ ἐστιν ἃ σὺ λέγεις·

Ó Sócrates, me parece terem sido muito bem tratados os outros assuntos, mas no tocante à alma há muita incredulidade entre os homens: que ela, talvez, uma vez libertada do corpo, já não mais exista sob nenhuma forma, mas, no mesmo dia em que o homem morre, pereça e se destrua; que no momento em que se liberta do corpo e se esvai, qual sopro ou fumaça ao se dispersar, ela talvez parta e nada mais seja sob nenhuma forma. Agora, se de fato ela se concentrasse em si mesma e se libertasse destes males que há pouco enumeraste, haveria uma enorme e bela esperança, ó Sócrates, de que sejam verdade tuas palavras!

No entanto, essa concepção da imortalidade da alma não é criação platônica. Segundo Aristóteles (cf. *De Anima*, 405a29-b1), o primeiro filósofo a defender essa idéia foi Alcmeu de Cróton (cerca de 500 a.C.). Nas doutrinas pitagóricas, a imortalidade da alma associa-se à noção de "metempsicose" (i.e., de reencarnações sucessivas). Talvez tenha sido o pitagorismo a fonte que mais influenciou a filosofia platônica, especialmente os diálogos supostamente contemporâneos à *República*, como *Fédon, Fedro* e *Banquete*. Atribui-se o contato de Platão com as doutrinas pitagóricas à sua primeira visita à Sicília (por volta de 389/388 a.C.), onde teria conhecido o pitagórico Arquitas de Tarento, ver supra n. 19, p. 383.

398 A REPÚBLICA DE PLATÃO

– O que destrói e corrompe as coisas é o mal; o que as conserva e as melhora é o bem.

– Sim – disse ele.

– Mas então?, não afirmas que há um bem e um mal para cada 609 a coisa, como, por exemplo, para os olhos a oftalmia, para todo o corpo a moléstia, para o trigo a alforra, para a madeira o apodrecimento, para o bronze e o ferro a ferrugem, e, como já disse, para quase todas as coisas um mal e uma doença ligados à natureza de cada uma?

– Sim.

– Ora, quando um destes males se prende a uma coisa não estraga essa coisa e não acaba por dissolvê-la e arruiná-la totalmente?

– Como não?

– Portanto, o mal inerente a cada coisa, a sua própria maldade é o que a destrói, e se este mal não a destrói, não haverá nenhum outro b capaz de destruí-la, pois o bem nunca destruirá o que quer que seja, assim como aquilo que não é nem um bem nem um mal.

– Como, com efeito, seria isso possível? – perguntou.

– Se encontramos, pois, na natureza, um ser cujo mal o prejudique, sem poder todavia dissolvê-lo e destruí-lo, não saberemos de antemão, que, para um ser assim constituído, não há destruição possível?

– Sim, aparentemente – respondeu.

– Mas então? – perguntei – não há para alma alguma coisa que a torna má?

– Sem dúvida – respondeu – há todos os males que enumeramos[53]: c a injustiça, a intemperança, a covardia, a ignorância.

– Ora, será que um desses vícios a dissolve e a perde? Cuidado para que não nos enganemos crendo que o homem injusto e insensato, colhido em flagrante delito de crime, é perdido pela injustiça, constituindo esta o mal de sua alma. Considera antes a questão da seguinte maneira: assim como a doença do corpo, isto é, seu próprio mal, o mina e destrói e o reduz ao ponto de não ser mais que um corpo; assim também todas as coisas que mencionamos há pouco, devido ao seu mal d inerente, que nelas se estabelece permanentemente e as destrói, acabam por levá-las ao aniquilamento, não é?

– Sim.

– Pois bem!, considera a alma do mesmo modo. É verdade que a injustiça ou qualquer outro vício, estabelecendo-se nela de maneira permanente, a corrompe e a emurchece até conduzi-la à morte e à separação do corpo.

53. Cf. Livro IV, 444b.

LIVRO X 399

– De forma nenhuma – disse.

– De outro lado, seria absurdo pretender que um mal estranho destrói uma coisa que o seu próprio mal não pode destruir.

– Sim, absurdo.

– Preste atenção, Glauco, que a má qualidade dos alimentos, que é e o vício inerente a eles, seja ela falta de frescura, ou apodrecimento, ou qualquer outra varia, não é, segundo nós, o que deve destruir o corpo; se a má qualidade dos alimentos engendra no corpo o mal que lhe é próprio, diremos que, por ocasião da nutrição, o corpo pereceu pela doença, que é propriamente o seu mal; mas que tenha sido destruído pelo vício dos alimentos, que são uma coisa enquanto ele é outra, isto 610 a é, por um mal alheio que não teria engendrado o mal ligado à sua natureza, eis algo em que jamais acreditamos.

– Falas com muita exatidão – disse ele.

– Pela mesma razão – prossegui – se a moléstia do corpo não engendra na alma a moléstia da alma, jamais acreditemos que a alma seja destruída por um mal alheio, sem a intervenção do mal que lhe é próprio, como se uma coisa pudesse ser destruída pelo mal de uma outra.

– Teu raciocínio é justo – disse ele.

– Assim, refutemos estas provas como falsas, ou então, enquanto não forem refutadas, evitemos dizer que a febre, ou qualquer outra b doença, ou o degolamento, ainda que o corpo fosse todo retalhado em diminutos pedaços, possam contribuir para a ruína da alma; a menos que nos demonstrem que o efeito dessas afecções do corpo é tornar a alma mais injusta e mais ímpia; mas quando um mal estranho aparece em uma coisa, sem que se junte o mal particular, trate-se da alma ou c do que quer que seja, não deixemos dizer que esta coisa possa por isso perecer.

– Seguramente – observou – ninguém nos provará jamais que as almas dos agonizantes se tornam mais injustas por efeito da morte.

– E se alguém – continuei – ousasse combater o nosso raciocínio e pretender, a fim de não ser forçado a reconhecer a imortalidade da alma, que aquele que morre se torna mais perverso e mais injusto, concluiríamos que, se disse a verdade, a injustiça é mortal, como a moléstia, para o homem que a traz em si, e que é deste mal, mortífero d por natureza, que morrem aqueles que o recebem, os mais injustos mais cedo, os menos injustos mais tarde, ao passo que, na realidade, a causa da morte dos criminosos é o castigo que lhes é infligido por terceiros devido a suas injustiças.

– Por Zeus! – exclamou – a injustiça não se apresentaria como algo tão terrível, se fosse fatal para quem a recebe em si, pois constituiria

400   A REPÚBLICA DE PLATÃO

uma libertação do mal[54]; creio antes que se verificará, ao contrário, que
e ela mata os outros, tanto quanto está a seu alcance, mas dota de muita
vitalidade e vigilância o homem que a traz dentro de si, tão distante
está ela, ao que parece, de ser uma causa de morte.

– Dizes bem; pois se a perversidade própria da alma, se seu mal
inerente não pode matá-la nem destrui-la, é muito difícil que um mal
destinado à destruição de algo diferente possa destruir a alma ou qualquer outro objeto, além daquele ao qual está ligado!

– Sim, gastará um bocado de tempo, ao que parece!

– Mas quando não há um único mal, próprio ou estranho, capaz
611 a de destruir uma coisa, é evidente que esta coisa deve existir sempre; e
se existe sempre, é imortal.

– Necessariamente – confirmou.

– Tomemos então – lhe falei – isto por assentado; mas se assim é,
concebes que as almas terão de ser sempre as mesmas, pois o número
delas não poderia diminuir, uma vez que nenhuma perece, nem, de
outra parte, aumentar; com efeito, se o número dos seres imortais viesse
a aumentar, sabes que teria de aumentar a partir do que é mortal, e, ao
fim, tudo seria imortal.

– É certo o que dizes.

– Mas – prossegui – não acreditaremos nisso – a razão não nos
b permite – nem, ademais, em que, na sua verdadeira natureza, a alma
seja um composto de várias partes, desiguais e diferentes entre si.

– O que queres dizer? – perguntou.

– É difícil que seja eterno – como a alma acaba de se nos afigu-
rar – um composto de muitas partes, se tais partes não formam uma
reunião perfeita.

– Efetivamente, não é provável.

– O argumento que acabo de expender, e outros, nos obrigam
portanto a concluir que a alma é imortal. Mas, para conhecer bem sua
verdadeira natureza, devemos considerá-la, não como fazemos pre-

---

54. Platão, *Fédon*, 107c5-d2:

εἰ μὲν γὰρ ἦν ὁ θάνατος τοῦ παντὸς ἀπαλλαγή, ἕρμαιον ἂν ἦν τοῖς κακοῖς
ἀποθανοῦσι τοῦ τε σώματος ἅμ᾽ ἀπηλλάχθαι καὶ τῆς αὑτῶν κακίας μετὰ τῆς
ψυχῆς· νῦν δ᾽ ἐπειδὴ ἀθάνατος φαίνεται οὖσα, οὐδεμία ἂν εἴη αὐτῇ ἄλλη
ἀποφυγὴ κακῶν οὐδὲ σωτηρία πλὴν τοῦ ὡς βελτίστην τε καὶ φρονιμωτάτην
γενέσθαι.

Se a morte fosse a libertação de tudo, seria uma vantagem aos homens maus que
morressem porque se livrariam, junto com a alma, ao mesmo tempo do corpo e de sua
própria maldade; mas, já que agora ela se manifesta como imortal, não há salvação nem
possibilidade alguma de escapar dos males, a não ser tornar-se, o máximo possível, a
melhor e a mais sensata.

LIVRO X 401

sentemente, deformada pela sua união com o corpo e outras misérias; c
cumpre contemplá-la atentamente, com os olhos da razão, tal como ela
é quando é pura. Vê-la-emos então infinitamente mais bela e discerni-
remos mais claramente a justiça e a injustiça, e todas as coisas de que
acabamos de falar. Que dissemos da alma também é verdadeiro com
referência a seu estado presente. Tanto é que, se a víssemos no estado
em que se poderia ver Glauco, o marinho[55], teríamos grande dificuldade d
em reconhecer sua natureza primitiva, porque as partes antigas de seu
corpo foram, umas quebradas, outras desgastadas e totalmente desfi-
guradas pelas ondas, e porque delas se formaram novas, compostas de
conchas, algas e seixos, de sorte que mais parece monstro do que o que
é por natureza. É assim que a alma se nos mostra, desfigurada por mil
males. Mas eis, Glauco, o que é preciso considerar nela.

– O quê? – indagou.

– Sua natureza filosófica. É mister considerar quais objetos ela e
atinge, quais companhias ela procura, em virtude de seu parentesco com
o divino, o imortal e o eterno; o que ela se tornaria, se se entregasse
inteiramente a esta busca se, alçada por um nobre impulso, surgisse
do mar, onde ora se encontra, e se despojasse das pedras e conchas
que cresceram ao seu redor devido à sua alimentação terrena, crosta 612 a
espessa e áspera de terra e pedras, provenientes desses bem-aventurados festins, como lhes denominam. Só então é que se poderia ver a
sua verdadeira natureza, se é multiforme ou uniforme, e como e de
que modo é constituída. Quanto ao presente, descrevemos assaz bem,
parece-me, as afecções que ela experimenta e as formas que assume
no curso de sua existência humana.

– Com toda certeza – disse ele.

Ora   continuei – não afastamos da discussão toda consideração
estranha, evitando louvar a justiça pelas recompensas ou pela reputação b
que proporciona, como fazem, dizeis vós, Hesíodo e Homero? E não
descobrimos que ela é o bem supremo da alma tomada em si própria,
e que esta deve cumprir o que é justo, quer possua quer não possua o
anel de Giges, e, além de semelhante anel, o capacete de Hades[56]?

– É muito certo – respondeu.

– Agora, Glauco, podemos, sem que sejamos censurados por isso,

55. Glauco de Antedon, herança de representações creto-micênicas, era um
deus marinho da Beócia dotado de poderes proféticos. Era um pobre pescador que
se tornou imortal, mas que foi condenado a vagar por entre as ondas.

56. Sobre o anel de Giges, cf. Livro II, 359d-360b; sobre o capacete de Hades,
cf. Homero, *Ilíada*, v, vv. 844-845.

402 A REPÚBLICA DE PLATÃO

restituir à justiça e às outras virtudes, independentemente das vantagens
c que lhes são próprias, as recompensas de toda natureza que a alma daí
aufere, da parte dos homens e dos deuses, tanto durante vida como
após a morte?

– Com toda certeza – disse ele.

– Então me devolvereis o que vos emprestei na discussão?

– O quê, precisamente?

– Eu vos concedi que o justo podia passar por mau, e o mau por
justo; exigistes, com efeito, que, embora fosse impossível enganar os
deuses e os homens, isso vos fosse concedido a fim de que a justiça em
d si fosse comparada com a injustiça em si. Não te lembras?

– Estaria por certo errado – respondeu ele – se não me lembrasse.

– Pois bem!, uma vez que foram julgadas, peço de novo, em nome
da justiça, que a reputação de que ela goza junto aos deuses e aos homens lhe seja reconhecida por nós, a fim de que obtenha também os
prêmios que recebe da aparência e que concede a seus partidários; pois
mostramos que ela dispensa os bens que procedem da realidade, e que
ela não engana os que a acolhem realmente na alma.

e – Não pedes senão o justo – observou.

– Ireis, pois, em primeiro lugar, – lhe disse – conceder-me o seguinte ponto: que os deuses, ao menos, não se equivocam sobre o que
são o justo e o injusto.

– Nós to concedemos – disse.

– E se não se equivocam, o primeiro lhes é querido e o segundo,
odioso, como conviemos no começo[57].

– É exato.

– Mas não reconheceremos que tudo o que vem dos deuses era,
613 a para quem eles amam, tão excelente quanto possível, a menos que haja
atraído sobre si, por uma falta anterior, algum mal inevitável?

– Sim, certamente.

– É preciso pois admitir, quando um homem justo está exposto à
pobreza, à doença, ou a qualquer um destes pretensos males, que isto
acabará volvendo em sua vantagem, em vida ou após a morte; pois
os deuses não poderiam descurar de quem quer que se esforce por
tornar-se justo e chegue a ser, pela prática da virtude, tão semelhante
b à divindade quanto é possível ao homem.

– Por certo – anuiu ele – é natural que tal homem não seja descurado por seu semelhante.

57. Cf. Livro I, 352a-b.

LIVRO X 403

– Mas, no atinente ao homem injusto, não cumpre pensar o contrário?

– Sem dúvida.

– Tais são portanto os prêmios que, da parte dos deuses, cabem ao homem justo.

– Pelo menos é como eu sinto.

– E da parte dos homens? – indaguei. – Não é assim que as coisas se passam, se é preciso dizer a verdade? Os hábeis criminosos não procedem como esses atletas que correm muito bem na largada, porém na volta quase não correm?[58] Lançam-se primeiro com rapidez, mas ao fim a gente se ri deles, vendo-os, de orelha caída[59], retirar-se precipitadamente sem ser coroados; ao passo que os verdadeiros corredores chegam à meta final, arrebatam o prêmio e recebem a coroa. Ora, não acontece o mesmo, de ordinário, com os justos? Ao termo de toda empresa, de todas as relações que mantêm com os outros, e de suas vidas, não adquirem eles bom renome e não conquistam os prêmios que os homens conferem?

– Sim, por certo!

– Aceitarás, pois, que eu aplique aos justos o que tu mesmo afirmaste dos injustos. Pretendo, com efeito, que os justos, chegando à idade madura, obtenham em suas cidades as magistraturas que desejam obter, que escolham a mulher que queiram e dêem os filhos em casamento a quem lhes aprouver; e tudo o que disseste dos outros, digo agora destes. E direi também, quanto aos injustos, que na maioria, ainda que escondam o que são durante a juventude, deixam-se apanhar ao fim da carreira, e convertem-se em objeto de derrisão; chegados à velhice, são insultados na sua miséria pelos estrangeiros e pelos cidadãos, são fustigados c submetidos a esses castigos que qualificavas com razão de atrozes – e em seguida, "serão torturados, queimados com ferros em brasa[60]..."; numa palavra, suponha que me ouviste enumerar todos os suplícios que padecem, e vê se podes permitir que eu fale assim.

– Certamente – respondeu – pois falas com justiça.

---

58. Platão refere-se a uma prova de atletismo similar ao *diaulos* (δίαυλος), ou "corrida dupla", em que o corredor se dirige à saída do estádio e depois retorna à entrada. Não se sabe ao certo se a primeira parte da corrida correspondia a uma subida (ἀπὸ τῶν κάτω) e a segunda a uma descida (ἀπὸ τῶν ἄνω). Na versão Olímpica dessa modalidade, eram percorridos no total 380 metros.

59. É uma forma alegórica de referir-se ao perdedor tanto na corrida como em qualquer outra modalidade esportiva da época. Geralmente quem perdia uma disputa, era ridicularizado pelo público.

60. Cf. Livro II, 361e-362a.

404 A REPÚBLICA DE PLATÃO

– Tais são portanto os prêmios, as recompensas e os presentes que
614 a o justo recebe dos deuses e dos homens durante a vida, afora os bens
que a própria justiça lhe proporciona.

– São seguramente – disse – belas e sólidas recompensas.

– Entretanto – reatei – nada são, nem pelo número nem pela
grandeza, em comparação com o que aguarda, após a morte, o justo e
o injusto. É o que se deve entender, a fim de que um e outro recebam
até o fim o que lhes é devido pela discussão.

b – Fala; – disse ele – pouquíssimas coisas eu ouviria com mais prazer.

– Não é de modo algum – disse eu – o relato de Alcínoo[61] que vou
fazer-te, mas o de um homem valente, Er, filho de Armênio, oriundo
da Panfília[62]. Foi morto numa batalha; dez dias depois[63], como fossem retirados os cadáveres já putrefatos, o seu foi descoberto intato.
Transportaram-no à casa para o amortalhar, mas, no décimo segundo
dia, quando jazia sobre a pira, voltou à vida[64]; ao recuperar os sentidos,
contou o que vira no além. Tão logo, disse ele, a sua alma saíra do cor-
c po, caminhara com muitas outras, e elas chegaram a um lugar divino[65],
onde se viam na terra duas aberturas situadas lado a lado e, no céu, no
alto, duas outras que se lhes defrontavam. No meio estavam sentados
juízes[66] que, após proferirem as sentenças, ordenavam aos justos subi-

61. Platão se refere a Alcínoo, rei dos Feácios, que na *Odisséia* hospedou
Odisseu em seu palácio (Livros IX-XII). Não se sabe ao certo se a expressão "o relato
de Alcínoo" (ὁ Ἀλκίνου ἀπόλογος) é usada aqui por Platão proverbialmente para
designar uma longa história contada, ou para aludir especificamente aos quatro livros
da *Odisséia* (IX-XII), conhecidos coletivamente também como "o relato de Alcínoo"
(ὁ Ἀλκίνου ἀπόλογος). É importante observar que, no Livro XI da *Odisséia*, Odisseu conta aos Feácios sua visita ao Hades. Nesta parte final do Livro X da *República*,
Platão, por sua vez, relata a sua visão escatológica do além-mundo, conhecida como
o Mito de Er. Como veremos, no mito platônico encontramos elementos da mitologia
tradicional, elementos do pitagorismo e um forte apelo moral glorificando a justiça,
tema central da *República*.

62. Região da Anatólia, onde havia colônias gregas. Na época de Platão, estava
sob o domínio do império Persa.

63. A recorrência do número dez e de seus múltiplos é um dos elementos
pitagóricos presentes no Mito de Er.

64. Entre os Gregos, era costume cremar os corpos dos guerreiros mortos
no próprio campo de batalha. O que Platão atribui aqui aos Panfílios, i.e., enviar o
cadáver à terra pátria, era, todavia, um hábito diferenciado dos Atenienses.

65. A imagem desse lugar para onde as almas se dirigem (i.e., λειμών "um
prado") também aparece nos mitos do *Fédon* (cf. 107d-e) e do *Górgias* (cf. 524a).

66. A concepção do julgamento das almas depois da morte é muito antiga
e pode ter sido uma influência da cultura egípcia sobre a helênica. Em Homero,
Minos aparece como juiz supremo dos mortos, como conta Odisseu em sua viagem
ao Hades (*Odisséia*, XI, vv. 568-571):

LIVRO X   405

rem pelo caminho da direita, em direção ao céu, depois de lhes prender
na frente um escrito contendo o julgamento; e aos injustos tomarem a
via descendente, à esquerda, portando também, mas atrás, um escrito
no qual constavam todas as ações que haviam praticado[67]. Como ele se   d
aproximasse, por seu turno, os juízes disseram-lhe que devia servir aos
homens de mensageiro e recomendaram-lhe que ouvisse e observasse
tudo quanto se passava naquele lugar. Viu, então, que as almas, depois
de julgadas, se dirigiam para uma das aberturas do céu e da terra; das
duas outras aberturas, saíam as almas: exaustas e cobertas pó as que
saíam das profundezas da terra, e limpas as que desciam do céu; e todas essas almas que afluíam incessantemente pareciam ter feito longa   e
viagem e se reuniam cheias de júbilo na pradaria e nela acampavam
como num festival[68]. As que se conheciam se cumprimentavam e se
inquiriam: as que vinham do seio da terra inquiriam as outras sobre o

> ἔνθ' ἦ τοι Μίνωα ἴδον, Διὸς ἀγλαὸν υἱόν,
> χρύσεον σκῆπτρον ἔχοντα θεμιστεύουντα νέκυσσιν,
> ἥμενον· οἱ δέ μιν ἀμφὶ δίκας εἴροντο ἄνακτα,
> ἥμενοι ἑσταότες τε, κατ' εὐρυπυλὲς "Αϊδος δῶ.
> Lá também vi Minos, filho excelso de Zeus,
> Portando um cetro de ouro a julgar os mortos,
> Sentado; em torno do mestre, sentados e em pé, eles
> Contavam as penas no palácio de amplas portas de Hades.

67. Há dois elementos importantes que distinguem o justo do injusto nesse
primeiro passo do processo de julgamento: (i) o fato de o justo tomar a via da *direita*
e o injusto a da *esquerda* e (ii) o fato de a sentença do justo ser presa na *frente* e a do
injusto *atrás*. Como Platão está utilizando a linguagem figurativa do mito, todos os
detalhes dessa descrição são importantes. Em relação à dicotomia direita/esquerda,
sabemos que entre os gregos a *direita* designava o "apropriado" e a *esquerda*, por
sua vez, o "inapropriado", representando metaforicamente aqui o elogio à justiça
e o vitupério à injustiça. No tocante à dicotomia *frente/atrás*, Platão diz o seguinte
no diálogo *Timeu* (45a3-4):

> τοῦ δ' ὄπισθεν τὸ πρόσθεν τιμιώτερον καὶ ἀρχικώτερον νομίζοντες θεοὶ [...]
> Os deuses consideram a parte da frente mais valiosa e mais dominante que a de trás.

Simplício diz que, segundo Aristóteles, os Pitagóricos também se referiam
a pares dicotômicos, como *direita/esquerda*, em *cima/embaixo*, *frente/atrás*, com
significação simbólica, tal como vemos neste trecho (Simplício, *Comentário sobre
os Quatro Livros de "Sobre o Céu" de Aristóteles*, 7, 386, 20-23):

> τὸ οὖν δεξιὸν καὶ ἄνω καὶ ἔμπροσθεν ἀγαθὸν ἐκάλουν, τὸ δὲ ἀριστερὸν καὶ
> κάτω καὶ ὄπισθεν κακὸν ἔλεγον, ὡς αὐτὸς 'Αριστοτέλης ἱστόρησεν ἐν τῇ
> Πυθαγορείοις ἀρεσκόντων συναγωγῇ.
> A direita, a parte de cima e a da frente são consideradas boas, ao passo que a esquerda, a
> parte de baixo e a de trás, más, tal como o próprio Aristóteles verificou nos textos sobre
> as doutrinas pitagóricas.

68. Nos festivais, como os de Elêusis e os de Olímpia, os grupos de diversas
cidades costumavam erguer acampamentos nas imediações do lugar enquanto du-
rassem os eventos.

406 A REPÚBLICA DE PLATÃO

que se passava no céu, como as do céu procuravam se informar sobre
615 a o que se passava debaixo da terra. Aquelas narravam suas aventuras
gemendo e chorando, à lembrança dos males sem número e de toda
espécie que haviam sofrido ou visto sofrer, no decurso de sua viagem
subterrânea – viagem cuja duração é de mil anos[69] – enquanto estas, que
procediam do céu, falavam de prazeres deliciosos e de visões de extraordinário esplendor. Contavam muitas coisas, Glauco, que exigiriam
muito tempo para ser relatadas. Mas aqui está, segundo Er, o resumo.
Por determinado número de injustiças que cometera em detrimento de
uma pessoa e por determinado número de pessoas em cujo detrimento
cometera a injustiça, cada alma recebia, para cada falta, por seu turno,
dez vezes a sua punição, e cada punição durava cem anos[70], isto é,
b a duração da vida humana, de modo que a punição fosse o décuplo
do crime cometido. Por exemplo, os que haviam causado a morte de
muitas pessoas, seja atraiçoando cidades ou exércitos, seja reduzindo
homens à escravidão, seja prestando ajuda a qualquer outra perversidade, eram atormentados ao décuplo por cada um desses crimes. Os que,
ao contrário, haviam feito o bem em redor deles, que tinham sido justos
c e piedosos, obtinham na mesma proporção a recompensa merecida. No
caso das crianças mortas desde o nascimento, ou que viveram apenas
poucos dias, Er fornecia outros pormenores que não merecem ser des-
critos. Para a impiedade e a piedade no tocante aos deuses e aos pais,
e para o homicídio, havia, segundo ele, punições ainda maiores.
   Contou também que estava presente quando uma alma perguntou
a outra onde se achava Ardieu, o Grande[71]. Este Ardieu fora tirano de
uma cidade da Panfília[72] mil anos antes desse tempo; matara o velho
d pai, o irmão primogênito, e perpetrara, diziam, muitas outras ações
sacrílegas. Ora, a alma interrogada respondeu: "Ele não veio e jamais
virá aqui. Pois, entre outros espetáculos horríveis, vimos também este.
Como estivéssemos perto da abertura e a ponto de tornar a subir, depois

---

69. Isso correspondia a dez ciclos de reencarnações, na medida em que para
cada vida estipulava-se cem anos, como é dito logo a seguir (cf. 615b).

70. O número 100, por ser o quadrado de 10, era um número perfeito para
os Pitagóricos.

71. Ardieu é uma figura fictícia. Platão quer ressaltar aqui o destino funesto a
que estava fadado o tirano. Como a tirania é a pior forma de constituição política,
e o tirano o mais injusto dos homens, como Platão mostra nos Livros VIII e IX, as
punições que ele encontrará depois da morte por causa dos atos injustos cometidos
em vida serão as piores e as mais bizarras. A descrição das desventuras de Ardieu
no além-mundo expressa metaforicamente o repúdio e a censura de Platão à tirania
e ao tirano.

72. Ver supra n. 62, p. 404.

LIVRO X   407

de termos sofrido nossas penas, percebemos de súbito este Ardieu em
companhia de outros – a maioria se compunha de tiranos como ele,
mas havia também cidadãos que eram culpados de grandes crimes;
acreditavam poder subir, mas a abertura lhes recusou passagem, e ela   e
bramia cada vez que tentava sair um desses homens que se haviam
votado irremediavelmente ao mal, ou que não haviam suficientemente
castigado. Então, dizia ele, seres selvagens, de feições abrasadas, que
se mantinham por perto, ouvindo o bramido, agarraram alguns e os
levaram embora; quanto a Ardieu e aos outros, depois de lhes prender
as mãos, os pés e a cabeça, derrubaram-nos, esfolaram-nos, arrasta-   616 a
ram-nos à beira do caminho e obrigaram-nos a ajoelhar-se sobre giesta
espinhosa, declarando a todos os passantes por que os tratavam assim,
e que iriam precipitá-los ao Tártaro"[73]. Neste lugar, dizia Er, tinham
sentido realmente terrores de toda sorte, mas aqueloutro superava a
todos: cada um temia que o bramido se fizesse ouvir no momento
em que subisse, e constituiu para eles viva alegria subir sem que ele
rompesse o silêncio. Tais eram as penas e os castigos, assim como as
recompensas correspondentes.   b
    – Cada grupo passava sete dias no prado; depois, no oitavo, pre-
cisava levantar acampamento e pôr-se em marcha para alcançar quatro
dias depois, um lugar, de onde se descortinava uma luz reta qual uma
coluna, que se estendia desde o alto, através de todo o céu e de toda
a terra, muito semelhante ao arco-íris[74], porém mais brilhante e mais
pura[75]. Aí chegaram, após um dia de caminhada; e lá, no meio da luz[76],   c

73. O Tártaro aparece em Homero como um abismo escuro que se encontra
debaixo da terra (cf. *Ilíada*, VIII, vv. 13-14) e, em Hesíodo, como um dos deuses
primordiais, nascendo junto com Caos e Terra (cf. *Teogonia*, vv. 116-119). Na
topografia do além-mundo descrita por Platão no mito do *Fédon* (111e-112a), o
Tártaro é a origem e o destino de todos os rios que correm pelo Hades. Entre os
Pitagóricos, o Tártaro era também lugar de temor, como diz Aristóteles (cf. *Segundos
Analíticos*, 94b 32-34).
    74. Em Homero, o arco-íris surge como manifestação física de um presságio
divino aos homens (cf. *Ilíada*, XI, vv. 27-28; XVII, vv. 547-548). A deusa Íris, por
sua vez, aparece na mitologia grega como mensageira dos deuses, especialmente
de Hera. Nessa visão cosmológica de Platão, o arco-íris representaria o elemento
unificador entre céu e terra, a unidade do cosmos, numa significação simbólica,
portanto, distinta da mitológica.
    75. Conforme a descrição de Platão, esse facho de luz cortaria diametralmente
o céu e a Terra. Como a Terra se acha no centro do Universo (cf. *Timeu*, 40b-c;
Fédon, 108e-109a), essa luz se estenderia às suas oito órbitas tal qual o diâmetro de
um círculo, passando pelo centro tanto da Terra quanto do céu.
    76. As almas, depois de percorrerem um dia de viagem, chegam ao centro tanto
da Terra quanto do Universo (κατὰ μέσον τὸ φῶς), por se tratar de uma concepção
geocêntrica do cosmos.

408   A REPÚBLICA DE PLATÃO

viram as extremidades das amarras do céu, pois esta luz é o laço do céu: como as ligaduras que cingem os flancos das trirremes[77], ela sujeita toda a esfera celeste; de suas pontas pende o fuso da Necessidade, que faz girar todas as esferas; a haste e o gancho são de aço, a mainça, de uma mistura de aço e outros materiais. Eis qual a natureza da mainça: quanto à forma, assemelha-se às desta terra; mas, pelo que dizia Er[78], cumpre representá-la como uma grande mainça completamente oca por dentro, à qual se encaixa outra mainça similar, porém menor, à maneira dessas caixas que se ajustam umas às outras, e, analogamente, uma terceira, uma quarta e mais quatro outras. Pois, ao todo, há oito mainças inseridas umas nas outras, cujos bordos circulares, vistos de cima parecem anéis e, no conjunto, o dorso de um único fuso com sua haste peculiar passando pelo centro do oitavo[79]. O bordo circular da primeira mainça, a mainça externa, é a mais larga; seguem-se, sob este aspecto: em segundo lugar, a da sexta; em terceiro lugar, a da quarta, em quarto lugar, a da oitava, em quinto a da sétima, em sexto, a da quinta, em sétimo, a da terceira e em oitavo a da segunda[80]. O primeiro círculo, o círculo do maior, é constelado, o sétimo brilha com o mais vivo fulgor, o oitavo se colore com a luz que recebe do sétimo, o segundo e

d

e

617 a

---

77. Há dois tipos de "ligaduras" (ὑποζώματα) das trirremes: o primeiro é usado em ocasiões excepcionais, em que as cordas passam verticalmente por cima do casco do navio; no segundo, as cordas são amarradas horizontalmente em torno do casco, usado comumente para equipar os navios de guerra antes de zarpar. Parece que Platão está se referindo ao segundo tipo.

78. O "fuso da Necessidade" (᾿Ανάγκης ἄτρακον) encontra-se suspenso, sem estar preso a algo que o sustente, e cumpre duas funções essenciais no mito: (i) é através dele que funciona o mecanismo de movimento dos oito círculos concêntricos que compõem o cosmo, concatenando-os (cf.617a-b); e (ii) é ele quem ratifica o destino de cada alma na divisão dos lotes (cf. 617b-621b). Na literatura grega, em Homero e especialmente em Hesíodo, a "Necessidade" (᾿Ανάγκη) é uma divindade que por sua força tudo regula, desde os movimentos dos astros até os acontecimentos mais particulares da vida dos homens. Veja a ilustração do fuso feita por Adam (*in:* J. Adam, *The Republic of Plato*, v. 2, Cambridge, 1980, p. 444) – Ver Figura 3, infra p. 418.

79. Cada um desses anéis representa a revolução ou órbita de um corpo celeste, tendo como centro a própria Terra. Nessa concepção geocêntrica do cosmos platônico, a haste do fuso passa por dentro da Terra e através de sua rotação determina o movimento das oito órbitas concêntricas. A ordem dos corpos celestes seria esta (começando pelo mais externo): (1) as estrelas fixas; (2) Saturno; (3) Júpiter (ou Zeus); (4) Marte (ou Ares); (5) Mercúrio (ou Hermes); (6) Vênus (ou Afrodite); (7) Sol e (8) Lua. Embora Platão não os nomeie aqui explicitamente, os estudiosos estabelecem essa relação dos anéis concêntricos com os planetas a partir da descrição do cosmo feita no diálogo *Epínomis* (cf. 986a-987d).

80. Ver Figura 4, infra p. 418.

LIVRO X   409

quinto, que possuem quase o mesmo matiz, são mais amarelos que os precedentes, o terceiro é o mais branco de todos, o quarto é avermelhado, e o sexto tem o segundo lugar quanto à alvura. O fuso inteiro gira em torno de si mesmo com movimento uniforme, porém, na rotação do conjunto arrastado por este movimento, os sete círculos interiores realizam lentamente revoluções em sentido oposto ao do todo; destes círculos, o oitavo é o mais rápido, depois vem o sétimo, o sexto e o b quinto que são do mesmo grau quanto à velocidade; sob este mesmo aspecto, o quarto lhes pareceu ocupar o terceiro lugar nesta rotação inversa, o terceiro o quarto lugar e o segundo o quinto[81]. O próprio fuso gira sobre os joelhos da Necessidade. No alto de cada círculo, fica uma Sereia que gira com ele fazendo ouvir um único som, uma só nota, de modo que o conjunto das notas das oito Sereias compõem uma única harmonia[82]. Três outras mulheres, sentadas em redor, a intervalos iguais, cada uma sobre um trono, as filhas da Necessidade, as Moiras[83], c vestidas de branco e com a cabeça coroada de fitas, Láquesis, Cloto e Átropos, cantam, acompanhando a harmonia das Sereias: Láquesis o passado, Cloto o presente, Átropos o futuro. E Cloto toca de tempos em tempos com a mão direita o círculo externo do fuso para fazê-lo girar, enquanto Átropos, com a mão esquerda, toca similarmente os

81.

POSIÇÃO (de fora para dentro)	LARGURA	COR	VELOCIDADE	NOME
1°	1° (mais largo)	multicor	faz o movimento inverso das demais	estrelas fixas
2°	8° (mais fino)	amarelo	5°	Saturno
3°	7° em largura	o mais branco	4°	Júpiter
4°	3° em largura	avermelhado	3°	Marte
5°	6° em largura	amarelo	2°	Mercúrio
6°	2° em largura	branco	2°	Vênus
7°	5° em largura	o + resplandecente	2°	Sol
8°	4° em largura	reflexo do 7°	1°	Lua

82. As oito notas musicais emitidas pelas Sereias comporiam, segundo alguns estudiosos, o *Octacorde* dos Pitagóricos. Nesse sentido, essa alegoria estaria diretamente associada à doutrina pitagórica das Esferas, conhecida como "Música das Esferas", de acordo com a qual todo movimento dos corpos celestes é acompanhado por uma nota musical.

83. Na mitologia grega, as três Moiras, Átropos, Láquesis e Cloto, eram representadas como mulheres idosas que fiavam sem parar. Tinham como função traçar o destino dos homens no mundo, expresso alegoricamente nesse ato de tecer "os fios do destino". Na *Teogonia* de Hesíodo, elas possuem ao mesmo tempo duas linhagens distintas: são filhas da Noite por cissiparidade (cf. vv. 217-219), por um lado, e filhas de Zeus e Têmis (cf. vv. 904-906), por outro.

410 A REPÚBLICA DE PLATÃO

d círculos internos. Quanto a Láquesis, toca alternadamente o primeiro
e os outros com uma e outra mão.

– Portanto, quando as almas chegaram, tiveram de se apresentar
imediatamente a Láquesis. E primeiro um intérprete divino as alinhou
em ordem; a seguir, apanhando sobre os joelhos de Láquesis sortes e
modelos de vida, galgou um estrado elevado e assim falou:

– "Declaração da virgem Láquesis, filha de Necessidade. Almas
efêmeras[84], ides começar nova carreira e renascer na condição mortal.

e Não será um demônio[85] que há de vos sortear, sois vós mesmas que
escolhereis vosso demônio[86]. Que o primeiro designado pela sorte
escolha, em primeiro lugar, a vida à qual estará unido pela necessida-

---

84. Platão deve estar se referindo não à alma em si, mas à sua união com o
corpo, para designá-la de "efêmera", pois é absolutamente claro que a natureza da
alma é imortal para Platão, como ele mesmo mostra no Livro x.

85. Ver supra n. 48, p. 95.

86. Cada alma será acompanhada, durante sua vida corpórea, pelo "demônio"
(δαίμων) escolhido. Essa entidade representa, no Mito de Er, a personificação do
destino de cada alma depois da escolha feita do tipo de vida. Há aqui dois pontos
importantes: (i) a função religiosa do "demônio" (δαίμων) nessa visão escatológica
de Platão e (ii) a questão da liberdade de escolha do modelo de vida dada à alma.
Apesar de já haver antes de Platão referências literárias acerca do estatuto religioso do
"demônio" (por ex.: Estobeu, fr. 119, iv, 40, 23: Ἡράκλειτος ἔφη ὡς ἦθος ἀνθρώπῳ
δαίμων "Heráclito disse que o "demônio" é o caráter do homem") e de ser uma
crença comum na Grécia, essa entidade passa a desempenhar um papel importante
no pensamento de natureza religiosa que há na filosofia platônica. Para Platão, o
"demônio" (δαίμων) é o elemento constante de cada pessoa e transforma todas as
ações numa ação individual; é o símbolo da misteriosa e inexorável ligação do ser
humano com o além-mundo, por um lado, e do homem com o atual destino de sua
vida, por outro. Essa função atribuída ao "demônio" (δαίμων) contribui decisivamente para a ruptura do pensamento platônico com a religião tradicional. Quando
Platão afirma que "não será um demônio que há de vos sortear, sois vós mesmas que
escolhereis vosso demônio", ele atribui liberdade de escolha à alma no momento em
que o destino se tece, e, por conseguinte, responsabilidade moral diante da escolha
feita (αἰτία ἑλομένου "a responsabilidade cabe a quem escolhe"). O destino, então,
deixa de ser outorgado indelevelmente pelos deuses; a alma de cada um, de acordo
com sua consciência moral adquirida em vida, deve ter o esclarecimento suficiente
para escolher a vida virtuosa e bem-aventurada, na medida em que ela tem a liberdade para fazê-lo. Depois de feita a escolha (βίον ᾧ συνέσται ἐξ ἀνάγκης "a vida
à qual estará unido pela necessidade", i.e., a escolha é irrevogável) e tecidos os fios
do destino, aí, sim, a alma fica subjugada ao poder divino e passa a responder pelas
conseqüências de sua escolha. Portanto, a liberdade de escolha, a responsabilidade
moral que cada alma possui sobre seu destino e a forma como Platão concebe a
relação individual entre alma e "demônio" (δαίμων) nessa visão escatológica do
Mito de Er se apresentam como os principais elementos religiosos do pensamento
platônico que rompem com a religião tradicional dos gregos.

LIVRO X 411

de. A virtude não tem mestre: cada um de vós, conforme a honre ou a desdenhe, terá mais ou menos virtude. A responsabilidade cabe a quem escolhe. Deus não é responsável"[87].

– A estas palavras, lançou as sortes e cada alma apanhou a que caiu perto dela, salvo Er, a quem não foi permitido fazê-lo. Então cada um soube que lugar lhe coubera na ordem da escolha. Depois disso, o intérprete divino desdobrou diante deles modelos de vida em número muito superior ao das almas presentes. Havia de todas as espécies: todas as vidas dos animais e todas as vidas humanas; encontravam-se tiranias, umas que duravam até a morte, outras interrompidas ao meio, que findavam na pobreza, no exílio e na mendicidade. Havia também vidas de varões famosos seja pelo aspecto físico, pela beleza, pela força ou pela aptidão de luta, seja pela nobreza e pelas grandes qualidades de seus antepassados; achavam-se igualmente outras, obscuras sob todos esses aspectos, e para as mulheres sucedia o mesmo. Mas tais vidas não implicavam qualquer caráter determinado da alma, porque esta devia necessariamente mudar segundo a escolha que fizesse. Todos os outros elementos da existência estavam misturados, e com a riqueza, a pobreza, a enfermidade e a saúde; algumas se mantinham num meio termo desses extremos. É aí, parece, amigo Glauco, que reside, para o homem, o risco capital; eis por que cada um de nós, pondo de lado qualquer outro estudo, deve preocupar-se sobretudo na investigação e aprendizagem deste único. Talvez assim virá a descobrir e reconhecer o homem capaz de deixá-lo discernir as boas e as más condições, bem como escolher sempre, e em toda parte, a melhor, na medida do possível. Como calcular o efeito das qualidades que acabei de mencionar têm sobre a virtude durante a vida, quer separadamente ou em conjunto. Deverá saber a importância da beleza quando associada à riqueza ou à pobreza e com que disposição de alma deverá combinar-se para produzir bons ou maus resultados; quais as conseqüências de um nascimento ilustre ou obscuro, de uma condição privada ou pública, da força ou da fraqueza, da facilidade ou da dificuldade de aprender, e de todas as qualidades semelhantes da alma, naturais ou adquiridas, quando mescladas umas às outras; de sorte que, comparando todas estas considerações, e

618 a

b

c

d

---

87. Homero, *Odisséia*, I, vv. 32-34:
ὢ πόποι, οἷον δή νυ θεοὺς βροτοὶ αἰτιόωνται.
ἐξ ἡμέων γάρ φασι κάκ' ἔμμεναι· οἱ δὲ καὶ αὐτοὶ
σφῇσιν ἀτασθαλίῃσιν ὑπὲρ μόρον ἄλγε' ἔχουσιν,
Ó, como os mortais sempre culpam os deuses! Dizem
que de nós provêm os males! Mas são eles mesmos
que, pela insensatez, sofrem além do destino [...]

412 A REPÚBLICA DE PLATÃO

não perdendo de vista a natureza da alma, poderá escolher entre uma
e vida má e uma vida boa, denominando má a que terminasse por tornar
a alma mais injusta, e de boa a que viesse torná-la mais justa, sem se
preocupar com todo o mais; pois já vimos[88] que, durante esta vida e
após a morte, é a melhor escolha que se pode fazer. E cumpre guardar
619 a esta opinião com uma inflexibilidade adamantina ao descer ao Hades, a
fim de não ficar deslumbrado, lá tampouco, com as riquezas e os males
desta natureza; de não se precipitar na tirania ou condições semelhantes, a causar males sem número e sem remédio, e a sofrê-los, por sua
vez, maiores ainda; porém é preciso saber escolher, nessas condições,
uma vida mediana e fugir aos excessos dos dois sentidos, tanto nesta
vida, na medida do possível, como em todas as vidas vindouras; pois
b é assim que o homem poderá atingir a felicidade máxima.

– Com efeito, consoante o relato do mensageiro do além, o intérprete divino dissera ao lançar as sortes: "até mesmo para quem chegar
por último, caberá uma vida agradável e nada má, se efetuar uma
escolha sensata e perseverar com ardor na existência escolhida, trata-
se de uma condição agradável e nada má. Que o primeiro a escolher
não se mostre negligente, e que o último não perca a coragem". Logo
depois de pronunciar estas palavras, disse Er, aquele a quem coubera
a primeira sorte veio diretamente escolher a maior tirania e, arrastado
pela loucura e pela avidez, tomou-a sem examinar suficientemente o
c que fazia; não viu que nela estava implicado pelo destino que o seu
possuidor devoraria os próprios filhos[89] e cometeria outros horrores;
porém, depois de examiná-la com vagar, golpeou-se no peito e deplorou
a escolha, esquecendo as advertências do intérprete divino; pois, em
vez de se acusar por seus males, atribuía-os à fortuna, aos demônios,
a tudo exceto a si mesmo. Era um dos que vinham do céu: passara a
vida anterior numa cidade bem administrada, e aprendera a virtude pelo
d hábito e não por meio da filosofia. E pode-se dizer que não poucos dos
que cometiam essa imprudência provinham do céu, uma vez que não
haviam sido provadas pelos sofrimentos; ao contrário, a maioria das
que chegavam da terra, tendo elas próprias sofrido e visto outros sofrer,
não efetuavam a sua escolha às pressas. Daí decorria, assim como dos
azares do sorteio, que a maior parte das almas trocavam um bom por
um mau destino ou inversamente. E tanto mais que, se cada vez que um
homem nasce para a vida terrena, ele se aplicasse sadiamente à filosofia,
e e se a sorte não o chamasse a escolher entre os últimos, a aceitarmos

88. Cf. Livro x, 612d-614a.
89. Cf. Livro ix, 571c-d, 574e-575a.

LIVRO X   413

o que se relata do além, que não só ele seria feliz neste mundo, como também sua viagem deste ao outro e seu retorno se fariam, não pela áspera senda subterrânea, mas pela via aplainada do céu.

– O espetáculo das almas escolhendo sua condição, acrescentava Er, valia a pena ser visto, pois era deplorável, ridículo e estranho. A maioria escolhia de acordo com os hábitos adquiridos na vida anterior. Vira, dizia, a alma que foi um dia a de Orfeu[90] escolher a vida de um cisne, porque, com ódio do sexo que lhe dera a morte, não queria nascer outra vez de uma mulher; vira a alma de Tâmiras[91] escolher a vida de um rouxinol, um cisne trocar sua condição pela do homem, e outras aves canoras proceder do mesmo modo. A alma chamada a escolher em vigésimo lugar assumiu a vida de um leão: era a de Ájax, filho de Télamon[92], que não queria renascer no estado de homem, pois não havia esquecido o julgamento das armas. A seguinte era a alma de Agamêmnon[93]; sentindo também aversão pelo gênero humano,

620 a

b

90. Orfeu foi um mítico cantor da Trácia, filho de Apolo e da musa Calíope, devoto de Dioniso. Casou-se com Eurídice, que morreu devido à picada de uma serpente quando fugia de Aristeu. Segundo a lenda, Orfeu, depois da morte de Eurídice, desceu ao Hades a fim de fazê-la reviver. Por causa de sua extrema perícia na lira, conseguiu seduzir através da música Perséfone, que impôs, por sua vez, uma única condição: Eurídice tornaria à vida desde que ele não olhasse para trás até que ultrapassasse os limites do Hades. Assim o fez, mas quando estava prestes a retornar ao mundo dos vivos, Orfeu acabou olhando para trás esquecendo-se da condição imposta por Perséfone. Eurídice desapareceu e ele nunca mais a viu. Orfeu morreu dilacerado pelas Mênades trácias (episódio relacionado com o ritual de Dioniso), ou por intervir em seu culto, ou pelo ódio cultivado ao gênero feminino depois da morte de Eurídice. É a essa parte da história de Orfeu que Platão está aqui se referindo.

91. Tâmiras aparece na *Ilíada* (cf. II, vv. 594-603) como um aedo trácio. Depois de ter competido com as Musas julgando que poderia superá-las, foi por elas privado da visão fazendo com que não mais manuseasse o instrumento e se esquecesse das composições. Orfeu e Tâmiras são citados juntos por Platão em mais dois diálogos: *Íon* (cf. 533b) e *Leis* (cf. Livro VIII, 829d).

92. Ájax Telamônio, rei de Salamina, era considerado o melhor guerreiro aqueu depois de Aquiles. Platão refere-se ao ressentimento de Ájax por não ter sido premiado com as armas de Aquiles, dadas a Odisseu. Esse episódio o levará a cometer o suicídio, contado por Sófocles em sua tragédia *Ájax*. Na *Odisséia* (cf. XI, vv. 543-564), Odisseu se encontra no Hades com a alma de Ájax, que lhe vira as costas, sem emitir palavra alguma, devido a esse ressentimento com relação ao "julgamento das armas".

93. Agamêmnon, rei de Micenas, foi o chefe supremo da expedição grega contra Tróia. Platão alude provavelmente aqui ao episódio de sua morte contado na tragédia de Ésquilo que leva o seu nome: ao retornar da guerra de Tróia, Agamêmnon e sua cativa Cassandra são mortos pela sua mulher Clitemnestra em conchavo com o amante Egisto. O motivo principal do ódio de Clitemnestra em relação ao marido seria o sacrifício de sua filha Ifigênia quando a expedição estava reunida em Áulis.

414 A REPÚBLICA DE PLATÃO

por causa de suas desventuras passadas, trocou a sua condição pela de uma águia[94]. Chamada entre as que haviam obtido um grau médio, a alma de Atalanta[95], considerando as grandes honras prestadas aos atletas, não pode passar adiante, e as escolheu. Viu, a seguir, a alma

c de Epeio[96], filho de Panopeu, passar à condição de mulher industriosa, e longe, nos últimos lugares, a do ridículo Tersites[97] revestir a forma de um macaco. Viu, enfim, a alma de Odisseu, a quem a sorte fixara o último lugar, adiantar-se para escolher; despojada do desejo pela honra devido à lembrança das fadigas passadas, girou longamente à procura da tranqüila condição de um homem privado; a custo achou uma que

d jazia num canto, desdenhada pelos outros; e, ao percebê-la, declarou que não teria agido de outro modo, ainda que a sorte o tivesse chamado em primeiro lugar e, alegre, escolheu-a. Os animais, similarmente, passavam à condição humana ou à de outros animais, os injustos, às

---

O advinho Calcas declarou naquela circunstância a Agamêmnon que Ártemis exigia que sua filha fosse prontamente sacrificada. Ele manda, pois, buscá-la a pretexto de um casamento fictício com Aquiles. Entretanto, no momento do sacrifício, Ártemis apiedou-se e levou-a para ser sua sacerdotisa na terra dos tauros, pondo no altar um cervo em vez de Ifigênia.

94. A águia era a ave de Zeus.

95. Atalanta era uma grande caçadora na mitologia grega, filha do arcádio Iasos e de Climene. Segundo a lenda, ela recusava-se casar com quem não era capaz de derrotá-la na corrida, matando todos os pretendentes que eram derrotados. Milânion, todavia, foi instruído por Afrodite a levar consigo três maçãs das Hespérides e jogá-las no circuito da corrida. Não conseguindo deixar deter-se, Atalanta parou três vezes para apanhá-las e acabou sendo derrotada por Milânion, que a desposou.

96. Epeio foi o construtor do Cavalo de Tróia (sob direção de Palades) com o qual os gregos venceram definitivamente os Troianos. Esse episódio final da guerra é mencionado em algumas passagens da *Odisséia* (cf. IV, v. 271; VIII, v. 492; XI, v. 523) e contado em seus detalhes no Canto II da *Eneida* de Virgilio. No diálogo *Íon* (cf. 533b1), Platão o considera um dos grandes escultores da Grécia.

97. Tersites aparece na *Ilíada* como a única personagem moral e fisicamente débil. Tinha o costume de insultar sem decoro os reis para que os guerreiros rissem. Vejamos como Homero o descreve (*Ilíada*, II, vv. 216-220):

[...] αἴσχιστος δὲ ἀνὴρ ὑπὸ Ἴλιον ἦλθε·
φολκὸς ἔην, χωλὸς δ' ἕτερον πόδα· τὼ δέ οἱ ὤμω
κυρτὼ ἐπὶ στῆθος συνοχωκότε· αὐτὰρ ὕπερθε
φοξὸς ἔην κεφαλήν, ψεδνὴ δ' ἐπενήνοθε λάχνη.
ἔχθιστος δ' Ἀχιλῆϊ μάλιστ' ἦν Ὀδυσῆϊ·
[...] Era o homem mais feio da expedição de Tróia:
Tinha as pernas tortas e era manco de um pé; os ombros
Curvos comprimiam-se sobre o peito e, em cima deles,
O crânio, em ponta, pendia; pouco cabelo se assentava.
Era mais odioso a Aquiles e a Odisseu.

LIVRO X   415

espécies ferozes, os justos às espécies mansas; efetuavam-se assim misturas de todo gênero.

– Depois que todas as almas escolheram as respectivas vidas, adiantaram-se na direção de Láquesis, na ordem que a sorte lhes determinara. Ela deu a cada uma o demônio que escolhera, para servir-lhe de guardião durante a existência e cumprir a destinação. O demônio a   e conduzia primeiro a Cloto e, fazendo-a passar sob a mão desta e sob o turbilhão do fuso em movimento, ratificava o destino que ela elegera. Após ter tocado o fuso, a levava até a trama de Átropos, a fim de tornar irrevogável o que fora fiado por Cloto; então, sem que pudesse voltar para trás, a alma passava debaixo do trono da Necessidade; e,   621 a quando todas se encontraram do outro lado, dirigiram-se à planície do Letes[98], em meio de um calor terrível que queimava e sufocava: pois esta planície é desprovida de árvores e de tudo quanto brota da terra. Ao anoitecer, elas acamparam à margem do Rio Ameles[99], cuja água nenhum vaso pode conter. Cada alma é obrigada a beber certa quantidade desta água, mas as que não conservam a prudência bebem mais do que deveriam. Bebendo-a, perde-se a lembrança de tudo. Ora, quando adormeceram, passada a meia-noite, estrugiu um trovão[100],   b acompanhado de um tremor de terra, e as almas foram subitamente arrastadas para o alto, cada uma por uma via diferente, lançando-se impetuosamente como estrelas, a fim de renascerem. Quanto a ele, dizia Er, fora impedido de beber da água[101]; entretanto, não sabia por onde nem como a sua alma se lhe reunira ao corpo; abrindo de súbito os olhos, ao amanhecer, vira-se estendido sobre a pira.

– E assim, Glauco, o mito foi salvo e não se perdeu; e ele pode salvar-nos, se nos deixarmos persuadir por ele; atravessaremos então   c venturosamente o rio Letes e não macularemos a nossa alma. Se portanto acreditais em mim, persuadidos de que a alma é imortal e capaz de suportar todos os males, como todos os bens, manter-nos-emos sempre na rota ascendente e, de todo modo, praticaremos a justiça e a sabedoria. Assim seremos amigos de nós mesmos e dos deuses, enquanto

---

98. A primeira referência literária a "Lete" Λήθη (que significa em grego "esquecimento") é de Aristófanes (cf. *As Rãs*, v. 186), e talvez seja um elemento muito antigo da cultura grega, provavelmente de origem órfica.

99. "Ameles" (Ἀμέλης) significa em grego "negligência", "falta de atenção".

100. O "trovão" é um elemento órfico presente no Mito de Er. Os trovões e os terremotos são geralmente concebidos como presságios de cunho religioso.

101. Essa é a justificação dada por Sócrates aos interlocutores que garante a verossimilhança da lenda contada: Er só foi capaz de lembrar o que viu porque não bebeu a água do esquecimento do rio Ameles.

permanecermos aqui, e quando tivermos conquistado os prêmios da
d Justiça, como os vencedores nos jogos que recolhem de todos os lados
seus troféus[102]. E seremos felizes aqui na terra e no transcurso dessa
viagem de mil anos que acabamos de contar.

102. Era um procedimento comum dos atletas nas competições, quando rece-
biam os presentes dos espectadores e dos amigos.

ANEXOS

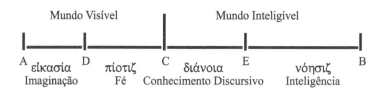

Figura 1

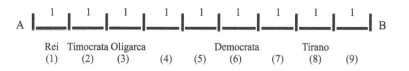

Figura 2

418 A REPÚBLICA DE PLATÃO

OBS: O eixo a-b é a haste e c o peso. O gancho não está representado na figura, mas estaria em a (ADAM, 1980).

Figura 3

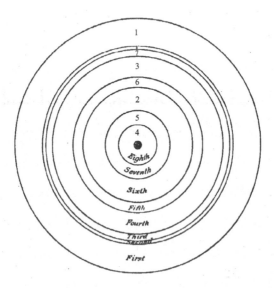

Figura 4

COLEÇÃO TEXTOS

1. *Marta, a Árvore e o Relógio*, Jorge Andrade **2.** *Antologia dos Poetas Brasileiros da Fase Colonial*, Sérgio Buarque de Holanda **3.** *A Filha do Capitão e o Jogo das Epígrafes*, Aleksandr S. Púchkin / Helena S. Nazario **4.** *Textos Críticos*, Augusto Meyer (João Alexandre Barbosa, org.) **5.** *O Dibuk*, Sch. An-ski (J. Guinsburg, org.) **6.** *Panorama do Movimento Simbolista Brasileiro* (2 vols.), Andrade Muricy **7.** *Ensaios*, Thomas Mann (Anatol Rosenfeld, seleção) **8.** *Leone de' Sommi: Um Judeu no Teatro da Renascença Italiana*, J. Guinsburg (org.) **9.** *Caminhos do Decadentismo Francês*, Fulvia M. L. Moretto (org.) **10.** *Urgência e Ruptura*, Consuelo de Castro **11.** *Pirandello: Do Teatro no Teatro*, J. Guinsburg (org.) **12.** *Diderot: Obras I. Filosofia e Política*, J. Guinsburg (org.) *Diderot: Obras II. Estética, Poética e Contos*, J. Guinsburg (org.) *Diderot: Obras III. O Sobrinho de Rameau*, J. Guinsburg (org.) *Diderot: Obras IV. Jacques, O Fatalista, e seu Amo*, J. Guinsburg (org.) *Diderot: Obras V. O Filho Natural*, J. Guinsburg (org.) *Diderot: Obras VI. O Enciclopedista – História da Filosofia I*, J. Guinsburg e Roberto Romano (orgs.) *Diderot: Obras VI (2). O Enciclopedista – História da Filosofia II*, J. Guinsburg e Roberto Romano (orgs.) *Diderot: Obras VI (3). O Enciclopedista – Arte, Filosofia e Política*, J. Guinsburg e Roberto Romano (orgs.) *Diderot: Obras VII. A Religiosa*, J. Guinsburg (org.) **13.** *Makunaíma e Jurupari: Cosmogonias Ameríndias*, Sérgio Medeiros (org.) **14.** *Canetti: O Teatro Terrível*, Elias Canetti **15.** *Idéias Teatrais: O Século XIX no Brasil*, João Roberto Faria **16.** *Heiner Müller: O Espanto no Teatro*, Ingrid D. Koudela (org.) **17.** *Büchner: Na Pena e na Cena*, J. Guinsburg e Ingrid D. Koudela (orgs.) **18.** *Teatro Completo*, Renata Pallottini **19.** I. *A República de Platão*, J. Guinsburg (org.) II. *Górgias, de Platão*, Daniel R. N. Lopes (org.) **20.** *Barbara Heliodora: Escritos sobre Teatro*, Claudia Braga (org.) **21.** *Hegel e o Estado*, Franz Rosenzweig **22.** *Almas Mortas*, Nikolai Gógol **23.** *Machado de Assis: Do Teatro*, João Roberto Faria (org.)**24.** *Descartes: Obras Escolhidas*, J. Guinsburg, Roberto Romano e Newton Cunha (orgs.) **25.** *Luís Alberto de Abreu: Um Teatro de Pesquisa*, Adélia Nicolete (org.) **26.** *Teatro Espanhol do Século de Ouro*, J. Guinsburg e Newton Cunha (orgs.) **27.** *Tévye, o Leiteiro*, Scholem Aleikhem **28.** *Tatiana Belinky: Uma Janela para o Mundo – Teatro para Crianças e Para Todos*, Maria Lúcia de Souza Barros Pupo (org.) **29.** *Spinoza, Obra Completa I: (Breve) Tratado e Outros Escritos*, J. Guinsburg; N. Cunha e R. Romano (orgs.) *Spinoza, Obra Completa II: Correspondência Completa e Vida*, J. Guinsburg; N. Cunha e R. Romano (orgs.) *Spinoza, Obra Completa III: Tratado Teológico-Político*, J. Guinsburg; N. Cunha e R. Romano (orgs.) *Spinoza, Obra Completa IV: Ética e Compêndio de Gramática Hebraica*, J. Guinsburg; N. Cunha e R. Romano (orgs.) **30.** *Comentário Sobre a "República"*, Averróis **31.** *Hóspede Por uma Noite*, Sch.I. Agnon **32.** *Peter Handke: Peças Faladas*, Samir Signeu (org.) **33.** *Dramaturgia Elizabetana*, Barbara Heliodora (org.) **34.** *Lessing: Obras*, J. Guinsburg e Ingrid D. Koudela (orgs.)

Este livro foi impresso na cidade de Cotia,
nas oficinas da Meta Brasil,
para a Editora Perspectiva.